Juristische ExamensKlausuren

Bernhard Ulrici

Fallsammlung
zur Rechtsgestaltung

 Springer

Dr. Bernhard Ulrici
Universität Leipzig
Lehrstuhl für Bürgerliches Recht,
Arbeits- und Sozialrecht
Burgstraße 27
04109 Leipzig
Deutschland
ulrici@uni-leipzig.de

ISSN 0944-3762
ISBN 978-3-642-01607-3   e-ISBN 978-3-642-01608-0
DOI 10.1007/978-3-642-01608-0
Springer Heidelberg Dordrecht London New York

Die Deutsche Nationalbibliothek verzeichnet diese Publikation in der Deutschen Nationalbibliografie; detaillierte bibliografische Daten sind im Internet über http://dnb.d-nb.de abrufbar.

Vorwort

Anliegen der letzten Reform der Juristenausbildung war es, die Ausbildung praxisnäher zu gestalten. Der Fokus liegt nicht mehr so stark auf dem Berufsbild des Richters, sondern verstärkt dem des Rechtsanwalts, weil mehr als 75 % der Absolventen eines juristischen Studiums diesen Beruf ergreifen. Zu den alltäglichen Aufgaben eines Rechtsanwalts gehört nicht nur die Vertretung vor Gericht. Vorzugsweise wird er bereits im Vorfeld einer gerichtlichen Auseinandersetzung beratend tätig und entwirft für seine Mandanten vorsorgende rechtliche Gestaltungen. Dementsprechend ist es erforderlich, dass die universitäre, aber auch die nachfolgende Ausbildung im Referendariat die für die Rechtsgestaltung notwendigen methodischen Fähigkeiten vermittelt. Dies darf man keineswegs als zusätzliche Belastung sehen. Vielmehr ist die Auseinandersetzung mit der Rechtsgestaltung für Lehrende und Lernende gleichermaßen lohnenswert, weil sie die Kreativität herausfordert und in besonderem Maße soziale und wirtschaftliche Gesichtspunkte einbezieht. Indem neben dem Sachverhalt und der Rechtsordnung auch die „dritte Dimension" – die Unsicherheit zukünftiger Entwicklungen – in den Blick genommen wird, erlangen juristische Fälle Dynamik und damit zusätzlichen Reiz. Dies hat die Rechtsgestaltung durchaus mit der forensischen Tätigkeit gemeinsam, wenn man bei dieser die vielfältigen Entwicklungsmöglichkeiten im Prozess in die Betrachtung einbezieht.

Dies Studenten und Rechtsreferendaren zu vermitteln, war der Anlass, dieses Buch zu schreiben. Dabei versteht sich die Fallsammlung als fallbezogene Anleitung für das Erlernen und Trainieren einer zentralen juristischen Fähigkeit (Rechtsgestaltung). Die Erfahrung zeigt nämlich, dass Studenten und Referendare häufig Probleme haben, das durchaus vorhandene rechtliche Wissen unter dem besonderen Blickwinkel, den eine rechtliche Gestaltung erfordert, umzusetzen. Sie sind gewohnt, Sachverhalte unter rechtliche Normen zu subsumieren, um rückblickend einen abgeschlossenen Sachverhalt zu entscheiden. Dagegen fehlt ihnen vielfach der Blick für eine vorsorgende, zukunftgerichtete Gestaltung. Die Fallsammlung greift typische Fallgestaltungen des Zivil- und Verwaltungsrechts auf, um an diesen das Vorgehen eines Kautelarjuristen zu verdeutlichen. Zugleich soll vermittelt werden, wie das materielle und methodische Wissen in einer konkreten Fallbearbeitung gutachtentechnisch umgesetzt werden muss, um eine überzeugende Klausurleistung zu erbringen. Aufbauschemata runden das Buch ab.

Die Hauptverantwortung für dieses Werk liegt naturgemäß beim Autor, der auch allein für etwaige Fehler und Unrichtigkeiten die Verantwortung übernimmt. Im Hintergrund haben an der Realisierung des Projekts aber auch Frau Rechtsanwältin Anja Becher, Frau Richterin Yvonne Lask sowie Frau Rechtsreferendarin Annika Schwenk mitgewirkt. Ihnen gilt mein besonderer Dank.

Leipzig, im Juni 2010   Dr. Bernhard Ulrici

Inhaltsverzeichnis

A. Einleitung

I. Rechtsgestaltung im Examen

1. Erstes Juristisches Examen

a) Staatliche Pflichtfachprüfung

Die letzte Reform der Juristenausbildung[1] verfolgte das Anliegen, das Studium der Rechtswissenschaft praxisnäher, d. h. vor allem verstärkt anwaltsorientiert[2], auszurichten und sich vom Beruf des Richters als Leitbild der Ausbildung zu lösen[3]. Hierdurch gewinnt das Berufsbild des Rechtsanwalts für die Ausbildung an Bedeutung. Dessen Tätigkeit wird in der Öffentlichkeit zwar weithin als vorrangig forensisch wahrgenommen. Tatsächlich umfassen die alltäglichen Aufgaben eines Rechtsanwalts aber auch in nicht unerheblichem Umfang, dass er vorsorgend[4] für seine Mandanten rechtliche Gestaltungen entwirft[5], um diesen unter Vermeidung streitiger Auseinandersetzungen das rechtssichere Erreichen ihrer Ziele zu ermöglichen. Dieser Teil der anwaltlichen Tätigkeit lässt sich unter dem Oberbegriff der Rechtsgestaltung zusammenfassen. Als wichtigsten Aspekt erfasst er die Vertragsgestaltung, d. h. den Entwurf zwei- oder mehrseitiger konsensualer Rechtsgeschäfte. Hierauf ist die Rechtsgestaltung jedoch nicht beschränkt. Sie erfasst vielmehr auch einseitige Gestaltungen, wie z. B. Testamente oder Vorsorgevollmachten[6].

Allerdings finden rechtsgestaltende Elemente nicht erst seit der Ausbildungsreform Berücksichtigung in Studium und Examen. Bereits zuvor wurden Lehrveranstaltungen zur Rechtsgestaltung angeboten und (sehr vereinzelt) rechtsgestaltend angelegte Examensklausuren gestellt. Der gestiegenen Bedeutung des anwaltlichen Berufsbilds in der Ausbildung entspricht jedoch ein erhöhter Anteil hieran angelehnter, d. h. auch rechtsgestaltend angelegter Aufgabenstellungen in Examensklausuren. Hierauf wollen die Hochschulen durch entsprechende Ergänzungs- oder Schlüsselqualifikationsveranstaltungen vorbereiten[7]. Jeder Student

---

[1] Zu Zielen der Reform und zum Gesetzgebungsverfahren vgl. Däubler, Verhandeln und Gestalten, §§ 1, 2.

[2] Vgl. BT-Drs. 14/7176, S. 10; BT-Drs. 14/8629, S. 1. – Vgl. § 5a Abs. 3 S. 1 DRiG: „rechtsberatende Praxis". – Die Universität Bielefeld bietet in Umsetzung dieses Ziels zusätzlich zum regulären Studiengang einen eigenständigen Masterstudiengang („Master der Rechtsgestaltung und Prozessführung/Master of Legal Advice and Litigation") an: http://www.jura.uni-bielefeld.de/Institute_Projekte/LLM/index.html.

[3] Vgl. Junker/Kamanabrou, Vertragsgestaltung, Rn. 1.

[4] Junker/Kamanabrou, Vertragsgestaltung, Rn. 1 und 3; Schippel, JURA 1999, 57, 58. – Vgl. Däubler, Verhandeln und Gestalten, Rn. 86: „Zukunftsorientierung"; Grziwotz, JuS 1998, 807, 808: „Denkweite nach vorn"; Langenfeld, JuS 1998, 33, 33 f.

[5] Vgl. Däubler, Verhandeln und Gestalten, Rn. 79.

[6] Vgl. Langenfeld, JuS 1998, 33, 34; Teichmann, JuS 2001, 870, 871; Zawar, JuS 1992, 134. – Siehe auch Klausur Nr. 2, S. 67 und Klausur Nr. 6, S. 205.

[7] Z. B. FU Berlin; Universität Frankfurt/Main; Universität Frankfurt/Oder; Universität Heidelberg; Universität Kiel; LMU München; Universität Passau; Universität Regensburg; Universität Saarbrücken.

sollte über Grundkenntnisse der Rechtsgestaltung verfügen. Beherrscht und beachtet er das methodische Vorgehen[8] sowie die maßgeblichen Grundprinzipien[9], kann
er leicht überdurchschnittliche Erfolge erzielen. Bedeutung gewinnt dies nicht nur
in den hierfür typischen[10] Teilgebieten des Zivilrechts. Auch straf- oder öffentlich-
rechtliche Probleme[11] können in rechtsgestaltende Aufgabenstellungen eingeklei-
det werden. Dies ist aber kein Grund zur Beunruhigung, weil die Methode der
Rechtsgestaltung unabhängig vom rechtlich betroffenen Themenkomplex ist[12]. Ihre Beherrschung und sichere Anwendung erlauben daher auch in unbekannten
Rechtsgebieten, die gewünschten Examenspunkte zu erzielen.

b) Schwerpunktbereichsprüfung

An einer Reihe Juristischer Fakultäten können sich die Studenten im Rahmen der
Schwerpunktbereichsausbildung für einen explizit rechtsgestaltenden Ausbil-
dungszweig[13] entscheiden[14]. In diesem Rahmen werden die praktischen, aber auch
die wissenschaftlichen Aspekte[15] der Rechtsgestaltung behandelt. Abgeschlossen
wird die Ausbildung im Schwerpunktbereich mit einer universitären Prüfung. Diese besteht entweder aus einer Klausur, einer Studienarbeit oder einem Prüfungsgespräch mit rechtsgestaltender Aufgabenstellung. Soweit die Fakultäten keinen
eigenständigen kautelarjuristischen Zweig eingerichtet haben, beinhaltet die
Schwerpunktbereichsausbildung in den Bereichen Arbeit[16], Unternehmen[17], Wirt-

---

[8]   Siehe unten II. 2., S. 8 ff.
[9]   Siehe unten II. 3., S. 19 ff.
[10] Siehe unten III. 2., S. 26 ff.
[11] Siehe unten III. 2. b) und c), S. 29 f.
[12] Der rechtsgestaltende Anwalt wendet das gleiche BGB, BauGB usw. an wie der foren-
      sisch arbeitende Standeskollege oder der rechtsentscheidende Richter, vgl. Teichmann,
      JuS 2001, 870.
[13] Universität Bayreuth (Vertragsgestaltung, vgl. § 5 Abs. 2 Nr. 4 StPrO); Humboldt Uni-
      versität Berlin (Rechtsgestaltung und Rechtspolitik sowie Zivilrechtliche Rechtsbera-
      tung und Rechtsgestaltung, vgl. § 7 Abs. 1 StPrO); Universität Bielefeld (Private
      Rechtsgestaltung und Prozessführung, vgl. § 34 StPrO); Universität Bonn (Zivilrechts-
      pflege, Anwaltsberuf und Notariat, vgl. § 5 Abs. 2 Nr. 1 SBPO); Universität Hannover
      (Anwaltliche Rechtsberatung und Anwaltsrecht, vgl. § 22 Abs. 1 lit. h) SBPO); Univer-
      sität Jena (Zivilrechtspflege und Vertragsgestaltung, vgl. § 5 Abs. 1 SBPO); Universität
      Köln (Rechtspflege und Notariat, vgl. § 10 Abs. 2 StPrO); Universität Leipzig (Rechts-
      beratung - Rechtsgestaltung - Rechtsdurchsetzung, vgl. § 24 Abs. 2 Nr. 7 StO); Univer-
      sität Münster (Rechtsgestaltung und Streitbeilegung, vgl. Studienplan); Universität Os-
      nabrück (Rechtspflege, Rechtsberatung und Rechtsgestaltung, vgl. § 22 Abs. 1 lit. h)
      SBPO); Universität Saarbrücken (Deutsches und internationales Vertrags- und Wirt-
      schaftsrecht, vgl. § 9 Abs. 2 Nr. 1 StPrO). – Bis April 2009 auch Universität Konstanz
      (Rechtsgestaltung, Rechtsberatung und Rechtsdurchsetzung, vgl. § 9 Abs. 2 Nr. 3 SB-
      Satzung a. F.).
[14] Vgl. auch den Überblick bei Rolfs/Rossi-Wilberg, JuS 2007, 297, 298 und 300 ff.
[15] Hierzu ausführlich Berger, BRAK-Mitt. 2005, 169.
[16] Universität Augsburg; FU Berlin; Universität Heidelberg.

schaft[18], Steuern[19], Familie[20] und Erben[21] vielfach rechtsgestaltende Lehrveranstaltungen, deren Inhalt ebenfalls Gegenstand der im jeweiligen Schwerpunktbereich zu erbringenden Prüfungsleistungen sein kann[22].

2. Zweites Juristisches Staatsexamen

Im Rahmen des Zweiten Juristischen Staatsexamens können rechtsgestaltende Aufgabenstellungen in nennenswertem Umfang eine deutlich längere Tradition vorweisen[23]. Dies erklärt sich daraus, dass ein anwaltsorientierter Ausbildungsabschnitt seit jeher Teil des Referendariats ist. Allerdings wirkt sich auch im Zweiten Juristischen Staatsexamen aus, dass die Anwaltsorientierung der Ausbildung deutlicher betont wird. Der Umstand, dass Rechtsreferendare nunmehr mindestens neun Monate bei einem Rechtsanwalt tätig werden, legt es nahe, dass in den Examensklausuren noch häufiger Fallgestaltungen aus Anwaltssicht geprüft werden. Bei deren Bearbeitung sind aus dem anwaltlichen Blickwinkel vielfach auch strategische Überlegungen anzustellen, wodurch ein Kernanliegen der Rechtsgestaltung berührt wird.

Bei genauerer Betrachtung greift die anwaltsbezogene Sichtweise jedoch zu kurz. Rechtsgestaltung ist keineswegs allein Aufgabe der Anwaltschaft[24]. Zu nennen sind daneben vielmehr auch Notare[25], deren Tätigkeit unmittelbar dem Gebiet der Rechtsgestaltung zugehörig ist (vgl. § 1 BNotO: „vorsorgende Rechtspflege"). Aber auch der nach tradierter Sicht im Zentrum des Referendariats stehende Richterberuf verlangt die Fähigkeit, rechtliche Gestaltungen zu entwickeln. Dies wird augenscheinlich, wenn die Parteien eines Rechtsstreits das Gericht um Unterbreitung eines Vergleichsvorschlags bitten[26]. Das Gericht kann sich in diesem Fall nicht darauf beschränken, die Prozessaussichten zu beurteilen und zu bewerten, um ein den gegenseitigen Chancen und Risiken entsprechendes Vergleichsergeb-

---

[17] Universität Heidelberg; LMU München; Universität Münster; Universität Regensburg; Universität Tübingen.

[18] FU Berlin; Universität Frankfurt/Oder (Medienrecht); Universität Freiburg; Universität Mannheim; Universität Marburg; Universität Münster; Universität Tübingen.

[19] Universität Heidelberg.

[20] Universität Göttingen; Universität Mainz; Universität Marburg; Universität Regensburg.

[21] Universität Freiburg; Universität Gießen; Universität Göttingen; Universität Mainz; Universität Marburg; Universität Regensburg.

[22] Vgl. § 11 Abs. 4 StO der Universität Hamburg.

[23] Vgl. Hagspiel, JuS 2003, 482. – Beispiel einer sächsischen Examensklausur bei Weber, JURA 2001, 325 ff.

[24] Vgl. Däubler, Verhandeln und Gestalten, Rn. 78 ff., der neben Rechtsanwälten Unternehmensjuristen und Verwaltungsangestellte erwähnt. Allen drei Einsatzgebieten eines Juristen ist gemeinsam, dass zielgerichtet Interessen eines Auftraggebers wahrgenommen werden, vgl. Langenfeld, JuS 1998, 33, 34; Teichmann, JuS 2001, 870, 872 f.; Zawar, JuS 1992, 134.

[25] Vgl. Brambring, JuS 1985, 380, 380 f.

[26] Teichmann, JuS 2001, 870, 873. – Siehe unten Klausur Nr. 7, S. 239.

nis vorzuschlagen. Vielmehr muss das Gericht im Anschluss sein Vergleichser-
gebnis auch umsetzen. Dies bereitet in aller Regel keine Schwierigkeiten, wenn
sich die Parteien im Rahmen einer Zahlungsklage darauf verständigen, dass der
Beklagte einen gewissen Anteil der Forderung zahlt. Außerhalb einer Zahlungsklage kann ein ausgleichender und gerechter Vergleich allerdings sehr komplex
ausfallen. In diesen Fällen ist der Richter als Rechtsgestalter gefragt, wobei von
ihm erwartet wird, dass er eine gerechte und rechtsbeständige Regelung entwirft.
Dieser Erwartung zu entsprechen, erweist sich für ihn keineswegs einfacher als für
einen Rechtsanwalt oder Notar. Er unterliegt bei seinen Gestaltungen, sieht man
von einigen Ausnahmen wie z. B. § 14 Abs. 1 Nr. 8 TzBfG ab, den gleichen rechtlichen Schranken. Die Grenzen zwingendes Rechts[27] gelten auch für ihn. Beispielsweise kann auch ein gerichtlicher Vorschlag im Einzelfall einer Kontrolle
anhand der §§ 305 ff. BGB unterliegen[28]. Die Tätigkeit des Richters unterscheidet
sich von der des Anwalts aber dadurch, dass er nicht einseitig die Interessen einer
Partei verfolgen kann, sondern stärker die beiderseitigen Interessen berücksichtigen muss, wenn eine dauerhafte Befriedung der Parteien erreicht werden soll[29].
Für Notare wird diese Pflicht zur Unparteilichkeit in § 17 BeurkG ausdrücklich
vorgeschrieben.

Sowohl aus der Sicht eines Rechtsanwalts, Verwaltungs- oder Unternehmensjuristen als auch aus dem Blickwinkel eines Notars oder Richters können rechtsgestaltende Aufgabenstellungen in vielfacher Form Gegenstand einer Examensklausur im Zweiten Juristischen Staatsexamen sein. Daneben können entsprechende
Aufgaben – selbstverständlich mit geringerer Komplexität – auch in der Form eines Aktenvortrags abgeprüft werden.

---

[27]   Vgl. hierzu umfassend Ulrici, JuS 2005, 1073 ff.
[28]   Vgl. Hk-ArbR/Boemke/Ulrici, § 310 BGB Rn. 11 sowie Klausur Nr. 7, S. 242, 259 ff.
[29]   Vgl. Teichmann, JuS 2001, 870, 873.

II. Rechtsgestaltung in der Fallbearbeitung

1. Einleitung

Die Relevanz der Rechtsgestaltung in beiden Juristischen Examen macht deutlich, wie wichtig es ist, dass sich jeder Student und Rechtsreferendar vergegenwärtigt, wie er als Klausurbearbeiter an eine entsprechende Aufgabenstellung herangehen muss. In der Praxis werden insbesondere Notare und Rechtsanwälte regelmäßig auf eine Formularsammlung oder sonstige Muster zurückgreifen, soweit es sich um einen Standardfall handelt[30]. Liegt kein Standardfall vor, helfen Formularsammlungen[31] nicht ohne weiteres weiter. Vielmehr muss eine eigenständige Lösung erarbeitet werden[32], welche letztlich auch darin bestehen kann, den Vorschlag einer Formularsammlung lediglich an die individuellen Bedürfnisse des Falls anzupassen[33]. Der dazu zu durchlaufende Vorgang der Rechtsgestaltung ist sehr komplex[34]. Er lässt sich jedoch in groben Zügen in mehrere, regelmäßig wiederkehrende Schritte (2.) zerlegen, nach denen der Rechtsanwalt, Notar, Unternehmens- oder Verwaltungsjurist, aber letztlich auch der rechtsgestaltende Richter in der täglichen Praxis unter Berücksichtigung bestimmter Grundprinzipien (3.) verfährt. Ihre unterschiedliche Rolle bedingt allerdings, dass sich der im Interesse einer Partei handelnde Rechtsanwalt, Unternehmens- oder Verwaltungsjurist[35] teilweise von anderen Prinzipien leiten lässt als der der objektiven Gerechtigkeit verpflichtete Richter oder Notar[36].

---

[30] Vgl. Junker/Kamanabrou, Vertragsgestaltung, Rn. 20; Teichmann, JuS 2001, 973, 979 f. – Zur Bedeutung von Vertragsmustern für die Rechtsgestaltung vgl. Langenfeld, JuS 1998, 33, 34 ff.

[31] Vgl. für das Arbeitsrecht z. B. Beck'sches Formularbuch Arbeitsrecht; Lunk, Anwalt-Formulare Arbeitsrecht; Schaub/Koch/Neef/Schrader/Vogelsang, Arbeitsrechtliches Formular- und Verfahrenshandbuch.

[32] Gegen einen vorschnellen Rückgriff auf Formularsammlungen zu Recht Weber, JuS 1989, 636, 641.

[33] Vgl. Däubler, Verhandeln und Gestalten, Rn. 98; Langenfeld, JuS 1998, 33, 36; Teichmann, JuS 2001, 973, 979 f.

[34] Die wohl größte Herausforderung an einen Juristen bei der Rechtsgestaltung sind diejenigen Fälle, in denen der Mandant mehrere Ziele (gesellschafts-, steuer- und arbeitsrechtliche) verfolgt, sich bei der juristischen Prüfung jedoch zeigt, dass ein Ziel ausschließlich auf Kosten eines anderen Ziels erreicht werden kann. In solchen Fällen muss der Berater zusammen mit seinem Mandanten denjenigen Weg ermitteln, der den Zielen seines Mandanten am nächsten kommt. Hierzu kann es erforderlich sein, mehrstufig und wiederholt die skizzierten Prüfungsschritte zu durchlaufen, siehe unten II. 2. b) dd), S. 11, II. 2. d) cc) (2), S. 16, Klausur Nr. 6, S. 205, 236 ff. sowie Teichmann, JuS 2001, 973, 979.

[35] Däubler, Verhandeln und Gestalten, Rn. 89 f.; Langenfeld, JuS 1998, 33, 34.

[36] Vgl. Langenfeld, JuS 1998, 33, 34; Teichmann, JuS 2001, 870, 873.

2. Methode der Rechtsgestaltung

a) Überblick

Zu Beginn jeder juristischen Tätigkeit muss man sich seines Ausgangspunkts, seines Ziels und des Wegs vom einen zum anderen versichern. Hieran orientiert sich auch das Vorgehen bei der auf das Erreichen bestimmter Ziele angelegten Rechtsgestaltung[37]. Dementsprechend sind zunächst die verfolgten Ziele, d. h. letztlich der Kern der Aufgabenstellung, zu ermitteln[38]. Auszugehen ist von der regelmäßig unjuristischen Fragestellung des Mandanten[39]. Es sind dessen natürliche Absichten zu ermitteln[40]. Diese sind vom Rechtsanwalt in juristische Ziele zu übersetzen[41]. Richtet der Mandant mehrere Fragen an den Rechtsanwalt, sind diese grundsätzlich getrennt zu untersuchen, um die Übersichtlichkeit zu wahren[42]. Danach ist der im Hinblick auf die angestrebten Ziele[43] maßgebliche Sachverhalt aufzuklären. Der relevante Sachverhalt muss durch Rückfragen beim Auftraggeber, durch Einsichtnahme in öffentliche Register (z. B. Handelsregister, Grundbuch, Tarifregister nach § 6 TVG), Lektüre überlassener Unterlagen usw. ermittelt werden[44]. Hiervon ist der Klausurbearbeiter praktisch befreit, weil ihm ein vollständiger und regelmäßig unstreitiger Sachverhalt vorgelegt wird. Eine Rückfrage an den Auftraggeber ist in der Prüfungssituation ausgeschlossen[45]. Im nächsten Schritt muss geklärt werden, inwieweit es überhaupt einer Gestaltung bedarf[46]. Entspricht bereits die vorgefundene Rechtslage vollauf den Wünschen des Auftraggebers, bedarf es – abgesehen vom Wunsch nach (deklaratorischer) Klarheit – keiner (konstitutiven) Gestaltung[47]. Ob ein Regelungsbedarf besteht, ergibt sich durch einen Vergleich der bestehenden Rechtslage mit den Regelungszielen des Auftraggebers[48]. Ist danach eine Gestaltung erforderlich, ist in einem weiteren Schritt zu prüfen, wie der ermittelte Regelungsbedarf umgesetzt wird[49]. Dazu müssen zunächst denkbare Gestaltungswege daraufhin untersucht werden, ob sie geeignet

---

[37] Vgl. Teichmann, JuS 2001, 973, 973 ff. – Siehe hierzu auch unten II. 2. b), S. 10 f.

[38] Vgl. Brei, JURA 2007, 648, 649; Hagspiel, JuS 2003, 482, 483; Teichmann, JuS 2001, 973, 973 ff., 977.

[39] Teichmann, JuS 2001, 973, 977.

[40] Teichmann, JuS 2001, 973, 977.

[41] Brei, JURA 2007, 648, 649; Däubler, Verhandeln und Gestalten, Rn. 92; Teichmann, JuS 2001, 973, 977.

[42] Siehe unten II. 2. b) dd), S. 11.

[43] Vgl. Teichmann, JuS 2001, 973, 973 ff.

[44] Däubler, Verhandeln und Gestalten, Rn. 92.

[45] Rückfragen kommen in Betracht, wenn die Prüfung als Prüfungsgespräch abgenommen wird, vgl. I. 1 b), S. 4.

[46] Däubler, Verhandeln und Gestalten, Rn. 93; Hagspiel, JuS 2003, 482, 483 f.; Teichmann, JuS 2001, 973, 977 f.

[47] Teichmann, JuS 2001, 973, 978.

[48] Junker/Kamanabrou, Vertragsgestaltung, Rn. 20; Teichmann, JuS 2001, 973, 978.

[49] Ausnahmsweise kann trotz grundsätzlich bestehenden Regelungsbedarfs dieser aus Zweckmäßigkeitserwägungen entfallen, vgl. Teichmann, JuS 2001, 973, 978.

sind und ob sie zulässig vereinbart werden können[50]. Anschließend muss unter mehreren geeigneten und zulässigen Gestaltungen diejenige ausgewählt werden, die für den Auftraggeber am günstigsten ist[51]. Hierzu sind gegebenenfalls weitere – außerhalb des eigentlichen Gestaltungsauftrags liegende – Interessen einzubeziehen. Verursachen die unterschiedlichen Gestaltungen z. B. unterschiedliche Kosten, ist der kostengünstigste Weg auszuwählen[52]. Außerdem ist das Gebot des sichersten Wegs zu beachten[53]. Bestehen im Hinblick auf einen Gestaltungsweg Bedenken gegen seine Wirksamkeit, muss – nach Rücksprache mit dem Auftraggeber – ein anderer gewählt werden. Lässt sich kein Gestaltungsweg finden, auf dem sich das verfolgte Ziel erreichen lässt, ist derjenige Gestaltungsweg zu ermitteln, der den Zielen des Auftraggebers am nächsten kommt. Steht die richtige Gestaltung fest, muss sie noch in eine entsprechende Formulierung gegossen werden. Dabei sind die zuvor ermittelten Grenzen und Vorgaben (z. B. Transparenzgebot, § 307 Abs. 1 S. 2 BGB, Formzwang) zu beachten.

Die vorstehenden Überlegungen lassen sich in nachfolgendem Prüfungsschema zusammenfassen[54]:

1. Regelungsziel
2. Regelungsbedarf
   a. Bestehende Rechtslage klären
   b. Vergleich mit Regelungszielen
3. Umsetzung des Regelungsbedarfs
   a. Geeignete Gestaltungen
   b. Zulässigkeit geeigneter Gestaltungen
   c. Auswahl unter mehreren Gestaltungen
4. Ausformulierung

Der Vorteil eines derartigen Schemas besteht darin, dass die Vertragsgestaltung an Rationalität gewinnt, der Rechtsgestalter eine Handlungsanweisung erhält, er sich selbst kontrollieren kann und Dritte das Ergebnis der Gestaltung besser nachvollziehen können[55].

---

[50] Tcichmann, JuS 2001, 973, 979.
[51] Brei, JURA 2007, 648, 650.
[52] Siehe unten II. 3. c) bb), S. 23.
[53] Siehe unten II. 3. c) aa), S. 23.
[54] Vgl. auch Berger, BRAK-Mitt. 2005, 169, 170; Brei, JURA 2007, 648, 649 ff.; Scharpf, JuS 2002, 878, 881; Teichmann, JuS 2001, 973, 977 ff.; Weber, JuS 1989, 818, 818 ff. – Zu Vor- und Nachteilen der Anwendung eines solchen Schemas Hagspiel, JuS 2003, 482, 483.
[55] Vgl. Berger, BRAK-Mitt. 2005, 169, 170.

b) Regelungsziel

aa) Allgemeines

Wer eine rechtliche Gestaltung entwickeln will, muss zunächst das zu erreichende Ziel klären. Dieses ist der Bezugspunkt der zukunftsgerichteten Rechtsgestaltung[56]. Aus Anwaltssicht bedeutet das, dass man zunächst herausfindet, welches Sachziel der Mandant verfolgt. Als Unternehmens- oder Verwaltungsjurist sind die Ziele des jeweiligen Dienstgebers zu ermitteln. Da die Vorgaben vielfach von Nichtjuristen stammen, sie sind regelmäßig noch unvollständig, nicht juristisch präzise und nicht wohl durchdacht[57]. Die erste Aufgabe des zur Gestaltung aufgerufenen Juristen besteht demnach darin, aus den „laienhaften" Schilderungen des Auftraggebers das zu erreichende Sachziel genau zu ermitteln und regelmäßig bereits einer juristischen Fallgestaltung zuzuordnen[58]. Außerdem müssen die unmittelbaren Sachziele regelmäßig um nicht ausdrücklich geäußerte, aber bestehende Interessen an einer Risikovorsorge ergänzt werden[59].

bb) Unterschiedliche Begriffsbedeutungen

Zu bedenken ist stets, dass die Ziele und Hintergründe vom Auftraggeber regelmäßig nicht in juristisch exakten Fachbegriffen geschildert werden[60], weshalb auch eine hiervon abweichende Bedeutung in Rechnung zu stellen ist.

Beispiel: Der Mandant kommt zum Anwalt und schildert diesem, dass er seinem Neffen gerne seine unmittelbar an der Strandpromenade in Ahlbeck gelegene Villa „vererben" will.

Lösung: Der beauftragte Anwalt darf in diesem Fall nicht sofort dazu übergehen, ein Testament zu entwerfen und den Neffen als Erben des Mandanten einzusetzen. Er muss vielmehr berücksichtigen, dass der juristische Laie nicht sauber zwischen den rechtlichen Kategorien Erbeinsetzung und Vermächtnis unterscheidet. Er muss daher aufklären, ob es dem Mandanten darum geht, den Neffen (zumindest anteilig) mit dem Todesfall automatisch zu seinem Rechtsnachfolger zu erheben oder ob es ausreicht, dass dem Neffen ein Anspruch gegen die Erben des Mandanten eingeräumt wird.

cc) Übersetzung wirtschaftlicher in juristische Ziele

Außerdem müssen die zumeist wirtschaftlichen Ziele vorab mit einer juristischen Fragestellung verknüpft werden[61]. Dies verlangt vom Gestalter in gewissem Umfang einen Einblick in die wirtschaftlichen, sozialen, kulturellen usw. Hintergrün-

---

[56]   Ausführlich Teichmann, JuS 2001, 973, 973 ff.
[57]   Däubler, Verhandeln und Gestalten, Rn. 92; Langenfeld, JuS 1998, 131, 134.
[58]   Hagspiel, JuS 2003, 482, 483; Teichmann, JuS 2001, 973, 977.
[59]   Vgl. Junker/Kamanabrou, Vertragsgestaltung, Rn. 6 ff. – Siehe unten II. 3. a), S. 19 f.
[60]   Däubler, Verhandeln und Gestalten, Rn. 102 ff. – Vgl. Brambring, JuS 1985, 380, 382; Teichmann, JuS 2001, 973, 977 jeweils mit familienrechtlichem Beispielsfall.
[61]   Teichmann, JuS 2001, 973, 977.

de und Zusammenhänge[62]. Soweit einem Juristen der eigene Einblick fehlt, muss er das Ziel durch eine weitere Befragung des Mandanten aufklären.

Beispiel[63]*:* Ein Arbeitgeber tritt an seinen Rechtsanwalt heran und bittet diesen, den im Unternehmen verwendeten Formulararbeitsvertrag dahingehend zu optimieren, dass Meinungsverschiedenheiten zwischen Arbeitgeber und Arbeitnehmer im Hinblick auf Rechte und Pflichten aus dem Arbeitsverhältnis zeitnah geklärt werden, um zu vermeiden, dass sich Unzufriedenheiten aufstauen und hierdurch der Betriebsfrieden gestört wird.

Lösung: Das vom Arbeitgeber formulierte wirtschaftlich-soziale Ziel muss in eine juristische Fragestellung übersetzt werden. Nach kurzer Überlegung wird man dazu gelangen, dass der Arbeitgeber darum bittet, eine Regelung zu entwerfen, welche die Rechtsverfolgung einer möglichst engen zeitlichen Schranke unterwirft. Dies zwingt die Beteiligten, ihre Ansprüche zeitnah gerichtlich oder außergerichtlich geltend zu machen. Der arbeitsrechtlich vorgebildete Jurist weiß daher, dass er eine für den Arbeitgeber möglichst günstige Ausschlussfrist/Verfallklausel entwerfen soll.

dd) Mehrheit an Zielen

Bei der Ermittlung der vom Mandanten verfolgten Interessen ist zudem darauf zu achten, dass er gegebenenfalls mehrere Ziele verfolgt. Soweit dies der Fall ist, gilt grundsätzlich, dass zunächst eine getrennte Prüfung zu erfolgen hat. In einer Klausursituation liegt es nahe, dass vom Klausurersteller mehrere Ziele vorgegeben werden, um eine umfassende Prüfung denkbarer Szenarien zu ermöglichen. In Betracht kommt beispielsweise, dass hinsichtlich eines Ziels gar kein Regelungsbedarf besteht[64]. Ebenso ist möglich, dass sich nur ein Teil der Ziele realisieren lässt und andere mit rechtlich zulässigen Mitteln nicht erreicht werden können. Schließlich ist denkbar, dass die verschiedenen Ziele in Wechselwirkungen zueinander stehen, insbesondere Ziele einander aus Rechtsgründen ausschließen. Derartige Klausuraufgaben sind besonders anspruchsvoll, weil sie neben einer getrennten Prüfung der einzelnen Ziele eine weitere Prüfung erfordern, in der geklärt wird, auf welchem Weg die Ziele des Mandanten möglichst weitgehend erreicht werden können[65].

c) Regelungsbedarf

aa) Rechtlicher Handlungsbedarf

Herrscht Klarheit über das zu erreichende Ziel, ist im zweiten Schritt zu ermitteln, ob und inwieweit insoweit eine rechtliche Gestaltung erforderlich ist. Dies ist nicht immer der Fall. Mitunter wird das anvisierte Ziel bereits vollständig durch die bestehende Rechtslage erreicht. Ist dies der Fall, bleibt allein zu klären, ob es sinnvoll erscheint, eine deklaratorische Regelung in einen Vertrag aufzunehmen.

---

[62] Däubler, Verhandeln und Gestalten, Rn. 110; Schippel, JURA 1999, 57, 58.
[63] Ulrici, in: Boemke, Fallsammlung Arbeitsrecht, Klausur Nr. 10, S. 293 ff.
[64] Siehe unten Klausur Nr. 4, S. 135, 157.
[65] Siehe unten II. 2. d) cc) (2), S. 16 und Klausur Nr. 6, S. 205, 236 ff.

Hierfür können der Wunsch nach Rechtssicherheit, ein psychologisches Einwirken auf den Vertragspartner o. ä. sprechen[66].

Beispiel: Nach langer Suche findet ein Student eine bezahlbare Wohnung in München. Seine Freude hierüber währt jedoch nur kurz. Bei Durchsicht des Formularmietvertrags stellt er fest, dass der Mietvertrag vorsieht, dass die Wohnung bei Auszug zu renovieren und das Parkett abzuschleifen ist. Er bittet einen befreundeten Jurastudenten zu prüfen, ob man den Mietvertrag dahingehend abändern kann, dass der Vermieter die Renovierungskosten trägt. Anschließend will er den überarbeiteten Entwurf dem Vermieter zuleiten.

Lösung: Der befreundete Jurastudent wird nach einem kurzen Blick auf die einschlägige Rechtsprechung des BGH[67] feststellen, dass die formularmäßige Vereinbarung einer unbedingten Endrenovierungspflicht unwirksam ist. Einer Änderung des Vertrags bedarf es daher nicht. Auch erscheint es nicht sinnvoll, den Vermieter um eine klarstellende Anpassung des Vertragstextes zu bitten, weil zu erwarten ist, dass dieser anderenfalls die Wohnung an einen weniger „besserwisserischen" Mieter vermietet.

bb) Tatsächlicher Handlungsbedarf

Nicht aus den Augen verlieren darf man, dass die Ziele des Mandanten mitunter keinen oder jedenfalls keinen ausschließlich juristischen, sondern einen tatsächlichen Handlungsbedarf hervorrufen[68]. Angesprochen sind hiermit neben den von *Däubler* anschaulich beschriebenen Fällen, in denen der gesunde Menschenverstand von einer Regelung abrät[69], Fallgestaltungen, in denen der Mandant darauf hingewiesen werden muss, dass vorrangig bzw. ergänzend wirtschaftliche Entscheidungen zu treffen und umzusetzen sind[70].

Beispiel: Der Gesellschaftergeschäftsführer einer GmbH hat von dieser eine Pensionszusage erhalten. Zur Refinanzierung wurde von der Gesellschaft eine Versicherung abgeschlossen, welche so berechnet wurde, dass die monatlichen Versicherungsleistungen die zu erbringenden Pensionszahlungen abdecken. Die Ansprüche aus der Versicherung werden an den Geschäftsführer verpfändet. Infolge von Turbulenzen an den Finanzmärkten teilt die Versicherung der GmbH mit, dass die prognostizierten Gewinnanteile wahrscheinlich nicht mehr ausreichen werden, um die Pensionszusage abzudecken. Der Geschäftsführer sorgt sich um seine Pension und bittet um Mithilfe bei der Absicherung seiner Ansprüche. Er schlägt vor, dass die Gesellschaft ihm ein Grundpfandrecht an einer Immobilie bestellt.

Lösung: Die Absicherung der Pensionsansprüche des Geschäftsführers wirft durchaus insolvenzrechtliche Fragen und auch einen rechtlichen Gestaltungsbedarf auf. Daneben darf der Mandant allerdings nicht aus den Augen verlieren, dass zugleich ein erheblicher tatsächlicher Handlungsbedarf besteht. Die verpfändete Versicherung, welche sich als unzureichend erweist, dient nämlich nicht allein der Absicherung des Geschäftsführers. Vielmehr dient diese Versicherung auch der GmbH, indem sie sicherstellt, dass der Liquiditätsfluss der Gesellschaft im Zeitraum der Pensionsleistungen nicht beeinträchtigt wird. Deckt

---

[66]   Teichmann, JuS 2001, 973, 978.
[67]   BGH v. 12.09.2007, NJW 2007, 3776, 3376 f.
[68]   Teichmann, JuS 2001, 870, 871 f.
[69]   Vgl. Däubler, Verhandeln und Gestalten, Rn. 94: „Waschküchenordnung".
[70]   Beispiel bei Teichmann, JuS 2001, 870, 871 f.

die Versicherung die Pensionsleistungen nicht mehr ab, muss die Gesellschaft anderweitig Geld aufbringen. Auf diesen Umstand ist der Mandant, der nicht nur Geschäftsführer, sondern auch Gesellschafter ist, hinzuweisen, damit er hierfür wirtschaftliche Vorsorge leisten kann.

Fallgestaltungen, in denen kein (ausschließlich) juristischer Regelungsbedarf besteht, sondern vorrangig ein tatsächlicher Handlungsbedarf des Mandanten zu identifizieren ist, sind zwar praxisnah, eignen sich naturgemäß aber nur bedingt für juristische Klausuren. Sie stellen Anforderungen insbesondere an das Erkennen wirtschaftlicher Zusammenhänge, nicht aber an die Lösung juristischer Probleme. Da ihnen die Examensrelevanz fehlt, bleiben sie im Übrigen unberücksichtigt.

cc) Vorgehen

Wie zu ermitteln ist, ob ein rechtlicher Handlungsbedarf besteht, ergibt sich aus vorstehenden Ausführungen von selbst. Notwendig ist ein Abgleich der bestehenden Rechtslage[71] mit den zu erreichenden Zielen. Hierdurch wird sichtbar, ob und inwieweit ein Regelungsbedarf besteht[72]. Angesprochen ist damit zugleich ein erster Klausurschwerpunkt: die umfassende Darstellung der bestehenden Rechtslage unter Berücksichtigung einschlägiger Normen und bestehender Rechtsgeschäfte[73].

d) Umsetzung des Regelungsbedarfs

aa) Geeignete Gestaltungen

Besteht ein Regelungsbedarf, ist weiter zu prüfen, wie diesem Rechnung getragen werden kann. Dabei darf man den Fokus nicht zu eng fassen. Vielmehr bedarf es im Einzelfall einer gehörigen Portion Phantasie[74], um neben dem direkten Weg auch indirekte Wege als geeignetes Mittel zu erkennen. Letzteres wird vor allem relevant, wenn sich der direkte Weg im Rahmen der weiteren Prüfung als unzulässig oder unzweckmäßig erweisen sollte.

Beispiel: Der Mandant betreibt eine Versandapotheke und bezieht seine Waren wie alle Apotheken grundsätzlich nicht beim Hersteller, sondern über zwischengeschaltete Großhandelsunternehmen. Aufgrund stark steigender Kundenzahlen erreicht die Apotheke eine Größe, welche es ihr ermöglicht, direkt mit Herstellern über die Belieferung mit Medikamenten zu verhandeln und hierdurch noch günstigere Konditionen zu erlangen. Die zuständigen Vertreter des pharmazeutischen Herstellers wollen aber vermeiden, dass die von ihnen direkt und teilweise noch günstiger als einige Großhandelsunternehmen belieferte Ver-

---

[71] Vgl. Brei, JURA 2007, 648, 650; Junker/Kamanabrou, Vertragsgestaltung, Rn. 67.

[72] Hagspiel, JuS 2003, 482, 483.

[73] Teichmann, JuS 2001, 973, 978.

[74] Vgl. Junker/Kamanabrou, Vertragsgestaltung, Rn. 12; Langenfeld, JuS 1998, 33, 34: „schöpferische Tätigkeit"; Teichmann, JuS 2001, 870, 871: Rechtsgestaltung als Aufgabe mit kreativem Element; vgl. auch Teichmann, JuS 2001, 973, 979. – Siehe unten Klausur Nr. 6, S. 205, 211 ff.

sandapotheke die Arzneimittel an andere Apotheken oder Großhändler weiterverkauft. Hierdurch will sich der Hersteller ein gewisses Preisniveau sichern. Apotheke und Hersteller suchen einvernehmlich eine rechtliche Konstruktion, mit welcher sich der Hersteller vor einem unerwünschten Weiterkauf an andere Apotheken sichern kann.

Lösung: Als direkter Weg zur Umsetzung des Ziels der Beteiligten bietet sich an, dass die Apotheke sich gegenüber dem Hersteller verpflichtet, die direkt bezogenen Waren ausschließlich an Endkunden und nicht an Apotheken oder Großhändler zu verkaufen. Für jeden Fall der Zuwiderhandlung verspricht die Apotheke die Zahlung einer Vertragsstrafe. Die weitere Prüfung der Zulässigkeit dieser Gestaltung wird jedoch offenbaren, dass eine entsprechende Verpflichtung von der Apotheke nicht übernommen werden kann, weil sie gegen § 1 GWB verstößt, d. h. kartellrechtswidrig ist. Ein möglicher Ausweg wird aber deutlich, wenn man berücksichtigt, dass die Apotheke zum Weiterverkauf der Arzneimittel an Großhändler oder andere Apotheken grundsätzlich[75] einer besonderen Genehmigung nach § 52a Abs. 1 AMG bedarf. Die Apotheke könnte sich daher verpflichten, keine Arzneimittel ohne eine solche Genehmigung weiterzuverkaufen und dem Hersteller anzuzeigen, sobald sie eine solche Erlaubnis beantragt. Werden diese Pflichten durch Vertragsstrafeversprechen abgesichert, besteht für den Hersteller zumindest die Sicherheit, dass er den zukünftigen Bezug an die veränderten Umstände anpassen kann. Dieser Umweg führt faktisch zum gewünschten Erfolg und ist kartellrechtlich durchaus abweichend vom direkten Weg zu beurteilen. Mögen die Parteien damit auch bewusst eine Umgehung kartellrechtlicher Vorschriften bezwecken, rechtfertigt ein solcher Umgehungswille allein nicht die Annahme einer rechtlich unzulässigen Umgehung[76].

Eine bedeutende Hilfe beim Auffinden geeigneter Gestaltungen bietet der – in Klausursituationen praktisch nicht verfügbare – Erfahrungsschatz der Kautelarjuristen, wie er in Formular- und Mustersammlungen zu finden ist[77]. Dieser bildet den Konsens der Fachwelt ab, wie bestimmte Fallgestaltungen angemessen, umfassend und rechtssicher zu behandeln sind. Um ihn auszuwerten, bedarf es zuvor der Zuordnung des dem Kautelarjuristen vorliegenden Falls zu vorhandenen Fallgruppen und Vertragstypen[78].

bb) Zulässigkeit geeigneter Gestaltungen

Ein weiterer Schwerpunkt rechtsgestaltender Klausuren wird regelmäßig in der Prüfung der Zulässigkeit der als geeignet befundenen Gestaltungen liegen. Ausgangspunkt ist dabei, dem Prinzip der Privatautonomie folgend, dass grundsätzlich jede rechtliche Gestaltung zulässig und damit rechtlich wirksam ist, soweit recht-

---

[75]   Eine Ausnahme für Geschäfte im geringfügigen Bereich besteht nach § 52a Abs. 7 AMG.

[76]   Zum Umgehungsgeschäft vgl. Boemke/Ulrici, BGB-AT, § 11 Rn. 15 f.; Medicus, BGB-AT, § 44.

[77]   Junker/Kamanabrou, Vertragsgestaltung, Rn. 22 ff.; Langenfeld, JuS 1998, 33, 34 ff.; Weber, JuS 1989, 818, 819; Zawar, JuS 1992, 134, 136. – Vgl. auch Larenz/Wolf, BGB-AT, § 32 Rn. 29 ff.

[78]   Vgl. Langenfeld, JuS 1998, 33, 36; Schippel, JURA 1999, 57, 60; Zawar, JuS 1992, 134, 136.

liche Regeln nicht entgegenstehen[79]. Dies bedeutet, dass eine Gestaltung an den für sie geltenden Grenzen der Privatautonomie zu messen ist[80]. Insoweit lassen sich innere und äußere Grenzen unterscheiden. Innere Grenzen sind der Privatautonomie immanent. Da sie der Selbstbestimmung dient, ermöglicht sie ohne besondere Grundlage keine Fremdbestimmung. Deshalb reicht die Rechtsmacht einer Person nicht soweit, dass sie durch vertragliche Abreden unmittelbar in den Rechtskreis außenstehender Dritter eingreifen kann (Unzulässigkeit des Vertrags zu Lasten Dritter)[81].

Äußere Grenzen ergeben sich zunächst ganz allgemein aus höherrangigem zwingenden Recht[82], z. B. § 138 BGB, sowie über § 134 BGB aus Verbotsgesetzen[83]. Weitere Schranken können sich aus besonderen Verhandlungssituationen, insbesondere der Verwendung vorformulierter Vertragsbedingungen ergeben[84]. Ist der Anwendungsbereich der §§ 305 ff. BGB eröffnet, unterliegt das Rechtsgeschäft einer umfangreichen Einbeziehungs- und Angemessenheitskontrolle.

Einer besonderen Kontrolle können schließlich auch einseitige Rechtsgeschäfte unterliegen, wenn sie auf vertraglicher oder gesetzlicher Grundlage einen Übergriff in die Rechtssphäre eines Anderen ermöglichen. Z. B. müssen sich einseitige Leistungsbestimmungen nach § 315 BGB grundsätzlich am Maßstab der Billigkeit messen lassen, d. h. im Einzelfall gerecht sein.

cc) Auswahl geeigneter und zulässiger Gestaltungen

(1) Allgemein

Konnten mehrere geeignete und rechtlich zulässige Wege zur Erreichung des verfolgten Rechtsziels ermittelt werden, ist unter ihnen eine Auswahl vorzunehmen[85]. Hierzu sind die Vor- und Nachteile der einzelnen Gestaltungen unter Berücksichtigung der vom Auftraggeber verfolgten Sachziele sowie weiterer, von ihm vielfach noch gar nicht ausdrücklich geäußerter Interessen untereinander abzuwägen[86]. Weisen die verschiedenen Wege relevante Unterschiede in ihren rechtlichen und tatsächlichen Auswirkungen auf, ist der Auftraggeber – soweit seinem Auftrag zu diesen Punkten bislang noch keine Informationen zu entnehmen sind – auf diese Unterschiede hinzuweisen. Insbesondere sind ihm unterschiedliche Risiken zu erläutern, weil allein er – nach Belehrung – darüber disponieren darf, welche

---

[79]   Vgl. Boemke/Ulrici, BGB-AT, § 11 Rn. 2.
[80]   Vgl. Schippel, JURA 1999, 57, 59; Teichmann, JuS 2001, 870, 871.
[81]   Boemke/Ulrici, BGB-AT, § 4 Rn. 4.
[82]   Hagspiel, JuS 2003, 482, 484; Junker/Kamanabrou, Vertragsgestaltung, Rn. 4. – Das höherrangige Recht umfasst nicht allein das staatliche oder überstaatliche Recht (z. B. EG-Vertrag), sondern beispielsweise im Arbeitsrecht auch kollektivrechtliche Normen (Tarifverträge und Betriebsvereinbarungen).
[83]   Siehe hierzu Boemke/Ulrici, BGB-AT, § 11 Rn. 3-32 und 42-64.
[84]   Siehe hierzu Boemke/Ulrici, BGB-AT, § 11 Rn. 65 ff.
[85]   Brei, JURA 2007, 648, 650, 651; Teichmann, JuS 2001, 973, 979.
[86]   Brei, JURA 2007, 648, 650, 651; Teichmann, JuS 2001, 973, 979.

Risiken er zur Erreichung welcher Erfolge zu übernehmen bereit ist. Im Ergebnis entscheidet also der Auftraggeber, welche Gestaltung umzusetzen ist[87].

In Klausursituationen sind Rückfragen naturgemäß nicht möglich. Der Klausurbearbeiter ist daher dazu aufgerufen, den Sachverhalt daraufhin abzuklopfen, ob sich diesem Anhaltspunkte entnehmen lassen, welcher Weg den Gesamtinteressen des Auftraggebers am nächsten kommt. Lässt sich auf diesem Weg eine Gestaltung als vorzugswürdig identifizieren, ist diese auszuformulieren. Anderenfalls muss der Klausurbearbeiter die Wege, ihre Unterschiede und Vorteile aufzeigen und anhand typischer Interessen (Rechtssicherheit, Kostengünstigkeit etc.) einen Vorschlag unterbreiten und diesen ausformulieren[88].

(2) Verfolgung konfligierender Sachziele

Ein praktisch wie klausurmäßig wichtiger Unterfall vorstehender Auswahl- und Abwägungsentscheidung sind die Fälle, in denen der Auftraggeber verschiedene Ziele verfolgt, welche sich aus Rechtsgründen nicht zugleich vollständig nebeneinander erreichen lassen[89]. In diesen Fällen ist in die Abwägung einzubeziehen, welcher Stellenwert den einzelnen Zielen vom Auftraggeber beigemessen wird, ob bestimmte Ziele also Vorrang vor anderen Zielen genießen, und inwieweit die Verfolgung eines Ziels die Erreichung eines anderen Ziels beeinträchtigt[90].

Beispiel[91]*:* Der 69-jährige Klaus will sein wertvolles Mietshaus bereits zu Lebzeiten an seine Lebensabschnittsgefährtin Lisa übertragen, um zu vermeiden, dass seine ungeliebten Kinder durch Pflichtteilsansprüche an dessen Wert partizipieren. Da sich Klaus aber nicht sicher ist, dass der Lebensabschnitt mit Lisa sein letzter Lebensabschnitt sein wird, will er sicherstellen, dass er die Übertragung rückgängig machen kann, wenn er sich von Lisa trennt.

Lösung: Der aufgesuchte Notar wird Klaus unter Hinweis auf die Regelungen in § 2325 BGB darüber aufklären, dass die schenkungsweise Verfügung über das Mietshaus geeignet ist, dessen Wert den Kindern vorzuenthalten, wenn seit der Leistung des Gegenstands ausreichend Zeit vergangen ist (vgl. § 2325 Abs. 3 S. 2 BGB). Allerdings wird der Notar zudem darüber aufklären müssen, dass vorstehende Frist solange nicht anläuft, wie das Mietshaus aufgrund des Rechts zur Rückforderung nicht dauerhaft aus Klaus' Vermögen ausgeschieden ist. Die Erreichung des einen Ziels schließt die Erreichung des anderen Ziels aus.

e) Ausformulierung

aa) Formfragen

Steht nach Durchlaufen des vorstehenden Fragenkatalogs fest, welche rechtliche Gestaltung umgesetzt werden soll, ist diese auszuformulieren. Hierbei ist darauf

---

[87]   Teichmann, JuS 2001, 973, 979.
[88]   Vgl. Brei, JURA 2007, 648, 650 f.
[89]   Vgl. hierzu Junker/Kamanabrou, Vertragsgestaltung, Rn. 56.
[90]   Siehe C. § 2, S. 273.
[91]   Siehe unten Klausur Nr. 6, S. 205, 236 ff.

zu achten, inwieweit Formvorschriften einzuhalten sind[92], weil eine rechtliche Gestaltung ihr Ziel verfehlt, wenn sie nach § 125 BGB nichtig ist. Aber auch soweit Formfreiheit besteht, ist zu erwägen, ob und inwieweit Rechtssicherheit und Rechtsklarheit eine körperliche Festlegung der Gestaltung in einer Urkunde gebieten[93].

bb) Stilfragen

Im Übrigen ist man grundsätzlich frei, wie die Gestaltung sprachlich gefasst wird. Erforderlich[94] und ausreichend ist, dass sich durch Auslegung die gewünschten Inhalte der Gestaltung ermitteln lassen. Um Bedeutungszweifel zu vermeiden[95], sollte die Formulierung klar und unzweideutig sein (vgl. § 17 Abs. 1 S. 1 a. E. BeurkG)[96]. Es empfiehlt sich deshalb die Verwendung einer verständlichen Sprache in Anlehnung an rechtlich definierte Begriffe[97].

Vor allem aus dem angelsächsischen Raum sind sehr detaillierte Gestaltungen bekannt und ein Unternehmenskaufvertrag umfasst leicht tausend Seiten. Der Vorteil dieses Vorgehens liegt darin, dass alle vorausgesehenen Fälle konkret nach den Vorstellungen der Beteiligten geregelt werden. Ein Nachteil ist jedoch, dass die Gestaltung unübersichtlich und unverständlich wird. Auch erscheint es ausgeschlossen, dass jede erdenkliche Eventualität bereits bei Vornahme der Gestaltung vorausgesehen werden konnte. Selbst umfassende Regelungen können sich daher noch als lückenhaft erweisen. Im Gegensatz zu diesen detaillierten Regelungen entspricht es hiesiger Traditionen eher, lediglich die besonders bedeutsamen Punkte detailliert zu regeln und sich im Übrigen auf stark abstrahierte und generalklauselartige Formulierungen sowie die Angabe der Ziele der Regelung (z. B. in einer Präambel) zu beschränken und im Übrigen auf das Eingreifen des zur Verfügung stehenden dispositiven Gesetzesrechts zu vertrauen. Dieses Vorgehen hat den Vorteil, dass der Vertrag übersichtlich bleibt. Auch lassen sich aus den abstrakten Regelungen sowie insbesondere dem Inhalt einer Präambel Anhaltspunkte zur Lösung sämtlicher Problemfälle gewinnen (Auslegung). Der Nachteil hieran liegt darin, dass sich die konkrete Regel nicht unmittelbar aus dem Vertragstext entnehmen lässt. Welcher der beiden Wege im Einzelfall eingeschlagen wird, richtet sich nach den Vorgaben des Auftraggebers sowie danach, inwieweit Verständlichkeit, Rechtsklarheit und Rechtssicherheit optimal erreicht werden können.

Die zuvor beschriebene Freiheit bei der formalen Umsetzung der Gestaltung wird im Bereich der §§ 305 ff. BGB erheblich eingeschränkt. Zunächst verbietet

---

[92] Vgl. Schippel, JURA 1999, 57, 62; Weber, JuS 1989, 636, 637 ff. – Zur Form vgl. Boemke/Ulrici, BGB-AT, § 10.

[93] Vgl. auch Klausur Nr. 2, S. 67, 94 ff.

[94] Scharpf, JuS 2002, 878, 880.

[95] Schippel, JURA 1999, 57, 58: „Auslegung ist der Feind der Rechtsgestaltung".

[96] Diese in § 17 Abs. 1 S. 1 a. E. BeurkG normierte Anforderung gilt über den Anwendungsbereich der Vorschrift hinaus für alle Rechtsgestalter, vgl. Schippel, JURA 1999, 57, 58; Willemsen, JURA 1999, 83, 84.

[97] Hagspiel, JuS 2003, 482, 485; Junker/Kamanabrou, Vertragsgestaltung, Rn. 66; Langenfeld, JuS 1998, 131, 132; Scharpf, JuS 2002, 878, 881; Weber, JuS 1989, 818, 821.

§ 305c Abs. 1 BGB überraschende Klauseln, wobei sich das Überraschungsmoment insbesondere auch aus der äußeren Gestaltung ergeben kann[98]. Dies ist etwa der Fall, wenn eine besonders einschneidende Regelung unter einer nichtssagenden Überschrift versteckt wird[99]. Außerdem gilt im Anwendungsbereich der §§ 305 ff. BGB noch stärker[100], dass man missverständliche Regelungen vermeiden muss, weil Auslegungszweifel zu Lasten des Verwenders einer Regelung gehen (§ 305c Abs. 2 BGB). Überdies fordert § 307 Abs. 1 S. 2 BGB, dass Rechte und Pflichten möglichst klar und verständlich dargestellt werden[101]. Dieses Erfordernis verbietet nicht nur abstrakte, nichtssagende Regelungen. Es kann im Einzelfall gleichermaßen umfassenden Detailregelungen angelsächsischer Art entgegenstehen. Schließlich können einzelne Klauselverbote selbst Anforderungen an die inhaltliche Gestaltung einer Regelung stellen[102]. Beispielsweise sind arbeitsrechtliche Änderungsvorbehalte nur dann mit § 308 Nr. 4 BGB vereinbar, wenn sich ihnen die Gründe für eine Änderung hinreichend entnehmen lassen[103].

cc) Aufbaufragen

Einen bestimmten Aufbau gibt das Gesetz für verkörperte Gestaltungen grundsätzlich nicht vor[104]. Allerdings ist eine klare Struktur, d. h. ein logischer Aufbau sinnvoll[105] und wird von § 305c Abs. 1 BGB in gewissen Grenzen gefordert[106]. Üblich ist insoweit, dass die Urkunde zunächst die beteiligten Rechtssubjekte und ihre Vertreter benennt (vgl. §§ 9 Abs. 1 Nr. 1, 10 Abs. 1 BeurkG)[107]. Hieran schließt sich, soweit sinnvoll, eine erläuternde Präambel an. Dann sollten zunächst die essentialia negotii und erst im Anschluss weitere Abreden, wie z. B. Gewährleistungsfragen geregelt werden[108]. Auch werden schuldrechtliche Verpflichtungen grundsätzlich vor verfügenden Geschäften geregelt[109]. Dies dient dem besseren, weil systematisch untermauerten, Verständnis, der Vermeidung von Missdeutungen und damit dem objektiven Interesse an Rechtssicherheit und -klarheit.

---

[98] Vgl. Hk-ArbR/Boemke/Ulrici, § 305c BGB Rn. 6.
[99] BAG v. 31.08.2005, NZA 2006, 324, 326; Hk-ArbR/Boemke/Ulrici, § 305c BGB Rn. 6.
[100] Vgl. allgemein Scharpf, JuS 2002, 878, 880.
[101] BAG v. 25.05.2005, NZA 2005, 1111, 1115.
[102] Vgl. BAG v. 12.01.2005, NZA 2005, 465, 467 f.; Hk-ArbR/Boemke/Ulrici, § 308 BGB Rn. 25.
[103] BAG v. 12.01.2005, NZA 2005, 465, 467 f.; Hk-ArbR/Boemke/Ulrici, § 308 BGB Rn. 25.
[104] Junker/Kamanabrou, Vertragsgestaltung, Rn. 67; Weber, JuS 1989, 636, 641.
[105] Langenfeld, JuS 1998, 131; Scharpf, JuS 2002, 878, 881; Weber, JuS 1989, 636, 641; Zawar, JuS 1992, 134, 138.
[106] Weber, JuS 1989, 636, 641.
[107] Junker/Kamanabrou, Vertragsgestaltung, Rn. 67.
[108] Junker/Kamanabrou, Vertragsgestaltung, Rn. 68; Weber, JuS 1989, 636, 641.
[109] Weber, JuS 1989, 636, 641.

3. Maximen der Rechtsgestaltung

Die Rechtsgestaltung wird durch bestimmte Maximen gesteuert. Deren Beachtung sichert die Erreichung des gewünschten Erfolgs sowie die Vermeidung einer Haftung[110] für eine fehlerhafte Gestaltung. Nicht alle Maximen sind stets gleichermaßen zu beachten. Insbesondere neutrale Rechtsgestalter befinden sich in einer anderen Ausgangssituation, weshalb sich bei ihnen manche Fragen anders stellen. Die wichtigsten Maximen sind jedoch unabhängig von der konkreten Rolle des Kautelarjuristen zu befolgen, weil sie der Rechtsgestaltung immanent sind.

a) Zukunftsgerichtetheit

Die Kernaufgabe der Rechtsgestaltung besteht im Unterschied zur bloßen Rechtsanwendung darin, dass nicht ein vergangener oder gegenwärtiger Sachverhalt rechtlich eingeordnet und bewertet, sondern ein zukünftiger, jedenfalls noch nicht abgeschlossener Sachverhalt rechtlich gestaltet werden soll[111]. Es soll nicht festgestellt werden, was Recht ist bzw. wie ein Konflikt zu regulieren[112] ist, vielmehr soll bestimmt werden, was zukünftig Recht sein soll. Es sollen drohende Konflikte vermieden[113], Mechanismen für deren Lösung vorgegeben und Unsicherheiten beseitigt werden. Die Rechtsgestaltung ist zukunftsorientiert[114]. Dieser Aspekt ist daher bereits kraft Natur der Sache bei der Rechtsgestaltung durchgehend im Auge zu behalten. Aus ihm lassen sich vielfach weitere Regelungsziele der Parteien, insbesondere im Bereich der Störfallvorsorge, ableiten, auch wenn diese nicht ausdrücklich geäußert werden[115].

Beispiel: Ein Unternehmen soll im Wege eines sog. share-deals[116] den Inhaber wechseln.

Lösung: In diesem Fall ist es keineswegs ausreichend, einen Vertrag zu entwerfen, der Verkauf und Übertragung der Gesellschaftsanteile zu einem bestimmten Preis vorsieht. Vielmehr ist zu berücksichtigen, dass der geschlossene Vertrag noch der Abwicklung bedarf, welche in vielfacher Hinsicht gestört werden kann. Hierfür ist bereits im Vertrag Vorsorge

---

[110] Ausführlich zur Haftungsvermeidung Teichmann, JuS 2001, 1078. – Vgl. auch Larenz/ Wolf, BGB-AT, § 32 Rn. 18.

[111] Grziwotz, JuS 1998, 807, 808: „Denkweise nach vorn"; Junker/Kamanabrou, Vertragsgestaltung, Rn. 1 und 3 f.; Scharpf, JuS 2002, 878; Schippel, JURA 1999, 57, 58; Teichmann, JuS 2001, 870, 873 f.; Willemsen, JURA 1999, 83, 84.

[112] Vgl. Teichmann, JuS 2001, 973, 975.

[113] Vgl. Teichmann, JuS 2001, 973, 975.

[114] Däubler, Verhandeln und Gestalten, Rn. 86; Kanzleiter, NJW 1995, 905; Langenfeld, JuS 1998, 33, 33 f.; Scharpf, JuS 2002, 878, 879; Schippel, JURA 1999, 57, 58; Teichmann, JuS 2001, 870, 872, 873 f.; Zawar, JuS 1992, 134.

[115] Vgl. Junker/Kamanabrou, Vertragsgestaltung, Rn. 9 ff.; Kanzleiter, NJW 1995, 905; Teichmann, JuS 2001, 973, 978 f. – Vgl. auch Brambring, JuS 1985, 380, 382 mit einem Beispiel zur Abwicklung eines Grundstückskaufs.

[116] Vgl. zum Begriff Hanke/Socher, NJW 2010, 664.

zu treffen[117]. Der Verkäufer wird regelmäßig an der Absicherung seines Kaufpreisanspruchs interessiert sein. Umgekehrt will sich der Käufer, selbst wenn eine due diligence[118] durchgeführt wurde, dagegen absichern, dass die gekaufte Gesellschaft mit Risiken behaftet ist.

Der Zukunftsgerichtetheit ist darüber hinaus bei der Ermittlung geeigneter Gestaltungsmöglichkeiten Rechnung zu tragen. Es ist zu antizipieren, zu welchem Zeitpunkt die Gestaltung wirken soll und welche Gestaltung dann als geeignet erscheinen wird, um die (zukünftigen) Interessen des Mandanten umzusetzen[119].

Beispiel: Ein Unternehmen soll im Wege eines sog. share-deals den Inhaber wechseln. Der Käufer will sich gegen Risiken absichern, die der gekauften Gesellschaft, zunächst unerkannt, anhaften.

Lösung: Eine Absicherung gegen derartige Risiken ist in vielfältiger Form denkbar. Möglich ist beispielsweise, dass im Vertrag vorgesehen ist, dass sich der Kaufpreis verringern soll. Sich hieraus etwaig ergebende Rückzahlungsansprüche des Käufers werden durch einen zeitlich begrenzten Einbehalt vom Kaufpreis gesichert. Eine Absicherung könnte aber auch darin bestehen, dass der Kaufvertrag bei Feststellung bestimmter Mängel automatisch rückabzuwickeln ist. Vergleichbar wäre eine Regelung, dass dem Käufer ein Rücktrittsrecht zustehen soll. Das Prinzip der Zukunftsgerichtetheit verlangt, dass bereits bei Vertragsschluss antizipiert wird, welche Regelung am geeignetsten ist und deshalb zukünftig eingreifen soll. Eine solche Bewertung wird sich kaum zuverlässig vornehmen lassen, weshalb dem Gebot der Zukunftsgerichtetheit am besten dadurch Rechnung getragen wird, dass dem Käufer im Falle des Mangels ein Wahlrecht zwischen Minderung und Rücktritt eingeräumt wird. Eine automatische Rückabwicklung dürfte sich dagegen nicht als geeignet erweisen, weil sich vorher kaum absehen lässt, ob diese Folge zu einem späteren Zeitpunkt noch angemessen ist[120].

Die Zukunftsgerichtetheit der Rechtsgestaltung stellt an den Kautelarjuristen im Vergleich zum forensisch arbeitenden Juristen zusätzliche Anforderungen. Er muss ebenso eine Prognose über die zukünftige Rechtslage[121] wie über die weitere Sachverhaltsentwicklung[122] treffen. Die Nichtbeachtung dieser zusätzlichen Anforderungen kann für den jeweiligen Gestalter ein zusätzliches Haftungsrisiko begründen[123].

---

[117] Vgl. Däubler, Verhandeln und Gestalten, Rn. 86: „Erfüllungsplanung"; Junker/Kamanabrou, Vertragsgestaltung, Rn. 9 ff.; Scharpf, JuS 2002, 878, 879.

[118] Vgl. zum Begriff Hanke/Socher, NJW 2010, 829.

[119] Vgl. Hagspiel, JuS 2003, 482, 485; Kanzleiter, NJW 1995, 905; Langenfeld, JuS 1998, 33; Scharpf, JuS 2002, 878, 879; Schippel, JURA 1999, 57, 58.

[120] Vgl. zum Vorstehenden Berger, BRAK-Mitt. 2005, 169, 172. – Vgl. auch Larenz/Wolf, BGB-AT, § 32 Rn. 26; Scharpf, JuS 2002, 878, 880.

[121] Kanzleiter, NJW 1995, 905, 906; Scharpf, JuS 2002, 878, 879.

[122] Kanzleiter, NJW 1995, 905, 906.

[123] Vgl. hierzu mit einem anschaulichen Beispiel Teichmann, JuS 2001, 870, 873 f. sowie Kanzleiter, NJW 1995, 905, 910.

b) Interessenbindung

aa) Einseitige Interessenwahrnehmung

Kautelarjuristen, die für einen Auftraggeber tätig werden, sind verpflichtet, dessen Interessen umfassend wahrzunehmen[124]. Angesprochen sind hiermit Rechtsanwälte, Unternehmens- und Verwaltungsjuristen[125]. Kurz gesagt: sie sollen das Beste für ihren Auftraggeber erreichen[126]. Diese Bindung an die Interessen des Auftraggebers zwingt den gestaltenden Juristen dazu, diese Interessen umfassend zu erforschen. Er darf keinesfalls seine Vorstellungen an die Stelle des Mandanten setzen. Dies gilt nicht nur, soweit der Auftraggeber ausdrücklich seine Interessen und Ziele definiert hat, sondern auch, soweit entsprechende Vorgaben fehlen (Informationslücke). In einem solchen Fall ist durch Rücksprache mit dem Auftraggeber dessen Interessenlage zu klären[127]. Erforderlich hierfür ist in aller Regel, dass durch den Kautelarjuristen zunächst skizziert wird, welche Informationslücke besteht und welche Gestaltungsmöglichkeiten bestehen. Nur derart umfassend beraten, kann der juristische Laie seine Ziele fundiert definieren.

Die Verpflichtung auf die Parteiinteressen besteht jedoch nicht schrankenlos. Sie unterliegt zunächst insoweit einer immanenten Schranke, als eine einseitige, rücksichtslose Durchsetzung der Interessen des Auftraggebers regelmäßig bereits daran scheitert, dass die Gestaltung der Zustimmung eines Vertragspartners bedarf. Betont ein Gestaltungsentwurf die Interessen einer Partei zu einseitig, wird ihm die andere Partei regelmäßig die Zustimmung verweigern. Der Entwurf erweist sich im Ergebnis als wertlos. Aus diesem Grund ist auch dem Gebot der Interessenwahrnehmung ein ausgleichendes Moment immanent, soweit der Auftraggeber ernsthaft an einem Vertragsschluss interessiert ist.

Einer äußeren Schranke unterliegt das Gebot der Interessenwahrnehmung in Bezug auf die allgemeinen Gesetze. Die Ziele des Mandanten dürfen insbesondere nicht mit strafbaren Mitteln verfolgt werden. Allerdings ist es Interessenvertretern nicht per se verboten, auf rechtlich zweifelhafte Gestaltungsmittel zurückzugreifen. Diese können sich in der Praxis durchaus als faktisch geeignet erweisen und können im Rahmen der guten Sitten und unter Beachtung des anwaltlichen Gewissens dem Mandanten vorgeschlagen werden.

Beispiel: Zur Verringerung der Personalkosten strebt ein Arbeitgeber an, seinen Arbeitnehmern zukünftig keine Lohnfortzahlung über die gesetzlich zwingend vorgeschriebenen Fälle hinaus zu gewähren. Z. B. soll keine Lohnfortzahlung bei Pflege kranker Familienangehöriger geleistet werden.

Lösung: Nach rechtlicher Prüfung ist der Arbeitgeber darauf hinzuweisen, dass eine generelle formularmäßige Abbedingung der maßgeblichen Vorschrift des § 616 BGB nach herr-

---

[124] Scharpf, JuS 2002, 878, 878 f.; Weber, JuS 1989, 818, 819. – Vgl. auch Langenfeld, JuS 1998, 131, 134; Willemsen, JURA 1999, 83, 84.

[125] Langenfeld, JuS 1998, 33, 34; Teichmann, JuS 2001, 870, 872 f.; Willemsen, JURA 1999, 83, 84.

[126] Langenfeld, JuS 1998, 33, 34.

[127] Langenfeld, JuS 1998, 131, 134: „Informationsgewinnung ist Rechtspflicht".

schender Ansicht nicht möglich ist. Zugleich ist der Mandant aber darauf hinzuweisen, dass es bislang an höchstrichterlicher Rechtsprechung hierzu fehlt. Außerdem ist dem Mandanten zu erläutern, dass eine voraussichtliche Unwirksamkeit der Abbedingung des § 616 BGB den übrigen Vertrag unberührt lässt, weshalb der Arbeitgeber genauso stünde, als würde er die Klausel nicht vereinbaren. Die Aufnahme der Klausel begründet für ihn mithin keinerlei Nachteile, weil beispielsweise keine Klagen nach dem UKlaG drohen (§ 15 UKlaG). Deshalb kann dem Mandanten trotz voraussichtlicher Unwirksamkeit der Klausel dazu geraten werden, diese aufzunehmen, weil erstens die Chance besteht, dass die Klausel wirksam ist, und zweitens zumindest die Möglichkeit besteht, dass ein Teil der Arbeitnehmer die Klausel als wirksam erachtet und keine Ansprüche erhebt.

bb) Unparteilichkeit

Für Richter oder Notare stellt sich das Gebot der Interessenwahrnehmung abweichend dar. Sie sind auch den Interessen der Beteiligten verpflichtet. Da sie jedoch regelmäßig den Interessen mehrerer Beteiligter (z. B. Parteien eines Grundstückskaufvertrags, Prozessparteien) verpflichtet sind und die Interessen der Beteiligten in vielen Fragen gegenläufig sind, müssen Richter und Notare unparteilich sein[128]. Sie sind den Parteiinteressen verpflichtet, soweit alle Beteiligten gleichlaufende Interessen (z. B. Kostengünstigkeit) verfolgen. Im Übrigen muss ein angemessener und gerechter Ausgleich der gegenläufigen Interessen angestrebt werden. Hierbei darf keine Partei materiell bevorzugt werden. Zulässig und gegebenenfalls erforderlich sind jedoch formelle Bevorzugungen, soweit sie bestehende Ungleichheiten in der Verhandlungsstärke ausgleichen (vgl. § 17 Abs. 1 S. 2 a. E. BeurkG)[129].

c) Vier Gebote der Rechtsgestaltung

Aus der Zukunftsbezogenheit der Rechtsgestaltung, insbesondere aber aus der Wahrnehmung fremder Interessen lassen sich die nachfolgenden vier Gebote der Rechtsgestaltung ableiten. Diese gelten nicht nur für Rechtsanwälte, Unternehmens- und Verwaltungsjuristen, sondern letztlich auch für Richter und Notare. Sie alle müssen bei ihren Gestaltungen z. B. das Gebot des sichersten Wegs beachten[130], weil ihnen fremde Interessen anvertraut sind, welche nicht gefährdet werden sollen. Insoweit besteht grundsätzlich auch kein Unterschied zwischen einseitigen Interessenvertretern wie Rechtsanwälten einerseits und objektiven Interessenvertretern wie Richtern andererseits, weil die Wahl des sichersten Wegs objektiv den Interessen aller Beteiligten dient, indem Rechtssicherheit geschaffen wird[131].

---

[128] Brambring, JuS 1985, 380, 381; Langenfeld, JuS 1998, 33, 34; Teichmann, JuS 2001, 870, 872 und 873; Weber, JuS 1989, 818, 819; Willemsen, JURA 1999, 83, 84.
[129] Vgl. Willemsen, JURA 1999, 83, 84.
[130] Brei, JURA 2007, 648, 651; Larenz/Wolf, BGB-AT, § 32 Rn. 16; Schippel, JURA 1999, 57, 58; Teichmann, JuS 2001, 1078; Weber, JuS 1989, 818, 820.
[131] Vgl. Scharpf, JuS 2002, 878, 880; Weber, JuS 1989, 818, 820.

aa) Gebot des sichersten Wegs[132]

Das Gebot des sichersten Wegs verpflichtet dazu, unter mehreren zur Umsetzung der verfolgten Ziele geeigneten Gestaltungsmöglichkeiten diejenige auszuwählen, welche die wenigsten Risiken in sich birgt[133]. Hieraus folgt aber zugleich die Grenze des Gebots des sichersten Wegs: Soweit die wahrgenommenen Interessen die Eingehung von tatsächlichen oder rechtlichen Risiken deckt, darf und gegebenenfalls muss auch eine riskante Gestaltung umgesetzt werden[134].

Das Gebot des sichersten Wegs erlangt Bedeutung zunächst bei umstrittenen und noch nicht abschließend geklärten Rechtsfragen. Werden Zweifel gegen die Zulässigkeit einer rechtlichen Gestaltung geltend gemacht, ist von dieser regelmäßig Abstand zu nehmen und eine andere, zweifelsfrei zulässige zu wählen[135]. Hieraus folgt weiter, dass sich eine Gestaltung an der für die Entscheidung von Streitfällen maßgeblichen Rechtsprechung und nicht an Literaturansichten orientieren muss, selbst wenn man Letztere persönlich für überzeugender hält[136]. Hierbei muss der Rechtsgestalter auch die Entwicklung der Rechtsprechung im Auge behalten und in gewissem Umfang Änderungen der Rechtsprechung antizipieren (Zukunftsgerichtetheit)[137].

bb) Gebot der Kostengünstigkeit

Verwandt mit dem Gebot des sichersten Wegs, weil gleichen Ursprungs, ist die Vorgabe unter mehreren, im Übrigen gleichwertigen Gestaltungen, den für die Beteiligten kostengünstigsten Weg zu wählen[138]. Insbesondere Rechtsanwälte dürfen sich daher nicht für diejenige Gestaltung entscheiden, bei welcher sie persönlich am meisten verdienen. Vielmehr müssen Rechtsanwälte, Notare usw., auch unter Inkaufnahme der Verringerung eigener Honoraransprüche, eine Gestaltung wählen, welche die verfolgten Ziele unter Verursachung möglichst geringer Transaktionskosten erreicht[139].

---

[132] Ausführlich Scharpf, JuS 2002, 878, 878 ff.

[133] RG v. 15.03.1921, WarnRspr 1921, 103; RG v. 10.09.1935, RGZ 148, 321, 325; BGH v. 19.05.1958, BGHZ 27, 274, 276 = NJW 1958, 1398; Junker/Kamanabrou, Vertragsgestaltung, Rn. 32; Larenz/Wolf, BGB-AT, § 32 Rn. 16; Scharpf, JuS 2002, 878, 880; Schippel, JURA 1999, 57, 58.

[134] Teichmann, JuS 2001, 1078. – Vgl. auch Larenz/Wolf, BGB-AT, § 32 Rn. 19; Scharpf, JuS 2002, 878, 880.

[135] Vgl. Larenz/Wolf, BGB-AT, § 32 Rn. 16 f.

[136] Vgl. BGH v. 30.09.1993, NJW 1993, 3323, 3324; Brei, JURA 2007, 648, 652; Junker/Kamanabrou, Vertragsgestaltung, Rn. 33; Teichmann, JuS 2001, 1078.

[137] Vgl. BGH v. 30.09.1993, NJW 1993, 3323, 3324; Junker/Kamanabrou, Vertragsgestaltung, Rn. 33; Kanzleiter, NJW 1995, 905, 906; Scharpf, JuS 2002, 878, 879; Teichmann, JuS 2001, 1078.

[138] Larenz/Wolf, BGB-AT, § 32 Rn. 20; Zawar, JuS 1992, 134, 138. – Vgl. auch Weber, JuS 1989, 818, 820.

[139] Vgl. hierzu sowie zum Vorrang des Gebots des sichersten Wegs, Larenz/Wolf, BGB-AT, § 32 Rn. 21 f.

Beispiel: Der Mandant soll zur Sicherung eines Darlehens eine Briefgrundschuld abtreten.

Lösung: Nach §§ 1192 Abs. 1, 1154 Abs. 1 BGB kann die Abtretung der Briefgrundschuld durch schriftliche Einigung und Briefübergabe erfolgen. Nach §§ 1192 Abs. 1, 1154 Abs. 2 BGB ist aber auch eine Abtretung durch Einigung und Eintragung ins Grundbuch möglich. Stellt der Darlehensgeber keine zusätzlichen Anforderungen (z. B. Abtretung in der von § 1155 S. 1 BGB vorausgesetzten Form), ist dem Mandanten zu empfehlen, den Weg über §§ 1192 Abs. 1, 1154 Abs. 1 BGB zu wählen, weil die Kosten der öffentlichen Beglaubigung sowie die Kosten der Grundbucheintragung erspart werden.

cc) Gebot der Praktikabilität

Weiter ist zu beachten, dass für die Ausgestaltung ein möglichst praktikabler Weg zu wählen ist. Für einen Vertrag folgt hieraus, dass dessen möglichst einfache und sichere Anwendung durch Auswahl geeigneter Tatbestandsvoraussetzungen und eine sachgerechte Beweislastverteilung gesichert werden muss[140].

dd) Gebot der Flexibilität

Schließlich zwingt die Bindung an fremde Interessen unter Berücksichtigung der Zukunftsbezogenheit der Rechtsgestaltung dazu, einen möglichst flexiblen Gestaltungsweg auszuwählen[141]. Dies gilt zunächst für die Vertragsformulierung. Dementsprechend sollte beim Entwurf Allgemeiner Geschäftsbedingungen im Hinblick auf § 306 BGB darauf geachtet werden, dass die Klauseln sich als inhaltlich und sprachlich teilbar erweisen, um ihren möglichst weitgehenden Fortbestand zu sichern[142]. Einem vergleichbaren Interesse dienen außerhalb[143] des Anwendungsbereichs der §§ 305 ff. BGB sog. salvatorische Klauseln[144]. Schließlich sollten für die Behandlung von Vertragsstörungen möglichst flexible Rechte vorgesehen werden[145], um eine der dann konkret bestehenden Interessenlage entsprechende Rechtsfolge herbeiführen zu können.

---

[140] Larenz/Wolf, BGB-AT, § 32 Rn. 23 ff. – Vgl. Klausur Nr. 7, S. 239, 261 f.
[141] Larenz/Wolf, BGB-AT, § 32 Rn. 26.
[142] Vgl. hierzu Hk-ArbR/Boemke/Ulrici, § 306 BGB Rn. 5 ff.
[143] Vgl. Hk-ArbR/Boemke/Ulrici, § 306 BGB Rn. 17.
[144] Vgl. Junker/Kamanabrou, Vertragsgestaltung, Rn. 34 und 50 f.
[145] Siehe oben II. 3. a), S. 20.

III. Typische Klausurfälle zur Rechtsgestaltung

1. Allgemein

Klausuren zur Rechtsgestaltung orientieren sich thematisch an der Vielgestaltigkeit praktischer Fragestellungen. Deutlich im Vordergrund steht allerdings das Zivilrecht, insbesondere mit seinen Teilbereichen Familien-, Erb-, Handels- und Gesellschaftsrecht[146]. Dies belegen die von den einzelnen Fakultäten angebotenen Veranstaltungen zur Rechtsgestaltung. Allerdings darf auch das öffentliche Recht nicht vernachlässigt werden. Dies gilt zunächst für den praktisch besonders bedeutsamen Bereich steuerlicher Optimierung durch Rechtsgestaltung[147]. Aber auch im Übrigen eröffnen moderne Handlungsformen der Verwaltung Spielräume für Gestaltungen[148]. Diese können auch als Ausgangspunkt einer Klausur gewählt werden. Dementsprechend ließen sich zumindest für drei Fakultäten[149] auch unmittelbar auf die Rechtsgestaltung im öffentlichen Recht ausgerichtete Lehrveranstaltungen ermitteln. Schließlich sind auch unter strafrechtlichen Gesichtspunkten rechtsgestaltende Überlegungen anzustellen[150]. Eigenständige Aufmerksamkeit wird diesem Aspekt aber nur in geringem Umfang gewidmet[151].

Die maßgebliche Eigenart rechtsgestaltender Fragestellungen liegt gleichwohl nicht darin, dass vorwiegend zivilrechtliche Fragestellungen betroffen sind. Vielmehr ist ihnen eigen, dass allen rechtsgestaltenden Fallgestaltungen – unabhängig vom betroffenen Rechtsgebiet (2.) – grundsätzlich das identische methodische Vorgehen zugrunde liegt[152]. Dies bedeutet jedoch nicht, dass die Anforderungen in allen rechtsgestaltenden Aufgabenstellungen gleich gelagert sind. Vielmehr lassen sich auch für rechtsgestaltende Klausuren typische Aufgabenstellungen unterscheiden, die eine unterschiedliche Herangehensweise erfordern (3.).

---

[146] Vgl. die Übersicht bei Brambring, JuS 1985, 380, 380 f.
[147] Zu Vertragsgestaltung und Steuerrecht vgl. Sontheimer, JuS 1999, 872 ff., 970 ff., 1078 ff., 1180 ff., JuS 2000, 43 ff.
[148] Grziwotz, JuS 1998, 807. – Zur Vertragsgestaltung im öffentlichen Recht vgl. Grziwotz, JuS 1998, 807 ff., 902 ff., 1013 ff., 1113 ff., JuS 1999, 36 ff., 145 ff., 245 ff. – Vgl. hierzu auch BVerwG v. 04.02.1966, NJW 1966, 1936, 1936 f. – Klausurfall bei v. Lewinski, Öffentlich-rechtliche Berater- und Anwaltsklausuren im Studium, Klausur Nr. 15, S. 203 ff.
[149] Universität Leipzig, Universität Münster sowie Humboldt Universität Berlin (Gesetzesgestaltung).
[150] Hierzu Barton, JuS 2004, 553; Otto, JURA 1999, 97, 97 ff.
[151] Barton JuS 2004, 553, 556.
[152] Teichmann, JuS 2001, 870. – Vgl. auch Brambring, JuS 1985, 380, 381.

2. Thematische Schwerpunkte

a) Zivilrecht

aa) Allgemeines

Aus dem Bereich des Zivilrechts erweisen sich vor allem Fragestellungen aus den Bereichen Familien-, Erb-, Handels- und Gesellschaftsrecht als besonders klausurrelevant[153]. Dies entspricht der praktischen Bedeutung der Kautelarjurisprudenz in diesen Bereichen. Ursächlich hierfür ist, dass in diesen Bereichen der Gesetzgeber weitgehend nur dispositives Recht anbietet, d. h. in erheblichem Maß Gestaltungsspielraum besteht, und das angebotene Recht den vielfältigen Interessen der Rechtsunterworfenen nicht vollumfänglich gerecht werden kann. Besonders deutlich wird dies im Erbrecht. Dort hat der Gesetzgeber zwar bestimmte, historisch gewachsene Gerechtigkeitsvorstellungen zur Nachlassverteilung vorgegebenen. Im Hinblick auf Art. 14 Abs. 1 S. 1 GG geht § 1937 BGB jedoch vom Vorrang der gewillkürten Erbfolge aus, d. h. der Erblasser kann und soll im Hinblick auf seine Nähebeziehung zu bestimmten Personen selbst seinen Erben bestimmen.

Vor dem Hintergrund vorstehender Ausführungen mag es verwundern, dass für die Praxis auch das Arbeitsrecht[154] als weiteres wichtiges Feld der Rechtsgestaltung zu nennen ist, obwohl in diesem Bereich der Gestaltungsspielraum aufgrund der vielfach bestehenden (einseitig) zwingenden gesetzlichen Vorgaben begrenzt ist. Zurückzuführen ist dies auf den in diesem Bereich auszumachenden wirtschaftlichen Druck. Um im Wettbewerb bestehen zu können, sind Arbeitgeber regelmäßig darauf angewiesen, ihre Arbeitsverhältnisse kostenmäßig zu optimieren. Hierzu gehört insbesondere die Flexibilisierung der regelmäßig auf Dauer angelegten Arbeitsverhältnisse. Da ein einzelner Arbeitgeber im Regelfall mehrere Arbeitnehmer beschäftigt, kommt es zu Summierungseffekten, die umfangreiche rechtliche Gestaltungen rechtfertigen. Ein weiterer Grund für die praktische Bedeutung der Rechtsgestaltung im Arbeitsrecht besteht darin, dass Arbeitgeber ein hohes Interesse an Rechtssicherheit besitzen, dem durch vorsorgende rechtliche Gestaltungen eher entsprochen werden kann als durch das Abwarten mitunter schwer zu prognostizierender Entscheidungen der Arbeitsgerichte.

Neben schuldrechtlichen Gestaltungen[155] erweisen sich auch sachenrechtliche Gestaltungen als praxis- und klausurrelevant. Das Gestaltungsbedürfnis in diesem Bereich ergibt sich zunächst aus der Höhe der bei Grundstücksverträgen[156] betroffenen wirtschaftlichen Werte, aber auch aus dem Streben der am Wirtschaftsleben Beteiligten nach maßgeschneiderten und zugleich beständigen Sicherungsmitteln.

---

[153] Vgl. die Auswahl bei Brambring, JuS 1985, 380, 380 f.
[154] Zur Rechtsgestaltung im Arbeitsrecht vgl. Bauer, JuS 1999, 356 ff., 452 ff., 557 ff., 660 ff, 765 ff.; Ulrici, in: Boemke, Fallsammlung Arbeitsrecht, Klausur Nr. 10, S. 293 ff.
[155] Klausurbeispiel bei Schrader, JuS 2010, 326, 330 ff.
[156] Referendarklausur bei Volmer, JuS 2006, 221. – Klausurfall auch bei Schwab, JuS 2005, 1004 mit Erwiderung von Everts, JuS 2006, 159. – Beispielsfall bei Langenfeld, JuS 1998, 321, 323; Schrapf, JuS 2002, 878, 882 f.; Weber, JuS 1988, 547.

bb) Arbeitsrecht[157]

Im Bereich des Arbeitsrechts besteht vielfältiger Gestaltungsbedarf. Klassisch und klausurtypisch sind insoweit sämtliche Fragen rund um die Gestaltung des Arbeitsvertrags[158]. Dieser wird regelmäßig arbeitgeberseitig entworfen und soll die Interessen des Arbeitgebers möglichst weitgehend durchsetzen, z. B. die Ansprüche des Arbeitnehmers sehr kurzen Verfallfristen unterwerfen[159], beim Arbeitgeber anfallende Kosten auf Arbeitnehmer abwälzen[160], den Arbeitnehmer an den Arbeitsplatz binden oder Arbeitzeit und Entgelt flexibilisieren. Spätestens seit dem 01.01.2003 unterliegen arbeitsvertragliche Regelungen grundsätzlich einer Kontrolle nach §§ 305 ff. BGB. Bei der Anwendung dieser Vorschriften können sich die Arbeitsgerichte nicht darauf beschränken, die Rechtsprechung ihrer Kollegen der ordentlichen Gerichtsbarkeit zu übernehmen. Vielmehr werden die Arbeitsgerichte mit besonderen Klauseln konfrontiert und müssen im Unterschied zu den ordentlichen Gerichten zudem die Besonderheiten des Arbeitsrechts berücksichtigen (§ 310 Abs. 4 S. 2 BGB)[161].

Gestaltungsbedarf besteht aber nicht nur im Individualarbeitsverhältnis, sondern auch auf kollektivrechtlicher Ebene[162]. Dort werden Berater zu Verhandlungen über einen Tarifvertrag und dessen Ausgestaltung zugezogen. Entsprechendes gilt für das Abfassen von Betriebsvereinbarungen. Darüber hinaus besteht die Kernaufgabe der betrieblichen Einigungsstelle im Entscheiden von Regelungsstreitigkeiten. Auch dies erfordert von ihren Mitgliedern eine rechtsgestaltende Tätigkeit. Klausurfälle aus diesem Bereich sind aber allenfalls im arbeitsrechtlichen Schwerpunktbereich zu erwarten, weshalb ihre eigenständige Behandlung im Rahmen dieses Buches nicht angezeigt ist.

cc) Familien- und Erbrecht

Für den Bereich des Familienrechts sind kautelarjuristische Fragestellungen[163] vorrangig mit finanziellen Fragen verbunden. Die Parteien verfolgen beispielsweise bestimmte Ziele im Zusammenhang mit dem Güterstand, wollen Zugewinnausgleichszahlungen oder eine Haftung des einen Ehegatten für die Verbindlichkeiten des anderen vermeiden[164]. Typisch sind zudem Regelungen über die Unterhaltspflichten. Mitunter besteht der Wunsch, diese vorab möglichst auszuschließen. In

---

[157] Zur Rechtsgestaltung im Arbeitsrecht vgl. Bauer, JuS 1999, 356 ff., 452 ff., 557 ff., 660 ff, 765 ff.; Ulrici, in: Boemke, Fallsammlung Arbeitsrecht, Klausur Nr. 10, S. 293 ff.; siehe unten Klausur Nr. 1, S. 37.

[158] Junker/Kamanabrou, Vertragsgestaltung, Rn. 408.

[159] Siehe hierzu Ulrici, in: Boemke, Fallsammlung Arbeitsrecht, Klausur Nr. 10, S. 293 ff. – Zur Überprüfung eines vorgelegten Arbeitsvertrag vgl. Julius, JuS 1993, 62.

[160] Siehe Klausur Nr. 1, S. 37.

[161] Vgl. hierzu Hk-ArbR/Boemke/Ulrici, § 310 BGB Rn. 30 f.

[162] Junker/Kamanabrou, Vertragsgestaltung, Rn. 408.

[163] Familienrechtlicher Beispielsfall bei Hagspiel, JuS 2003, 482, 483.

[164] Zur Gestaltung von Eheverträgen vgl. Schippel, JURA 1999, 57, 58 ff. – Beispielsfall bei Langenfeld, JuS 1998, 417, 418 f.; Schrapf, JuS 2002, 878, 882.

anderen Fällen dienen Regelungen über den Unterhalt der vergleichsweisen Einigung divergierender Ansichten. Neben Gestaltungen mit finanziellem Hintergrund tritt vermehrt das Anliegen, Vorsorge für bestimmte Lebenslagen zu treffen und beispielsweise eine Vorsorgevollmacht zu errichten[165].

Im Erbrecht stehen im Zentrum rechtsgestaltender Aufgabenstellungen Entwürfe für letztwillige Verfügungen (Testamente und Erbverträge)[166]. Diese sind vielfach mit steuerrechtlichen und gesellschaftsrechtlichen[167] Fragestellungen verwoben. Nur beispielhaft sei die Vererbung eines Anteils an einer Personengesellschaft genannt. Eine Frage der Rechtsgestaltung ist aber auch die Lösung von einer letztwilligen Verfügung[168]. Schließlich lassen sich zum Bereich des Erbrechts auch Entwürfe für post- oder transmortale Vollmachten in Vermögensangelegenheiten zählen. Typisch ist für erbrechtliche Fragestellungen, dass jeweils eine bestimmte Güter- bzw. Vermögenszuordnung im Todesfall herbeigeführt werden soll.

dd) Handels-[169] und Gesellschaftsrecht

Am weitesten erscheint der Gestaltungsbedarf im Handels- und Gesellschaftsrecht. Kaufleute sind zur besseren Handhabung ihrer Vertragsbeziehungen praktisch darauf angewiesen, ihre Verträge nach einheitlichen Inhalten abzuwickeln. Diese Verträge bzw. deren Ergänzung durch Allgemeine Geschäftsbedingungen bedürfen der Gestaltung[170]. Denkbar sind insoweit Verträge, welche das für den Geschäftsbereich des Kaufmanns maßgebliche dispositive Gesetzesrecht modifizieren oder ergänzen. Mitunter werden zur Erreichung bestimmter wirtschaftlicher Ziele im Wege der Rechtsgestaltung auch eigenständige Verträge[171] oder sogar völlig neue Vertragstypen entwickelt (Bsp. Leasing, Franchise). Eine auch nur ansatzweise vollständige Aufzählung möglicher Gestaltungen ist insoweit nicht möglich[172].

Typischer Gestaltungsgegenstand auf dem Gebiet des Gesellschaftsrechts sind Gesellschaftsverträge, die bestimmte Machtverhältnisse austarieren sollen[173], oder

---

[165]   Siehe unten Klausur Nr. 2, S. 67. – Examensklausur bei Weber, JURA 2001, 325.

[166]   Siehe unten Klausur Nr. 3, S. 101 und Klausur Nr. 6, S. 205. – Beispielsfall bei Langenfeld, JuS 1998, 521, 523; Priester, JuS 1987, 394; Schrapf, JuS 2002, 878, 882. – Zum Berliner Testament vgl. Langenfeld, JuS 2002, 351.

[167]   Vgl. zur Unternehmensnachfolge Seeger, JURA 2007, 889, 889 ff.

[168]   Siehe Klausur Nr. 3, S. 101, 113.

[169]   Zur Rechtsgestaltung im internationalen Wirtschaftsrecht vgl. Döser, JuS 2000, 246 ff., 456 ff., 663 ff., 773 ff., 869 ff., 972 ff., 1076 ff., 1178 ff., JuS 2001, 40.

[170]   Zur Rechtsgestaltung durch AGB vgl. Coester-Waltjen, JURA 1999, 104; Rieger/Friedrich, JuS 1986, 787 und 976 sowie JuS 1987, 118. – Vgl. Fallbeispiele bei Schlosser/Thewalt/Zirngibl, JURA 2003, 118; Schrader, JuS 2010, 326, 330 ff.

[171]   Fallbeispiel bei Teichmann, JuS 2001, 1078, 1080 und 1181 sowie JuS 2002, 40.

[172]   Vgl. auch Fallstudie Wirtschaftsrecht bei Bücker/Gabriel, JuS 2007, 60. – Fallbeispiel Wirtschaftsrecht bei Schollen, JuS 1985, 534.

[173]   Vgl. Fallbeispiel bei Priester, JuS 1984, 541; Willemsen, JURA 1999, 83. – Beispielsfall bei Langenfeld, JuS 1998, 621, 623 f.

Geschäftsführeranstellungsverträge[174]. Klausurtypisch sind zudem die im Schnittfeld zum Erbrecht liegenden gesellschaftsvertraglichen Nachfolgeregelungen[175].

b) Öffentliches Recht[176]

Rechtsgestaltungen sind keineswegs auf den vom Grundsatz der Privatautonomie geprägten Bereich des Zivilrechts beschränkt. Auch das vom Grundsatz der Gesetzesbindung bestimmte öffentliche Recht (Verwaltungsrecht) lässt Raum für rechtliche Gestaltungen. Angesprochen ist hiermit nicht allein der öffentlich-rechtliche Vertrag[177], der bereits seinem Wesen nach ebenso wie der privatrechtliche Vertrag auf Gestaltung angelegt ist. Vielmehr räumt das öffentliche Recht Hoheitsträgern sowohl auf der Ebene der abstrakt-generellen Rechtssetzung[178] als auch hierüber hinaus in vielfältiger Weise Gestaltungsbefugnisse ein, selbst wenn diese im Vergleich zum Zivilrecht deutlich engeren Grenzen unterliegen. Ein typisches Beispiel gestalterischer Tätigkeit der Verwaltung ist das Aufstellen von Planungsentscheidungen (Flächennutzungsplan, Bebauungsplan o. ä.). Derartigen Planungsentscheidungen ist eigen, dass bestimmte Ziele (Erhalt des Landschaftsbilds, gesundes Wohnumfeld usw.) durch den Plan erreicht werden sollen. Es geht mithin darum, dass zukünftige Entwicklungen gesteuert werden (Zukunftsgerichtetheit). Hiermit ist der Bereich der Gestaltung im öffentlichen Recht allerdings noch nicht erschöpft. Selbst im klassischen Bereich des Verwaltungshandelns durch Verwaltungsakt bestehen Gestaltungsräume. Im Bereich des Ermessens wird in engen Grenzen der Verwaltung das Recht eingeräumt, Ziele und ihre Bedeutung zu definieren und anschließend umzusetzen. Aber auch außerhalb von Ermessensentscheidungen ist die Verwaltung aufgerufen, vom Gesetzgeber vorgegebene Ziele durch rechtliche Gestaltungen umzusetzen. Beispielsweise ist eine immissionsschutzrechtliche Genehmigung so auszugestalten, dass durch ihren Inhalt negative Einwirkungen auf die Umwelt vermieden werden (vgl. §§ 12 Abs. 1 S. 1, 6 Abs. 1 Nr. 1, 5 Abs. 1 BImSchG).

c) Strafrecht

Anliegen einer strafrechtlichen Gestaltung ist die Vermeidung einer möglichen Strafbarkeit, insbesondere im Zusammenhang mit wirtschaftlichem Handeln[179]. Da

---

[174] Siehe unten Klausur Nr. 4, S. 135. – Fallbeispiel bei Weber, JuS 1987, 559 und JuS 1986, 296.

[175] Vgl. zur Unternehmensnachfolge Seeger, JURA 2007, 889, 889 ff. – Vgl. Examensklausur bei Weber, JURA 2001, 325.

[176] Zur Rechtsgestaltung im öffentlichen Recht vgl. Grziwotz, JuS 1998, 807 ff., 902 ff., 1013 ff., 1113 ff., JuS 1999, 36 ff., 145 ff., 245 ff. – Klausurbeispiel bei v. Lewinski, Öffentlich-rechtliche Berater- und Anwaltsklausuren im Studium, Klausur Nr. 15, S. 203 ff.

[177] Siehe unten Klausur Nr. 5, S. 175.

[178] Zur Rechtssetzung als Rechtsgestaltung Becker/Sichert, JuS 2000, 144 ff., 348 ff., 552 ff.

[179] Barton, JuS 2004, 553, 554 . – Vgl. auch Otto, JURA 1999, 97, 97 ff.

das Strafrecht zwingender Natur ist[180], bestehen kaum aktive Gestaltungsmöglichkeiten. Allerdings gewinnt, regelmäßig nur als Sekundärziel, welches begleitend
zur Erreichung positiver, insbesondere wirtschaftlicher (Primär-) Ziele tritt, die
Strafbarkeitsvermeidung Bedeutung[181]. Kurz gesagt, es ist bei zivil- und öffentlich-rechtlichen Gestaltungen jeweils darauf zu achten, dass der vorgeschlagene
Weg keine Strafbarkeit begründet. Vereinzelt sind auch im Bereich des Strafrechts
aktive Gestaltungen denkbar. Dies ist etwa der Fall, wenn Schwarzgelder legali-
siert werden sollen und neben steuerrechtlichen Fragen eine Steuerstrafbarkeit
durch Erstattung einer Selbstanzeige (vgl. § 371 AO) vermieden werden soll. Insgesamt kommt strafrechtlichen Gestaltungen jedoch nur eine untergeordnete Bedeutung zu, weshalb dieser Bereich nachfolgend nicht eigenständig klausurmäßig
gewürdigt wird.

3. Methodische Schwerpunkte

a) Allgemeines

Welche typischen Fallgestaltungen sich in methodischer Hinsicht ausmachen lassen, wird deutlich, wenn man sich vergegenwärtigt, in welchen Abschnitten[182] sich
Rechtsgestaltung vollzieht. Am Anfang steht regelmäßig eine erste Kontaktauf-
nahme des Beraters mit seinem Auftraggeber, in deren Rahmen das Problem be-
schrieben wird. Hieran schließen sich erste Überlegungen zur Rechtsgestaltung
sowie ein ausführlicher Besprechungstermin an, in dem die Sach- und Rechtsziele
des Auftraggebers ausführlich erörtert werden. Den Abschluss des Gesprächs bildet die Erteilung eines konkretisierten Gestaltungsauftrags. Auf der Grundlage der
bislang zusammengetragenen Informationen wird ein erster Entwurf gefertigt, der
im Anschluss dem Mandanten zugeleitet und in einem Anschreiben erläutert wird.
Ergeben sich seitens des Mandanten keine Rückfragen oder Einwände, wird der
Entwurf etwaigen weiteren Beteiligten, insbesondere der Gegenseite eines Vertrags zugeleitet. Andere Beteiligte werden den Entwurf nunmehr selbst, gegebenenfalls unter Einbeziehung ihrer Berater erörtern und zu diesem Stellung nehmen. Dies kann auch einen mehr oder weniger weitreichenden Gegenvorschlag
umfassen (Vertragsverhandlungen[183]). Im Anschluss wird der ursprüngliche Entwurf unter Berücksichtigung der vorangegangenen Verhandlungen überarbeitet,
d. h. an die abgestimmten Sachziele angepasst und erneut ausformuliert. Sobald
die Überarbeitung die Billigung aller Beteiligten gefunden hat, kann das Rechtsgeschäft von den Beteiligten vorgenommen werden.
    Innerhalb des vorskizzierten Ablaufs lassen sich solche Abschnitte ausmachen,
die auf einen Dialog des an der Rechtsgestaltung beteiligten Beraters mit seinem

---

[180] Vgl. Barton, JuS 2004, 553, 554.

[181] Vgl. im Zusammenhang mit der Patientenverfügung Klausur Nr. 2, S. 67, 77 ff.

[182] Siehe hierzu Brambring, JuS 1985, 380, 382 ff.; Junker/Kamanabrou, Vertragsgestal-
      tung, Rn. 12; Langenfeld, JuS 1998, 131, 134 f.; Teichmann, JuS 2001, 1078, 1079.

[183] Zum Führen von Vertragsverhandlungen ausführlich Däubler, Verhandeln und Gestal-
      ten, Rn. 122 ff.

Auftraggeber ausgerichtet sind, und solche, in denen der Berater autonome Sacharbeit leistet. Die Prüfungssituation bedingt, dass interaktive Phasen der Rechtsgestaltung als Aufgabenstellung weitgehend ausscheiden[184]. Ein Mandantengespräch lässt sich ansatzweise nur in mündlichen Prüfungen simulieren. In Klausursituationen fehlt es dagegen am Gesprächspartner. Als klausurrelevant erweisen sich daher zunächst diejenigen Phasen der Rechtsgestaltung, in denen die zurückgezogene Sacharbeit des Juristen gefragt ist. Als typisch erscheinen hiernach Klausuren, in den die Aufgabenstellung darauf abzielt, das ausführliche Gespräch mit dem Auftraggeber vorzubereiten. Weiterhin ist denkbar, dass ein erster Entwurf nebst Erläuterungsschreiben auf der Grundlage des Beratungsgesprächs zu fertigen ist. Vor dem Hintergrund laufender Vertragsverhandlungen kann vom Klausurbearbeiter auch gefordert werden, einen begründeten Gegenentwurf zu erstellen. Schließlich kann der Auftrag dahingehend lauten, dass nach Abschluss der Vertragsverhandlungen die gemeinsamen Sachziele umzusetzen sind.

Etwas exotischer, keinesfalls aber ausgeschlossen sind rechtsgestaltende Klausuren aus Richtersicht[185]. Diese eignen sich insoweit als Aufgabenstellung, als Richter vorrangig dann rechtsgestaltend tätig werden, wenn sie einen Vergleichsvorschlag unterbreiten sollen. Derartige Fälle zeichnen sich dadurch aus, dass das Gericht sich die Sachziele unter Berücksichtigung des Vorbringens der Parteien auf der Grundlage einer Prognose über die Prozessaussichten selbst vorgibt. Das Gericht arbeitet insoweit praktisch ausschließlich autonom auf der Grundlage eines vorgegebenen Sachverhalts. Rückfragen bei den Beteiligten erübrigen sich weitgehend.

b) Vorbereitendes Gutachten

Im Klausursachverhalt wird ein Anliegen des Auftraggebers geschildert, welches – praktischen Fallgestaltungen entsprechend – noch unvollständig ist. Die Aufgabenstellung lautet, einen ausführlichen Gesprächstermin mit dem Auftraggeber durch ein Gutachten vorzubereiten. Auf der Grundlage der Angaben des Auftraggebers wird der Berater alle methodischen Stufen der Rechtsgestaltung durchlaufen. Dabei wird er regelmäßig auf bestimmte Informationslücken stoßen, welche es im Rahmen der Besprechung zu schließen gilt. Hierzu müssen diese aber umfänglich identifiziert werden. Auch muss der Berater in der Lage sein, dem Auftraggeber zu erläutern, warum er diese oder jene Information braucht[186]. Dabei darf keinesfalls so verfahren werden, dass die Begutachtung nach der Feststellung der ersten Informationslücke abgebrochen wird. Vielmehr ist der Berater und damit auch der Klausurbearbeiter dazu aufgerufen, die Informationslücke entsprechend der Angaben im Sachverhalt unter Berücksichtigung der allgemeinen Lebenserfahrung sowie typischer Parteiinteressen zu schließen und unter Berücksichtigung möglicher Alternativen hypothetisch weiter zu prüfen, um gegebenenfalls weitere Informationslücken aufzuspüren. Dieses Vorgehen ist keineswegs nur der

---

[184] Vgl. Teichmann, JuS 2001, 1078, 1078 f.
[185] Siehe Klausur Nr. 7, S. 239 ff.
[186] Vgl. Teichmann, JuS 2001, 1078, 1079.

mangelnden Interaktivität einer Klausursituation geschuldet, sondern entspricht auch den Bedürfnissen der Praxis. Der Auftraggeber wäre sicher nicht erfreut, würde ihn sein Berater bei jeder sich neu abzeichnenden Informationslücke gesondert anrufen[187].

c) Erster Entwurf nebst Erläuterungen

Tendenziell etwas weniger anspruchsvoll, weil weniger Informationslücken enthaltend, sind Aufgabenstellungen, in denen ein weitgehend geklärter Sachverhalt geschildert und um die Erarbeitung eines Gestaltungsentwurfs gebeten wird. Besondere methodische Anforderungen sind in diesen Fällen nicht zu beachten. Es ist ausreichend, wenn man sich am Standardschema[188] orientiert.

d) Stellungnahme zum Entwurf und Gegenentwurf

Rechtsgestaltung ist typischerweise Vertragsgestaltung. An dieser sind denknotwendig verschiedene Parteien mit gegensätzlichen Interessen beteiligt, welche sich im Rahmen von Vertragsverhandlungen jeweils von eigenen Beratern unterstützen lassen. Dies bringt es mit sich, dass Teil rechtsgestaltender Tätigkeit auch die Prüfung eines Gestaltungsentwurfs sowie die Erarbeitung eines begründeten Gegenvorschlags ist. Der Sachverhalt berichtet in diesem Fall den Erstentwurf sowie die Sachziele des Auftraggebers. Das weitere methodische Vorgehen ergibt sich von hier aus praktisch von selbst. Es sind die Sachziele des Mandanten herauszuarbeiten und in Rechtsziele zu transformieren. Im Anschluss ist die bestehende Rechtslage unter Berücksichtigung des vorliegenden Entwurfs darauf zu untersuchen, inwieweit den Zielen des Auftraggebers Rechnung getragen wird. Soweit dies nicht der Fall ist, ist ein Gegenvorschlag zu erarbeiten. Als Besonderheit dieser Aufgabenstellung lässt sich somit herausstellen, dass der Gestaltungsbedarf unter der hypothetischen Maßgabe ermittelt wird, dass der vorliegende Entwurf zum Abschluss gekommen ist.

e) Abschließender Gestaltungsentwurf

Der Auftrag „Erstellung eines abschließenden Gestaltungsentwurfs" stellt gegenüber den zuvor beschriebenen Fallgestaltungen keine zusätzlichen methodischen Anforderungen. Beim Abarbeiten des Standardschemas ist lediglich darauf zu achten, dass die zwischen den Parteien abgestimmten Sachziele umzusetzen sind. Der Gestalter darf sich in dieser Situation bei mehrseitigen Rechtsgeschäften nicht mehr ausschließlich von den einseitigen Interessen seines Auftraggebers leiten lassen. Vielmehr sind die konsentierten Interessen der Vertragsparteien zugrunde zu legen. Da sich jede Bevorzugung des eigenen Mandanten zum Nachteil der anderen Vertragspartei auswirkt, besteht anderenfalls die Gefahr, dass der nach

---

[187] Vgl. Teichmann, JuS 2001, 1078, 1079 f.
[188] Siehe oben II. 2. a), S. 28 f.

langwierigen Verhandlungen erzielte Kompromiss doch noch scheitert und der angestrebte Vertrag nicht geschlossen wird.

Nicht ausgeschlossen ist, dass der Rechtsgestalter auch in diesem späten Stadium der Vertragsverhandlungen noch auf Fragestellungen trifft, zu denen die Parteien noch keinen Konsens gebildet haben. In diesem Fall ist die Lücke zunächst im Interesse des eigenen Auftraggebers zu schließen. Dabei ist jedoch bereits verstärkt die voraussichtliche Reaktion des Vertragspartners zu berücksichtigen und im Übrigen in Bezug auf die festgestellten Lücken wie bei Erstellung eines ersten Entwurfs zu verfahren[189].

f) Richterlicher Vergleichsvorschlag

Insbesondere für Klausuren im Assessorexamen eignen sich Aufgabenstellungen, welche ein eingeleitetes gerichtliches Verfahren, die Positionen der Parteien sowie die Hintergründe des Rechtsstreits berichten und dem Klausurbearbeiter die Aufgabe übertragen, aus der Sicht des Richters einen begründeten Vergleichsvorschlag zu erarbeiten. Diese Aufgabenstellungen ermöglichen es, die gewohnte, streitentscheidende Sichtweise des Richters mit einer zukunftsgerichteten, streitregelnden Perspektive zu verbinden.

Richter und damit auch Klausurbearbeiter müssen in diesen Fällen zunächst die Sachziele eigenständig erarbeiten. Wichtigste Grundlage hierfür bildet eine fundierte Prognose über den Ausgang des Rechtsstreits sowie seiner weiteren Folgen. Ergibt diese Prognose, dass eine Partei mit an Sicherheit grenzender Wahrscheinlichkeit ihre Rechtspositionen vollständig durchsetzen können wird, bestehen kaum Gründe dafür, warum sich diese Partei auf einen Vergleich einlassen sollte. Lassen sich dagegen für beide Vertragsparteien Risiken ausmachen, entscheidet das Ausmaß dieser Risiken über die voraussichtliche Bereitschaft zum Nachgeben. Neben den Prozessaussichten sind jedoch vom Richter weitere, für ihn erkennbare Interessen der Parteien zu berücksichtigen. Diese Interessen können für den Richter auch Anhaltspunkte für eine Lösung unabhängig vom Streitgegenstand oder den Prozessaussichten liefern.

Beispiel: Ein Arbeitnehmer verklagt nach Beendigung seines Arbeitsverhältnisses seinen vormaligen Arbeitgeber auf Zahlung eines seiner Ansicht nach offenen Weihnachtsgelds in Höhe von 1.100,00 €. Der Arbeitnehmer will, dass der Arbeitgeber „blutet". Der Arbeitgeber will dagegen, um sein Gesicht zu wahren, an seinen „undankbaren" Arbeitnehmer keinesfalls Geld zahlen.

Lösung: Enthält der hier nur kurz skizzierte Sachverhalt weitere Anhaltspunkte, aus denen sich ergibt, dass es den Beteiligten weniger um eigene finanzielle Interessen, sondern vorrangig „ums Prinzip" geht, könnte der Richter als Vergleich vorschlagen, dass der Arbeitgeber 2.000,00 € an eine gemeinnützige Einrichtung, wie das Institut für Arbeits- und Sozialrecht an der Universität Leipzig, zahlt und der Rechtsstreit damit erledigt ist. Dieser Vorschlag berücksichtigt, dass der Arbeitgeber „blutet", er andererseits aber nicht an seinen „undankbaren" Arbeitnehmer zahlen muss.

---

[189] Siehe oben III. 3. b), c), S. 31.

Unter Berücksichtigung der Prozessaussichten und den weiteren Interessen wird
der Richter als Sachziel eine Lösung suchen, die für die Parteien annahmefähig erscheint und der Befriedung des Rechtsstreits dient, d. h. den geführten Streit beendet und zukünftige Streitigkeiten vermeidet. Die so von ihm formulierten Ziele
wird er entsprechend der oben beschriebenen Schrittfolge[190] in Rechtsziele um-
formulieren, den Gestaltungsbedarf ermitteln, geeignete Gestaltungsmittel suchen,
ihre Zulässigkeit prüfen und sie, gegebenenfalls ausformuliert, vorschlagen.

---

[190] Siehe oben II. 2. a), S. 28 f.

B. Klausuren

Klausur Nr. 1

Prekariat Leiharbeiter

Sachverhalt

In der Kanzlei von Dr. Müller erscheint Burkhard Brecht
und berichtet, dass er soeben die MPOWER GmbH gegrün-
det hat, deren Geschäftsführer er ist. Mit seiner Gesellschaft
will er in den wieder wachsenden Markt der Personaldienst-
leistungsunternehmen einsteigen und Arbeitnehmerüberlassung nach dem AÜG betreiben. Er bereitet gerade den Antrag auf Erteilung einer Erlaubnis nach § 1 AÜG vor. Der
zuständige Sachbearbeiter der Regionaldirektion hat ihm
hierzu mitgeteilt, dass dem Antrag auch ein Musterarbeitsvertrag, wie ihn die MPOWER GmbH anschließend gegenüber ihren Leiharbeitnehmern verwenden will, beizufügen
ist. Burkhard Brecht bittet Rechtsanwalt Dr. Müller, einen
Musterarbeitsvertrag zu entwerfen. Dabei soll Dr. Müller
bitte unbedingt eine Lösung für das Problem finden, dass
Leiharbeitnehmer aufgrund ihrer geringen Vergütung vielfach über ihre Verhältnisse leben, leicht in die Überschul-
dung abdriften und ihre Gläubiger deshalb häufig den Arbeitslohn pfänden. Für die Bearbeitung der Lohnpfändungen
berechnet das beauftragte Lohnsteuerbüro zusätzlich 20,00 €
je Pfändung. Dies soll vermieden werden. Burkhard Brecht
erbittet den Entwurf innerhalb von zwei Tagen, weil er die
Antragsunterlagen unverzüglich vervollständigen will. Sein
oberstes Ziel ist es, sobald als möglich eine Erlaubnis zu
erhalten.

Aufgabenstellung:

Dr. Müller bittet den ihm zur Ausbildung zugewiesenen
Referendar René Rekord, eine in den Musterarbeitsvertrag
einzuarbeitende Lösung für die Kosten der Pfändungsbear-
beitung zu suchen. Dabei soll er bitte berücksichtigen, dass
die mit der Anwendung des § 3 AÜG betrauten Regionaldi-

rektionen dazu neigen, die ihnen vorgelegten Musterarbeitsverträge einer eigenen Inhaltskontrolle zu unterziehen. Er
geht allerdings davon aus, dass ein solches Prüfungsrecht
nicht besteht, weil es durch die für die Regionaldirektion
maßgebliche Dienstanweisung der Bundesagentur für Arbeit
ausdrücklich ausgeschlossen wird.

Vorüberlegungen

Die arbeitsrechtlich ausgerichtete Klausur ist von leicht überdurchschnittlicher Schwierigkeit. Da lediglich eine einzelne Vertragsklausel zu entwerfen oder zu verwerfen ist, wird eine vertiefte Auseinandersetzung mit den einschlägigen Rechtsproblemen erwartet. Im Zentrum steht die Frage, ob im Formulararbeitsvertrag eine Abwälzung der durch die Bearbeitung von Lohnpfändungen verursachten Kosten vereinbart werden kann. Exotische Randfragen des Arbeitsrechts berühren die sich anschließenden Erwägungen taktischer Art, deren Bearbeitung Kenntnisse des AÜG voraussetzt. Eine vollständig zutreffende Lösung in diesem Bereich ist nur von ganz herausragenden Bearbeitern zu erwarten.

I. Abwälzung der Kosten von Lohnpfändungen

Der René Rekord übertragene Teil des Mandantenauftrags zielt darauf ab, eine Regelung zu finden, mit der die MPO-WER GmbH die ihr im Zusammenhang mit der Bearbeitung von Lohnpfändungen entstehenden Aufwendungen entweder vermeiden oder auf die Arbeitnehmer abwälzen kann. Eine Vermeidung ist zunächst dadurch möglich, dass die MPO-WER GmbH ihren Arbeitnehmern höhere Löhne zahlt und dadurch ein Abdriften in die Verschuldung verhindert. Jedoch ist dies im Hinblick auf die Vorstellungen des Mandanten kein ernsthafter Vorschlag. Da die Pfändbarkeit des Arbeitsentgelts nicht vertraglich ausgeschlossen werden kann (vgl. § 851 Abs. 2 ZPO), ist letztlich zu prüfen, ob die Kosten der Lohnpfändung auf den Arbeitnehmer abgewälzt werden können. Da es insoweit an einer gesetzlichen Anspruchsgrundlage fehlt[1], muss eine solche rechtsgeschäftlich begründet werden.

Im Zentrum steht somit die Frage, ob eine Kostenabwälzung wirksam vereinbart werden kann. Da im Grundsatz Vertragsfreiheit gilt (§ 105 S. 1 GewO), ist dies der Fall, wenn kein Unwirksamkeitsgrund entgegensteht[2]. Unwirksamkeitsgründe können sich vorliegend insbesondere aus §§ 305 ff. BGB ergeben, deren Anwendungsbereich eröffnet ist, weil ein Musterarbeitsvertrag entworfen werden soll, der seinem Wesen nach vorformuliert und zur wiederholten

---

[1]   BAG v. 18.07.2006, NZA 2007, 462, 462 f.
[2]   Vgl. Boemke/Ulrici, BGB-AT, § 11 Rn. 2.

Verwendung bestimmt ist. Ob eine Klausel zur Kostenabwälzung mit den §§ 305 ff. BGB vereinbar ist, kann nicht der Entscheidung des BAG vom 18.07.2006[3] entnommen werden, weil diese lediglich besagt, dass eine entsprechende Zahlungspflicht nicht aus dem Gesetz folgt und aus betriebsverfassungsrechtlichen Gründen auch nicht durch (freiwillige) Betriebsvereinbarung begründet werden kann. Für den Bereich des Zivilrechts geht der BGH allerdings davon aus, dass die Vereinbarung einer Kostenpauschale von dem in § 840 ZPO enthaltenen gesetzlichen Grundgedanken abweicht, dass der Drittschuldner die Kosten der Lohnpfändung trägt. Aufgrund dieser Abweichung hat der BGH eine entsprechende Klausel für nach § 307 Abs. 2 Nr. 1 BGB unwirksam angesehen[4]. Folgt man diesem Gedanken, wäre noch zu prüfen, ob für das Arbeitsverhältnis Besonderheiten gelten. Der BGH scheint diese Frage zu verneinen[5]. Allerdings bestehen gegen die Sichtweise des BGH erhebliche Bedenken, die im Interesse des Mandanten vertieft werden sollten. Diese Bedenken rechtfertigen zumindest die Annahme, dass eine entsprechende Klausel nicht offensichtlich unwirksam ist.

II. Taktische Folgeüberlegungen

Ausgehend von der Erkenntnis, dass die Rechtswirksamkeit einer Abwälzungsklausel nicht sicher ist, ist zu überlegen, was dem Mandanten zu raten ist. Nimmt man im Hinblick auf die nicht außer acht zu lassenden Zweifel davon Abstand, eine entsprechende Klausel zu vereinbaren, kann das vom Mandanten gesondert betonte Ziel (Kostenvermeidung) mit Sicherheit nicht erreicht werden. Wird dagegen in den Arbeitsvertrag eine solche Klausel aufgenommen, besteht zumindest die Chance, dass sich die Klausel als wirksam erweist. Ist diese Chance nicht mit weiteren Risiken verbunden, kann dem Mandanten hierzu geraten werden.

Zu bedenken ist zunächst das Risiko, dass die Unwirksamkeit einer Vertragsklausel nach § 139 BGB zur Unwirksamkeit des gesamten Vertrags führt. Allerdings ist anerkannt, dass jedenfalls für Arbeitsverhältnisse § 139 BGB nur

---

[3]   BAG v. 18.07.2006, NZA 2007, 462, 462 f., 464 f.
[4]   BGH v. 19.10.1999, NJW 2000, 651.
[5]   Vgl. die Gleichstellung von Bankverträgen und Arbeitsverträgen bei BGH v. 19.10.1999, NJW 2000, 651, 652.

modifiziert Anwendung findet[6]. Im Zweifel ist nämlich nicht von Gesamtunwirksamkeit, sondern von Restwirksamkeit auszugehen. Dies folgt aus dem besonderen Schutzbedürfnis des Arbeitnehmers und wird vom Gesetzgeber etwa in § 16 TzBfG eigenständig angeordnet. Abgesehen hiervon ordnet § 306 BGB im Zusammenhang mit Formularverträgen ohnehin die Restwirksamkeit als Regelfall an, der nur unter besonders engen Voraussetzungen nicht gilt[7].

Darüber hinaus ist vorliegend die besondere Situation zu berücksichtigen, die sich aus der Vorlage der Musterarbeitsverträge im Rahmen des Verfahrens auf Erteilung einer Erlaubnis nach dem AÜG ergibt[8]. Nach § 3 Abs. 1 Nr. 1 AÜG ist die Erlaubnis zu versagen, wenn Tatsachen die Annahme rechtfertigen, der Antragsteller sei unzuverlässig. Anhaltspunkte hierfür können sich auch aus Verstößen gegen arbeitsrechtliche Vorschriften ergeben[9]. Deshalb besteht die Gefahr, dass die Regionaldirektion Anstoß an der betreffenden Vertragsbedingung nimmt und die Erlaubnis zunächst versagt. Hierdurch wird die Erlaubniserteilung zumindest verzögert. Da dies mit dem wichtigsten Anliegen des Mandanten kollidiert, ist ihm nach entsprechender Aufklärung anzuraten, von einer Abwälzung der Pfändungskosten abzusehen.

---

[6]   Boemke/Ulrici, BGB-AT, § 14 Rn. 18.
[7]   Hk-ArbR/Boemke/Ulrici, § 306 BGB Rn. 18 f.
[8]   Vgl. Ziffer 2.1.4 lit. i) Dienstanweisung der BA zum AÜG.
[9]   Vgl. allgemein AnwK-ArbR/Ulrici, § 3 AÜG Rdnr. 6 f.

Lösung

Vorgehensweise

René Rekord wird zur Erarbeitung einer zusammenfassenden Empfehlung (D.) zunächst die von der MPOWER GmbH verfolgten Ziele klären (A.). Im Anschluss wird er prüfen, ob die verfolgten Ziele bereits durch die bestehende Rechtslage erreicht werden (B.). Ist dies nicht der Fall, sind für die Mandantin die erforderlichen Gestaltungsvorschläge zu erarbeiten (C.).

A. Regelungsziel der Mandantin

Einzelziel der Mandantin

Den Schilderungen des Burkhard Brecht ist zu entnehmen, dass der zu entwerfende Musterarbeitsvertrag u. a. sicherstellen soll, dass der MPOWER GmbH keine Kosten für Bearbeitung von Lohnpfändungen entstehen oder ihr entstehende Kosten jedenfalls unkompliziert auf den jeweiligen Arbeitnehmer umgelegt werden können. Offensichtlich ist insoweit, dass die Kostenvermeidung jedenfalls nicht durch Gehaltserhöhungen, welche das Pfändungsrisiko verringern, erfolgen soll.

übergeordnetes Allgemeinziel

Der Erreichung vorstehenden Ziels übergeordnet ist das generelle Ziel, möglichst zeitnah eine Arbeitnehmerüberlassungserlaubnis zu erlangen, welches nach den Schilderungen der Mandantin durchgehend zu beachten ist. Die Umsetzung anderer Ziele darf die Erlaubniserteilung nicht gefährden oder verzögern.

B. Bestehender Regelungsbedarf

Ermittlung des Handlungsbedarfs

Ob und inwieweit die MPOWER GmbH weitere Maßnahmen ergreifen muss, hängt davon ab, inwieweit die derzeit bestehende Rechtslage (I.) bereits das angestrebte Ziel sichert (II.).

I. Bestehende Rechtslage

Klärung der bestehenden Rechtslage

Wenn der MPOWER GmbH unvermeidbar ein Aufwand bei der Bearbeitung von Lohnpfändungen entsteht (1.), ist zu klären, welche Ansprüche ihr im Hinblick auf eine Abwälzung dieses Aufwands zustehen (2.).

1. Pflicht zur Bearbeitung von Lohnpfändungen

Der MPOWER GmbH könnte unvermeidbarer Aufwand durch die Verpflichtung zur Abgabe der Drittschuldnererklärung sowie im Zusammenhang mit der Zahlungsabwicklung entstehen.

Unvermeidbarkeit des Aufwands

Die MPOWER GmbH ist nach § 840 Abs. 1 ZPO verpflichtet, als Drittschuldnerin den Gläubigern ihrer Arbeitnehmer auf Verlangen Auskunft über das Bestehen von Ansprüchen zu erteilen. Diese Pflicht knüpft an die Zustellung eines Pfändungsbeschlusses an. Diese gesetzliche Pflicht trifft die MPOWER GmbH, wenn ihr ein Pfändungsbeschluss zugestellt wird, unabhängig davon, ob die gepfändeten Ansprüche bestehen oder pfändbar sind.

gesetzliche Pflicht zur Drittschuldnererklärung

Die mit der Pfändung nach § 829 Abs. 1 S. 2 ZPO einhergehende Beschlagnahme bewirkt, dass der Drittschuldner, d. h. die MPOWER GmbH, hinsichtlich der gepfändeten Beträge nicht mehr mit befreiender Wirkung an den Arbeitnehmer zahlen kann. Da Ansprüche auf Arbeitsentgelt nach §§ 850 ff. ZPO in bestimmtem Umfang Pfändungsschutz genießen, unterfallen sie nicht insgesamt, sondern nur teilweise der Pfändung. Um das Risiko einer Doppelzahlung zu vermeiden, obliegt es somit der MPOWER GmbH, sorgfältig zu ermitteln, inwieweit die Lohnansprüche der Pfändung unterliegen. Dies verursacht in der eigenen Lohnbuchhaltung oder im Steuerbüro zusätzlichen Aufwand.

Folgen einer wirksamen Beschlagnahme

Die Einschaltung der externen Lohnbuchhaltung durch die MPOWER GmbH in die Erfüllung ihrer gesetzlichen Pflichten (Bearbeitung und Überwachung einer Lohnpfändung) verursacht für diese Kosten von 20,00 € je Lohnpfändung.

Kosten der Lohnbuchhaltung

2. Rückgriffsansprüche

Im Grundsatz hat derjenige, dem Aufwendungen entstanden sind, diese selbst zu tragen, soweit sich für ihn keine Anspruchsgrundlage für einen Rückgriff finden lässt. Deshalb hat jeder Rechtsunterworfene seine gesetzlichen Verpflichtungen zu erfüllen, ohne hierfür ein gesondertes Entgelt verlangen zu können, soweit keine gesetzliche oder rechtsgeschäftliche Anspruchsgrundlage hierfür besteht[10]. Die MPOWER GmbH muss danach ihre Pflichten und Obliegenheiten zur Bearbeitung von Lohnpfändungen zunächst auf eigene Kosten erfüllen. Ihr könnten aber Rückgriffsan-

Erforderlichkeit einer Anspruchsgrundlage

---

[10]   Vgl. BGH v. 19.10.1999, NJW 2000, 651.

sprüche gegenüber dem jeweils betroffenen Arbeitnehmer (a) oder gegenüber dem Pfändungsgläubiger (b) zustehen.

a) Ansprüche gegen den Arbeitnehmer

Rückgriff beim
Arbeitnehmer?

Rechtsgeschäftliche Rückgriffsansprüche der MPOWER GmbH gegenüber den betroffenen Arbeitnehmern sind nicht ersichtlich, weil bislang keine entsprechenden Abreden getroffen wurden. Entscheidend ist daher, ob gesetzliche Ansprüche begründet sind.

aa) Zwangsvollstreckungsrechtliche Ansprüche

keine besonderen
prozessualen
Ansprüche

Der MPOWER GmbH könnte hinsichtlich der ihr für die Bearbeitung der Lohnpfändungen entstehenden Kosten ein gesetzlicher Rückgriffsanspruch aus § 840 ZPO oder § 788 ZPO zustehen. Die Regelung des § 840 ZPO enthält jedoch keine Anspruchsgrundlage zugunsten des Drittschuldners[11]. Auch greift § 788 ZPO nicht zugunsten der MPOWER GmbH ein, weil diese Vorschrift lediglich das Verhältnis des Vollstreckungsgläubigers zum Vollstreckungsschuldner, nicht aber das Verhältnis des Drittschuldners zum Vollstreckungsschuldner regelt[12]. Besondere zwangsvollstreckungsrechtliche Ansprüche bestehen daher nicht.

bb) Materiell-rechtliche Ansprüche

mangels Pflichtverletzung kein Schadenersatzanspruch

Ein Rückgriffsanspruch der MPOWER GmbH könnte sich zunächst aus § 280 Abs. 1 BGB ergeben. Dies ist der Fall wenn die Arbeitnehmer eine Pflicht gegenüber der MPOWER GmbH aus dem Arbeitsverhältnis verletzen, wenn sie es zu einer Lohnpfändung kommen lassen. Neben der Arbeitspflicht, welche vorliegend nicht berührt ist, treffen die Arbeitnehmer im Arbeitsverhältnis auch die Pflichten des § 241 Abs. 2 BGB. Die Arbeitnehmer müssen danach angemessene Rücksicht auf die Interessen ihres Arbeitgebers nehmen. Die Reichweite dieser Rücksichtnahmepflichten bestimmt sich nach dem Inhalt des Arbeitsverhältnisses[13]. Danach müssen Arbeitnehmer nicht ihren Privatbereich zum Schutz ihres Arbeitgebers so organisieren, dass Lohnpfän-

---

[11]   BGH v. 19.10.1999, NJW 2000, 651, 652.
[12]   BGH v. 18.05.1999, NJW 1999, 2276, 2277; BAG v. 18.07.2006, NZA 2007, 462; MünchKommZPO/Schmidt, § 788 Rn. 9.
[13]   Vgl. Erman/Westermann, § 241 BGB Rn. 10.

dungen vermieden werden[14]. Ein Rückgriffsanspruch folgt
deshalb nicht aus § 280 BGB i. V. m. dem Arbeitsverhältnis.
Ein Rückgriffsanspruch des Drittschuldners könnte sich
überdies aus §§ 683, 670 BGB ergeben. Voraussetzung hierfür ist, dass der Drittschuldner mit der Bearbeitung einer
Lohnpfändung ein Geschäft des Vollstreckungsschuldners
führt. Der weite Begriff der Geschäftsführung erfasst insoweit auch die Erteilung von Auskünften oder die Berechnung des pfändbaren Betrags. Entscheidend ist deshalb, um
wessen Geschäft es sich hierbei handelt. Soweit der Drittschuldner seiner gesetzlichen Verpflichtung aus § 840
Abs. 1 ZPO entspricht, erfüllt er objektiv ein eigenes Geschäft, für welches auch nicht erkennbar ist, dass er es subjektiv für einen Anderen führt. Entsprechendes gilt, soweit
der Drittschuldner im eigenen Interesse ausrechnet, inwieweit die Lohnansprüche der Pfändung unterliegen. Da der
Drittschuldner somit ein eigenes Geschäft führt, scheiden
Ansprüche aus §§ 683, 670 BGB aus[15].

kein Anspruch
aus GoA

cc) Zwischenergebnis

Der MPOWER GmbH stehen somit hinsichtlich der durch
die Bearbeitung von Lohnpfändungen verursachten Kosten
derzeit keine Rückgriffsansprüche gegen ihre Arbeitnehmer
zu[16].

keine Rückgriffs-
ansprüche gegen
Arbeitnehmer

b) Ansprüche gegen den Pfändungsgläubiger

Der MPOWER GmbH könnten jedoch Rückgriffsansprüche
gegenüber dem jeweiligen Pfändungsgläubiger zustehen. Ein
entsprechender Anspruch könnte sich aus § 670 BGB ergeben, wenn die Zustellung des Pfändungsbeschlusses durch
den Gläubiger bei der MPOWER GmbH zwischen den Beteiligten ein auftragsähnliches Rechtsverhältnis begründet.
Dies wird in der Literatur teilweise angenommen[17]. Die
h. A., einschließlich der Rechtsprechung[18], lehnt dies dagegen ab[19]. Welche Ansicht zutrifft, braucht nicht entschieden
zu werden. Vielmehr ist die auch von der Rechtsprechung

Rückgriff beim
Pfändungsgläubiger?

---

[14] Vgl. BGH v. 18.05.1999, NJW 1999, 2276, 2277; BAG
v. 04.11.1981, NJW 1982, 1062, 1063; BAG v. 18.07.2006,
NZA 2007, 462, 463; Musielak/Becker, § 840 ZPO Rn. 6.
[15] BGH v. 19.10.1999, NJW 2000, 651.
[16] Vgl. Brehm/Kleinheisterkamp, JZ 2000, 59.
[17] MünchKommZPO/Smid, § 840 ZPO Rn. 9.
[18] BAG v. 31.10.1984, NJW 1985, 1181, 1182.
[19] Vgl. Musielak/Becker, § 840 ZPO Rn. 6.

vertretene h. A. zugrunde zu legen, um eine praxisgerechte Beurteilung der Rechtslage vorzunehmen[20]. Dies beruht auf der Erwägung, dass die MPOWER GmbH etwaige Rückgriffsansprüche notfalls gerichtlich klären lassen müsste und sich das angerufene Gericht voraussichtlich an der gefestigten Rechtsprechung orientieren wird. Jedenfalls im Zweifel bestehen zugunsten der Mandantin keine Rückgriffsansprüche gegenüber dem Pfändungsgläubiger.

c) Zwischenergebnis

Zwischenergebnis: keine Rückgriffsansprüche

Die Mandantin kann die ihr im Zusammenhang mit gegen ihre Arbeitnehmer gerichteten Lohnpfändungen entstehenden Kosten aufgrund der bestehenden Rechtslage nicht abwälzen.

II. Vergleich der bestehenden Rechtslage mit den Regelungszielen

Vergleich Rechtslage mit Mandantenzielen

Handlungsbedarf ist gegeben, soweit die bestehende Rechtslage die Ziele der Mandantin noch nicht vollständig abdeckt. Danach ist vorliegend ein umfassender Gestaltungsbedarf gegeben, weil die Wünsche der MPOWER GmbH bislang noch nicht erreicht werden. Entgegen ihrer Vorstellung entstehen ihr Kosten für die Bearbeitung von Lohnpfändungen, weil sie insoweit gesetzliche Pflichten sowie Obliegenheiten treffen und sie die ihr hierdurch entstehenden Kosten, im Hinblick auf die h. A.[21], jedenfalls nicht sicher abwälzen kann. Es bedarf daher eines gestalterischen Tätigwerdens.

C. Umsetzung des Regelungsbedarfs

I. Geeignete Gestaltungen

Bestehen zweier Ansatzpunkte

Zunächst könnte man bei der Entstehung des Aufwands ansetzen und versuchen, das Entstehen eines Bearbeitungsaufwands zu verhindern. In Betracht kommt insoweit möglicherweise eine Gestaltung, welche die Pfändbarkeit der Ansprüche auf Arbeitsentgelt gänzlich ausschließt. Dies reduzierte deutlich den Verwaltungsaufwand, weil keine

---

[20]   Vgl. Einleitung, S. 23.
[21]   Siehe oben B. I. 2. b), S. 45 f.

Berechnungen mehr erforderlich wären und die Drittschuldnererklärung stets gleichen Inhalts wäre. Ist dies nicht möglich oder nicht zweckmäßig, kommt die Abwälzung des
entstandenen Aufwands auf Dritte durch Begründung von
Regressansprüchen in Betracht.

II. Zulässigkeit geeigneter Gestaltungen

1. Ausschluss der Pfändbarkeit

Die Pfändbarkeit eines Anspruchs kann durch Vereinbarung
ausgeschlossen werden, wenn keine zwingenden Vorschriften entgegenstehen (vgl. § 105 S. 1 GewO).

Pfändbarkeit nicht
rechtsgeschäftlich
vermeidbar

In Betracht kommt ein unmittelbarer Ausschluss der
Pfändbarkeit durch eine entsprechende Abrede zwischen
Arbeitgeber und Arbeitnehmer, wie es § 399 Alt. 2 BGB für
die Abtretbarkeit vorsieht. Ein solcher Ausschluss ist allerdings nicht möglich, wenn die Pfändbarkeit im Unterschied
zur Abtretbarkeit zwingend ausgestaltet ist. Dies ist der Fall,
weil die Pfändung eines Rechts im Wege der Zwangsvollstreckung die vom Staat einem Gläubiger zur Verfügung
gestellte Möglichkeit ist, seine Ansprüche zwangsweise
durchzusetzen. Dem Gläubiger hierfür ein effektives System
zur Verfügung zu stellen, ist eine aus dem Rechtsstaatsprin-
zip folgende Pflicht des Staats[22]. Diese Pflicht umfasst, dass
der Gesetzgeber verhindert, dass Schuldner nach Gutdünken
Teile ihres Vermögens der Vollstreckung entziehen können[23]. Ein unmittelbarer Ausschluss der Pfändbarkeit ist
deshalb nicht möglich.

Unmittelbarer
Ausschluss der
Pfändbarkeit

Möglicherweise kann die Pfändbarkeit mittelbar dadurch
ausgeschlossen werden, dass die Abtretung der Lohnansprüche ausgeschlossen wird, weil im Grundsatz nicht abtretbare
Ansprüche unpfändbar sind (vgl. § 851 Abs. 1 ZPO; für die
Verpfändung vgl. § 1274 Abs. 2 BGB). Dieser Grundsatz
wird jedoch durch § 851 Abs. 2 ZPO für die Pfändung eingeschränkt, wenn sich die Nichtabtretbarkeit, wie im Fall
einer entsprechenden Vereinbarung, aus § 399 BGB ergibt.
In diesem Fall genießt die Haftung im Rahmen der Zwangsvollstreckung Vorrang vor der Nichtabtretbarkeit, wenn der
Gegenstand der Forderung der Pfändung unterliegt. Da Ansprüche auf Arbeitsentgelt grundsätzlich der Pfändung unterliegen (vgl. §§ 850 ff. ZPO), schließen Abreden über die

mittelbare
Verhinderung der
Pfändbarkeit

---

[22]   Vgl. Musielak/Lackmann, vor § 704 ZPO Rn. 6.
[23]   Vgl. BGH v. 21.06.1985, NJW 1985, 2827, 2827 f.

Nichtabtretbarkeit i. S. d. § 399 Alt. 2 BGB die Pfändbarkeit nicht aus.

Das Ziel der Mandantin lässt sich nicht dadurch erreichen, dass die Pfändung des Arbeitslohns rechtsgeschäftlich ausgeschlossen wird, weil entsprechende Abreden an zwingendem Gesetzesrecht scheitern.

2. Begründung von Erstattungspflichten

Da auch für den Arbeitsvertrag grundsätzlich Vertragsfreiheit besteht, können rechtsgeschäftliche Erstattungspflichten begründet werden, wenn und soweit die Vertragsfreiheit nicht beschränkt ist (§ 105 S. 1 GewO)[24]. Zu beachten sind spezielle Grenzen (a), die für Allgemeine Geschäftsbedingungen geltenden Grenzen (b) sowie sonstige Grenzen (c).

a) Spezielle Grenzen

Eine spezielle Grenze besteht, wenn der Gesetzgeber mit § 840 ZPO eine abschließende und zwingende Regelung schaffen wollte, welche eine Übernahme der mit der Bearbeitung von Forderungspfändungen verbundenen Kosten durch den Schuldner ausschließen wollte. Eine vertragliche Abweichung von zwingendem Recht ist nicht möglich[25]. Da sich dem Wortlaut der Vorschrift hierüber keine Aussage entnehmen lässt, ist der Inhalt der Vorschrift unter Berücksichtigung der übrigen Auslegungskriterien zu ermitteln. Den Gesetzesmaterialien[26] ist nicht zu entnehmen, dass der Gesetzgeber eine Belastung des Schuldners unbedingt ausschließen wollte. Hierfür kann unter teleologischen Gesichtspunkten auch nicht pauschal angeführt werden, dass der Gesetzgeber weitere Belastungen des Zwangsvollstreckungsschuldners vermeiden wollte, damit dessen Schulden nicht noch zusätzlich ansteigen und er bedürftig wird. Gegen diese Interpretation spricht zunächst, dass insbesondere die Vorschrift des § 788 ZPO vorsieht, den Schuldner auch mit weiteren Lasten, konkret solchen der Zwangsvollstreckung

---

[24] Vgl. Boemke/Ulrici, BGB-AT, § 11 Rn. 2.

[25] Ulrici, JuS 2005, 1073, 1073 f.

[26] Hahn/Stegemann, Die gesamten Materialien zu den Reichsjustizgesetzen, 2. Auflage 1881 (Neudruck 1983), S. 459. – Die Gesetzesmaterialien verorten die Auskunftspflicht des Drittschuldners in der allgemeinen Zeugenpflicht. Diese muss nach §§ 19 ff. JVEG nicht entschädigungslos erfüllt werden.

zu belegen. Außerdem ist eine Forderungspfändung nicht
zwingend damit verbunden, dass ein Schuldner bedürftig
wird. Vielmehr lässt sich unter systematischen Gesichtspunkten die Regelung des § 369 Abs. 2 BGB anführen, welche tendenziell gerade dafür spricht, dass die durch eine
Forderungsübertragung, mit welcher Pfändung und Über-
weisung nach §§ 835 Abs. 2, 836 Abs. 1 ZPO vergleichbar
sind, verbundenen Mehrkosten auf den Schuldner abgewälzt
werden können. Die Nichtregelung eines Erstattungsanspruchs enthält keine abschließende und zwingend zu res-
pektierende Entscheidung des Gesetzgebers. Besondere
Vorschriften schränken die Vertragsfreiheit daher nicht ein.

b) AGB-Kontrolle

Die Vereinbarung eines Erstattungsanspruchs ist nach
§§ 305 ff. BGB unwirksam, wenn die AGB-Kontrolle eröffnet ist (aa) und ein Einbeziehungshindernis besteht (bb) oder
ein Klauselverbot eingreift (cc).

Grenze: AGB-Kontrolle

aa) Anwendungsbereich

Die AGB-Kontrolle ist eröffnet, wenn es sich bei den vorgesehenen Regelungen zur Abwälzung der Pfändungskosten
um Allgemeine Geschäftsbedingungen (AGB) i. S. v. § 305
Abs. 1 BGB handelt, weil arbeitsrechtliche Vereinbarungen
nicht generell von der AGB-Kontrolle ausgenommen sind
(§ 310 Abs. 4 S. 2 BGB). AGB sind nach § 305 Abs. 1 S. 1
BGB alle für eine Vielzahl von Verträgen (3) vorformulierten (2) Vertragsbedingungen (1), die eine Vertragspartei
(Verwender) der anderen Vertragspartei bei Abschluss eines
Vertrags stellt (4). Wurde eine Vertragsbedingung zwischen
den Parteien ausgehandelt (5), liegt keine AGB vor (§ 305
Abs. 1 S. 3 BGB).

Eröffnung der AGB-Kontrolle

(1) Vertragsbedingungen

Eine Vertragsbedingung ist eine auf die Regelung des Inhalts
eines Vertrags, d. h. die Ausgestaltung eines Rechtsverhältnisses abzielende Abrede[27]. Die vorgesehenen Erstattungsan-
sprüche können nicht einseitig vom Arbeitgeber bestimmt
werden. Vielmehr bedarf es hierzu einer vertraglichen Vereinbarung, die darauf abzielt, den Inhalt des Arbeitsverhältnisses (Umfang der Rechte und Pflichten im Arbeitsverhält-

Ausgestaltung eines Rechtsverhältnisses

---

[27]   Vgl. BGH v. 16.03.1999, NJW 1999, 1864; Boemke/Ulrici,
BGB-AT, § 11 Rn. 70.

nis) zu gestalten. Die vorzuschlagenden Regelungen sind Vertragsbedingungen.

(2) Vorformuliert

Festlegung vor Vertragsschluss

Vorformuliert ist eine Vertragsbedingung, wenn sie zeitlich vor dem Vertragsschluss vorliegt[28]. Die Mandantin wünscht den Entwurf eines Arbeitsvertrags, den sie zukünftig bei Neueinstellungen verwenden will (Musterarbeitsvertrag). Bei Abschluss der Arbeitsverträge liegt der Vertragstext daher vor.

(3) Vielzahl von Verträgen

für dreimalige Verwendung bestimmt

Für eine Vielzahl von Verträgen vorgesehen sind Vertragsbedingungen, wenn sie für eine mindestens dreimalige Verwendung bestimmt sind[29]. Die Mandantin beabsichtigt, die Klausel bei allen zukünftigen Neueinstellungen zu verwenden. Die Anzahl der Verwendungen ist somit zwar noch offen, erfasst nach allgemeiner Lebenserfahrung aber auch eine mehr als dreimalige Verwendung. Die Vertragsbedingungen sind für eine Vielzahl von Verwendungen vorgesehen.

(4) Gestellt

Einbringung in den Vertrag

Gestellt werden Vertragsbedingungen von derjenigen Vertragspartei, die sie fertig in die Vertragsverhandlungen mit der anderen Partei einbringt, um sie ihr einseitig aufzuerlegen[30]. Eine zwangsweise Auferlegung ist nicht erforderlich, weil das Merkmal „Stellen" nicht das Gegenstück zum Aushandeln darstellt, sondern nur der Zuordnung der Vertragsbedingung zu ihrem Verwender dient[31]. Die Mandantin will die Vertragsbedingungen zukünftig ihrerseits in die Vertragsverhandlungen einbringen, wodurch diese gestellt werden.

(5) Nicht ausgehandelt

Kerngehalt nicht zur Disposition gestellt

Aushandeln setzt voraus, dass der Verwender eine Vertragsbedingung, insbesondere ihren gesetzesfremden Kerngehalt

---

[28] Boemke/Ulrici, BGB-AT, § 11 Rn. 71.
[29] BAG v. 25.05.2005, NZA 2005, 1111, 1116; Boemke/Ulrici, BGB-AT, § 11 Rn. 72.
[30] BAG v. 25.05.2005, NZA 2005, 1111, 1116; Boemke/Ulrici, BGB-AT, § 11 Rn. 73.
[31] Boemke/Ulrici, BGB-AT, § 11 Rn. 73.

ernsthaft zur Disposition stellt, d. h. seinem Vertragspartner die Möglichkeit einräumt, zur Wahrung der eigenen Interessen auf den Vertragsinhalt Einfluss zu nehmen, und sich eindeutig bereit erklärt, die von ihm gestellte Vertragsbedingung zu ändern[32]. Zudem muss sich der Vertragspartner des Verwenders der Bereitschaft des Verwenders bewusst sein und sich auf das Aushandeln einlassen[33]. Erforderlich ist mithin mehr als ein bloßes Verhandeln[34] oder nur das Erläutern einer Vertragsbedingung[35].

Die MPOWER GmbH will den Musterarbeitsvertrag einheitlich gegenüber allen ihren Arbeitnehmern verwenden. Diesem Vereinheitlichungsbestreben widerspricht es, wenn die Mandantin die Vertragsbedingungen mit jedem Arbeitnehmer aushandelt, d. h. ernsthaft zur Disposition stellt. Wird die Klausel ernsthaft zur Disposition gestellt, muss mit abweichenden Vereinbarungen gerechnet werden. Dies will die Mandantin jedoch nicht. Ein Aushandeln erfolgt nicht.

Eigenart eines Musterarbeitsvertrags

(6) Zwischenergebnis

Bei der geplanten Abwälzungsklausel handelt es sich um eine Allgemeine Geschäftsbedingung.

AGB-Kontrolle ist eröffnet

bb) Einbeziehungskontrolle

Damit die Vertragsklausel Vertragsinhalt wird, muss sich die MPOWER GmbH mit ihren Arbeitnehmern über die Geltung der Klausel i. S. v. §§ 145 ff. BGB einigen. Die besonderen Einbeziehungsanforderungen des § 305 Abs. 2 BGB müssen dagegen nicht beachtet werden, weil § 305 Abs. 2 BGB für Arbeitsverträge nach dem eindeutigen Wortlaut des § 310 Abs. 2 S. 2 Hs. 2 BGB nicht (auch nicht analog) zur Anwendung kommt[36]. Bei der Einbeziehung ist aber zu beachten, dass Individualabreden nach § 305b BGB Vorrang genießen (1) und die Klausel nach § 305c Abs. 1 BGB nicht überraschend sein darf (2). Bei der konkreten Ausformulierung der Klausel wäre überdies zu beachten, dass Ausle-

wirksame Einigung

---

[32] BAG v. 25.05.2005, NZA 2005, 1111, 1116; Boemke/Ulrici, BGB-AT, § 11 Rn. 74.
[33] Boemke/Ulrici, BGB-AT, § 11 Rn. 74.
[34] BAG v. 27.07.2005, NZA 2006, 40, 44; Boemke/Ulrici, BGB-AT, § 11 Rn. 74.
[35] BAG v. 01.03.2006, NZA 2006, 746, 748.
[36] BAG v. 24.09.2008, NZA 2009, 154, 156; Hk-ArbR/Boemke/Ulrici, § 305 BGB Rn. 24.

gungszweifel zu Lasten der Mandantin gehen (§ 305c Abs. 2 BGB).

(1) Vorrang der Individualabrede

Nach § 305b BGB haben Individualabreden Vorrang vor Regelungen in AGB. Soweit zwischen einer Individualabrede und einer AGB ein Regelungswiderspruch besteht, genießt die Individualabrede Vorrang und die AGB tritt zurück. Ein Regelungswiderspruch liegt vor, wenn die AGB-Regelung den Sinn und Zweck der Individualvereinbarung beeinträchtigt oder aushöhlt. Unerheblich ist, ob es sich um einen unmittelbaren oder mittelbaren, anfänglichen oder nachträglichen Widerspruch handelt[37]. Im Hinblick auf die Begründung von Ansprüchen auf Zahlung der durch eine Lohnpfändung verursachten Kosten ist ein Regelungswiderspruch zu Individualabreden nicht ersichtlich, solange die Mandantin den einzustellenden Arbeitnehmern nicht zusagt, dass derartige Kosten nicht umgelegt werden. Dass die Mandantin derartige Aussagen tätigt, kann ausgeschlossen werden, weil dies ihren unmittelbaren Zielen widerspricht. Der Vorrang der Individualabrede hindert die vorgesehene Gestaltung nicht.

(2) Überraschende Klauseln

Verbot
überraschender
Klauseln

Widerspruch zu
Erwartungen des
Arbeitnehmers

Überraschend ist eine Vertragsklausel, die objektiv so ungewöhnlich ist, dass der Vertragspartner des Verwenders subjektiv nicht mit ihr zu rechnen braucht[38]. Eine Klausel ist ungewöhnlich, wenn ein erheblicher Widerspruch zwischen den durch die Umstände bei Vertragsschluss begründeten Erwartungen und dem Vertragsinhalt besteht[39]. Die Ungewöhnlichkeit kann sich dabei sowohl aus dem Inhalt der Regelung als auch aus ihrer formellen Gestaltung ergeben[40]. Einer formellen Ungewöhnlichkeit ist erst bei der konkreten Ausformulierung des Klauseltextes Rechnung zu tragen. Eine inhaltliche Ungewöhnlichkeit der Vereinbarung einer Kostenabwälzung ist nicht gegeben. Es fehlt an einem erheblichen Widerspruch zu den Erwartungen des Arbeitnehmers, weil im Hinblick auf die Häufigkeit von Lohnpfändungen ein enger sachlicher Bezug zum Arbeitsverhältnis besteht und entsprechende Abreden in Arbeitsver-

---

[37]   Hk-ArbR/Boemke/Ulrici, § 305b BGB Rn. 7.
[38]   Boemke/Ulrici, BGB-AT, § 11 Rn. 82.
[39]   BAG v. 23.02.2005, NZA 2005, 1193, 1198.
[40]   Hk-ArbR/Boemke/Ulrici, § 305c BGB Rn. 6.

hältnissen verbreitet sind. Als Beleg hierfür kann wohl auch
der Umstand gewertet werden, dass ausweislich einer jünge-
ren BAG-Entscheidung[41] sich selbst Betriebsräte einer entsprechenden Regelung nicht verschlossen haben. Im Ergebnis ist die vorgesehene Klausel – vorbehaltlich ihrer formellen Gestaltung – nicht überraschend.

cc) Inhaltskontrolle

Die Klausel über eine Erstattungspflicht für die durch eine
Lohnpfändung verursachten Kosten ist unwirksam, wenn
hierdurch der Arbeitnehmer unangemessen benachteiligt
wird (§ 307 Abs. 1 S. 1 BGB). Die Unangemessenheit (2)
kann sich aus dem Inhalt einer Regelung (§ 307 Abs. 1 S. 1
BGB) oder ihrer äußeren Gestaltung (§ 307 Abs. 1 S. 2
BGB) ergeben. Dieser Prüfungsmaßstab könnte in dreierlei
Hinsicht modifiziert sein (1).

Inhaltskontrolle

(1) Maßstab der Inhaltskontrolle

(1.1) Beschränkung auf Transparenzkontrolle

Der Maßstab der Inhaltskontrolle könnte nach § 307 Abs. 3
BGB auf die äußere Gestaltung beschränkt sein, wenn es
sich bei der vorgesehenen Klausel nicht um eine vom Gesetz
abweichende oder dieses ergänzende Regelung handelt. Dies
ist jedoch nicht der Fall, weil die Klausel zunächst das Gesetz insoweit ergänzt, als eine in § 840 ZPO nicht vorgesehene Vergütungspflicht statuiert wird[42]. Überdies handelt es
sich um eine Ergänzung des Arbeitsverhältnisses, weil eine
außerhalb der essentialia negotii liegende Nebenleistung
geregelt wird, ohne welche das Arbeitsverhältnis fortbeste-
hen kann (vgl. § 306 BGB)[43].

*Beschränkung
auf Transparenz-
kontrolle*

(1.2) Verbrauchervertrag

Bei der Bestimmung der Unangemessenheit sind nach § 310
Abs. 3 Nr. 3 BGB die den Vertragsschluss begleitenden
Umstände zu berücksichtigen, wenn es sich bei den abzuschließenden Verträgen um solche zwischen einem Verbraucher und einem Unternehmer handelt. Die MPOWER GmbH

*Berücksichtigung
von
Begleitumständen*

---

41 BAG v. 18.07.2006, NZA 2007, 462.
42 BGH v. 18.05.1999, NJW 1999, 2276, 2277; BGH
    v. 19.10.1999, NJW 2000, 651; Brehm/Kleinheisterkamp, JZ
    2000, 59.
43 Vgl. BGH v. 19.10.1999, NJW 2000, 651.

muss Unternehmer und ihre Arbeitnehmer müssen Verbraucher sein.

Arbeitgeber als Unternehmer

Unternehmer ist nach § 14 BGB eine natürliche oder juristische Person, die bei Abschluss eines Rechtsgeschäfts in Ausübung ihrer gewerblichen oder selbstständigen beruflichen Tätigkeit handelt. Die Mandantin ist als GmbH eine juristische Person und betreibt ein Gewerbe, weil ihre Tätigkeit auf Gewinnerzielung angelegt ist. Da sie Arbeitsverträge abschließt, damit die Arbeitnehmer ihre gewerbliche Tätigkeit fördern, handelt die MPOWER GmbH in Ausübung ihrer gewerblichen Tätigkeit. Sie ist Unternehmerin.

Arbeitnehmer als Verbraucher

Verbraucher ist nach § 13 BGB jede natürliche Person, die ein Rechtsgeschäft zu einem Zweck abschließt, der weder ihrer gewerblichen noch ihrer selbstständigen beruflichen Tätigkeit zugerechnet werden kann. Die Arbeitnehmer der MPOWER GmbH üben selbst kein Gewerbe aus, weil sie definitionsgemäß (vgl. § 84 Abs. 1 S. 2 HGB) unselbstständig tätig sind. Arbeitnehmer sind mithin im vorliegenden Zusammenhang Verbraucher[44].

Arbeitsvertrag als Verbrauchervertrag

Der Arbeitsvertrag ist somit ein Verbrauchervertrag[45], weshalb bei der Bestimmung der Unangemessenheit auch die den Vertragsschluss begleitenden Umstände zu berücksichtigen sind (§ 310 Abs. 3 Nr. 3 BGB). Zu berücksichtigen ist deshalb das zwischen den Parteien bestehende Kräfteverhältnis, d. h. persönliche Eigenschaften, Geschäftserfahrung, Verhandlungsstärke und intellektuelle Stärken und Schwächen der Vertragspartner.

(1.3) Berücksichtigung der Besonderheiten des Arbeitsrechts

Besonderheiten des Arbeitsrechts

Schließlich sind bei der Bestimmung der Unangemessenheit nach § 310 Abs. 4 S. 2 BGB die Besonderheiten des Arbeitsrechts angemessen zu berücksichtigen (1.3.2), wenn solche im vorliegenden Zusammenhang bestehen (1.3.1).

(1.3.1) Besonderheit des Arbeitsrechts

hohe Belastung der Arbeitgeber als Besonderheit

Als Besonderheit des Arbeitsrechts könnte zu berücksichtigen sein, dass Arbeitgeber von den Belastungen durch Forderungspfändungen besonders stark betroffen sind. Zwar gilt § 840 ZPO für alle Forderungspfändungen, weshalb von den

---

[44]   BAG v. 25.05.2005, NZA 2005, 1111, 1115; Boemke, BB 2002, 96; Däubler, NZA 2001, 1329, 1333; Hk-ArbR/Boemke/Ulrici, § 310 BGB Rn 5.

[45]   BAG v. 31.08.2005, NZA 2006, 324, 328; Hk-ArbR/Boemke/Ulrici, § 310 BGB Rn 5.

aus einer Forderungspfändung erwachsenden Lasten grundsätzlich alle Drittschuldner betroffen sind, unabhängig davon, ob Ansprüche aus einem Arbeitsverhältnis, aus einem Versicherungsvertrag, aus einem Bankvertrag o. ä. gepfändet werden. Jedoch ist in rechtstatsächlicher Hinsicht festzustellen, dass sich eine Forderungspfändung am häufigsten auf Ansprüche auf Arbeitsentgelt oder Ansprüche aus einem Bankvertrag bezieht[46]. Arbeitgeber und Banken sind von den Lasten einer Pfändung danach am häufigsten betroffen. Für Arbeitgeber kommt hinzu, dass sich die Pfändung von Arbeitslohn nach besonderen, diffizilen Vorschriften richtet (§§ 850 ff. ZPO), welche darüber entscheiden, inwieweit derartige Ansprüche pfändbar sind. Der den Arbeitgebern entstehende Aufwand ist danach höher als der im Durchschnitt sonstigen Drittschuldnern entstehende Aufwand.

Nach einer sehr engen, in der Literatur vertretenen Ansicht sind als Besonderheiten des Arbeitsrechts nur rechtliche Besonderheiten innerhalb des Arbeitsrechts (z. B. Besonderheiten kirchlicher Arbeitsverhältnisse) anzuerkennen[47]. Nach einer weiteren Ansicht in der Literatur sind auch rechtliche Besonderheiten des Arbeitsrechts gegenüber dem übrigen Zivilrecht anzuerkennen[48]. Umstritten ist innerhalb dieser Ansicht, ob entsprechende Besonderheiten nur dort auszumachen sind, wo eine Rechtsnorm ausschließlich für Arbeitsverhältnisse gilt, oder ob es ausreicht, dass die Norm hauptsächlich auf Arbeitsverhältnisse Anwendung findet.

e. A.: nur rechtliche Besonderheiten

Nach der auch von der Rechtsprechung vertretenen, weitesten Ansicht sind Besonderheiten des Arbeitsrechts dagegen sowohl rechtliche als auch tatsächliche Besonderheiten des Arbeitsverhältnisses[49]. Rechtliche Besonderheiten müssen sich nicht aus einem Gesetz ergeben. Erfasst werden vielmehr auch sich aus Gewohnheitsrecht, Richterrecht, Rechtsgrundsätzen oder -prinzipien ergebende Besonderheiten. Als Richterrecht in diesem Sinne scheidet die frühere Rechtsprechung zur Zulässigkeit bestimmter Vertragsgestal-

h. M.: rechtliche und tatsächliche Besonderheiten

---

[46] Vgl. BGH v. 19.10.1999, NJW 2000, 651, 652; Brehm/Kleinheisterkmap, JZ 2000, 59. – Neben dem Umstand, dass Schuldnern typischerweise Ansprüche gegen die Bank oder den Arbeitgeber zustehen, ist hierfür wohl auch ursächlich, dass in beiden Fällen mit zukünftigen Ansprüchen zu rechnen ist, welche von der Pfändung miterfasst werden (vgl. für das Gehalt ausdrücklich §§ 832, 833 ZPO).

[47] Birnbaum, NZA 2003, 944, 946 ff.

[48] Thüsing, NZA 2002, 591, 592.

[49] BAG v. 25.05.2005, NZA 2005, 1111, 1113; Hk-ArbR/Boemke/Ulrici, § 310 BGB Rn. 31.

tungen jedoch aus[50]. Berücksichtigungsfähig sind allerdings die diese Entscheidungen tragenden Rechtsgrundsätze und Prinzipien[51]. Erfasst werden sowohl Besonderheiten gegenüber dem allgemeinen Zivilrecht als auch Besonderheiten innerhalb des Arbeitsrechts, z. B. Eigenarten kirchlicher Arbeitsverhältnisse[52]. Entsprechende rechtliche Besonderheiten liegen nicht nur dort vor, wo sich eine Rechtsnorm finden lässt, die nur für Arbeitsverhältnisse, nicht aber für sonstige Schuldverhältnisse gilt[53]. Vielmehr ist ausreichend, dass einer Rechtsvorschrift, einem Rechtsgrundsatz oder einem Rechtsprinzip im Arbeitsrecht besondere Bedeutung zukommt[54]. Dies ist etwa der Fall, wenn eine Rechtsregel ihren zentralen Anwendungsbereich im Arbeitsrecht hat und nur am Rande allgemeine zivilrechtliche Fallgestaltungen erfasst[55]. Tatsächliche Besonderheiten liegen vor, wenn bestimmte Tatsachen gerade im Arbeitsverhältnis vermehrten Regelungsbedarf auslösen[56].

Maßgeblichkeit der Rechtsprechung des BAG

Für die weitere Prüfung ist der Ansicht der Rechtsprechung zu folgen, weil eine praktisch verwertbare Vertragsklausel zu entwerfen ist[57]. Dies erfordert eine Orientierung an den Vorgaben der Rechtsprechung, weil letztlich die Rechtsprechung über Wirksamkeit oder Unwirksamkeit des Vertrags entscheidet. Abgesehen davon sprechen aber auch die besseren Argumente für die Sichtweise der Rechtsprechung. Hintergrund für die Regelung des § 310 Abs. 4 S. 2 BGB ist, dass der Gesetzgeber gegen Ende des Gesetzgebungsverfahrens zur Schuldrechtsreform auch Arbeitsverträge der AGB-Kontrolle unterwarf. Ihm war es jedoch nicht (mehr) möglich, zu prüfen, inwieweit die Übertragung des AGB-Rechts auf Arbeitsverträge in jedem Fall zu angemessenen Ergebnissen führt. Ausgehend hiervon soll § 310 Abs. 4 S. 2 BGB eine sachgerechte Anwendung des AGB-Rechts ermöglichen, indem der Rechtsanwender ausdrücklich zu einer teleologischen Auslegung der §§ 305 ff. BGB angewiesen wird[58]. Anknüpfungspunkte für teleologische

---

[50] BAG v. 27.07.2005, NZA 2006, 40, 45.
[51] Hk-ArbR/Boemke/Ulrici, § 310 BGB Rn. 30.
[52] BAG v. 04.03.2004, NZA 2004, 727, 731.
[53] BAG v. 04.03.2004, NZA 2004, 727, 732.
[54] BAG v. 04.03.2004, NZA 2004, 727, 732.
[55] Vgl. BAG v. 04.03.2004, NZA 2004, 727, 732.
[56] Hk-ArbR/Boemke/Ulrici, § 310 BGB Rn. 31.
[57] Vgl. Einleitung, S. 23.
[58] Hk-ArbR/Boemke/Ulrici, § 310 BGB Rn. 32.

Erwägungen können sich aus rechtlichen oder tatsächlichen Umständen ergeben.

Danach ist die besondere Betroffenheit der Arbeitgeber mit den Lasten einer Forderungspfändung im Hinblick auf Häufigkeit und Höhe des anfallenden Aufwands eine Besonderheit des Arbeitsrechts.

Besonderheiten des Arbeitsrechts bestehen

(1.3.2) Rechtsfolge

Da der Gesetzgeber mit § 310 Abs. 4 S. 2 Hs. 1 BGB den Rechtsanwender zu einer teleologischen Anwendung der AGB-Vorschriften auf arbeitsrechtliche Vereinbarungen anweist, werden auch die Klauselverbote des § 309 BGB für Wertungen geöffnet und führen nicht mehr zwingend zur Klauselunwirksamkeit[59]. Bei der Anwendung der Klauselverbote der §§ 307, 308 BGB zeitigt § 310 Abs. 4 S. 2 Hs. 1 BGB dagegen keine Rechtsfolgen, weil arbeitsrechtliche Besonderheiten im Rahmen der bei §§ 307, 308 BGB stets vorzunehmenden Wertung unmittelbar berücksichtigt werden können[60].

Öffnung zwingender Klauselverbote für Wertungen

(2) Unangemessenheit

Unwirksam sind AGB, die den Arbeitnehmer unangemessen benachteiligen (§ 307 Abs. 1 S. 1 BGB). Eine unangemessene Benachteiligung liegt zunächst vor, wenn ein spezielles Klauselverbot nach §§ 308, 309 BGB eingreift (2.1). Sie kann sich außerdem daraus ergeben, dass die Klauselbestimmung nicht klar und verständlich ist (§ 307 Abs. 1 S. 2 BGB). Letzteres ist jedoch erst bei der Ausformulierung zu beachten. Die Unangemessenheit kann sich zudem daraus ergeben, dass die Klausel mit wesentlichen Grundgedanken der gesetzlichen Regelung, von der abgewichen wird, nicht zu vereinbaren ist (2.2) oder wesentliche Rechte und Pflichten (2.3), die sich aus der Natur des Vertrags ergeben, so einschränkt, dass die Erreichung des Vertragszwecks gefährdet ist (§ 307 Abs. 2 Nr. 1 und Nr. 2 BGB). Schließlich führt allgemein jede Beeinträchtigung eines rechtlich anerkannten Interesses des Arbeitnehmers, die nicht durch begründete und billigenswerte Interessen des Arbeitgebers gerechtfertigt

unangemessene Benachteiligung

---

[59] BAG v. 04.03.2004, NZA 2004, 727, 731; Hk-ArbR/Boemke/ Ulrici, § 310 BGB Rn. 32.

[60] Hk-ArbR/Boemke/Ulrici, § 310 BGB Rn. 34.

ist oder durch gleichwertige Vorteile ausgeglichen wird (vgl. § 307 Abs. 1 S. 1 BGB)[61], zur Unangemessenheit (2.4).

(2.1) Spezielles Klauselverbot

kein spezielles
Klauselverbot
betroffen

Ein spezielles Klauselverbot aus dem Katalog der §§ 308, 309 BGB, welches der Vereinbarung einer Kostenabwälzung auf den von einer Lohnpfändung betroffenen Arbeitnehmer entgegenstehen könnte, ist nicht ersichtlich. Dementsprechend ist auch nicht erforderlich, die Besonderheiten des Arbeitsrechts über § 310 Abs. 4 S. 2 BGB zur Aufweichung des § 309 BGB heranzuziehen.

(2.2) Verletzung gesetzlicher Grundgedanken

Unangemessenheit
der Abwälzung

Die Abwälzung der Kosten einer Lohnpfändung könnte unangemessen sein, weil sie mit wesentlichen Grundgedanken der gesetzlichen Regelung, von der abgewichen wird, nicht vereinbar ist (§ 307 Abs. 2 Nr. 1 BGB). Dies ist der Fall, wenn die Begründung einer Erstattungspflicht vom Gesetz abweicht (2.2.1) und diese Abweichung mit dem gesetzlichen Grundgedanken, von dem abgewichen wird (2.2.2), unvereinbar ist (2.2.3).

(2.2.1)   Abweichung vom Gesetz

Abweichung von
§ 840 ZPO

Eine Abweichung vom Gesetz ist nicht nur gegeben, wenn von einer konkreten Gesetzesvorschrift abgewichen wird. Erfasst werden vielmehr auch Abweichungen von (ungeschriebenen) allgemeinen Rechtsgrundsätzen und -prinzipien[62], wie z. B. vom Grundsatz pacta sunt servanda (vgl. § 308 Nr. 4 BGB). Geht man davon aus, dass § 840 ZPO eine sachliche, wertende Entscheidung des Gesetzgebers dahingehend enthält, dass Drittschuldner die Kosten ihrer Mühen selbst tragen müssen, weicht die Vereinbarung einer Erstattungspflicht hiervon ab[63]. Ob § 840 ZPO eine solche Aussage enthält, erscheint allerdings zweifelhaft[64], kann aber dahinstehen, weil die Begründung einer Erstattungspflicht jedenfalls von dem allgemeinen Rechtsgrundsatz abweicht, dass jeder Rechtsunterworfene seine gesetzlichen Pflichten zu erfüllen hat, ohne hierfür ein gesondertes Entgelt fordern

---

[61]   BAG v. 04.03.2004, NZA 2004, 727, 732; BAG v. 18.08.2005, NZA 2006, 34, 36.
[62]   BGH v. 21.12.1983, BGHZ 89, 206, 211.
[63]   So BGH v. 19.10.1999, NJW 2000, 651, 652.
[64]   Siehe C. II. 2. b) cc) (2.2.2), S. 60.

zu können, soweit sich keine Anspruchsgrundlage für eine
Erstattung finden lässt[65]. Da hinsichtlich der durch die Bear-
beitung einer Lohnpfändung entstehenden Kosten eine
Rückgriffsmöglichkeit weder in § 840 ZPO noch in § 788
ZPO enthalten ist[66] und auch nicht durch §§ 683, 670 BGB
und § 280 BGB begründet wird[67], weicht die vorgesehene
Klausel vom Gesetz ab.

(2.2.2) Wesentlicher Grundgedanke

Die durch die Vereinbarung einer Kostenabwälzung bewirkte Abweichung vom Gesetz muss einen wesentlichen
Grundgedanken derjenigen gesetzlichen Regelung betreffen,
von welcher abgewichen wird. Wesentliche Grundgedanken
sind die in einer Norm enthaltenen Gerechtigkeitsgebote
nicht dagegen bloße Zweckmäßigkeitserwägungen[68]. Entscheidend ist daher, inwieweit der allgemeine Rechtsgrundsatz, nach welchem eigene Aufwendungen grundsätzlich
selbst zu tragen sind, bzw. § 840 ZPO Ausdruck einer Gerechtigkeitsentscheidung sind.

> Definition
> wesentlicher
> Grundgedanke

Dem benannten allgemeinen Rechtsgrundsatz lässt sich
keine Gerechtigkeitsentscheidung entnehmen, wenn er letztlich bloß auf Zweckmäßigkeitserwägungen der Gesetzge-
bungstechnik beruht. Bei der Allokation von Aufwendungen
durch Gewährung von Rückgriffsansprüchen kann der Gesetzgeber im Wesentlichen auf zweierlei Weise vorgehen.
Einerseits besteht die Möglichkeit, eine große Generalklausel für Rückgriffsansprüche zu schaffen und einzelne An-
spruchsausschlüsse vorzusehen. Andererseits ist denkbar,
dass man von einer generellen Nichterstattung ausgeht und
positive Ausnahmen hiervon durch Statuierung einzelner
Rückgriffsansprüche normiert. Welchen dieser Wege der
Gesetzgeber beschreitet, ist zuvorderst eine Frage der Ge-
setzgebungstechnik und nur nachrangig Ausdruck einer
Wertvorstellung. Der Gesetzgeber ist vom Grundsatz der
Nichterstattung ausgegangen, weil er sich außerstande sieht,
für alle erdenklichen Fälle vorab zu entscheiden, ob und
inwieweit ein Rückgriff erfolgen soll. Vor diesem Hintergrund erschien es ihm vertretbarer, vom Grundsatz der
Nichterstattung auszugehen, den status quo zu erhalten und

> betroffener
> Rechtsgrundsatz
> folgt nur Zweckmä-
> ßigkeitserwägungen

---

[65] BGH v. 19.10.1999, NJW 2000, 651, 652.
[66] BGH v. 19.10.1999, NJW 2000, 651, 652.
[67] BGH v. 19.10.1999, NJW 2000, 651, 652; siehe oben B. I. 2.
  a), S. 44 f.
[68] BGH v. 21.12.1983, BGHZ 89, 206, 211.

die Rückerstattung von einer positiven Regelung abhängig zu machen. Eine generelle Gerechtigkeitserwägung ist hiermit aber nicht verbunden. Diese trifft der Gesetzgeber vielmehr erst, wenn er im Zusammenhang mit der Einführung einer gesetzlichen Pflicht positiv darüber entscheidet, ob und inwieweit eine Kostenerstattung erfolgen oder nicht erfolgen soll.

§ 840 ZPO enthält keinen wertenden Grundgedanken

Entscheidend ist daher, ob der Gesetzgeber für den Bereich der Forderungspfändung, d. h. bei Schaffung des § 840 ZPO, eine entsprechende Gerechtigkeitsentscheidung getroffen hat[69]. Dass § 840 ZPO eine Erstattungspflicht nicht vorsieht, spricht tendenziell dafür, dass kein Erstattungsanspruch bestehen soll. Allerdings lässt sich den Gesetzesmaterialien nicht entnehmen, dass der Gesetzgeber bewusst keine Kostenerstattung vorgesehen hat. Dem Schweigen des § 840 ZPO ist daher keine Aussage darüber zu entnehmen, ob der Gesetzgeber einen Erstattungsanspruch als gerechtfertigt ansah[70]. Soweit der Gesetzgeber die Pflichten des § 840 ZPO in der allgemeinen Zeugenpflicht verortet[71], könnte dies tendenziell sogar für eine Kostenerstattung sprechen, weil die Erfüllung der allgemeinen Zeugenpflicht ausweislich §§ 19 ff. JVEG im Grundsatz entschädigt wird. Dies kann aber dahinstehen, weil sich § 840 ZPO jedenfalls keine gegen eine Kostenerstattung sprechende Gerechtigkeitsvorstellung des Gesetzgebers entnehmen lässt. Ein Verstoß gegen § 307 Abs. 2 Nr. 1 BGB ist hiernach ausgeschlossen.

(2.2.3)   Unvereinbarkeit

Rechtfertigungs-möglichkeit

Nimmt man im Anschluss an den BGH, der sich für den Bankvertrag mit einer Abwälzungsklausel befasst hat, an, dass eine Abweichung von einem wesentlichen gesetzlichen Grundgedanken vorliegt[72], wird hierdurch allein die Unwirksamkeit nach § 307 Abs. 2 Nr. 1 BGB noch nicht begründet[73]. Vielmehr ist Voraussetzung, dass die festgestellte Abweichung mit dem gesetzlichen Grundgedanken, von dem abgewichen wird, unvereinbar ist. Dies ist der Fall, wenn sie nicht durch ausreichend gewichtige Interessen der MPOWER GmbH gerechtfertigt ist. Die Abweichung indiziert

---

[69]   Vgl. Brehm/Kleinheisterkamp, JZ 2000, 59, 59 f.
[70]   Zweifelnd auch Brehm/Kleinheisterkamp, JZ 2000, 59, 59 f.
[71]   Hahn/Stegemann, Die gesamten Materialien zu den Reichsjustizgesetzen, 2. Auflage 1881 (Neudruck 1983), S. 459.
[72]   BGH v. 19.10.1999, NJW 2000, 651, 652.
[73]   Brehm/Kleinheisterkamp, JZ 2000, 59, 59 f.

danach die Unvereinbarkeit; der Verwender kann diese jedoch durch ausreichend gewichtige eigene Interessen rechtfertigen.

Eine ausreichende Rechtfertigung folgt nicht daraus, dass
sich die MPOWER GmbH ihrer finanziellen Lasten entledi-
gen will, weil die Entlastung des Arbeitgebers lediglich die
Kehrseite der Belastung des Arbeitnehmers ist und ihre
Rechtfertigung nicht in sich tragen kann.

keine Rechtfertigung durch Interesse an Kostenersparnis

Eine Rechtfertigung könnte sich aber daraus ergeben, dies
wird vom BGH nicht erwogen, dass der Schuldner als Verursacher der dem Drittschuldner entstehenden Kosten diese
tragen soll. Daraus, dass der Gesetzgeber selbst vielfach eine
Kostenzuordnung nach dem Verursacherprinzip[74] vornimmt,
lässt sich ableiten, dass das Verursacherprinzip ein aner-
kanntes Gerechtigkeitsprinzip ist. Als solches kann es eine
vom Gesetz abweichende Klausel tragen. Am sachnächsten
kommt dies in § 369 Abs. 2 BGB zum Ausdruck, welchem
die Wertentscheidung zu entnehmen ist, dass die mit einem
Forderungsübergang für den Schuldner verbundenen Mehrkosten vom Gläubiger zu tragen sind. Überträgt man diese
Wertung auf die vergleichbare Situation der Forderungspfändung, rechtfertigt dies eine Kostentragung des Arbeitnehmers, welcher bei wertender Betrachtung Verursacher
der Forderungspfändung ist.

Verursacherprinzip

Das Verursacherprinzip ist danach generell geeignet, die
Kostenabwälzung zu rechtfertigen. Dies gilt in besonderem
Maße für die Kostenabwälzung vom Arbeitgeber auf den
Arbeitnehmer, weil Arbeitgeber im Vergleich zu sonstigen
Drittschuldnern aufgrund der für Lohnpfändungen geltenden
Sondervorschriften (§§ 850 ff. ZPO) mit besonderem Auf-
wand belastet werden.

Abwälzung ist gerechtfertigt

(2.2.4) Zwischenergebnis

Die vorgesehene Vertragsklausel ist nicht nach § 307 Abs. 2
Nr. 1 BGB unwirksam, weil sie nicht mit wesentlichen
Grundgedanken einer gesetzlichen Regelung unvereinbar ist.
Es fehlt insoweit bereits an einer entgegenstehenden gesetz-
lichen Grundwertung. Darüber hinaus wäre die Abweichung
jedenfalls durch das Verursacherprinzip gerechtfertigt.

keine Unwirksamkeit nach § 307 BGB

---

[74] Dieses führen auch Brehm/Kleinheisterkamp, JZ 2000, 59, 60
an.

(2.3) Vertragszweckgefährdung

Verkürzung
vertragswesentlicher
Pflichten

Die vorgesehene Klausel könnte nach § 307 Abs. 2 Nr. 2
BGB unwirksam sein, wenn sie vertragwesentliche Pflichten
des Arbeitsverhältnisses verkürzt. Dies ist jedoch nicht der
Fall, weil sie vielmehr in Ergänzung des Arbeitsverhältnisses
eine eigenständige Pflicht begründet, welche sich sowohl
nach Grund als auch Höhe nicht auf das Synallagma im
Arbeitsverhältnis auswirkt.

(2.4) Generalklausel

umfassende
Abwägung der
beiderseitigen
Interessen

Nach § 307 Abs. 1 S. 1 BGB ist die vorgesehene Vertragsklausel unwirksam, wenn die durch sie bewirkte Belastung
des Arbeitnehmers nicht durch billigenswerte Interessen des
Arbeitgebers gerechtfertigt ist. Die Feststellung einer unangemessenen Benachteiligung setzt hiernach eine wechselsei-
tige Berücksichtigung und Bewertung rechtlich anzuerken-
nender Interessen der Vertragspartner voraus[75]. Kurzum: es
bedarf der Abwägung der Interessen des Arbeitgebers und
des Arbeitnehmers[76]. Soweit der Frage der Unangemessenheit bereits unter dem Gesichtspunkt der Abweichung von
wesentlichen Grundgedanken[77] oder der Vertragszweckgefährdung[78] nachgegangen und eine Unangemessenheit ver-
neint wurde, weil jedenfalls eine ausreichende Rechtfertigung vorliegt, bedarf es keiner erneuten Prüfung, weil
§§ 308, 309, 307 Abs. 2 Nr. 1 und Nr. 2 BGB die Generalklausel des § 307 Abs. 1 Satz 1 BGB konkretisieren, mithin
spezieller sind. Unter dem Gesichtspunkt des § 307 Abs. 1
S. 1 BGB sind daher nur die von vorstehenden Vorschriften
nicht erfassten Belastungen der Klausel zu untersuchen. Da
die vorgesehene Klausel außer der Kostenbelastung dem
Grunde nach keine weiteren Belastungen begründet, bedarf
es keiner weiteren Untersuchung am Maßstab des § 307
Abs. 1 S. 1 BGB. Die die Belastungen jeweils rechtfertigen-
den Erwägungen[79] tragen auch im Rahmen des § 307 Abs. 1
S. 1 BGB.

---

[75]   BAG v. 27.07.2005, NZA 2006, 40, 46.
[76]   HK-ArbR/Boemke/Ulrici, § 307 BGB Rn. 5.
[77]   Siehe C. II. 2. b) cc) (2.2), S. 58 ff.
[78]   Siehe C. II. 2. b) cc) (2.3), S. 62.
[79]   Siehe C. II. 2. b) cc) (2.2.3), S. 60 f.

(3) Zwischenergebnisse

Die vorgeschlagene Klausel ist vorbehaltlich ihrer transparenten Ausgestaltung nicht nach §§ 305 ff. BGB unwirksam. Allerdings ist zu berücksichtigen, dass der BGH hinsichtlich der Aufnahme einer vergleichbaren Klausel in einen Bankvertrag abweichender Ansicht ist und im Rahmen seiner Entscheidung auch andeutete, dass er für Arbeitsverhältnisse ebenso entscheiden würde.

keine
Unwirksamkeit

c) Sonstige Grenzen

Neben den §§ 305 ff. BGB muss sich die Regelung zur Kostenabwälzung auch an sonstigen Grenzen, wie insbesondere § 138 BGB, messen lassen. Da die §§ 305 ff. BGB jedoch strengere Grenzen aufstellen, kommt § 138 BGB vorliegend keine eigenständige Bedeutung zu.

keine sonstigen
Grenzen

d) Zwischenergebnis

Zwar sprechen gewichtige Gründe, insbesondere auch auf das Arbeitsverhältnis bezogene Erwägungen, dafür, dass die vorgeschlagene Abwälzungsklausel in einem Musterarbeitsvertrag wirksam vereinbart werden kann. Die höchstrichterliche Rechtsprechung des BGH ist jedoch anderer Ansicht. Inwieweit das BAG als für Streitigkeiten zwischen Arbeitgeber und Arbeitnehmer zuständiges Bundesgericht dem BGH folgen würde, lässt sich nicht sicher beurteilen.

unsichere
Rechtslage

III. Entscheidung über Vorgehen

Es hat sich gezeigt, dass die Pfändbarkeit weder unmittelbar noch mittelbar ausgeschlossen werden kann[80]. Unsicher ist, ob zumindest die dem Arbeitgeber entstehenden Kosten durch Vereinbarung auf den Arbeitnehmer umgelegt werden können, weil es diesbezüglich an gesicherter Rechtsprechung des BAG fehlt. Der BGH gelangt zur Unwirksamkeit der Klausel; gute Gründe sprechen jedoch gegen seine Ansicht. Ausgehend hiervon kann der Mandantin die Aufnahme der vorgeschlagenen Vertragsbedingung gleichwohl empfohlen werden, weil sie hierdurch zumindest die Chance wahrt, dass sich die Klausel als wirksam erweist. Diese Empfehlung ist allerdings nur gerechtfertigt, wenn die Aufnahme der Klausel nicht mit negativen Folgen verbunden ist. Als solche

Abwägung von
Chancen und
Risiken

---

[80] Siehe C. II. 1., S. 47 f.

kommt in Betracht, dass die Unwirksamkeit der Klausel zur Unwirksamkeit des gesamten Vertrags führt (1.). Außerdem könnte die Verwendung einer unwirksamen Klausel andere Ziele, wie die Erlangung der Erlaubnis zur Arbeitnehmerüberlassung, gefährden (2.).

1. Gefahr der Gesamtunwirksamkeit

Gesamtunwirksam-
keit als Gefahr für
Rechtssicherheit

Führt die Unwirksamkeit der Abwälzungsklausel zur Unwirksamkeit des gesamten Vertrags, beeinträchtigt dies das generelle Interesse der Mandantin an Rechtssicherheit. Eine Gesamtunwirksamkeit könnte sich aus § 139 BGB ergeben. Nach dieser Regelung führt die Teilnichtigkeit eines Rechtsgeschäfts zur Gesamtunwirksamkeit, wenn sich im Einzelfall kein abweichender Wille der Parteien feststellen lässt[81]. Eine Einzelfallbeurteilung kann jedoch dahinstehen, wenn § 139 BGB durch eine Spezialvorschrift verdrängt wird[82]. Vorliegend könnte anstelle des § 139 BGB die Regelung des § 306 Abs. 1 BGB eingreifen, welche für AGB gilt und vorsieht, dass die Unwirksamkeit einer AGB die Wirksamkeit des Restvertrags unberührt lässt. Da es sich bei der möglicherweise unwirksamen Klausel um eine AGB handelt[83], kommt die gegenüber § 139 BGB spezielle Rechtsfolge des § 306 Abs. 1 BGB zur Anwendung. Das Risiko einer Gesamtunwirksamkeit besteht danach allenfalls unter den in § 306 Abs. 3 BGB benannten, hier offenkundig nicht einschlägigen Voraussetzungen.

2. Gefährdung der Erlaubniserteilung

Gefährdung der
AÜ-Erlaubnis

Von der Aufnahme der zweifelhaften Vertragsklausel ist dem Mandant jedoch abzuraten, wenn dies das von ihm erkennbar als vorrangig vorgegebene Ziel, die Erlaubnis zur Arbeitnehmerüberlassung unverzüglich zu erlangen, auch nur ansatzweise gefährdet. Letzteres ist der Fall, wenn die Erlaubnisbehörde die Verwendung einer möglicherweise unwirksamen Vertragsklausel als Grund für die Versagung der Erlaubnis anführen könnte. Nach § 3 Abs. 1 Nr. 1 AÜG ist die Erlaubnis zu versagen, wenn der Antragsteller die für die Ausübung der Verleihertätigkeit erforderliche Zuverlässigkeit nicht besitzt, insbesondere, weil er arbeitsrechtliche Pflichten nicht einhält. Entsprechende Anhaltspunkte können

---

[81]   Ausführlich Boemke/Ulrici, BGB-AT, § 14 Rn. 17 ff.
[82]   Vgl. Boemke/Ulrici, BGB-AT, § 14 Rn. 18.
[83]   Siehe C. II. 2. b) aa), S. 49 ff.

sich grundsätzlich auch daraus ergeben, dass ein Verleiher seine Arbeitnehmer durch Verwendung unangemessener Vertragsklauseln benachteiligt, weil er hierdurch zeigt, dass er sich nicht rechtstreu verhält[84]. Allerdings folgt die Unzuverlässigkeit nicht bereits aus jedem Rechtsverstoß. Vielmehr ist neben dessen Intensität auch ein etwaiges Verschulden zu berücksichtigen, auch wenn Verschulden nicht erforderlich ist[85]. Danach kann die Verwendung einer hinsichtlich ihrer Zulässigkeit zweifelhaften Vertragsklausel wohl noch nicht die Unzuverlässigkeit des Verleihers begründen. Dies gilt erst recht, wenn man davon ausgeht, dass die Regionaldirektionen nach den sie bindenden Dienstanweisungen der Bundesagentur für Arbeit zur vertieften Inhaltskontrolle der Musterarbeitsverträge nicht befugt sind. Andererseits hat Dr. Müller in Erfahrung gebracht, dass die Regionaldirektionen vielfach eine entsprechende Inhaltskontrolle gleichwohl vornehmen. Deshalb lässt sich jedenfalls nicht ausschließen, dass die Regionaldirektion im Rahmen des Erlaubniserteilungsverfahrens die vorgesehene Klausel beanstandet und hierdurch das Erteilungsverfahren verzögert wird. Um dies im Interesse des übergeordneten Ziels der MPOWER GmbH zu vermeiden, ist dieser zu empfehlen, von der Aufnahme einer Regelung zur Abwälzung der Kosten einer Lohnpfändung abzusehen.

C. Ergebnis

René Rekord wird Dr. Müller darauf hinweisen, dass der MPOWER GmbH ein Musterarbeitsvertrag zu empfehlen ist, welcher keine Regelung zur Lohnpfändung enthält. Trotz des hierauf ausdrücklich abzielenden Wunschs der Mandantin kann dieses Ziel nicht realisiert werden, wenn man nicht das übergeordnete Ziel einer schnellen Erlaubniserteilung gefährden will.

Ergebnis: Mustervertrag ohne Regelung zur Lohnpfändung

---

[84]   Vgl. AnwK-ArbR/Ulrici, § 3 AÜG Rn. 6 f.
[85]   AnwK-ArbR/Ulrici, § 3 AÜG Rn 7, 19.

Klausur Nr. 2

Ernste Entscheidungen

Sachverhalt

Am 01.04.2010 erscheint die am 20.12.1977 geborene Anja
Krug in der Kanzlei der Fachanwältin für Familienrecht
Antje Bröhlmann-Bahlsen. Sie schildert, dass sie seit einigen
Wochen an gesundheitlichen Problemen leidet, denen die
Ärzte mit einer aufwändigen Operation begegnen wollen. Da
bei größeren ärztlichen Eingriffen immer ein gewisses Risi-
ko besteht, will sie Vorsorge treffen.

Im Einzelnen befürchtet Anja Krug zunächst, dass sie im
Anschluss an die Operation längere Zeit im Koma liegen
könnte oder z. B. infolge der Narkose mit Hirnschädigungen
und hiermit einhergehenden geistigen Behinderungen er-
wacht und zur Erfüllung der geschäftlichen Aufgaben des
täglichen Lebens auf Hilfe angewiesen sein wird. Für diesen
Fall muss sichergestellt werden, dass sich ihr volljähriger
Bruder Rayko möglichst unkompliziert und zeitnah um ihre
Angelegenheiten kümmern kann. Seine Bereitschaft hierzu
hat er bereits uneingeschränkt signalisiert. Zu den vordring-
lich wahrzunehmenden Angelegenheiten gehören Bankge-
schäfte, die Besorgung der Angelegenheiten rund um das
Mietverhältnis sowie die Betreuung des von Anja Krug auf-
gebauten, allerdings noch kleinen E-Bay-Shops. Der Aufga-
benbereich ihres Bruders soll aber nicht nur geschäftliche,
sondern auch persönliche Angelegenheiten, wie z. B. Ab-
stimmungen mit Ärzten, Einwilligung in Heilbehandlungen
oder eine Unterbringung, umfassen.

Tiefgehende Gedanken hat sich Anja Krug auch zum
Thema Sterben gemacht. Sie möchte nicht mit Apparaten am
Leben gehalten werden, wenn sie unheilbar krank ist. Eigentlich will sie, dass die Ärzte ihr in diesem Fall ein schnel-
les und leidloses Sterben ermöglichen. Zu diesem Zweck
sollen die Ärzte ihr notfalls auch „was spritzen dürfen",

damit es schneller geht. Diese Ansicht will Anja Krug bereits jetzt rechtssicher und sowohl für ihre Ärzte als auch ihre Familie bindend dokumentieren, weil sie nicht weiß, ob sie sich im entscheidenden Augenblick noch selbst artikulieren kann.

Rechtsanwältin Bröhlmann-Bahlsen beauftragt Rechtsreferendar Christian Frohsinn mit einer gutachterlichen Vorbereitung der für Anja Krug zu entwerfenden Dokumente. Ein konkreter Formulierungsvorschlag ist nicht gefordert. Christian Frohsinn soll aber die zu beachtenden Formalien ermitteln.

Aufgabenstellung:

Erledigen Sie die Christian Frohsinn übertragene Aufgabe.

Vorüberlegungen

Die vorliegende Klausur ist rechtlich einfach gelagert, erfordert aber sehr umfassende Untersuchungen auf familien- und strafrechtlichem Gebiet. Ihr Gegenstand ist die Gestaltung einseitiger Rechtsgeschäfte rund um das Thema Vorsorgevollmacht, Betreuungsverfügung und Patientenverfügung. Mit den einschlägigen Vorschriften sind Studenten und Referendare regelmäßig nicht näher vertraut. Eine erfolgreiche Falllösung kann aber bereits durch bloße Lektüre der einschlägigen Vorschriften erarbeitet werden, wenn man diese gefunden hat und mit bestimmten Grundlagen des Zivilrechts vertraut ist.

I. Vorsorge für die eigene Verhinderung

Zunächst macht sich Anja Gedanken über den Fall, dass sie gehindert ist, ihre rechtlichen Angelegenheiten selbst zu gestalten. Sie will insoweit erreichen, dass ihr Bruder alle anfallenden Angelegenheiten besorgen kann. Ihr Anliegen zielt im Schwerpunkt dabei nicht darauf ab, dass Rayko ihre Blumen gießt, d. h. tatsächliche Handlungen vornimmt. Vielmehr will Anja erreichen, dass Rayko für sie Rechtsgeschäfte vornehmen kann. Dies setzt neben der (ausweislich des Sachverhalts gegebenen) Bereitschaft ihres Bruders voraus, dass dieser Angelegenheiten mit rechtlicher Wirkung für und gegen Anja besorgen kann.

Erreichen lässt sich dies zunächst durch das Institut der Stellvertretung (vgl. §§ 164 ff. BGB)[1], wenn Anja ihren Bruder entsprechend wirksam bevollmächtigt. Die hierfür erforderliche Erklärung kann gegenüber den Geschäftspartnern oder gegenüber Rayko abgegeben werden. Da sich der Kreis möglicher Geschäftspartner im Vorfeld nur bedingt überschauen lässt, bietet sich eine Bevollmächtigung gegenüber Rayko an. Um diesem ein rechtssicheres Handeln zu ermöglichen (vgl. §§ 172, 174 BGB), sollte mindestens eine Vollmachtsurkunde errichtet werden. Möglicherweise sollte sogar eine notarielle Bevollmächtigung in Betracht gezogen werden, weil die Vollmacht zum Teil zu ihrer Wirksamkeit der notariellen Form bedarf oder zumindest in dieser Form nachgewiesen werden muss.

---

[1]   Ausführlich Boemke/Ulrici, BGB-AT, § 13 Rn. 1 ff.

Neben einer Bevollmächtigung ist zu erwägen, dass sich Anja das gesetzlich für derartige Fälle vorgesehene Institut der rechtlichen Betreuung nutzbar macht (vgl. §§ 1896 ff. BGB). Dieses ermöglicht es einem gerichtlich bestellten Betreuer, die Angelegenheiten eines Volljährigen für diesen zu besorgen. Indem Anja durch eine sog. Betreuungsverfügung Einfluss darauf nimmt, dass Rayko bei Bedarf zu ihrem Betreuer bestellt wird, kann sie erreichen, dass dieser ihre Aufgaben für sie wahrnimmt. Allerdings kann ihr Bruder in diesem Fall erst tätig werden, nachdem er in einem Verfahren der freiwilligen Gerichtsbarkeit als Betreuer bestellt wurde. Eine Bevollmächtigung ist insoweit vorzugswürdig, weil sie unmittelbar ein Tätigwerden ermöglicht.

Da keine Bedenken dagegen bestehen, beide Gestaltungswege zu kombinieren, sollte Anja ihren Bruder vorrangig als Vertreter bestellen und ihn ergänzend als Betreuer vorschlagen. Dies sichert ihre Interessen umfassend. In Abstimmung mit Anja und ihren Zielen sollte eine Ausgestaltung der Vollmacht gefunden werden, die Rayko eine rechtssichere, effektive und umfassende Aufgabenwahrnehmung ermöglicht.

II. Durchsetzung der persönlichen Vorstellungen über ein würdiges Sterben

Außerdem wünscht Anja eine Gestaltung im Zusammenhang mit ihrem etwaig bevorstehenden Versterben. Ist sie lebensgefährlich erkrankt, möchte sie schnell und ohne größere Leiden sterben. Nötigenfalls sollen die Ärzte hierbei auch nachhelfen. Da sie damit rechnet, dass sie zu gegebener Zeit ihren hierauf gerichteten Willen nicht mehr selbst artikulieren kann, will sie diesen möglichst in einer für die behandelnden Ärzte und sonstige Personen verbindlichen Form dokumentieren. Hierfür sieht das BGB neuerdings ausdrückliche Regelungen über die Errichtung einer Patientenverfügung vor (vgl. § 1901a BGB)[2], in welcher Anja ihren Sterbewunsch niederlegen kann. Rechtlich verbindlich ist ihr Wunsch aber nur in dem Umfang, dass keine lebenserhaltenden oder -verlängernden Maßnahmen ergriffen werden. Maßnahmen, welche ihr Leben aktiv verkürzen, sind dagegen grundsätzlich unzulässig, auch wenn Anja Krug diese ausdrücklich wünscht, weil die behandelnden Ärzte sich

---

[2]   Hierzu ausführlich Höfling, NJW 2009, 2849; Müller, NotBZ 2009, 289; Olzen, JR 2009, 354.

durch Maßnahmen aktiver Sterbehilfe nach §§ 211 ff. StGB strafbar machen würden (vgl. § 216 StGB). Zulässig bleiben äußerstenfalls solche Maßnahmen, die zwar mit dem Risiko einer Lebensverkürzung verbunden sind, hierauf aber nicht gerichtet sind, sondern anderen, medizinisch indizierten Zielen (Schmerzlinderung) dienen[3]. Hat Anja in diesem Rahmen eine Patientenverfügung errichtet, ist diese für einen Vertreter, einen Betreuer, aber auch die behandelnden Ärzte verbindlich (vgl. § 1901a Abs. 1, 2 BGB).

---

[3]   BGH v. 15.11.1996, NJW 1997, 807, 810; MünchKommStGB/ Schneider, Vorbemerkung zu §§ 211 ff Rn. 95 f. – Zur Grenze zwischen verbotener aktiver und erlaubter passiver Sterbehilfe vgl. jetzt auch BGH v. 25.06.2010, PM Nr. 129/10.

Lösung

Vorgehensweise

Christian Frohsinn wird zur gutachterlichen Vorbereitung
einer zusammenfassenden Empfehlung (D.) zunächst die von
Anja Krug verfolgten Ziele klären (A.). Im Anschluss wird
er prüfen, inwieweit die verfolgten Ziele bereits durch die
bestehende Rechtslage erreicht werden (B.). Soweit dies
nicht der Fall ist, sind die erforderlichen Gestaltungsvorschläge zu erarbeiten (C.).

A. Regelungsziele

Mehrheit an Zielen

Anja will vor dem Hintergrund einer bevorstehenden Operation unter verschiedenen Gesichtspunkten für mögliche
Schicksalsschläge vorsorgen. Ihr Gestaltungswunsch erwächst damit zwar aus einem einheitlichen Anlass, jedoch
sucht sie für zwei sehr unterschiedliche Aspekte eine Lösung. Diese sind für die weitere Prüfung gedanklich zu trennen.

Besorgung
rechtlicher
Angelegenheiten

Zunächst will Anja für den Fall vorsorgen, dass sie körperlich und/oder geistig nicht (mehr) in der Lage sein wird,
ihre Angelegenheiten selbst zu regeln. Soweit dies der Fall
ist, soll ihr Bruder an ihrer Stelle handeln. Fremde Personen
sollen dagegen nicht über ihr Schicksal und ihre Angelegenheiten entscheiden. Im Kern zielt Anjas Anliegen dabei nicht
darauf ab, dass Rayko ihre Aufgaben tatsächlich wahrnehmen kann. Es besteht auch kein Bedarf, eine entsprechende
Verpflichtung des Bruders auszugestalten, weil dieser bereits
– aufgrund der familiären Verbundenheit – seine Bereitschaft signalisiert hat und Anja keine Zweifel an seiner Ver-
lässlichkeit hegt. Vielmehr sollen die rechtlichen Voraussetzungen dafür geschaffen werden, dass Rayko bei Bedarf
rechtswirksam für sie auf verschiedenen Gebieten (geschäftlich und persönlich) handeln kann. Hierfür soll eine Lösung
gefunden werden, die möglichst unkompliziert und mit geringem Aufwand verbunden ist.

Sterbefreiheit

Außerdem will Anja erreichen, dass sich der Vorgang ihres Sterbens nach ihren persönlichen Vorstellungen und
nicht den Wertvorstellungen Dritter, auch nicht ihrer Ange-
hörigen vollzieht. Ihr diesbezüglicher Wille geht soweit,
dass sie für den Fall, dass sie unheilbar erkrankt ist und leidet, erreichen will, dass die Ärzte dieses Leiden notfalls
aktiv verkürzen und ihr beim Sterben helfen. Auf keinen Fall
will sie lebensverlängernde Behandlungen, wie z. B. künstli-

che Ernährung, erhalten, wenn sie unheilbar erkrankt ist und ihr Tod bevorsteht. Diese von Anja auf den ersten Blick klaren Zielvorgaben erweisen sich bei näherer Betrachtung jedoch als unscharf. Die Grenze, wann Anja noch geholfen werden soll und wann nicht, beschreibt diese mehr laienhaft als trennscharf. Gerade die genaue Definition der Reichweite der ärztlichen Pflichten erweist sich aber bereits ohne nähere juristische Prüfung als essentiell. Im weiteren Gespräch mit Anja wird daher zu eruieren sein, wo diese für sich die Trennlinie zwischen der Bewahrung und der Aufgabe ihres Lebens zieht. Für dieses aufklärende Gespräch, dessen Ziel eine möglichst konkrete Bestimmung der maßgeblichen Grenze ist, sollte Rechtsanwältin Bröhlmann-Bahlsen Anja zur Veranschaulichung einer möglichen Grenzziehung geeignete Beispiele[4] benennen. Danach könnten lebenserhaltende Maßnahmen nicht mehr stattfinden, wenn:

– Anja sich nach aller Wahrscheinlichkeit unabwendbar im unmittelbaren Sterbeprozess befindet.
– Anja sich im Endstadium einer unheilbaren, tödlich verlaufenden Krankheit befindet, selbst wenn der Todeszeitpunkt noch nicht absehbar ist.
– bestimmte Personen, z. B. zwei Fachärzte, übereinstimmend feststellen, dass infolge einer Gehirnschädigung Anjas Fähigkeit, Einsichten zu gewinnen, Entscheidungen zu treffen und mit anderen Menschen in Kontakt zu treten aller Wahrscheinlichkeit nach unwiederbringlich erloschen ist, selbst wenn der Todeszeitpunkt noch nicht absehbar ist.

Diesbezüglich ist Anja zur Vorbereitung des Mandantengesprächs die Beratung durch einen Mediziner oder eine sonst insoweit erfahrene Person zu empfehlen, um abzusichern, dass letztlich ihr wirklicher Wille Grundlage der abschließenden rechtlichen Gestaltung wird[5].

---

[4] Vgl. Broschüre des BMJ zum Thema Patientenverfügung, S. 16 (Stand 01/2010).
[5] Vgl. BT-Drucks. 16/13314, S. 19.

B. Regelungsbedarf

I. Verhinderung in geschäftlichen und persönlichen Angelegenheiten

1. Bestehende Rechtslage

Ausgangspunkt

Fällt Anja infolge der Operation ins Koma oder erleidet sie Schädigungen des Gehirns, kann dies ihre Fähigkeit zur selbstständigen Wahrnehmung ihrer Angelegenheiten beeinträchtigen (a). In diesen Fällen müssen Dritte für sie handeln (b).

a) Beeinträchtigung der selbstständigen Aufgabenerledigung

Handlungs-
unfähigkeit während
des Komas

Solange sich Anja im Koma befindet, ist sie handlungsunfähig. Sie kann bereits faktisch gar keine Handlungen vornehmen. Dies gilt sowohl für tatsächliche als auch für rechtsgeschäftliche oder personenbezogene Handlungen. Ihre eigenen Angelegenheiten kann sie danach nicht selbst regeln.

Geschäfts- und
Einwilligungs-
unfähigkeit infolge
Schädigung des
Gehirns

Etwaige Schädigungen des Gehirns können von unterschiedlicher Intensität sein. Erreichen sie ein Ausmaß, dass sich Anja – nicht nur vorübergehend – in einem die freie Willensbestimmung ausschließenden Zustand krankhafter Störung befindet, wird sie nach § 104 Nr. 2 BGB geschäftsunfähig. Während dieses Zustands kann sie Rechtsgeschäfte nicht wirksam vornehmen.[6] Ist der krankhafte Zustand nur vorübergehend, folgt aus § 105 Abs. 2 BGB, dass Anja während des Andauerns dieses Zustands keine wirksamen Rechtsgeschäfte vornehmen kann[7]. Schließen die Schädigungen aus, dass Anja über die notwendige Einsichtsfähigkeit verfügt, Schwere und Tragweite eines medizinischen Eingriffs zu beurteilen, kann sie auch nicht mehr rechtlich erheblich über ihre medizinische Behandlung disponieren.[8] Sie kann insbesondere nicht mehr in weitere medizinische Eingriffe einwilligen oder diese ablehnen. Auch insoweit wird ihre Fähigkeit zur Selbstbestimmung eingeschränkt.

---

[6] Boemke/Ulrici, BGB-AT, § 9 Rn. 9, 16.

[7] Boemke/Ulrici, BGB-AT, § 9 Rn. 12.

[8] Vgl. Palandt/Diederichsen, Einf v § 1896 BGB Rn. 5, § 1904 BGB Rn. 3.

b) Aufgabenwahrnehmung durch Dritte

Trifft Anjas Unfähigkeit zur Regelung ihrer eigenen Angelegenheiten mit dem Bedürfnis nach einem Handeln zusammen, müssen Dritte für sie handeln. Hierfür stellt das Gesetz die Institute der Stellvertretung (aa) und der rechtlichen Betreuung zur Verfügung (bb).

aa) Stellvertretung

Nach § 164 Abs. 1 BGB wirkt eine im Weg der Stellvertretung abgegebene Willenserklärung unmittelbar für und gegen den Vertretenen. Für die Abgabe von Willenserklärungen und die Vornahme geschäftsähnlicher Handlungen[9], den zentralen Handlungsformen zur Teilnahme am Rechtsverkehr, ermöglicht die von § 164 Abs. 1 BGB angeordnete Fremdwirkung des Vertreterhandelns, dass Anjas Angelegenheiten durch Dritte wahrgenommen werden. Allerdings knüpfen die Wirkungen der Stellvertretung daran an, dass dem Dritten (Vertreter) vom Betroffenen (Vertretenen) oder durch Gesetz die Rechtsmacht zum Handeln mit Fremdwirkung eingeräumt wurde[10]. Da Anja bislang keinem Dritten die Befugnis zu einem Handeln mit Wirkungen für und gegen sie eingeräumt hat und das Gesetz für die volljährige Anja keinen gesetzlichen Vertreter bestimmt, können Dritte derzeit nicht als Stellvertreter für sie handeln, wenn sie verhindert ist.

bb) Rechtliche Betreuung

Allerdings könnte die Bestellung eines Betreuers in Betracht kommen, soweit das Bedürfnis besteht, dass Dritte für Anja tätig werden. Der bestellte Betreuer könnte Anjas Aufgaben mit Wirkung für und gegen sie wahrnehmen.

Nach § 1896 Abs. 1 S. 1 BGB kann das Betreuungsgericht auf Antrag oder von Amts wegen für einen Volljährigen einen Betreuer bestellen, wenn der Volljährige aufgrund einer psychischen Krankheit oder einer körperlichen, geistigen oder seelischen Behinderung seine Angelegenheiten ganz oder teilweise nicht besorgen kann. Solange sich Anja im Koma befindet, liegen diese Voraussetzungen umfassend vor. Jegliche Aufgabenerledigung ist ausgeschlossen. Erleidet sie infolge der Operation Schädigungen des Gehirns, hängt vom Einzelfall ab, ob und inwieweit sie aufgrund einer

Randbemerkungen (rechte Spalte):

fremdwirkendes Handeln durch Stellvertretung oder Betreuung

bislang kein Vertreter bestimmt

Bestellung eines Betreuers

Voraussetzungen der Betreuerbestellung

---

[9] Vgl. Boemke/Ulrici, BGB-AT, § 4 Rn. 15.
[10] Vgl. Boemke/Ulrici, BGB-AT, § 13 Rn. 15.

psychischen Krankheit ihre Angelegenheiten nicht selbst regeln kann[11]. Soweit sie nach § 104 Nr. 2 BGB geschäftsunfähig oder mangels Einsichtsfähigkeit einwilligungsunfähig wird, sind die Voraussetzungen des § 1896 Abs. 1 S. 1 BGB erfüllt. Bloß vorübergehende Störungen der Geistestätigkeit (vgl. § 105 Abs. 2 BGB) erfüllen dagegen in der Regel nicht die Voraussetzungen für eine Betreuung. Zudem erledigen sich diese Zustände regelmäßig, bevor das Betreuungsgericht tatsächlich überhaupt tätig werden konnte.

Aufgabenkreis des Betreuers

Ein Betreuer wird nur für den Aufgabenkreis bestellt, in dem die Betreuung erforderlich ist (vgl. § 1896 Abs. 2 S. 1 BGB). Solange Anja im Koma liegt, besteht ein umfassendes Betreuungsbedürfnis (Totalbetreuung) für Angelegenheiten der Vermögens- und der Personensorge. Im Übrigen besteht ein Betreuungsbedürfnis nur, soweit Anja ihre Angelegenheiten nicht selbst regeln kann.

Person des Betreuers

Zum Betreuer bestellt das Betreuungsgericht eine natürliche Person, die geeignet ist, in dem gerichtlich bestimmten Aufgabenkreis die Angelegenheiten des Betreuten rechtlich zu besorgen (vgl. § 1897 Abs. 1 BGB). Bei der Auswahl der Person des Betreuers sind vom Gericht verwandtschaftliche und persönliche Beziehungen zu berücksichtigen (vgl. § 1897 Abs. 5 BGB). Danach erscheint es wahrscheinlich, dass ein Gericht Rayko zu Anjas Betreuer bestellen wird. Dies gilt allerdings nur, soweit die hierfür maßgeblichen Umstände dem Gericht bekannt sind oder werden. Anderenfalls könnte auch ein anderer Verwandter oder sogar ein Dritter als Betreuer bestellt werden.

2. Vergleich des Regelungsziels mit der bestehenden Rechtslage

Betreuerbestellung zu aufwändig

Handlungsbedarf ist gegeben, soweit die bestehende Rechtslage die Ziele der Mandantin noch nicht vollständig abdeckt. Anja will für die von ihr befürchteten Schicksalsschläge erreichen, dass Rayko unkompliziert und unmittelbar rechtssicher für sie tätig werden und ihre Angelegenheiten regeln kann. Dem trägt die Bestellung eines Betreuers nicht hinreichend Rechnung, weil diese nur im Rahmen eines Verfahrens der freiwilligen Gerichtsbarkeit erfolgt, dessen Durchführung mit Zeitverlust und Aufwand verbunden ist.

Unsicherheit bzgl. der Auswahl des Betreuers

Außerdem möchte Anja unter keinen Umständen, dass Fremde ihre Angelegenheiten wahrnehmen. Vielmehr ist es ihr Wunsch, dass Rayko sich um sie kümmert. Insoweit

---

[11]   Siehe oben B. I. 1. a), S. 74.

erscheint es zwar durchaus wahrscheinlich, dass Rayko zu Anjas Betreuer bestellt wird. Nach der bestehenden Rechtslage verbleibt aber eine erhebliche Unsicherheit, weil das Gericht zwar verwandtschaftliche und persönliche Beziehungen zu berücksichtigen hat. Notwendig hierfür ist jedoch, dass dem Gericht die maßgeblichen Umstände hinreichend bekannt sind. Soweit dies nicht der Fall ist, erscheint möglich, dass andere Verwandte oder sogar Fremde zum Betreuer bestellt werden.

Im Hinblick auf die Ziele der Mandantin verbleibt ein Regelungsbedarf, weil diese nach der bestehenden Rechtslage noch nicht ausreichend erreicht werden.

Zwischenergebnis

II. Sterbeautonomie

1. Bestehende Rechtslage

Für Anja ist zunächst generell bedeutsam, ob ihr eigener Wille oder der eines vernünftigen Dritten über die Annahme oder Ablehnung einer lebenserhaltenden Heilbehandlung entscheidet (a). Speziell interessiert sie, was gilt, wenn sie im entscheidenden Zeitpunkt keinen Willen bilden und/oder artikulieren kann (b).

Selbstbestimmung des Patienten

a) Selbstbestimmungsrecht

aa) Entscheidung über eine angebotene Heilbehandlung

Über Annahme und Ablehnung einer angebotenen Heilbehandlung kann Anja selbst entscheiden, wenn ihr eine erforderliche Behandlung nicht gegen ihren Willen aufgedrängt werden kann. Dies ist insbesondere der Fall, wenn die Vornahme einer Heilbehandlungsmaßnahme gegen den Willen des Patienten strafrechtlich sanktioniert wird.

Maßgeblichkeit des Patientenwillens

Der einen medizinischen Eingriff gegen den Willen des Patienten vornehmende Arzt könnte sich wegen Körperverletzung nach §§ 223 ff. StGB strafbar machen. Dies setzt voraus, dass der Patient durch einen medizinischen Eingriff körperlich misshandelt oder in der Gesundheit geschädigt wird. Eine körperliche Misshandlung liegt vor, wenn das körperliche Wohlbefinden des Patienten nicht nur unerheblich beeinträchtigt wird[12]. Hiervon kann für eine unerwünschte und vom Patienten abgelehnte Heilbehandlung,

Heilbehandlung als Körperverletzung

---

[12] BGH v. 25.10.1976, NJW 1977, 339; MünchKommStGB/ Joecks, § 223 Rn. 4.

welche mit einer Einwirkung auf den Körper verbunden ist, im Regelfall ausgegangen werden. Eine Gesundheitsbeschädigung ist jede Herbeiführung eines pathologischen Zustands[13]. Diese Voraussetzung ist gegeben, wenn die Behandlung mit einem Eingriff in die körperliche Integrität verbunden ist (Operation). Obwohl nach den gängigen Definitionen somit jegliche Heilbehandlung im Regelfall den Tatbestand einer Körperverletzung erfüllt, wird seitens der Literatur eine teleologische Einschränkung des Tatbestands mit der Begründung gefordert, dass eine Heilbehandlung nicht der Verschlechterung, sondern der Verbesserung der Gesundheit dient[14]. Die für die Rechtspraxis stets maßgebliche Rechtsprechung[15] lehnt diese Ansicht jedoch ab, um im Einklang mit dem BVerfG dem aus Art. 2 Abs. 2 S. 1 GG abzuleitenden Grundsatz der Patientenautonomie[16], selbst wenn die vom Betroffenen getroffene Entscheidung objektiv unvernünftig ist und zum Tode führen kann[17], Rechnung zu tragen.

Patientenwille entscheidet über Rechtswidrigkeit

Strafbar ist die Körperverletzung allerdings nur, wenn sie rechtswidrig und schuldhaft begangen wird (vgl. §§ 12, 32 ff., 15 StGB). Die Rechtswidrigkeit und damit auch die Strafbarkeit der Körperverletzung entfallen, wenn ein Rechtfertigungsgrund eingreift. Als solcher kommt vor allem die Einwilligung des Patienten in Betracht.[18] Diese setzt Einsichtsfähigkeit, nicht aber Geschäftsfähigkeit voraus.[19] Solange Anja handlungsfähig und einsichtsfähig ist, entscheidet sie durch Erteilung oder Verweigerung ihrer Einwilligung in eine medizinische Maßnahme darüber, ob und wie sie behandelt wird. Sie kann in diesen Grenzen unmittelbar bewirken, dass lebensverlängernde Maßnahmen, welche sie ablehnt, unterbleiben. Missachtet ein Arzt ihren Wunsch, macht er sich strafbar.

Zwischenergebnis

Gegen ihren erklärten Willen darf ihr Leben im Hinblick auf §§ 223 ff. StGB nicht verlängert werden.

---

[13]   BGH v. 04.11.1988, NJW 1989, 781, 783; MünchKommStGB/ Joecks, § 223 Rn. 25.
[14]   Lackner/Kühl, § 223 StGB Rn. 8.
[15]   RG v. 31.05.1894, RGSt 25, 375, 377 ff.; BGH v. 19.11.1997, NJW 1998, 1802, 1803; BGH v. 04.10.1999, NJW 2000, 885, 886.
[16]   BVerfG v. 22.09.1993, NJW 1994, 1590, 1591; Becker-Schwarze, FPR 2007, 52.
[17]   Vgl. BGH v. 08.06.2005, NJW 2005, 2385; Becker-Schwarze, FPR 2007, 52; Palandt/Diederichsen, § 1901a BGB Rn. 7.
[18]   Vgl. Becker-Schwarze, FPR 2007, 52, 52 f.
[19]   Vgl. Becker-Schwarze, FPR 2007, 52, 53.

bb) Einforderung medizinischer Maßnahmen

Durch die Verweigerung ihrer Einwilligung in medizinische Eingriffe kann Anja allerdings zunächst nur ihr angebotene medizinische Eingriffe abwehren. Will sie dagegen die Vornahme eines medizinischen Eingriffs, z. B. die Verabreichung eines Schmerzmittels oder, zur Beendigung ihrer Leiden, auch eines Sterbemittels, einfordern, bedarf es hierfür einer entsprechenden Anspruchsgrundlage. Diese kann im Gesetz wurzeln oder sich aus einem Rechtsgeschäft ergeben.

Als gesetzliche Anspruchsgrundlage kommt § 1004 Abs. 1 BGB analog i. V. m. § 823 Abs. 2 BGB i. V. m. §§ 223 ff., 13, 323c StGB in Betracht. Danach können Handlungen oder Unterlassungen, die nach §§ 823 ff. BGB zum Schadenersatz verpflichten, im Vorfeld nach § 1004 Abs. 1 BGB analog abgewehrt werden, weil hierdurch dem vom Gesetzgeber angestrebten Rechtsgüterschutz unmittelbar Rechnung getragen wird[20]. Danach kann eine medizinische Maßnahme eingefordert werden, wenn ihre Unterlassung als Körperverletzung (§§ 223, 13 StGB) oder als unterlassene Hilfeleistung (§ 323c StGB) strafbar ist. Eine Körperverletzung durch Unterlassen liegt vor, wenn die Nichtvornahme einer Maßnahme zu einer nicht nur unerheblichen Beeinträchtigung der körperlichen Integrität oder des körperlichen Wohlbefindens führt und eine Garantenpflicht (vgl. § 13 StGB) besteht. Eine unterlassene Hilfeleistung ist gegeben, wenn jemand bei Unglücksfällen oder gemeiner Gefahr oder Not nicht Hilfe leistet, obwohl diese erforderlich und ohne erhebliche eigene Gefahr oder Verletzung sonstiger Pflichten möglich ist. Da das körperliche Wohlbefinden dadurch beeinträchtigt wird, dass Leiden verlängert werden, kann in der unterlassenen Leidensverkürzung eine Körperverletzung liegen, soweit eine Garantenpflicht besteht. Sie ergibt sich für medizinisches Personal im Grundsatz zumindest infolge der Aufnahme des Patienten aus der faktischen Übernahme der Heilbehandlung[21], kann inhaltlich allerdings nicht in Bezug auf Maßnahmen bestehen, die die Leiden durch Lebensverkürzung beenden sollen, weil die zielgerichtete Verkürzung des Lebens ausweislich § 216 StGB selbst bei ci-

Anspruchsgrundlage erforderlich

gesetzliche Anspruchsgrundlage

---

[20] RG v. 05.01.1905, RGZ 60, 6, 7; BGH v. 08.06.2005, NJW 2005, 2385; Larenz/Canaris, SR BT II/2, § 87 I. 1., S. 704.

[21] Vgl. RG v. 04.11.1940, RGSt 74, 350, 353 f.; BGH v. 08.02.2000, NJW 2000, 2741, 2742; MünchKommStGB/Freund, § 13 Rn. 161.

nem entsprechenden Wunsch des Betroffenen ihrerseits mit Strafe bedroht ist. Ein Vergleich des jeweils angedrohten Strafmaßes zeigt, dass das Verbot der aktiven Tötung Vorrang vor dem Gebot, Leiden zu verkürzen, genießt. Äußerstenfalls können Ärzte dazu verpflichtet sein, Maßnahmen zur Linderung zu ergreifen, welche zwar nicht auf eine Lebensverkürzung abzielen, deren Herbeiführung jedoch in Kauf nehmen[22]. Eine vergleichbare Grenze besteht im Hinblick auf die Handlungspflicht aus § 323c StGB.

rechtsgeschäftliche Anspruchsgrundlage

Daneben können Anja Ansprüche auf Vornahme medizinischer Eingriffe aus einem Rechtsgeschäft zustehen. Bislang wurden solche Rechtsgeschäfte aber noch nicht vorgenommen, weshalb auch noch keine solchen Ansprüche bestehen.

b) Entscheidungsunfähigkeit

keine eigene Wahrnehmung möglich

Anja kann ihre Patientenautonomie jedoch nicht selbst wahrnehmen, wenn sie in dem Moment, zu dem eine Entscheidung getroffen werden muss, noch keine Entscheidung artikuliert hat und entweder entscheidungsunfähig oder zur Artikulation nicht in der Lage ist[23]. In diesen Fällen kann der lebenserhaltende medizinische Eingriff, welcher den Tatbestand der Körperverletzung erfüllt, deshalb auch nicht durch eine von Anja selbst erteilte Einwilligung gerechtfertigt werden. Ebenso wenig kann Anja die ihr zustehenden Ansprüche auf medizinische Maßnahmen selbst aktiv verfolgen.

Entscheidung durch einen Betreuer

Ist Anja entscheidungsunfähig, liegen jedoch grundsätzlich die Voraussetzungen vor, für sie nach § 1896 Abs. 1 BGB einen Betreuer für den Bereich der Sorge für die Gesundheit zu bestellen[24]. Als Betreuer kann gegebenenfalls auch ihr Bruder bestellt werden[25]. Der Betreuer kann mit Wirkung für Anja Ansprüche geltend machen, in eine Heilbehandlung einwilligen oder die Einwilligung ablehnen.[26] Dabei muss er sich nach § 1901a Abs. 2 BGB an von Anja zuvor geäußerten Wünschen oder ihrem mutmaßlichen Willen orientieren. Der mutmaßliche Wille ist anhand konkreter

---

[22] BGH v. 15.11.1996, NJW 1997, 807, 810; MünchKommStGB/ Schneider, Vorbemerkung zu §§ 211 ff Rn. 95 f. – Zum Abbruch lebenserhaltender Maßnahmen vgl. jetzt BGH v. 25.06.2010, PM Nr. 129/10.

[23] Vgl. oben B. I. 1. a), S. 74.

[24] Vgl. oben B. I. 1. b), S. 75 f.

[25] Vgl. oben B. I. 1. b), S. 76.

[26] Vgl. Palandt/Diederichsen, § 1896 BGB Rn. 20.

Umstände festzustellen. Ihr früheres Verhalten, ihre Lebensumstände, ihre Überzeugungen und ihre Persönlichkeit sind
zu berücksichtigen[27]. Entscheidend ist danach, was Anja
wollen würde, wenn sie entscheiden könnte. Zu erforschen
ist der hypothetische Wille, welcher auch dann maßgeblich
ist, wenn er objektiv unvernünftig ist. Für die Einwilligung
in medizinische Maßnahmen, welche die Gefahr des Tods
oder einer länger andauernden gesundheitlichen Schädigung
in sich bergen, bedarf der Betreuer jedoch der Genehmigung
des Betreuungsgerichts (vgl. § 1904 Abs. 1 S. 1 BGB). Dies
gilt umgekehrt auch für die Verweigerung der Einwilligung,
wenn hierdurch entsprechende Gefahren begründet werden
(vgl. § 1904 Abs. 2 BGB). Die Genehmigung durch das
Betreuungsgericht ist danach erforderlich, wenn entsprechend Anjas Willen lebensverlängernde Maßnahmen abge-
lehnt oder leidenslindernde, aber potentiell lebensverkürzende Maßnahmen eingefordert werden bzw. in diese eingewil-
ligt wird.

Ist ein Betreuer nicht bestellt oder nicht rechtzeitig er- fehlender Betreuer:
reichbar, scheidet eine Rechtfertigung durch eine von einem mutmaßliche
Betreuer erteilte Einwilligung aus. Als anerkannter Rechtfer- Einwilligung
tigungsgrund kann dann anstelle der Einwilligung jedoch
eine mutmaßliche Einwilligung eingreifen[28]. Danach ist ein
medizinischer Eingriff gerechtfertigt, wenn Anja ihren Willen nicht bekundet hat, der Eingriff gegenwärtig erforderlich
ist und die Vornahme des Eingriffs ihrem mutmaßlichen
Willen entspricht. Entscheidend ist danach, was Anja wollen
würde, wenn sie entscheiden könnte. Vom behandelnden
Arzt zu erforschen ist auch hierfür Anjas hypothetischer
Wille. Dieser ist maßgeblich, auch wenn er objektiv unvernünftig ist[29]. Kann ein hypothetischer Wille allerdings nicht
festgestellt werden, ist der objektiv vernünftige Wille maßgeblich[30], der typischerweise auf die Lebenserhaltung gerichtet ist.

---

[27] Vgl. MünchKommStGB/Schlehofer, Vorbemerkung zu
§§ 32 ff. Rn. 139.
[28] Vgl. BGH v. 04.10.1999, NJW 2000, 885, 886.
[29] MünchKommStGB/Schlehofer, Vorbemerkung zu §§ 32 ff.
Rn. 139.
[30] MünchKommStGB/Schlehofer, Vorbemerkung zu §§ 32 ff.
Rn. 139.

2. Vergleich des Regelungsziels mit der bestehenden Rechtslage

keine aktive
Sterbehilfe

Handlungsbedarf ist gegeben, soweit die bestehende Rechtslage die Ziele der Mandantin noch nicht vollständig abdeckt. Dem Willen, dass die Ärzte das Leiden der Anja notfalls dadurch beenden, dass sie ihr Leben zielgerichtet verkürzen, trägt die geltende Rechtslage nicht ausreichend Rechnung. Für Anja besteht kein Anspruch auf aktive Sterbehilfe. Äußerstenfalls kann sie lebensverkürzende Maßnahmen einfordern, die erforderlich sind, um ihre Leiden zu lindern.

Gefahr der
Entscheidung
durch Dritte

Soweit Anja im entscheidenden Zeitpunkt nicht entscheidungsfähig ist, kann sie eine von ihr gewünschte ärztliche Maßnahme nicht selbst einfordern oder eine von ihr nicht erwünschte Maßnahme nicht selbst ablehnen. Die Entscheidungen werden in diesem Fall durch Dritte (einen behandelnden Arzt oder einen Betreuer, nicht sicher ihren Bruder[31]) für sie getroffen. Dies entspricht nicht ihrem Wunsch, dass im Verhinderungsfall unbedingt Rayko die Entscheidungen treffen soll.

Unsicherheit der
Realisierung ihres
Willens

Schließlich besteht auch eine von Anja unerwünschte Unsicherheit darüber, dass sich ihr Wille realisiert. Der für sie handelnde Betreuer ist zwar an ihren Willen gebunden und muss diesen ebenso sorgfältig ermitteln wie gegebenenfalls ihren mutmaßlichen Willen. Hierbei wird er teilweise vom Betreuungsgericht kontrolliert, wodurch sichergestellt werden soll, dass Anjas Willen Rechnung getragen wird. Allerdings birgt dies die Gefahr, dass ihr wirklicher Wille seitens des Gerichts verfälscht wird.

III. Zwischenergebnis

Zwischenergebnis:
umfassend
bestehender
Regelungsbedarf

Die geltende Rechtslage trägt Anjas Zielen noch nicht hinreichend Rechnung. Es ist nicht abgesichert, dass der von ihr formulierte Wille bei Eintritt eines der befürchteten Schicksalsschläge verwirklicht wird. Es besteht deshalb ein umfassendes Bedürfnis, für Anja mehr Sicherheit zu schaffen.

---

[31]   Siehe oben B. I. 1. b), S. 76.

C. Umsetzung des Regelungsbedarfs

I. Wahrnehmung geschäftlicher und persönlicher Angelegenheiten durch den Bruder

1. Geeignete Gestaltungen

Um die rechtlichen Grundlagen dafür zu schaffen, dass Rayko im Verhinderungsfall für Anja rechtlich wirksam handeln kann, kommen grundsätzlich zwei verschiedene Wege in Betracht. Anja kann auf das allgemeine Institut der Stellvertretung zurückgreifen (a) oder im Rahmen der rechtlichen Betreuung Einfluss auf die Auswahl der Person des Betreuers nehmen (b).

zwei mögliche Gestaltungsansätze

a) Vorsorgevollmacht

aa) Ermöglichung des rechtlichen Handeln mit Fremdwirkung

Das Ziel, dass ihr Bruder mit rechtlicher Wirkung für sie handeln kann, könnte Anja zunächst dadurch erreichen, dass ihr Bruder als gewillkürter Stellvertreter nach §§ 164 ff. BGB handelt. Dies setzt voraus, dass in den von Anja ins Auge gefassten Verhinderungsfällen der Bevollmächtigte bereit und in der Lage ist, die Aufgaben der Vertretenen wahrzunehmen. An Letzterem bestehen im Hinblick auf Rayko grundsätzlich keine Bedenken. Außerdem müssen im Bedarfsfall die Voraussetzungen einer Stellvertretung voraussichtlich erfüllt sein, damit durch eine Stellvertretung die gewünschte Fremdwirkung[32] herbeigeführt wird.

Bestellung eines Vertreters

(1) Fremdwirkung des Handelns des Bruders

Nach § 164 Abs. 1 BGB wirkt eine im Weg der Stellvertretung abgegebene Willenserklärung unmittelbar für und gegen den Vertretenen. Für die Abgabe von Willenserklärungen und der Vornahme geschäftsähnlicher Handlungen[33], den zentralen Handlungsformen zur Teilnahme am Rechtsverkehr, entspricht die von § 164 Abs. 1 BGB angeordnete Fremdwirkung des Vertreterhandelns den Vorgaben der Mandantin. Die Stellvertretung erweist sich im Hinblick auf ihre Wirkungen grundsätzlich als geeignet.

Handeln des Bruders zeitigt Wirkungen für und gegen Anja

---

[32] Siehe oben B. I. 1. b) aa), S. 75.
[33] Vgl. Boemke/Ulrici, BGB-AT, § 4 Rn. 15.

(2) Voraussetzungen der Stellvertretung

Voraussetzungen der Stellvertretung könnten für die Verhinderungsfälle regelmäßig erfüllt werden

Der Eintritt der Fremdwirkungen der Stellvertretung ist nach § 164 Abs. 1 BGB davon abhängig, dass die Vornahme eines Rechtsgeschäfts durch einen Vertreter nicht unzulässig ist und jemand (Rayko) eine Willenserklärung innerhalb der ihm zustehenden Vertretungsmacht im Namen des Vertretenen (Anja) abgibt. Diese Voraussetzungen können im Verhinderungsfall regelmäßig erfüllt werden. Die Stellvertretung ist grundsätzlich bei allen Rechtsgeschäften zulässig. Lediglich für höchstpersönliche Rechtsgeschäfte, z. B. Eheschließung und Testamentserrichtung, ist die Stellvertretung ausgeschlossen[34]. Dass Rayko seine Schwester auch in derartigen Angelegenheiten vertreten soll, ist nicht anzunehmen, weshalb diese Schranken die Eignung im Kern nicht in Frage stellen. Da Rayko Anjas Angelegenheiten bei deren Verhinderung eigenverantwortlich wahrnehmen soll, muss er auch eine eigene Willenserklärung abgeben[35]. Dabei kann er jeweils bei der Besorgung der Geschäfte klarstellen, nicht für sich selbst, sondern für Anja zu handeln[36]. Die schließlich erforderliche Vertretungsmacht kann ihm seine Schwester durch Rechtsgeschäft (Vollmacht) einräumen (vgl. § 167 Abs. 1 BGB)[37]. Hierzu bedarf es eines einseitigen, empfangsbedürftigen Rechtsgeschäfts, welches sowohl gegenüber Rayko (Vertreter) als auch gegenüber den Geschäftspartnern vorgenommen werden kann. Die Vollmacht kann Anja inhaltlich auf bestimmte Arten von Rechtsgeschäften beschränken oder sie uneingeschränkt (Generalvollmacht) erteilen.

bb) Vermeidung unerwünschter Fremdbestimmung

Absicherung der Selbstbestimmung

Dem Ziel, dass Rayko nicht generell, sondern nur im Verhinderungsfall für Anja rechtlich handeln soll, könnte entweder im Außen- oder im Innenverhältnis entsprochen werden.

Beschränkung im Außenverhältnis

In Betracht kommt, dass die Vollmacht unter einer aufschiebenden und zugleich einer auflösenden Bedingung erteilt wird (vgl. § 158 Abs. 1 BGB)[38]. Als aufschiebende Bedingung könnte bestimmt werden, dass Anja ihre Handlungs- oder Geschäftsfähigkeit verliert. Nach § 158 Abs. 1

---

34   Vgl. Boemke/Ulrici, BGB-AT, § 13 Rn. 5.
35   Vgl. hierzu Boemke/Ulrici, BGB-AT, § 13 Rn. 6.
36   Vgl. hierzu Boemke/Ulrici, BGB-AT, § 13 Rn. 7 ff.
37   Vgl. hierzu Boemke/Ulrici, BGB-AT, § 13 Rn. 14 f.
38   Vgl. Palandt/Diederichsen, Einf v § 1896 BGB Rn. 5.

BGB würde eine derart erteilte Vollmacht erst mit Bedingungseintritt (Verhinderungsfall) wirksam. Zugleich könnte die Vollmacht unter der auflösenden Bedingung erteilt werden, dass Anja Handlungs- und Geschäftsfähigkeit wiedererlangt. Mit Eintritt dieser Bedingung verliert die Vollmacht nach § 158 Abs. 2 BGB ihre Wirksamkeit. Bis zum Eintritt der aufschiebenden Bedingung und nach Eintritt der auflösenden Bedingung wirkt die Vollmacht nicht und Rayko kann in Ermangelung ausreichender Vertretungsmacht keine Rechtsgeschäfte mit Wirkung für und gegen Anja vornehmen.

Denkbar ist allerdings auch, dass Anja die Vollmacht unbedingt erteilt, Rayko jedoch im Innenverhältnis anweist, von der Vollmacht nur im Verhinderungsfall Gebrauch zu machen. In diesem Fall erlangt die Vollmacht unmittelbar ihre Wirksamkeit und begründet für Rayko die nach § 164 Abs. 1 BGB erforderliche Vertretungsmacht. Da sie vom ihr zugrunde liegenden Rechtsverhältnis, welches Beschränkungen des Dürfens enthält, abstrakt ist, können zwischen Vertreter und Vertretenem vereinbarte Einschränkungen des Dürfens das rechtliche Können grundsätzlich nicht beschränken[39]. Anjas Selbstbestimmung wird durch Abreden im Innenverhältnis deshalb nicht unmittelbar gesichert. Allerdings ließe sich das Ziel mittelbar erreichen, wenn Verstöße gegen das verabredete Dürfen ausreichend sanktioniert werden. Entsprechende Sanktionen könnten zunächst explizit vereinbart werden, z. B. in Form einer bei Zuwiderhandlung zu zahlenden Vertragsstrafe (vgl. §§ 339 ff. BGB). Unabhängig hiervon begründen Verstöße gegen die Grenzen des rechtlichen Dürfen für Anja Ansprüche gegen Rayko aus § 280 Abs. 1 BGB, weil im Überschreiten der Absprachen eine Pflichtverletzung liegt[40], sowie gegebenenfalls aus § 826 BGB. Durch derartige Sanktionen kann der Schutz vor Fremdbestimmung mittelbar erreicht werden.

Bindung im Innenverhältnis

cc) Verhinderung staatlicher Einmischung

Raykos Bevollmächtigung müsste schließlich geeignet sein, auszuschließen, dass unerwünschte Dritte Entscheidungen mit Wirkung für Anja treffen. Dies ist der Fall, wenn die Vollmachtserteilung die Bestellung eines gegebenenfalls fremden Betreuers[41] verhindert. Nach § 1896 Abs. 2 S. 1

Ausschluss der Betreuung

---

[39] Boemke/Ulrici, BGB-AT, § 13 Rn. 83.
[40] Vgl. Boemke/Ulrici, BGB-AT, § 13 Rn. 92.
[41] Siehe oben B. I. 1. b), S. 76.

BGB darf ein Betreuer nur insoweit bestellt werden, als ein Betreuungsbedarf besteht. Nach § 1896 Abs. 2 S. 2 BGB besteht kein Betreuungsbedarf, wenn und soweit ein geeigneter Vertreter die Angelegenheiten des Betreuungsbedürftigen wahrnehmen kann.[42] Daher ist Raykos Bevollmächtigung grundsätzlich geeignet, die Bestellung eines Betreuers zu verhindern. Im Einzelfall setzt dies voraus, dass Rayko alle sich ergebenden Aufgaben wahrnehmen kann. Hierzu muss ihm eine entsprechend weitreichende und geeignete Vertretungsmacht erteilt werden. Außerdem darf er nicht nach § 1897 Abs. 3 BGB als Betreuer ausgeschlossen sein. Ist dies der Fall, hindert seine Bevollmächtigung die Bestellung einer anderen Person zum Betreuer nicht. Werden vorstehende Bedingungen erfüllt, schließt die Erteilung einer Vorsorgevollmacht die Bestellung eines Betreuers aus und verhindert, dass Dritte abweichend von den Wünschen der Mandantin über deren Angelegenheiten entscheiden können.

b) Betreuungsverfügung

Betreuung ermöglicht fremdwirkendes Handeln

Zudem ist denkbar, dass Anja ihre Ziele im Rahmen des Instituts der rechtlichen Betreuung (vgl. §§ 1896 ff. BGB) umsetzt. Die rechtliche Betreuung ermöglicht, dass im Verhinderungsfall in einem Verfahren der freiwilligen Gerichtsbarkeit ein Betreuer bestellt wird, der aufgrund der gerichtlichen Bestellung und im ihm übertragenen Aufgabenkreis rechtlich wirksam für den Betreuten handelt[43]. Das Institut der Betreuung entspricht als solches bereits den Zielen der Mandantin, weil es die Aufgabenwahrnehmung durch Dritte nur in dem Umfang ermöglicht, als ein Verhinderungsfall vorliegt.

Betreuungsverfügung ermöglicht Einfluss auf Person des Betreuers

Dem Wunsch, dass Rayko, nicht aber ein Dritter, für sie handelt, könnte dadurch Rechnung getragen werden, dass Anja eine sog. Betreuungsverfügung errichtet und in dieser ihren Bruder als Betreuer vorschlägt (vgl. § 1897 Abs. 4 S. 1 BGB).

Vermeidung staatlicher Einflussnahme und Einfachheit des Verfahrens

Die durch das gesetzliche Betreuungsrecht nicht vollständig erfüllten Wünsche nach einer unkomplizierten Aufgabenwahrnehmung und dem Fernhalten fremder (staatlicher) Entscheidungen[44] könnten dadurch erreicht werden, dass Anja nicht nur eine Entscheidung über die Person des Betreuers trifft, sondern auch ihren Wünschen entsprechende

---

[42] Vgl. Palandt/Diederichsen, § 1896 BGB Rn. 12.
[43] Vgl. oben B. I. 1. b), S. 75 f.
[44] Vgl. oben B. I. 1. b), S. 75 f.

Abweichungen vom Verfahren der Betreuerbestellung und
-überwachung verfügt.

2. Zulässigkeit geeigneter Gestaltungen

a) Vorsorgevollmacht

Die Erteilung einer Vorsorgevollmacht durch Anja erfolgt
durch einseitiges Rechtsgeschäft; sie bedarf keiner Annahme[45]. Als Rechtsgeschäft muss die Vollmacht die allgemein
für Rechtsgeschäfte geltenden Voraussetzungen erfüllen[46].
Erforderlich ist danach insbesondere, dass Anja bei Vornahme des Rechtsgeschäfts geschäftsfähig (§§ 104 ff. BGB)
ist. Dass sie ihre Geschäftsfähigkeit nach Abgabe ihrer Erklärung verliert, hindert die Wirksamkeit des Rechtsgeschäfts nicht (vgl. § 130 Abs. 2 BGB). Soweit sich die
Vollmacht (Ermächtigung) auf Einwilligungen in medizinische Eingriffe bezieht, genügt anstelle der Geschäftsfähigkeit die bloße Einsichtsfähigkeit der Mandantin.[47] Da Anja
volljährig ist und derzeit keine Anhaltspunkte dafür bestehen, dass ihre Einsichtsfähigkeit oder ihre freie Willensbestimmung eingeschränkt sind, können diese Voraussetzungen für Bevollmächtigung und Ermächtigung erfüllt werden.

Die zum Schutz der Selbstbestimmung notwendige Bindung ihres Bruders[48] muss Anja, egal ob sie im Innen- oder
im Außenverhältnis wirken soll, durch Rechtsgeschäft herbeiführen. Soweit kein Unwirksamkeitsgrund besteht, sind
die vorgesehenen Bindungen deshalb zulässig[49]. Es ist keine
Schranke der Privatautonomie ersichtlich, welche den im
Außenverhältnis wirkenden Bedingungen, unter denen die
Vollmacht erteilt wird, oder der im Innenverhältnis wirkenden und im der Vollmachtserteilung zugrunde liegenden
Rechtsverhältnis wurzelnden Treuepflicht[50] und ihrer Absicherung durch eine Vertragsstrafe entgegenstehen könnte.
Die vorgesehene Ausgestaltung der Vollmacht ist zulässig.

b) Betreuungsverfügung

Nach § 1897 Abs. 4 S. 1 BGB hat das Betreuungsgericht bei
der Auswahl des Betreuers den Vorschlag des Betreuten zu

Marginalien:

Vollmachtserteilung
wahrt die
allgemeinen
rechtsgeschäftlichen
Grenzen

Bindung sowohl im
Innen- als auch im
Außenverhältnis
möglich

bloße
Willensbekundung

---

[45]   Vgl. Boemke/Ulrici, BGB-AT, § 13 Rn. 35.
[46]   Boemke/Ulrici, BGB-AT, § 13 Rn. 36.
[47]   Palandt/Diederichsen, § 1904 BGB Rn. 8.
[48]   Siehe oben C. I. 1. a) bb), S. 85.
[49]   Vgl. Boemke/Ulrici, BGB-AT, § 11 Rn. 2.
[50]   Vgl. Boemke/Ulrici, BGB-AT, § 13 Rn. 92.

berücksichtigen, wenn dieser nicht dem Wohl des Betreuten zuwiderläuft. Dies gilt nach § 1897 Abs. 4 S. 3 BGB auch für Vorschläge, die der Volljährige vor dem Betreuungsverfahren gemacht hat, wenn nicht erkennbar wird, dass er an diesen Vorschlägen nicht mehr festhalten will. Der Vorschlag nach § 1897 Abs. 4 BGB erfolgt nicht durch eine Willenserklärung[51]. Geschäftsfähigkeit ist deshalb nicht erforderlich. Vielmehr genügt die Verlautbarung eines frei gebildeten, d. h. unbeeinflussten Willens. Eine besondere Form muss nicht gewahrt werden[52]. Anja muss nur beachten, dass sie ihren Wunsch frei äußert. Hieran bestehen aufgrund des bekannten Sachverhalts keine Zweifel.

Geeignetheit des vorgeschlagenen Betreuers

Außerdem ist es erforderlich, dass die von Anja vorgeschlagene Person alle Voraussetzungen erfüllt, die für ihre Bestellung zum Betreuer vorliegen müssen. Nur dann muss das Betreuungsgericht Anjas Wunsch folgen[53]. Im Einzelnen muss Rayko geeignet sein (vgl. § 1897 Abs. 1 BGB) und es darf kein Ausschlussgrund bestehen (vgl. § 1897 Abs. 3 BGB). Zweifel hieran bestehen nicht.

Recht des Betreuungsverfahrens ist zwingend

Abweichungen vom gesetzlich vorgegebenen Verfahren der Betreuerbestellung und -überwachung kann Anja nur verfügen, wenn es sich hierbei nicht um zwingendes Recht handelt[54]. Da die diese Bereiche betreffenden Vorschriften ein vom Gesetzgeber als unbedingt erforderlich angesehenes Mindestmaß an Schutz für den Willen des Betreuten sicherstellen sollen, unterliegen sie nicht der Disposition, auch nicht des Betreuten selbst. Eine Modifikation der eine vollständige Erreichung der Mandantenziele verhindernden Vorschriften ist nicht möglich.

c) Zwischenergebnis

Zwischenergebnis

Der Errichtung einer Vorsorgevollmacht stehen keine Hindernisse entgegen. Entsprechendes gilt, mit Ausnahme des Wunsches nach einer Anpassung des einzuhaltenden Verfahrens, für das Verfassen einer Betreuungsverfügung.

---

[51] Palandt/Diederichsen, § 1897 BGB Rn. 13; vgl. auch BayObLG FamRZ 1997, 1360, 1361.

[52] Palandt/Diederichsen, § 1897 BGB Rn. 14; vgl. auch BayObLG FamRZ 1997, 1360, 1361.

[53] Vgl. Palandt/Diederichsen, § 1897 BGB Rn. 16.

[54] Zum zwingenden Recht vgl. Boemke/Ulrici, BGB-AT, § 11 Rn. 3 ff.

3. Auswahl

a) Abwägung Vorsorgevollmacht und Betreuungsverfügung

Sowohl Vorsorgevollmacht als auch Betreuungsverfügung sind grundsätzlich im erforderlichen Umfang rechtlich zulässig. Im Vergleich erweist sich die Errichtung einer Vorsorgevollmacht als vorzugswürdig, weil sie ohne größeren Aufwand eine Aufgabenwahrnehmung durch Rayko ermöglicht. Der durch eine Vorsorgevollmacht bevollmächtigte Vertreter kann unmittelbar tätig werden. Im Anschluss an eine Betreuungsverfügung muss dagegen erst im Rahmen eines Verfahrens ein Betreuer bestellt werden, um anschließend tätig werden zu können. Dies ist u. a. mit einem Zeitverlust verbunden.

Vorsorgevollmacht ist vorzugswürdig

b) Ausgestaltung der Vorsorgevollmacht

Das Ziel, die Aufgabenwahrnehmung durch Rayko auf die Fälle einer Verhinderung zu beschränken, kann entweder unmittelbar durch eine nur bedingte Vollmachtserteilung oder mittelbar durch nur im Innenverhältnis wirkende Vorgaben erreicht werden[55]. Im Hinblick auf die Sicherstellung dieses Ziels erweist sich die bedingte Erteilung der Vollmacht als effektiver, weil sie nur im Verhinderungsfall die notwendige Rechtsmacht zu Handlungen mit Wirkung für und gegen Anja vermittelt. Im Fall der unbedingten Vollmachtserteilung und bloßer Bindung des Vertreters im Innenverhältnis kann der Bevollmächtigte im Außenverhältnis dagegen uneingeschränkt wirksam handeln. Er muss lediglich Sanktionen im Innenverhältnis befürchten. Dies birgt für Anja theoretisch gewisse Risiken.

bedingte Vollmachtserteilung schützt Anja effektiver

Gleichwohl ist Anja nach entsprechender Belehrung eine unbedingte Vollmachtserteilung zu empfehlen, weil nur hierdurch dem Anliegen Rechnung getragen wird, dass Rayko ohne größeren Aufwand in der Lage ist, ihre Angelegenheiten rechtssicher zu regeln. Eine bedingt erteilte Vollmacht kann diesem Anliegen nicht Rechnung tragen, weil als Bedingung (Verhinderungsfall) ein vom jeweiligen Geschäftspartner kaum nachprüfbarer Umstand gewählt werden müsste. Für den Geschäftspartner besteht daher die Gefahr, dass die Bedingung (unerkannt) nicht eingetreten ist, und Rayko ohne Vertretungsmacht handelt. Dies wird Geschäftspartner voraussichtlich vom Geschäftsschluss abhalten, was sich

unbedingte Vollmachtserteilung erleichtert aber Teilnahme am Rechtsverkehr

---

[55]   Siehe oben C. I. 1. a) bb), S. 84 f.

durch die Erteilung einer unbedingten und nur im Innenverhältnis gebundenen Vollmacht vermeiden lässt. Die hiermit
für Anja einhergehenden Risiken erscheinen im Hinblick auf
die familiäre Verbundenheit zu ihrem Bruder hinnehmbar.

**Erteilung als
Generalvollmacht**

Damit die Vorsorgevollmacht möglichst umfassend das
Bedürfnis nach der Bestellung eines Betreuers ausräumen
kann[56], muss sie umfassend die rechtliche Möglichkeit zur
Aufgabenwahrnehmung schaffen. Inhaltlich muss Rayko
daher unbeschränkt bevollmächtigt werden (Generalvollmacht).

c) Ergänzende Betreuungsverfügung

**Gestaltung der
Betreuungsverfü-
gung**

Durch Errichtung einer umfassenden Vorsorgevollmacht
wird grundsätzlich das Bedürfnis zur Bestellung eines Betreuers beseitigt (vgl. § 1896 Abs. 2 S. 2 BGB)[57]. In Aus-
nahmefällen, insbesondere bei Verhinderung des Vertreters,
kann gleichwohl ein Betreuungsbedürfnis bestehen. Dieses
berechtigt und verpflichtet das Betreuungsgericht zur Bestellung eines Betreuers. Deshalb sollte Anja vorsorglich einen
Betreuer vorschlagen, um zu verhindern, dass ein unerwünschter Dritter zu ihrem Betreuer bestellt wird. In der
neben der Vorsorgevollmacht zu errichtenden Betreuungsverfügung ist zum Ausdruck zu bringen, dass Anja möchte,
dass Rayko zu ihrem Betreuer bestellt wird, soweit sich die
Vorsorgevollmacht möglicherweise als nicht ausreichend
erweist. Für den Fall der Verhinderung des Bevollmächtigten, ist Anja zu raten, ersatzweise eine andere Person zu
benennen, die zum Betreuer bestellt werden soll. Hierdurch
sichert sie, dass das Gericht keine fremde Person zum Betreuer bestellt.

II. Sterbeautonomie

1. Geeignete Gestaltungen

Patientenverfügung

Anja könnte für den Fall, dass sie eine erforderliche Entscheidung über die Einwilligung oder die Ablehnung eines
medizinischen Eingriffs nicht selbst treffen kann, bereits im
Vorfeld ihrem Vertreter oder Betreuer verbindliche Vorgaben (Richtlinien und Einzelentscheidungen) machen, welche
von diesen gegenüber den behandelnden Ärzten um- und
durchzusetzen sind. Als rechtliches Instrument hierfür

---

[56]   Siehe oben C. I. 1. a) cc), S. 85 f.
[57]   Siehe oben C. I. 1. a) cc), S. 85 f.

kommt eine Patientenverfügung nach § 1901a Abs. 1 BGB in Betracht. Danach hat ein Betreuer (§ 1901a Abs. 1 S. 2 BGB), aber auch ein Vertreter (§ 1901a Abs. 4 BGB) dem Willen des Betreuten oder Vertretenen Ausdruck und Geltung zu verschaffen, wenn dieser für den Fall seiner Einwilligungsunfähigkeit schriftlich festgelegt hat, ob er in bestimmte, zum Zeitpunkt der Festlegung noch nicht unmittelbar bevorstehende Untersuchungen seines Gesundheitszustands, Heilbehandlungen oder ärztliche Eingriffe einwilligt oder die Einwilligung versagt. Anja könnte danach im Hinblick auf zukünftige Entwicklungen ihres Gesundheitszustands und die sich dabei ergebenden Entscheidungsmöglichkeiten vorweggenommen ihren Willen niederlegen, welchen Betreuer und Bevollmächtigter in ihrem Namen nach Maßgabe des § 1901b BGB gegenüber dem Arzt durchsetzen müssen, soweit die vorab getroffene Entscheidung auf den zu entscheidenden Fall zugeschnitten ist. Von einer wirksamen und einschlägigen Patientenverfügung dürfen Betreuer und Vormund nicht abweichen, weshalb diese grundsätzlich zur Zielerreichung geeignet ist.

Die Eignung der Patientenverfügung könnte durch das in § 1901a Abs. 1 S. 1 BGB vorgesehene Erfordernis der Bestimmtheit eingeschränkt sein. Sollte danach ein Grad an Bestimmtheit erforderlich sein, der dem entspricht, dass ein Einwilligungsfähiger in einer konkreten Situation die ihm vom Arzt vorgeschlagene Maßnahme akzeptiert oder ablehnt, regelmäßig also eine ärztliche Beratung zu einem konkreten Krankheitsbild erfolgt ist[58], kann Anja eine Patientenverfügung äußerstenfalls für die konkret bevorstehende Operation, nicht aber darüber hinaus errichten. Derartige Anforderung stellt § 1901a Abs. 1 S. 1 BGB jedoch nicht. Ausreichend ist vielmehr, dass der Verfügende für eine konkrete Behandlungssituation[59] konkrete Vorgaben zu den erwünschten oder abgelehnten Maßnahmen macht[60]. Anderenfalls liefe das Institut der Patientenverfügung weitgehend leer und das vom Gesetzgeber verfolgte Ziel, Herstellung von Rechtsklarheit, würde verfehlt. Das Bestimmtheitserfordernis beeinträchtigt die Eignung nicht.

Bestimmtheitserfordernis

---

[58] So Albrecht/Albrecht, MittBayNot 2009, 426, 428.
[59] Siehe oben A., S. 73.
[60] Müller, DNotZ 2010, 169, 180 f.; Palandt/Diederichsen, § 1901a BGB Rn. 6

2. Zulässigkeit geeigneter Gestaltungen

Volljährigkeit und Einwilligungs- fähigkeit

Wirksamkeitsvoraussetzung der Patientenverfügung ist neben der gegebenen Volljährigkeit Anjas Einwilligungsfähigkeit. Einwilligungsfähigkeit setzt voraus, dass Tragweite und Bedeutung der Erklärung erkannt und verstanden werden[61]. Hieran bestehen nach den Schilderungen des Sachverhalts keine Zweifel.

keine aktive Sterbehilfe

Die Patientenverfügung darf zudem nicht nach § 134 BGB unwirksam sein. Zwar handelt es sich bei ihr nicht um eine Willenserklärung, sondern um eine natürliche Willensbekundung[62]. Dem Grundsatz der Einheit der Rechtsordnung folgend, kann sie jedoch in entsprechender Anwendung des § 134 BGB unwirksam sein, wenn sie gegen ein gesetzliches Verbot verstößt. Die Patientenverfügung darf Betreuer oder Bevollmächtigtem deshalb keine Vorgaben machen, durch deren Umsetzung sich Betreuer, Bevollmächtigter oder behandelnder Arzt strafbar machen würden[63]. Anja kann daher nicht wirksam ihren Willen niederlegen, dass die behandelnden Ärzte unter bestimmten Voraussetzungen Maßnahmen der aktiven Sterbehilfe ergreifen.[64] Äußerstenfalls kann sie ihren Willen niederlegen, dass in bestimmten, im weiteren Mandantengespräch, gegebenenfalls nach ärztlicher Aufklärung, noch zu bestimmenden Situationen Maßnahmen der Leidenslinderung ergriffen werden, selbst wenn diese die Gefahr der Lebensverkürzung in sich bergen. Diese passive Sterbehilfe ist strafrechtlich ebenso wenig zu beanstanden wie das an die behandelnden Ärzte gerichtete Verbot, lebenserhaltende Maßnahmen zu ergreifen; deren Zulässigkeit wird von § 1904 Abs. 1 BGB vorausgesetzt.

3. Zwischenergebnis

Zwischenergebnis

Die Vorstellungen, die Anja mit der Art und Weise ihres Ablebens verbindet, können weitgehend, jedoch nicht vollständig im Wege einer Patientenverfügung zur Geltung gebracht werden.

---

[61]   Palandt/Diederichsen, § 1901a BGB Rn. 10.
[62]   Vgl. Palandt/Diederichsen, § 1901a BGB Rn. 3
[63]   Vgl. Boemke/Ulrici, BGB-AT, § 11 Rn. 12.
[64]   Siehe oben B. II. 1. a) bb), S. 79 f.

D. Ausformulierung

Bei der konkreten Ausformulierung sind neben den gerade erarbeiteten inhaltlichen Vorgaben (I.) auch bestimmte formelle Anforderungen (II.) zu beachten.

konkrete Ausformulierung

I. Inhaltliche Vorgaben

Die Prüfung hat ergeben, dass Anja zur Umsetzung ihres Gestaltungswillens drei Rechtsgeschäfte vornehmen sollte:

Zusammenfassung der inhaltlichen Vorgaben

1. Erteilung einer Generalvollmacht an ihren Bruder, welche diesem umfassend die Vornahme aller Rechtsgeschäfte mit Wirkung für und gegen seine Schwester ermöglicht. Im Innenverhältnis ist die Ausübung der Vollmacht jedoch auf den Verhinderungsfall zu beschränken.
2. Errichtung einer subsidiären Betreuungsverfügung, welche Rayko und hilfsweise eine andere nahestehende und geeignete Person, z. B. ihre Eltern, als Betreuer vorschlägt.
3. Errichtung einer Patientenverfügung, in welcher Anja ihrem noch näher zu konkretisierenden Sterbewillen Ausdruck verleiht.

II. Formelle Anforderungen

1. Vorsorgevollmacht

a) Adressat der Vollmacht

Die Vorsorgevollmacht kann sowohl gegenüber Anjas potentiellen Geschäftspartnern als auch gegenüber Rayko erteilt werden (vgl. § 167 Abs. 1 BGB). Die Erteilung gegenüber den Geschäftspartnern erscheint allerdings nicht praktikabel, weil sie voraussetzt, dass bereits jetzt alle in Betracht kommenden Geschäftspartner bekannt sind. Dies wird zwar auf einige von ihnen zutreffen, in der Zukunft werden aber sicher weitere hinzukommen. Gegenüber noch unbekannten Geschäftspartnern kann eine Bevollmächtigung noch nicht erklärt werden. Hinzukommt, dass Anja nach allgemeiner Lebenserfahrung kein Interesse daran hat, bereits vorsorglich alle ihre Geschäftspartner mit derart intimen Details wie ihrer geschäftlichen Verhinderung aufgrund eines Komas,

Erteilung als Innenvollmacht

einer Gehirnschädigung o. ä. zu bemühen. Die Vollmacht sollte deshalb als Innenvollmacht erteilt werden.

b) Form

Grundsatz der
Formfreiheit

Die Erteilung einer Vorsorgevollmacht bedarf nach § 167 Abs. 2 BGB zu ihrer Wirksamkeit grundsätzlich keiner besonderen Form. Ausnahmsweise kann die Wahrung einer bestimmten Form als Wirksamkeitsvoraussetzung der Vollmacht angeordnet sein (aa). Außerdem ist denkbar, dass die Vollmacht ihre Funktion, umfassende Ermöglichung der fremdwirkenden Vornahme von Rechtsgeschäften, nur bei Beachtung einer bestimmten Form vollständig erfüllen kann (bb).

aa) Rechtlicher Formzwang

ausnahmsweise
Formzwang

Für Einzelfälle unterwirft das Gesetz die Vollmachtserteilung einer bestimmten Form[65]. Außerdem erstreckt die bei der Rechtsgestaltung stets zu berücksichtigende Rechtsprechung die für bestimmte Rechtsgeschäfte geltenden Formvorschriften durch teleologische Extension auch auf die Bevollmächtigung zur Vornahme eines solchen Rechtsgeschäfts, wenn die formfreie Bevollmächtigung im Ergebnis zu einer Umgehung des für das Vertretergeschäft geltenden Formzwangs führen würde.[66] Soweit die Vollmacht auch zur Vornahme solcher Rechtsgeschäfte berechtigen soll, müsste dem bereits vorsorglich bei der Errichtung der Vollmacht Rechnung getragen werden. Dies gilt jedenfalls, soweit die Erforderlichkeit entsprechender Rechtsgeschäfte nicht ganz fernliegend ist.

insbesondere
Ermächtigung zur
Einwilligung in
medizinische
Eingriffe

Nach den Vorstellungen der Mandantin soll sich die Vorsorgevollmacht auch auf persönliche Angelegenheiten beziehen. Insbesondere soll Rayko unter Rückgriff auf die Vorsorgevollmacht die in der Patientenverfügung niedergelegten Wünsche gegenüber den behandelnden Ärzten durchsetzen. Deshalb sind die insoweit maßgeblichen Formvorschriften der §§ 1904 Abs. 5 S. 2, 1906 Abs. 5 S. 1 BGB zu beachten. Danach bedürfen die Ermächtigung zur Erteilung, zum Widerruf oder zur Verweigerung der Einwilligung in medizinische Eingriffe, bei denen die Gefahr besteht, dass der Vertretene stirbt oder einen schweren, länger andauernden Gesundheitsschaden erleidet[67], sowie die Ermächtigung

---

[65] Siehe die Beispiele bei Palandt/Ellenberger, § 167 BGB Rn. 2.
[66] Palandt/Ellenberger, § 167 BGB Rn. 2.
[67] Vgl. Müller, DNotZ 2010, 169, 184 f.

zur Unterbringung des Vertretenen der Schriftform und müssen sich ausdrücklich auf die betreffenden Maßnahmen erstrecken. Anderenfalls ist die Ermächtigung insoweit unwirksam (vgl. § 125 BGB) und der Bevollmächtigte kann seine Erklärungen nicht mit Wirkung für den Vertretenen abgeben. Zumindest insoweit muss die Vollmacht daher unter Wahrung der Schriftform sowie unter konkreter Angabe ihrer Reichweite erteilt werden.

bb) Faktischer Formzwang

(1) Schriftform

Die grundsätzlich[68] formfreie Vorsorgevollmacht sollte gleichwohl mindestens unter Beachtung der Schriftform erteilt werden, wenn dies notwendig ist, damit sie ihre Funktionen erfüllen kann. Die Beachtung der Schriftform könnte rechtlich oder tatsächlich erforderlich sein, damit Rayko für Anja rechtssicher, effektiv und unkompliziert tätig werden kann und hierdurch das Bedürfnis nach der Bestellung eines Betreuers ausgeschlossen wird.

mindestens Schriftform zu empfehlen

Die Notwendigkeit zur Schriftlichkeit könnte sich daraus ergeben, dass die Vollmacht schriftlich nachgewiesen werden muss. Dies ist insbesondere gegenüber Gerichten und Behörden der Fall. Zwar bedarf die Erteilung einer Vollmacht zur Vertretung vor Gericht oder gegenüber Behörden zu ihrer Wirksamkeit nicht der Schriftform, sondern kann auch formfrei erteilt werden[69]. Nach § 80 Abs. 1 ZPO (vgl. auch § 14 Abs. 1 S. 3 VwVfG und § 67 Abs. 6 S. 1 VwGO) hat der Bevollmächtigte seine Bevollmächtigung jedoch durch eine schriftliche Vollmachtsurkunde nachzuweisen. Ohne eine schriftliche Vollmachtsurkunde kann Rayko diesen Nachweis nicht führen. Die von ihm vertretene Partei würde im Zivilprozess z. B. als nicht erschienen behandelt[70]. Ohne schriftliche Bevollmächtigung könnte Anja daher insoweit nicht rechtssicher vertreten werden.

Notwendigkeit des schriftlichen Nachweises

Darüber hinaus könnte die Teilnahme am Rechtsverkehr ohne schriftliche Bevollmächtigung dadurch gefährdet werden, dass potentielle Geschäftspartner einen Geschäftsschluss oder die Entgegennahme von Rechtsgeschäften ablehnen. Da die Teilnahme eines Vertreters am Rechtsverkehr für die Geschäftspartner regelmäßig mit zusätzlichen Risiken verbunden ist, weil das Rechtsgeschäft mit dem Vertretenen

Ablehnung eines Rechtsgeschäfts durch Geschäftspartner

---

[68] Siehe aber oben D. II. 1. b), S. 94.
[69] MünchKommZPO/v. Mettenheim, § 80 Rn. 3.
[70] MünchKommZPO/v. Mettenheim, § 88 Rn. 14.

nur zustande kommt, wenn der Vertreter über ausreichende Vertretungsmacht verfügt, ist nicht unwahrscheinlich, dass Geschäftspartner einen Geschäftsabschluss ohne rechtssicheren Nachweis der Vertretungsmacht ablehnen. Hierdurch vermeiden sie, dass eine Schwebelage entsteht, bei der die Wirkungen des Rechtsgeschäfts von der Genehmigung durch den Vertretenen abhängen (vgl. § 177 Abs. 1 BGB), bzw. einseitige Rechtsgeschäfte sogar unwirksam sein können (vgl. § 180 BGB). Einseitige Rechtsgeschäfte kann der Geschäftspartner zur Vermeidung einer Schwebelage sogar zurückweisen (vgl. § 174 S. 1 BGB). Diese Unsicherheiten bestehen aber nicht, wenn eine schriftliche Vollmachtsurkunde errichtet und dem Bevollmächtigten ausgehändigt wird. In diesem Fall kann sich der Geschäftspartner nach §§ 172, 171 BGB auf die derart nachgewiesene Vollmacht verlassen. Es besteht auch kein Recht zur Zurückweisung nach § 174 S. 1 BGB, wenn die Vollmachtsurkunde bei Vornahme eines einseitigen Rechtsgeschäfts im Original vorgelegt wird. Nur durch eine schriftliche Vollmachtserteilung lässt sich deshalb vermeiden, dass Geschäftspartner das Vertretergeschäft ablehnen.

(2) Notarielle Form

Empfehlung notarieller Form

Die Vorsorgevollmacht sollte sogar in notariell beglaubigter oder noch weitergehend in notariell beurkundeter Form erteilt werden, wenn dies die erforderliche Aufgabenwahrnehmung durch Rayko in zusätzlichem Umfang ermöglicht oder absichert.

Notwendigkeit des Nachweises in notarieller Form

Durch eine formlose oder eine nur schriftliche Vollmachtsurkunde ist Rayko an der Vornahme solcher Rechtshandlungen gehindert, bei denen die Vollmacht in notariell oder öffentlich beglaubigter Form nachgewiesen werden muss. Ein solches Erfordernis besteht z. B. nach §§ 30, 29 GBO im Zusammenhang mit dem Nachweis bestimmter Erklärungen gegenüber dem Grundbuchamt. Steht zu erwarten, dass durch Rayko grundstücksrelevante Erklärungen abgegeben werden müssen, kann er diese Aufgaben nur wahrnehmen, wenn ihm die Vollmacht in notariell oder öffentlich beglaubigter Form erteilt wird.

Abschluss von Verbraucherkreditgeschäften

Ohne eine notariell beurkundete Vollmacht könnte Rayko zudem gehindert sein, für Anja Verbraucherkreditverträge abzuschließen. Nach § 492 Abs. 4 i. V. m. Abs. 1 BGB bedarf die Vollmacht zum Abschluss eines Verbraucherkreditvertrags zwar nur der Schriftform. Jedoch ist zusätzlich erforderlich, dass bereits die Vollmacht bestimmte Mindestangaben bzgl. des Darlehens enthält. Anderenfalls kommt

der Verbraucherkreditvertrag nach § 494 Abs. 1 BGB nicht
oder nach § 494 Abs. 2 BGB nur zu geänderten, für den
Verbraucher günstigeren, Konditionen zustande. Darlehensgeber werden den Vertragsschluss ohne ausreichenden
Vollmachtsnachweis deshalb möglicherweise ablehnen, weil
die von § 492 Abs. 1 Nr. 1 bis Nr. 6 BGB geforderten Angaben nur dann in die Vollmacht aufgenommen werden können, wenn das Darlehen schon näher konkretisiert ist. Dies
ist vorliegend nicht der Fall. Die Aufnahme der zusätzlichen
Angaben ist nach § 492 Abs. 4 S. 2 BGB entbehrlich, wenn
die Vollmacht notariell beurkundet ist. Durch eine notariell
beurkundete Vollmacht wird Rayko daher ermöglicht, ohne
Beschränkungen auch Verbraucherkreditgeschäfte für seine
Schwester abzuschließen.

cc) Umsetzung

Im Hinblick auf die bestehenden rechtlichen und faktischen
Zwänge ist Anja zu empfehlen, die Vollmacht notariell beurkunden zulassen. Durch Wahrung der notariellen Form als
strengste der üblichen Formen[71] wird gesichert, dass die
umfassende Vorsorgevollmacht (Generalvollmacht), welche
zur Klarstellung im Rechtsverkehr als solche bezeichnet
werden sollte, umfassend ihre Wirkungen entfalten kann.
Nur hierdurch wird das Bedürfnis nach Bestellung eines
Betreuers praktisch umfassend ausgeschlossen.

    Eine abweichende Empfehlung ist jedoch für den Bereich
der Einwilligung in bestimmte medizinische Eingriffe, welche ausdrücklich benannt werden müssen[72], auszusprechen.
Dieser Teil der Vorsorgevollmacht kann zwar grundsätzlich
gemeinsam mit der Generalvollmacht in einer, vom Notar zu
beurkundenden Vollmacht niedergelegt werden. Im Hinblick
auf die in Bezug auf die entsprechende Ermächtigung bestehende Intimität der Entscheidung, bietet es sich aber an, die
Ermächtigung zur Einwilligung in medizinische Eingriffe in
einer gesonderten Urkunde zu regeln. Hierdurch wird vermieden, dass Rayko bei jedem Geschäftsabschluss eine
Vollmachtsurkunde vorlegt, welche sich auch auf gesund-
heitliche Aspekte bezieht. Da die notarielle Form für diesen
Bereich keine Vorteile verschafft und die Errichtung einer
weiteren notariellen Urkunde zusätzliche Notargebühren
auslöst, sollte insoweit von einer notariellen Beurkundung
abgesehen werden. Es genügt eine Errichtung in Schriftform.

Marginalien:
notarielle
Beurkundung zu
empfehlen

gesonderte
Ermächtigung zur
Einwilligung in
medizinische
Eingriffe

---

[71]   Vgl. Boemke/Ulrici, BGB-AT, § 10 Rn. 38.
[72]   Siehe oben D. II. 1. b) aa), S. 94 f.

c) Teilergebnis

Teilergebnis

Anja ist zu raten, eine notariell beurkundete Generalvollmacht und in gesonderter Urkunde in Schriftform eine Vollmacht zur Besorgung von konkret beschriebenen Gesundheitsangelegenheiten zu errichten.

2. Betreuungsverfügung

keine formellen
Anforderungen

Ausgehend vom Grundsatz der Formfreiheit bedarf die Errichtung einer Betreuungsverfügung keiner besonderen Form, weil das Gesetz kein Formerfordernis vorsieht. Vielmehr geht § 1897 Abs. 4 BGB davon aus, dass jeder Vorschlag des Betreuten zu berücksichtigen ist[73]. Allerdings kann das Gericht nur solche Vorschläge berücksichtigen, die ihm bekannt werden. Ist Anja im Zeitpunkt der gerichtlichen Entscheidung verhindert, ihren Vorschlag zu äußern, können nur frühere Vorschläge berücksichtigt werden, welche dem Gericht aber faktisch nur bekannt werden, wenn sie dokumentiert wurden. Deshalb empfiehlt sich eine schriftliche Errichtung. Das Dokumentationserfordernis setzt zwar nicht zwingend eine Unterzeichnung voraus. Allerdings zeigt die Unterzeichnung der Betreuungsverfügung durch Anja, dass es sich nicht lediglich um einen Entwurf, sondern um eine ernst gemeinte Erklärung handelt. Dies sichert die Realisierung des Mandantenwillens zusätzlich, weshalb die Betreuungsverfügung schriftlich errichtet werden sollte.

3. Patientenverfügung

Erforderlichkeit
einer Form

Die Patientenverfügung könnte aus Rechtsgründen einer bestimmten Form bedürfen (a). Durch Beachtung zusätzlicher formeller Anforderungen, z. B. der Darlegung der die Patientenverfügung tragenden Beweggründe (b), eine ständige Bekräftigung (c) oder eine zentrale Registratur (d) könnte sich zudem die Effektivität der Patientenverfügung steigern lassen.

a) Schriftform

Schriftform ist
erforderlich

Nach § 1901a Abs. 1 S. 1 BGB bedarf die Patientenverfügung zu ihrer Wirksamkeit der Schriftform. Wird diese nicht gewahrt, ist die Patientenverfügung unwirksam (§ 125 BGB). Sie wäre allerdings trotzdem nicht gänzlich bedeu-

---

[73]   Vgl. Palandt/Diederichsen, § 1897 BGB Rn. 13; vgl. auch BayObLG FamRZ 1997, 1360, 1361.

tungslos. Vielmehr wäre ihr Inhalt im Rahmen des § 1901a Abs. 2 BGB zu berücksichtigen. Ohne Wahrung der Schriftform ginge jedoch die Verbindlichkeit der Patientenverfügung nach § 1901a Abs. 1 S. 2 BGB verloren, welche Ziel der Gestaltung der Mandantin ist. Die Patientenverfügung ist in Schriftform zu errichten.

b) Darlegung der Beweggründe

Anja sollte ihre Patientenverfügung zudem mit einer Begründung versehen, wenn dies vorgeschrieben oder sinnvoll ist. Über die Schriftform hinaus schreibt § 1901a Abs. 1 BGB keine Förmlichkeiten vor. Eine Begründung ist gleichwohl sinnvoll, wenn hierdurch Anjas Willen in zusätzlicher Weise Rechnung getragen wird. Dies könnte sich daraus ergeben, dass Patientenverfügungen für den Betreuer oder den Bevollmächtigten nur verbindlich sind, soweit sie für die aktuelle Lebens- und Behandlungssituation zugeschnitten sind (vgl. §§ 1901a Abs. 1, 1901b BGB). Dies muss durch Betreuer, Bevollmächtigten und behandelnden Arzt festgestellt werden. Wertvolle Hinweise hierfür lassen sich aus Anjas Beweggründen entnehmen. Dies ist allerdings regelmäßig nur möglich, wenn die Beweggründe dokumentiert wurden. Abgesehen hiervon ist nach aller Lebenserfahrung davon auszugehen, dass sich trotz äußerster Sorgfalt nicht alle erdenklichen zukünftigen Lebenssituationen und auch nicht alle erdenklichen zukünftigen Behandlungssituationen vorhersehen lassen. Die Patientenverfügung kann sich daher im Einzelfall als lückenhaft erweisen. In diesem Fall soll Anjas (mutmaßlicher) Wille (vgl. § 1901a Abs. 2 BGB) verwirklicht werden. Wertvolle Hinweise für seine Ermittlung können sich einer ausführlichen Darlegung der Beweggründe für die Errichtung der Patientenverfügung und der in ihr geäußerten Vorgaben zum Sterben entnehmen lassen. Durch eine Begründung kann Anja in zusätzlichem Umfang ihren Wertvorstellungen Geltung verschaffen.

ausführliche Darlegung der Beweggründe, der Lebensverhältnisse und des Sterbewillens

c) Fortlaufende Bestätigung

Daraus, dass zwischen Errichtung der Patientenverfügung und dem Zeitpunkt, in welchem Betreuer oder Bevollmächtigter entscheiden, geraume Zeit vergangen ist und sich Anjas Lebensumstände möglicherweise geändert haben, können sich Zweifel an der konkreten Einschlägigkeit einer Patientenverfügung ergeben. Um diesen vorzubeugen, ist Anja zu raten, dass sie ihre Patientenverfügung in regelmäßigen Abständen, z. B. aller zwei Jahre, prüft und bestätigt, auch

Rat zur fortlaufenden Bestätigung

wenn dies keine Wirksamkeitsvoraussetzung der Patientenverfügung ist[74]. Beides sollte auf der Verfügung selbst dokumentiert werden, um festgestellt werden zu können.

d) Registrierung

Rat zur
Registrierung

Schließlich ist Anja darauf hinzuweisen, dass eine hohe Gewähr für die Umsetzung ihres Sterbewillens nur besteht, wenn die Existenz ihrer Patientenverfügung mindestens den angesprochenen Personen, namentlich ihrem Bruder, bekannt ist. Anja sollte Rayko daher darüber informieren, dass eine Patientenverfügung existiert und wo diese aufbewahrt wird. Um auch für den Fall vorzusorgen, dass ihr Bruder verhindert ist und ein Dritter als gerichtlich bestellter Betreuer handelt, empfiehlt es sich, die Patientenverfügung zentral registrieren zu lassen. Die Bundesnotarkammer führt gebührenpflichtig unter www.vorsorgeregister.de ein entsprechendes Register, in welchem Patientenverfügungen usw. freiwillig registriert und von den zuständigen Gerichten abgefragt werden können. Es ist empfehlenswert, dieses in Anspruch zu nehmen.

e) Teilergebnis

Teilergebnis

Anja sollte nach noch ausstehender ärztlicher Beratung ihren Sterbewille sowie ihre tragenden Beweggründe ausführlich in Schriftform niederlegen. Sie sollte diese Urkunde bei der Bundesnotarkammer registrieren lassen und in regelmäßigen Zeitabständen prüfen und bestätigen.

---

[74] Müller, DNotZ 2010, 169, 171.

Klausur Nr. 3

Zweiter Frühling

Sachverhalt

In den Kanzleiräumen des Notars Holger Heu erscheinen Rechtsanwalt Dr. Joachim Jacob und Rechtsreferendarin Susanne Sammler. Joachim erklärt, dass Susanne seine Lebensgefährtin ist, mit der er eine einjährige Tochter (Miriam) hat. Aufgrund des Altersunterschieds von 30 Jahren hält er es für angezeigt, nunmehr eine gemeinsame erbrechtliche Gestaltung zu schaffen, um Vorsorge für den Fall seines Ablebens zu treffen. Er führt aus, dass er derzeit noch mit Felicitas Flott-Jacob im gesetzlichen Güterstand verheiratet ist, dass man aber bereits seit zwei Jahren getrennt lebt. Einen Scheidungsantrag hat noch keine Seite gestellt. Dies sei im Hinblick auf die drei gemeinsamen Kinder, Max (32), Moritz (27) und Astrid (16), auch zukünftig nicht beabsichtigt und aus der Sicht von Susanne unschädlich, weil diese aus tiefster Überzeugung niemals heiraten wird. Während der Ehe hat Joachim ein handschriftliches Schriftstück verfasst, welches er und im Anschluss auch Felicitas unterschrieben haben. Gegenstand des Schriftstücks ist ein Testament (vgl. Anlage). Joachim führt aus, dass er sich im Hinblick auf die Trennung nicht mehr an das alte Testament gebunden fühlt, sondern abweichende Verfügungen treffen will. Er möchte insbesondere nunmehr Susanne bedenken, weil diese ihn in der Trennungszeit so lieb getröstet hat. Er und Susanne wollen, dass der jeweils andere Erbe werden soll, wenn einer stirbt. Der jeweils Überlebende soll sich mit der Erbschaft möglichst frei ein sorgenfreies Leben machen können. Nach dem Tod des Letztversterbenden sollen Max, Moritz, Astrid und Miriam zu gleichen Teilen Erben werden. Insoweit muss aber sichergestellt werden, dass diese nicht zuvor gegenüber

dem Letztversterbenden Ansprüche geltend machen, jedenfalls muss dies für sie unattraktiv sein. Zu einem Pflichtteilsverzicht sind seine Kinder jedoch nicht bereit. Dass Felicitas
gegebenenfalls noch Ansprüche geltend machen kann, sei
akzeptabel, solange ausgeschlossen ist, dass Felicitas im Fall
von Susannes Vorversterben von deren Tod profitiert.

Anlage:

„Letzter Wille und Testament

*Wir, die Eheleute Joachim Jacob und Felicitas Flott-Jacob,
setzen uns wechselseitig als Alleinerben ein. Nach dem Tod
des Letztversterbenden sollen unsere Kinder alles erben.*

Markkleeberg, den 15.11.1985

Joachim Jacob

Einverstanden.

Markkleeberg, den 15.11.1985

Felicitas Flott-Jacob"

Aufgabenstellung:

Bereiten Sie die notwendigen Gestaltungen gutachterlich
vor. Ein konkreter Formulierungsvorschlag muss nicht er-
stellt werden.

Bearbeitervermerk:

Auf Nachfrage teilt Joachim mit, dass er sich bei einem
Fachanwalt für Familienrecht hat beraten lassen und im Fall
seines Versterbens nicht damit zu rechnen ist, dass er im
Vergleich zu Felicitas einen nennenswert höheren Zugewinn
erzielt hat. Er teilt weiter mit, dass für ihn in seinem Alter
weitere Kinder nicht mehr in Betracht kommen. Für Susanne
mag dies nach seinem Ableben gegebenenfalls anders ausse-
hen. Dies kann man im Moment noch nicht sagen. Sollte Susanne weitere Kinder bekommen, sollen diese über das gesetzlich unbedingt notwendige Maß hinaus nicht bedacht
werden. Von seinem Vermögen sollen sie keinesfalls profitieren.

Vorüberlegungen

Die durchschnittlich anspruchsvolle Klausur betrifft verschiedene examensrelevante Problemstellungen aus dem Bereich des Erbrechts. Notwendig ist zunächst eine saubere Prüfung der Erbrechtslage unter Berücksichtigung der bereits bestehenden Verfügungen. Im Anschluss sind mehrere Gestaltungen zu erarbeiten. Hierfür sind Kenntnisse der üblichen erbrechtlichen Institute ausreichend.

I. Erbrechtliche Ausgangslage

Bevor Notar Heu mit der Gestaltung der Erbrechtslage beginnt, muss er sich zunächst einen Überblick darüber verschaffen, wie sich die Erbrechtslage nach dem Tod seiner beiden Mandanten derzeit darstellt. Dabei muss er für Joachim beachten, dass sich die Rechtslage nicht allein aus dem Gesetz ergibt, sondern das im Jahr 1985 errichtete Testament zu berücksichtigen ist. Im Ergebnis stellt sich die erbrechtliche Ausgangslage danach so dar, dass im Fall des Versterbens von Joachim zunächst dessen Ehefrau Felicitas Erbin wird, soweit diese noch lebt. Anderenfalls würde Joachim von seinen ehelichen Kindern beerbt. Miriam würde ebenso wenig etwas erben wie Susanne. Stirbt Susanne, erbt Miriam. Die Begutachtung der vorgefundenen Erbrechtslage macht deutlich, dass diese nicht den relativ eindeutig formulierten Zielen der Mandanten entspricht und Notar Heu deshalb für Joachim und Susanne passende Gestaltungen erarbeiten muss.

II. Umsetzung des Gestaltungsbedarfs

Bei der Umsetzung der notwendigen Gestaltungen ist unbedingt darauf zu achten, dass zwar von Joachim und Susanne gemeinsame Vorstellungen geäußert werden, dass aber das Versterben eines jeden Mandanten erbrechtlich einen eigenständigen Tatbestand auslöst und deshalb zunächst der Gestaltungsbedarf für jeden Mandanten getrennt umzusetzen ist. Im Anschluss hieran können die Ergebnisse entsprechend den Vorstellungen der Mandanten zusammengeführt und gegebenenfalls in einer einheitlichen Urkunde zusammengefasst werden.

Hinsichtlich der Erbrechtslage nach Joachim ist zu berücksichtigen, dass er eine von seinem bereits mit Felicitas errichteten Testament abweichende Gestaltung wünscht. Dies ist im Normalfall kein Hindernis, weil der Testierende ein Testament grundsätzlich frei durch ein späteres Testament widerrufen kann (vgl. §§ 2253, 2254, 2258 BGB). Da Joachim und Felicitas jedoch ein gemeinsames Ehegattentestament errichtet haben, beschränkt § 2271 BGB das Recht zum Widerruf, soweit das Testament wechselbezügliche Verfügungen (vgl. § 2270 Abs. 1, 2 BGB) enthält. Der Widerruf wechselbezüglicher Verfügungen erfolgt nach den Vorschriften über den Rücktritt vom Erbvertrag (vgl. § 2271 Abs. 1 S. 1 BGB). Er bedarf daher einer notariell beurkundeten Erklärung gegenüber Felicitas. Hinsichtlich der weiteren Umsetzung sind zwei Entwicklungen zu unterscheiden. Stirbt Joachim zuerst, soll zunächst Susanne erben; erst nach deren Tod sollen seine Kinder bedacht werden. Für den Fall, dass Susanne vor Joachim stirbt, sollen nach ihm sogleich seine Kinder Erben werden. Dies kann im ersten Fall (Vorversterben des Joachim) auf zwei verschiedenen Wegen erreicht werden. Joachim kann entweder Susanne als Vorerbin und seine Kinder als Nacherben einsetzen oder er setzt lediglich Susanne als Erbin ein und verlässt sich im Übrigen darauf, dass Susanne seine Kinder bindend als Erben einsetzt. Beide Gestaltungswege sind entsprechend den weiteren Zielvorstellungen der Mandanten, insbesondere Verhinderung einer Partizipation möglicher weiterer Kinder der Susanne an Joachims Vermögen sowie Susannes Verfügungsfreiheit, miteinander zu gleichen. In der Praxis sind zudem regelmäßig auch steuerrechtliche Fragen zu berücksichtigen[1]. Inwieweit dies im Rahmen einer Klausur gefordert werden kann, hängt von der jeweiligen Begrenzung des Prüfungsstoffes ab. Im Ergebnis ist Joachim unter Zusammenfassung beider Szenarien (Vorversterben des Joachim oder Vorversterben der Susanne) zu raten, Susanne zur nach § 2136 BGB befreiten Vorerbin und seine Kinder als Nacherben einzusetzen und zudem zu bestimmen, dass die Nacherben Ersatzerben der Vorerbin sind (vgl. § 2102 Abs. 1 BGB).

Auch bezüglich der erbrechtlichen Gestaltung nach Susanne sind zwei mögliche Entwicklungen zu unterscheiden. Soweit Susanne vor Joachim verstirbt, soll zunächst dieser und erst im Anschluss hieran sollen dessen Kinder, einschließlich Miriam, Erben werden. Hierfür stehen wiederum zwei Gestaltungsmöglichkeiten zur Verfügung. Joachim kann Vorerbe und die Kinder können als Nacherben eingesetzt werden oder Joachim wird als Vollerbe eingesetzt und die Verfügung zu Gunsten der Kinder ergibt sich aus einer

---

[1]   Siehe unten C. I. 3. b) bb), S. 119 f. und C. II. 3. b) bb), S. 128.

Verfügung des Joachim. Auch insoweit fällt unter Berücksichtigung der weiteren Mandantenziele, insbesondere des
Ausschlusses einer Beteiligung der Felicitas an Susannes
Vermögen, die Wahl auf Vor- und Nacherbschaft, weil diese
rechtlich bewirkt, dass die Kinder Susannes Vermögen im
Fall ihres Vorversterbens unmittelbar von dieser und nicht
von Joachim erben. Bringt man beide Szenarien (Vorversterben des Joachim oder Vorversterben der Susanne) zusammen, ist Susanne zu raten, Joachim zum nach § 2136
BGB befreiten Vorerben und alle seine Kinder als Nacherben einzusetzen und zudem zu bestimmen, dass die Nacherben Ersatzerben des Vorerben sind (vgl. § 2102 Abs. 1
BGB).

Die jeweils passenden Gestaltungen in getrennten Rechtsgeschäften vorzunehmen, genügt dem Parteiwillen nicht,
weil Joachim auch deshalb zu Gunsten von Susanne verfügt,
weil sie umgekehrt auch zu seinen Gunsten verfügt. Da Joachim und Susanne nicht verheiratet sind, kann dieser Wechselbezüglichkeit nicht durch ein Ehegattentestament nach
§§ 2265 ff. BGB Rechnung getragen werden. Möglich ist allerdings der Abschluss eines Erbvertrags nach §§ 2274 ff.
BGB. Die von den Mandanten gewünschten Verfügungen
können dort als vertragsmäßige und gegenseitige Verfügung
aufgenommen werden. Sie binden dann beide Seiten.

Lösung

Vorgehensweise

Holger Heu wird zur Erarbeitung einer zusammenfassenden Empfehlung (D.) für Joachim und Susanne zunächst die von diesen verfolgten Ziele klären (A.). Im Anschluss hieran wird er prüfen, inwieweit die verfolgten Ziele bereits durch die bestehende Rechtslage erreicht werden (B.). Soweit dies nicht der Fall ist, sind die erforderlichen Gestaltungsvorschläge zu erarbeiten (C.).

A. Regelungsziele der Mandanten

Mehrheit an Zielen

Aus den Schilderungen der Mandanten wird deutlich, dass sie ein ganzes Bündel an Zielen erreichen wollen (I.), welches wahrscheinlich noch durch nicht explizit geäußerte Vorstellungen ergänzt wird. Für den Fall, dass sich nicht zugleich alle Ziele vollständig erreichen lassen, muss deren Bedeutung zueinander gewichtet werden (II).

I. Verfolgte Ziele

1. Erbfolge

erstrebte Erfolge

Zunächst verfolgen die Mandanten das Ziel, sich gegenseitig abzusichern, wobei der Begünstigte über das vom anderen Partner geerbte Vermögen möglichst frei verfügen können soll. Nachdem sie beide verstorben sind, soll das von beiden zusammengetragene Vermögen Joachims Kindern zukommen.

Sicherung der Wechselbezüglichkeit

Für Notar Heu ist diesbezüglich ersichtlich, dass beide Mandanten ihren entsprechenden Wunsch äußern, weil auch der Partner eine entsprechende Vorstellung äußert (Wechselbezüglichkeit). Demnach ist zu verhindern, dass sich ein Mandant von seiner Verfügung einseitig löst und hierdurch den gemeinsamen Willen beeinträchtigt. In welchem Umfang zwischen den Mandanten entsprechend absichernde Bindungen notwendig sind, lässt sich den Ausführungen der Mandanten nicht eindeutig entnehmen und muss von Notar Heu gegebenenfalls noch aufgeklärt werden.

2. Beteiligung der Ehefrau

Nicht unmittelbar, sondern nur im Rahmen der primären Ziele wollen die Mandanten erreichen, dass Felicitas nur an Joachims, nicht aber Susannes Vermögen partizipiert. Felicitas soll bei Versterben des Joachim nicht an der bei ihm durch ein mögliches Vorversterben der Susanne eintretenden Vermögensmehrung partizipieren, weder als Erbin oder Pflichtteilsberechtigte noch familienrechtlich.

Beteiligung von Felicitas

3. Absicherungen

Außerdem besteht seitens der Mandanten das Interesse, die Erreichung der vorstehenden Ziele abzusichern. So verweisen die Parteien selbst ausdrücklich darauf, dass zu verhindern ist, dass sich eines der Kinder gegenüber seinen Geschwistern dadurch einen Vorteil verschafft, dass es bereits beim ersten Erbfall Ansprüche geltend macht und hierdurch den Willen der Mandanten beeinträchtigt, wonach dem jeweils anderen das volle Vermögen zugewendet werden soll. Damit sprechen die Mandanten das Problem an, dass die vorrangige Erbeinsetzung des jeweiligen Partners möglicherweise Pflichtteilsansprüche der Kinder des Erstversterbenden auslöst, welche der Erbe, d. h. der jeweilige Partner, unter Schmälerung seines Vermögenszuwachses erfüllen muss. Außerdem würde das den Pflichtteilsanspruch geltendmachende Kind möglicherweise gegenüber seinen Geschwistern begünstigt, wenn es zunächst den Pflichtteil erhält und beim Tod des Letztversterbenden zusätzlich Erbe wird. Dies ist nicht gewollt. Deshalb soll es sich zumindest nachteilig auswirken, wenn ein Kind bei Tod des Erstversterbenden Pflichtteilsansprüche geltend macht. Das betreffende Kind soll „als Strafe" möglichst schlechter stehen als seine Geschwister, um bereits im Vorfeld eine ausreichende Abschreckung zu erreichen.

Berücksichtigung von Pflichtteilsrechten

II. Verhältnis der Ziele

Aus den Schilderungen der Mandanten wird ersichtlich, dass sie die verschiedenen Ziele nicht gleichrangig nebeneinander verfolgen. Vielmehr wird unmittelbar angestrebt, wechselbezüglich eine bestimmte Erbfolge zu erreichen. Nur im Rahmen der Umsetzung dieser Erbfolge soll berücksichtigt werden, dass die Beteiligung von Felicitas möglichst gering ist.

Gewichtung der Ziele

Diesen Zielen lediglich dienend ist das Interesse an der Absicherung gegenüber den Kindern.

B. Bestehender Regelungsbedarf

Ermittlung des Handlungsbedarfs

Ob und inwieweit Notar Heu weitere Maßnahmen ergreifen muss, um die Ziele seiner Mandanten umzusetzen, hängt davon ab, inwieweit die derzeit bestehende Rechtslage (I.) bereits die angestrebten Ziele erreicht (II.). Dies ist zunächst nur für die primär verfolgten Ziele zu ermitteln, weil sich der übrige Regelungsbedarf aufgrund des von den Mandanten vorgegebenen Verhältnisses der Ziele zueinander[2] erst innerhalb und in Abhängigkeit von der Umsetzung der primären Ziele zeigt.

I. Bestehende Rechtslage

Klärung der bestehenden Rechtslage

Im Ausgangspunkt ist entscheidend, wie sich jeweils und im Verhältnis zueinander (3.) die erbrechtliche Lage nach Joachim (1.) und Susanne (2.) darstellt.

1. Erbrechtliche Lage nach Susanne

Geltung der gesetzlichen Erbfolge

Die Erbrechtslage richtet sich primär nach letztwilligen Verfügungen des Erblassers (vgl. §§ 1937 ff. BGB). Da Susanne bislang aber keine entsprechenden Verfügungen getroffen hat, gilt die gesetzliche Erbfolge.

Inhalt der gesetzlichen Erbfolge

Die gesetzliche Erbfolge richtet sich nach §§ 1924 ff. BGB. Danach erben zunächst die Erben erster Ordnung (§ 1924 BGB) und nur soweit solche nicht vorhanden sind Erben entfernterer Ordnungen (vgl. § 1930 BGB). Ein Ehegattenerbrecht nach § 1931 BGB kommt vorliegend nicht in Betracht, weil Susanne nicht verheiratet ist. Gesetzliche Erben erster Ordnung sind Susannes Abkömmlinge (vgl. § 1924 Abs. 1 BGB), d. h. die mit ihr in gerader absteigender Linie verwandten Personen[3]. Abkömmling ist danach Miriam, die als gemeinsame Tochter mit Joachim in gerade Linie von ihr abstammt (vgl. § 1591 BGB). Sonstige Abkömmlinge existieren derzeit nicht. Miriam ist danach Erbin erster Ordnung nach Susanne. Sie schließt alle Erben entfernterer

---

2 Siehe oben A. II., S. 107 f.
3 Palandt/Edenhofer, § 1924 BGB Rn. 7.

Ordnungen aus (vgl. § 1390 BGB). Miriam würde derzeit Alleinerbin nach Susanne.

2. Erbrechtliche Lage nach Joachim

Die Erbrechtslage richtet sich primär nach letztwilligen Verfügungen des Erblassers (vgl. §§ 1937 ff. BGB). Nur soweit
diese die Erbrechtslage nicht abschließend regeln, greift die
gesetzliche Erbfolge ein. Da Joachim gemeinsam mit Felicitas ein Testament errichtet hat, ist vorrangig dessen Inhalt
maßgeblich (c), soweit es wirksam errichtet (a) und noch
nicht wieder beseitigt wurde (b).

Vorrang der gewillkürten Erbfolge

a) Testamentserrichtung

Joachim und Felicitas müssten am 15.11.1985 wirksam ein
Ehegattentestament (vgl. § 2265 BGB) errichtet haben.
Notwendig ist, dass sie im Zeitpunkt der Errichtung Ehegatten waren und in der notwendigen Form, z. B. als eigenhän-
dige Urkunde, erbrechtliche Verfügungen getroffen haben.
Ausweislich der Formulierung im Testament waren sie im
Zeitpunkt der Errichtung Ehegatten. Auch haben sie ihren
erbrechtlichen Willen in der Form der §§ 2247, 2267 BGB
niedergelegt, weil Joachim den Text des Testaments eigenhändig geschrieben hat und sowohl er als auch Felicitas diesen Text eigenhändig unterschrieben haben.

Errichtung des Ehegattentestaments

b) Fortbestand des Testaments

Das Ehegattentestament könnte nach §§ 2268 Abs. 1, 2077
BGB dadurch unwirksam geworden sein, dass sich Joachim
und Felicitas getrennt haben. Dies ist der Fall, wenn die Ehe
entweder geschieden wurde, die Voraussetzungen für die
Auflösung der Ehe vorliegen und der Erblasser dies beantragt oder einem Antrag des Ehegatten zugestimmt hat oder
die Voraussetzungen einer Aufhebung vorliegen und der
Erblasser einen entsprechenden Antrag gestellt hat. Hieran
fehlt es vorliegend, weil weder Joachim noch Felicitas einen
entsprechenden Antrag gestellt haben. Ein entsprechender
Antrag ist auch ausdrücklich nicht gewollt. Das Testament
ist nicht unwirksam geworden.

kein Wegfall des Ehegattentestaments

c) Inhalt des Testaments

Ausweislich des Ehegattentestaments wird Joachim grundsätzlich von Felicitas beerbt. Sofern Felicitas vor Joachim
sterben sollte, wird Joachim von seinen ehelichen Kindern

Erbeinsetzung der Felicitas oder der ehelichen Kinder

beerbt. Die Auslegung des Testaments ergibt insoweit, dass nur die gemeinsamen („unsere") Kinder von Felicitas und Joachim erben sollen, nicht dagegen Miriam.

3. Verhältnis der Erbfälle

Selbstständigkeit der Erbfälle

Die nach Joachim eintretende Erbfolge ist derzeit völlig unabhängig von der nach Susanne eintretenden Erbfolge, weil jeder Todesfall einen eigenständigen Erbfall auslöst und bislang weder Gesetz noch Rechtsgeschäft eine Verbindung zwischen diesen herstellen. Entsprechendes gilt auch im umgekehrten Verhältnis.

II. Vergleich der bestehenden Rechtslage mit den Regelungszielen

Vergleich Rechtslage mit Mandantenzielen

Handlungsbedarf ist gegeben, soweit die bestehende Rechtslage die Ziele der Mandanten noch nicht vollständig abdeckt. Stellt man die bestehende Rechtslage und die von den Mandanten verfolgten Ziele gegenüber, zeigt sich, dass die Wünsche der Mandanten bislang noch nicht erreicht werden. Dies gilt sowohl für die Erbfolge nach Joachim als auch die Erbfolge nach Susanne. Stirbt Joachim, erbt Susanne nichts. Umgekehrt erbt Joachim bei Vorversterben von Susanne nichts. Die vorrangige Vererbung auf den jeweiligen Partner erfolgt demnach nicht. Auch die nachrangige Übertragung des Vermögens auf alle Kinder des Joachim erfolgt nicht. Schließlich besteht bislang auch keine Wechselbezüglichkeit zwischen den Erbvorgängen. Es bedarf daher umfassend eines gestalterischen Tätigwerdens, um die gewünschte Erbfolge eintreten zu lassen.

C. Umsetzung des Regelungsbedarfs

Trennung nach Mandanten

Auch wenn Joachim und Susanne gemeinsam zum Beratungsgespräch erschienen sind und gemeinsame Ziele formuliert haben, ist zunächst zwischen beiden zu unterscheiden (I. und II.), weil das Versterben eines jeden einen eigenständigen und gestaltungsbedürftigen Erbfall auslöst. Erst im Anschluss sind beide Gestaltungen entsprechend der gemeinsamen Mandantenziele zusammenzuführen (III.).

I. Regelungen für Joachim

1. Geeignete Gestaltungen

Ausgehend von den von Joachim formulierten Primärzielen sind zwei Entwicklungslinien zu unterscheiden, weil er für den Fall seines Vorversterbens (a) eine andere Gestaltung als für Susannes Vorversterben (b) wünscht.

zwei Entwicklungslinien zu unterscheiden

a) Vorversterben des Joachim

Verstirbt Joachim vor Susanne, soll Susanne ihn beerben. Dies kann Joachim erreichen, indem er Susanne durch letztwillige Verfügung als Erbin einsetzt (vgl. § 1937 BGB). Darüber hinaus soll erreicht werden, dass nach Susannes Tod Joachims Vermögen sowie Susannes Vermögen seinen Kindern zukommt. Über Susannes Vermögen kann Joachim keine einseitigen Verfügungen treffen, vielmehr muss Susanne insoweit eine mit ihm abgestimmte Verfügung treffen[4]. Hinsichtlich seines eigenen Vermögens sind zwei verschiedene Gestaltungen in Betracht zu ziehen. Denkbar ist zunächst, dass Joachim sein eigenes Vermögen vollständig auf Susanne überträgt, indem er diese als seine Vollerbin bestimmt. Hierdurch wird sein Vermögen zu Susannes Vermögen und es bedarf für den nachfolgend gewünschten Vermögensübergang auf seine Kinder einer abgestimmten Verfügung durch Susanne. Außerdem ist denkbar, dass Joachim sein Vermögen Susanne kraft eigener Verfügung nur zeitweise, bis zu ihrem Tod, überlässt und es im Anschluss selbst auf seine Kinder überträgt. Letzteres entspricht der Einsetzung von Susanne als Vorerbin und der Einsetzung seiner Kinder als Nacherben, wobei Nacherbfall Susannes Tod ist (vgl. §§ 2100, 2106 Abs. 1 BGB).

Gestaltungsalternativen bei Vorversterben des Joachim

b) Vorversterben der Susanne

Ist Susanne im Zeitpunkt von Joachims Tod bereits vorverstorben, sollen seine Kinder ihn sogleich zu gleichen Teilen beerben. Dies lässt sich dadurch erreichen, dass Joachim seine Kinder durch letztwillige Verfügung zu Erben bestimmt (vgl. § 1937 BGB). Da diese Erbfolge nur eintreten soll, wenn die primär als Erbin bestimmte Susanne verstorben ist, steht diese Erbeinsetzung zu Susannes Erbeinsetzung im Verhältnis der Bestimmung von Ersatzerben (vgl. § 2096 BGB).

Gestaltung bei Vorversterben der Susanne

---

[4]   Siehe unten C. II., S. 120 ff.

2. Grenzen der Gestaltung

a) Früheres Ehegattentestament

Entgegenstehen des
Ehegattentestaments

Der Umgestaltung der bestehenden erbrechtlichen Lage durch eine letztwillige Verfügung könnte das Ehegattentestament vom 15.11.1985 mit seinen Bindungswirkungen entgegenstehen. Im Grundsatz kann ein Testament zwar durch Errichtung eines abweichenden Testaments frei widerrufen werden (vgl. §§ 2253, 2258 BGB). Dies gilt nach § 2271 Abs. 1 S. 2 BGB allerdings nicht für wechselbezügliche Verfügungen in einem gemeinsamen Ehegattentestament. Ein Widerruf des früheren Ehegattentestaments, welches wirksam errichtet wurde[5], scheidet danach aus, soweit dieses wechselbezügliche Verfügungen enthält. Wechselbezüglich sind solche Verfügungen, die ein Ehegatte nur im Hinblick auf eine Verfügung des anderen Ehegatten gemacht hat (vgl. § 2270 Abs. 1 BGB)[6]. Dies ist für jede von Joachim im Ehegattentestament vom 15.11.1985 getroffene Verfügung gesondert zu beurteilen[7]. Entscheidend ist, inwieweit Joachim Felicitas zu seiner Erbin berufen hat, weil sie ihn oder die gemeinsamen Kindern im Gegenzug zu Erben berufen hat. Entscheidend ist weiterhin, inwieweit Joachim die gemeinsamen Kinder zu Erben berufen hat, weil im Gegenzug Felicitas ihn oder ebenfalls die gemeinsamen Kinder berufen hat. Dies richtet sich nach dem durch Auslegung zu ermittelnden Willen der Parteien des Ehegattentestaments. Da Joachim Einzelheiten und Besonderheiten hierzu nicht berichtet, muss vorläufig auf die Zweifelsregelung des § 2270 Abs. 2 BGB zurückgegriffen werden. Danach handelt es sich bei vorstehenden Verfügungen zwischen Ehegatten im Zweifel um wechselbezügliche Verfügungen. Vorsorglich sollte Notar Heu bei Joachim jedoch nach den bei Testamentserrichtung maßgeblichen Motiven fragen, weil diese vorrangig gegenüber § 2270 Abs. 2 BGB zum Tragen kämen[8]. Bei den im gemeinsamen Ehegattentestament enthaltenen Verfügungen des Joachim handelt es sich nach vorläufiger Einschätzung um wechselbezügliche Verfügungen. Ihr Widerruf kann nicht einseitig durch Testament erfolgen (vgl. § 2271

---

[5]   Siehe oben B. I. 2. a), S. 109.
[6]   Vgl. RG v. 13.11.1942, RGZ 170, 163, 172; BGH v. 16.06.1987, NJW-RR 1987, 1410.
[7]   Vgl. RG v. 13.11.1942, RGZ 170, 163, 172; BGH v. 16.06.1987, NJW-RR 1987, 1410, 1410 f.
[8]   Vgl. Palandt/Edenhofer, § 2270 BGB Rn. 7.

Abs. 1 S. 2 BGB), weshalb das Ehegattentestament der gewünschten Umgestaltung zunächst entgegensteht.

Joachim könnte sich allerdings gemäß § 2271 Abs. 1 S. 1 BGB entsprechend den für den Rücktritt vom Erbvertrag geltenden Vorschriften vom gemeinschaftlichen Ehegattentestament lösen. Dies setzt nach § 2296 BGB voraus, dass der Widerruf persönlich durch notariell beurkundete Erklärung gegenüber dem Ehegatten erfolgt. Notar Heu wird für Joachim deshalb zunächst eine Widerrufserklärung entwerfen, mit welcher Joachim sowohl die Erbeinsetzung der Felicitas als auch die Erbeinsetzung seiner ehelichen Kinder widerruft. Diese von Joachim persönlich abzugebende Erklärung ist anschließend zu beurkunden. Notar Heu wird Joachim ergänzend darüber aufklären, dass der Widerruf erst mit Zugang bei Felicitas wirksam wird[9]. Mit Eintritt dieser Voraussetzungen wird das gemeinschaftliche Testament vom 15.11.1985 mit seinen Bindungen beseitigt und begrenzt eine Neugestaltung der Erbfolge nach Joachim nicht mehr.

Beseitigung des Ehegattentestaments

b) Pflichtteilsansprüche

Bei wirtschaftlicher Betrachtung könnten der Gestaltung der Erbrechtslage durch etwaige Pflichtteilsansprüche Grenzen gesetzt werden, wenn die von Joachim angestrebte Gestaltung der Erbrechtslage Pflichtteilsansprüche auslöst (aa), welche den Vermögenszuwachs der Erben dadurch vermindern, dass sie durch die Erben erfüllt werden müssen (bb).

Berücksichtigung von Pflichtteilsansprüchen

aa) Entstehen von Pflichtteilsansprüchen

(1) Gestaltungsalternative Vollerbenstellung der Susanne

Wird Susanne aufgrund letztwilliger Verfügung alleinige Vollerbin nach Joachim[10], könnten Felicitas sowie Joachims Kindern Pflichtteilsansprüche nach § 2303 Abs. 2 bzw. Abs. 1 BGB zustehen. Dies ist der Fall, wenn Felicitas als Joachims Ehefrau bzw. seine Kinder als Abkömmlinge (vgl. § 1592 BGB) von der gesetzlichen Erbfolge ausgeschlossen sind, d. h. nicht als Erben des Joachim berufen sind, obwohl sie gesetzliche Erben wären[11]. Indem Susanne als Alleinerbin eingesetzt wird, werden sowohl Felicitas als auch Joachims Kinder von der Erbfolge ausgeschlossen. Dies gilt

Vorversterben des Joachim

---

9   Vgl. Palandt/Edenhofer, § 2296 BGB Rn. 2.
10   Siehe oben C. I. 1. a), S. 111.
11   Palandt/Edenhofer, § 2303 BGB Rn. 2.

auch, soweit Joachims Kinder zwar zu Ersatzerben berufen sind, diese Erbeinsetzung aber nicht zum Tragen kommt[12]. Entscheidend ist daher, ob Joachims Kinder bzw. Felicitas eigentlich gesetzliche Erben wären. Für Joachims Kinder als dessen Abkömmlinge folgt dies aus § 1924 Abs. 1 BGB. Felicitas ist als Ehefrau nach § 1931 Abs. 1 S. 1 BGB gesetzliche Erbin nach Joachim, weil ihr Erbrecht nicht nach § 1933 BGB, der § 2077 Abs. 1 BGB entspricht[13], ausgeschlossen ist. Sowohl Felicitas als auch Joachims Kindern stehen danach Pflichtteilsansprüche zu. Felicitas Pflichtteilsanspruch bemisst sich unter Berücksichtigung von § 1371 Abs. 2 BGB auf die Hälfte des nicht erhöhten Erbteils, der nach § 1931 Abs. 1 S. 1 BGB 1/4 beträgt, weil sie neben Erben der ersten Ordnung berufen ist (Pflichtteil: 1/8). Jedem von Joachims Kindern steht nach § 2303 Abs. 1 S. 2 BGB ein Pflichtteilsanspruch in Höhe der Hälfte des gesetzlichen Erbteils zu. Ihr gesetzlicher Erbteil beläuft sich jeweils auf 3/16, weil sich die vier Kinder den nach Abzug des nach §§ 1931 Abs. 3, 1371 Abs. 2 BGB nicht erhöhten Erbteils der Felicitas verbleibenden Erbteil von 3/4 gleichmäßig teilen. Ihr Pflichtteilsanspruch beträgt danach jeweils 3/32.

Vorversterben der Susanne

Soweit Susanne vorverstirbt, sind Joachims Kinder mit dessen Tod unmittelbar als Ersatzerben berufen und deshalb nicht von der Erbfolge ausgeschlossen. Ihnen stehen daher in diesem Fall keine Pflichtteilsansprüche zu. Allerdings ist wiederum Felicitas als Erbin ausgeschlossen und ihr steht ein Pflichtteilsanspruch i. H. v. 1/8 zu.

(2) Gestaltungsalternative Vorerbenstellung der Susanne

Vorversterben des Joachim

Bei Joachims Vorversterben könnten wiederum seinen Kindern sowie Felicitas Pflichtteilsansprüche zustehen. Da Felicitas durch die Einsetzung von Susanne als Vorerbin und Joachims Kindern als Nacherben wiederum von ihrem gesetzlichen Ehegattenerberecht ausgeschlossen wird, steht ihr auch bei dieser Gestaltungsalternative ein Pflichtteilsanspruch zu[14]. Seinen Kindern stehen bei dieser Gestaltungsvariante nach § 2303 Abs. 1 BGB Pflichtteilsansprüche zu, wenn sie durch die Einsetzung zu bloßen Nacherben[15] von der Erbfolge ausgeschlossen werden. Dies ist jedoch nicht der Fall, weil die Bestimmung zum Nacherben lediglich eine

---

[12]   Vgl. Palandt/Edenhofer, § 2303 BGB Rn. 2.
[13]   Siehe oben B. I. 2. b), S. 109.
[14]   Siehe oben C. I. 2. b) aa) (1), S. 114.
[15]   Vgl. oben B. I. 2. b), S. 109.

Beschränkung des Erbrechts, aber kein Ausschluss beinhaltet (vgl. § 2306 Abs. 2 BGB).[16] Allerdings stehen den Kindern nach § 2306 Abs. 2, Abs. 1 S. 2 BGB Pflichtteilsansprüche zu, wenn sie die Nacherbschaft ausschlagen.

Soweit aufgrund Susannes Vorversterbens Joachims Kinder mit dessen Tod unmittelbar als Ersatzerben berufen sind, sind sie nicht von der Erbfolge ausgeschlossen. Sie können daher keine Pflichtteilsansprüche geltend machen. Allerdings ist wiederum Felicitas als Erbin ausgeschlossen, weshalb ihr ein Pflichtteilsanspruch zustehen[17].

Vorversterben der Susanne

(3) Zwischenergebnis

Unabhängig von der Auswahl der Gestaltungsalternativen stehen Felicitas sowohl bei Joachims als auch bei Susannes Vorversterben Pflichtteilsansprüche zu. Joachims Kindern können in beiden Gestaltungsalternativen Pflichtteilsansprüche zustehen, wenn Joachim vor Susanne verstirbt. Soweit Susanne als Vorerbin und Joachims Kinder als Nacherben eingesetzt werden, entstehen die Pflichtteilsansprüche allerdings nur, wenn ein Kind seine Nacherbschaft ausschlägt.

Zwischenergebnis Pflichtteilsansprüche

bb) Auswirkungen auf den Vermögenszuwachs der Erben

Die Pflichtteilsansprüche sind nach § 2303 Abs. 1 S. 1 BGB durch die Erben zu erfüllen. Sie beschränken daher bei wirtschaftlicher Betrachtung den beim jeweiligen Erben angestrebten Vermögenszuwachs, soweit sie sich nicht vermeiden lassen. Ihre Vermeidung könnte durch eine Abbedingung (1) oder dadurch erreicht werden, dass die Berechtigten von einer Geltendmachung abgehalten werden (2).

Minderung des Vermögenszuwachses beim Erben

(1) Abbedingung der Pflichtteilsansprüche

Die Pflichtteilsansprüche könnten sich durch einen konsensualen Pflichtteilsverzicht oder durch einen einseitig von Joachim verfügten Pflichtteilsentzug abbedingen lassen. Ein konsensualer Ausschluss der Pflichtteilsansprüche durch Vereinbarung eines Pflichtteilsverzichts setzt die Einigung zwischen Erblasser und Pflichtteilsberechtigten voraus (vgl. § 2346 Abs. 1, 2 BGB). Da die Pflichtteilsberechtigten hierzu nicht bereit sind, scheidet dieser Weg aus. Ein einseitiger Entzug der Pflichtteilsansprüche kann nur in den Grenzen

rechtliche Vermeidung nicht möglich

---

[16]   Palandt/Edenhofer, § 2303 BGB Rn. 2.
[17]   Siehe oben C. I. 2. b) aa) (1), S. 114.

der §§ 2333 ff. BGB erfolgen. Deren Voraussetzungen liegen derzeit jedoch offensichtlich nicht vor.

(2) Sanktionierung von Pflichtteilsansprüchen

Möglicherweise lassen sich Pflichtteilsansprüche entsprechend den Vorstellungen der Mandanten dadurch vermeiden, dass ihre Geltendmachung derart sanktioniert werden kann, dass diese für die Berechtigten unattraktiv wird. Im Hinblick auf Felicitas braucht insoweit nichts unternommen zu werden, weil Joachim damit einverstanden ist, dass Felicitas den ihr zustehenden Pflichtteil erhält. Überdies ist in Bezug auf Felicitas nicht ersichtlich, wodurch eine Sanktionierung erfolgen soll. Hinsichtlich der Kinder muss zwischen den beiden Gestaltungsalternativen unterschieden werden. Soweit Susanne als Vollerbin eingesetzt wird[18], könnte bei der erbrechtlichen Gestaltung nach Susanne vorgesehen werden, dass diejenigen Kinder, die Pflichtteilsansprüche nach ihrem Vater geltend machen, nicht Erben nach Susanne werden[19]. Soweit Susanne nur Vorerbin wird[20], erlangen Joachims Kinder Pflichtteilsansprüche nur im Falle der Ausschlagung ihrer Nacherbschaft[21]. Dies begründet bereits eine Sanktion, weil das betreffende Kind seine Stellung als Nacherbe verliert. Zusätzlich könnte bei der erbrechtlichen Gestaltung nach Susanne vorgesehen werden, dass das Kind in diesem Fall nicht Erbe nach Susanne wird[22]. Hierin läge eine weitere Sanktion, welche die Geltendmachung von Pflichtteilsansprüchen unattraktiv macht, weil die Mandanten wirtschaftlich vorgesehen haben, dass die Kinder nach Versterben von Joachim und Susanne deren gesamtes Vermögen zu gleichen Teilen erben sollen. Jedes Kind würde danach 1/4 des Gesamtvermögens erlangen. Über Pflichtteilsansprüche erhielten die Kinder weniger.[23]

---

[18] Siehe oben C. I. 2 b) aa) (1), S. 113 f.
[19] Siehe unten C. II. 2. a) aa) (1), S. 121 f. – Vgl. auch BayObLG v. 20.03.1990, NJW-RR 1990, 969; OLG Saarbrücken v. 06.01.1994, NJW-RR 1994, 844; Palandt/Edenhofer, § 2269 BGB Rn. 13.
[20] Siehe oben C. I. 2. b) aa) (2), S. 114 f.
[21] Siehe oben C. I. 2. b) aa) (2), S. 115.
[22] Siehe unten C. II. 2 a) aa) (1), S. 121 f.
[23] Siehe oben C. I. 2. b) aa) (1), S. 113 f. – Dies gilt insbesondere für Joachims eheliche Kinder, denen nach Susanne keinerlei Pflichtteilsansprüche zustehen, siehe unten C. II. 2. a) aa) (1), S. 121 ff.

Ihre Funktion könnte vorstehende Verwirkungsklausel aber nur erfüllen, soweit sie wirksam ist. Dies ist im Hinblick auf den Grundsatz der Testierfreiheit[24] der Fall, soweit kein Unwirksamkeitsgrund besteht. Besondere Unwirksamkeitsgründe sind vorliegend nicht ersichtlich. Zu wahren sind daher letztlich nur die allgemeinen Schranken der Testierfreiheit, namentlich §§ 134, 138 BGB. Hiernach sind die vorgesehenen Klauseln nicht unwirksam, weil sie ein rechtlich nicht zu beanstandendes Ziel verfolgen[25].

Verwirkungsklauseln zulässig

(3) Zwischenergebnis

Notar Heu wird den Mandanten empfehlen, für den Fall der Geltendmachung von Pflichtteilsansprüchen vorzusehen, dass die betreffenden Kinder sowohl nach Susanne als auch nach Joachim nicht die ihnen eigentlich zugedachte Erbenstellung erlangen und auf ihren Pflichtteil zurückfallen. Hierdurch wird die Geltendmachung von Pflichtteilsansprüchen bei wirtschaftlicher Betrachtung unattraktiv, was diese und die hierdurch bewirkte Beeinträchtigung des beim Erblasser erstrebten Vermögenszuwachses tendenziell vermeidet.

Zwischenergebnis

c) Zugewinnausgleich

Da Felicitas nicht Joachims Erbe wird, könnte ihr nach §§ 1371 Abs. 2, 1373 ff. BGB ein Anspruch auf Ausgleich des Zugewinns zustehen. Dieser Anspruch belastet die Erben und beeinträchtigt daher bei wirtschaftlicher Betrachtung die von Joachim gewünschte Vermögensübertragung. Nach Aussage des Mandanten wird sich ein Zugewinnausgleichsanspruch jedoch nicht in nennenswerter Höhe ergeben, weil beide Eheleute einen vergleichbaren Zugewinn erzielt haben.

Auswirkung von Zugewinnausgleichsansprüchen

3. Auswahl unter den Gestaltungen

a) Bestehende Gestaltungsmöglichkeiten und ihre Wirkungsweisen

Die Erbrechtslage nach Joachim kann auf zwei verschiedenen Wegen entsprechend den Zielvorstellungen der Mandanten gestaltet werden: (1) Einmal besteht die Möglichkeit, dass Joachim Susanne als Vollerbin einsetzt und die weitere

Gestaltungsalternativen

---

[24] Vgl. Boemke/Ulrici, BGB-AT, § 4 Rn. 1 ff.
[25] Vgl. BayObLG v. 20.03.1990, NJW-RR 1990, 969; Palandt/ Edenhofer, § 2269 BGB Rn. 12.

Gestaltung Susanne überlässt sowie vorsorglich seine Kinder als Ersatzerben bestimmt. Stirbt Joachim vor Susanne, geht sein Vermögen auf Susanne über und vereinigt sich mit ihrem Vermögen. Das vereinigte Vermögen kann dann von Susanne an die Kinder des Joachim vererbt werden. Stirbt Joachim erst nach Susanne, erben seine Kinder unmittelbar von ihm. (2) Außerdem ist denkbar, dass Susanne lediglich als Vorerbin eingesetzt und Joachims Kinder zu Nacherben und Ersatzerben bestimmt werden. In diesem Fall erben seine Kinder sein Vermögen zu gegebener Zeit in jedem Fall unmittelbar von ihm, unabhängig davon, ob er oder Susanne zuerst versterben.

b) Abwägung der Vor- und Nachteile

Abwägung der beiden Gestaltungsvarianten entsprechend der Mandantenziele

Zu welchem der beiden denkbaren Gestaltungswege Joachim zu raten ist, ist durch Abwägung ihrer – im Hinblick auf die Vorgaben der Mandanten zu bestimmenden – Vor- und Nachteile zu ermitteln. Dabei sind neben (geäußerten) zivilrechtlichen Aspekten (aa) auch (ungeäußerte) steuerliche Fragen (bb) zu berücksichtigen, weil in jedem Fall eine wirtschaftlich möglichst günstige Gestaltung zu wählen ist.

aa) Zivilrechtlicher Vergleich der Gestaltungsvarianten

Bindungen der Nacherbengestaltung

Da die Mandanten den Wunsch geäußert haben, dass Susanne bei Vorversterben des Joachim über das ererbte Vermögen möglichst frei verfügen kann, sind beide Gestaltungswege zunächst an dieser Zielvorgabe zu messen. Danach kann sich der Weg über eine Nacherbengestaltung als nachteilig, nach entsprechender Aufklärung durch den Notar aber gegebenenfalls auch als vorzugswürdig erweisen, wenn die Nacherbenlösung den Vorerben beim Umgang mit dem ererbten Vermögen stärker als einen Vollerben bindet. Eine solche Bindung ergibt sich für den Vorerben aus § 2113 BGB, der vorsieht, dass bestimmte Rechtsgeschäfte des Vorerben unwirksam sind, soweit sie die Rechte der Nacherben beeinträchtigen. Von diesen Bindungen kann Joachim Susanne im Rahmen des § 2136 BGB befreien. Es verbleiben dann nur insoweit Bindungen (vgl. §§ 2136, 2113 Abs. 2 BGB), als Susanne nicht durch Schenkungen die Erbrechte der Kinder beeinträchtigen kann. Nach entsprechender Aufklärung erkennen die Mandanten dies möglicherweise als Vorteil.

Die Nacherbengestaltung könnte sich aufgrund der Trennung der beiden Vermögensmassen jedoch im Hinblick darauf als vorteilhaft erweisen, dass Joachim erreichen möchte,
dass nur seine Kinder und nicht Dritte von seinem Vermögen profitieren. Im Hinblick auf den Altersunterschied zwischen Joachim und Susanne ist damit zu rechnen, dass Susanne nach Joachims Tod möglicherweise mit einem neuen
Partner weitere Kinder bekommt. In diesem Fall entspricht
es nicht Joachims Willen, dass diese weiteren Kinder zu Lasten seiner Kinder dadurch an seinem Vermögen partizipieren, dass sich ihnen möglicherweise nach Susanne zustehende Pflichtteilsansprüche auch auf das von Joachim an Susanne vermachte Vermögen beziehen. Wird Susanne als Vollerbin eingesetzt, wird Joachims Vermögen zu einem Teil von
Susannes Vermögen und erhöht dieses. Dies erhöht auch etwaigen weiteren Kindern zustehende Pflichtteilsansprüche,
deren Wert sich nach dem Wert des Vermögens des Erblassers richtet (vgl. §§ 2311 ff. BGB)[26]. Die Nacherbenlösung
verhindert dagegen, dass sich die beiden Vermögensmassen
vereinigen[27]. Im Nacherbfall (Susannes Tod) fällt Joachims
Vermögen nach § 2139 BGB den Nacherben an und fällt
deshalb nicht mehr in Susannes Nachlass. Dementsprechend
wird Joachims Vermögen bei der Berechnung von Pflichtteilsansprüchen weiterer Kinder nicht berücksichtigt. Die
Nacherblösung erweist sich insoweit als vorteilhaft.

Berücksichtigung nicht fern liegender zukünftiger Entwicklungen

bb) Steuerrechtlicher Vergleich der Gestaltungsvarianten

Die Nacherbenlösung könnte sich zudem in steuerrechtlicher
Hinsicht als vorzugswürdig erweisen, wenn sie zu einer ge-
ringeren Steuerbelastung der Erben führt. Im Ausgangspunkt
stellt § 6 Abs. 1, Abs. 2 S. 1 ErbStG sicher, dass die Nacherbenlösung steuerrechtlich genauso behandelt wird, wie die
Lösung über die Einsetzung von Susanne als Vollerbin in
Verbindung mit einem zweiten Erbfall von Susanne auf die
Kinder, weil das Steuerrecht im Unterschied zum Zivilrecht
die Nacherbschaft, soweit sie an den Tod des Vorerben anknüpft, als Erwerb vom Vorerben behandelt. Allerdings sieht
§ 6 Abs. 2 S. 2 ErbStG eine Ausnahme von vorstehendem
Grundsatz vor. Auf Wunsch des Nacherben erfolgt die Be-
steuerung nach Maßgabe des Verhältnisses des Erblassers
zum Nacherben. Erwirbt der Nacherbe wie vorliegend

steuerrechtliche Vorteile der Nacherbschaft

---

[26] Vgl. Palandt/Edenhofer, § 2269 BGB Rn. 3 für Pflichtteilsansprüche eines zukünftigen Ehegatten.
[27] Vgl. Palandt/Edenhofer, § 2269 BGB Rn. 2.

zugleich eigenes Vermögen des Vorerben, sieht § 6 Abs. 2
S. 3 ErbStG im Anschluss an § 6 Abs. 2 S. 2 ErbStG vor,
dass eine getrennte Behandlung der Erbfälle erfolgt. Dies
bewirkt, dass hinsichtlich des Vermögens des Erblassers die
für einen Erwerb vom Erblasser und nicht die für einen Erwerb vom Vorerben einschlägige Steuerklasse zur Anwendung kommt. Dies erlangt Bedeutung, wenn zu Erblasser
und Vorerbe unterschiedlich enge Verwandtschaftsverhält-
nisse bestehen, weil dann nach § 15 ErbStG unterschiedliche
Steuerklassen gelten können. Davon könnten vorliegend Joachims eheliche Kinder profitieren, welche nur mit Joachim,
nicht aber mit Susanne verwandt sind. Die bei der Nacherbenlösung mögliche getrennte steuerrechtliche Behandlung
ist für sie steuerrechtlich günstiger, weil für sie im Verhältnis zu Joachim eine günstigere Steuerklasse zur Anwendung
kommt.

c) Zwischenergebnis

Zwischenergebnis:
Nacherbschaft

Notar Heu wird Joachim nach Aufklärung über Vor- und
Nachteile der beiden Gestaltungen zur Nacherbenlösung raten.

II. Regelungen für Susanne

1. Geeignete Gestaltungen

zwei
Entwicklungslinien
zu unterscheiden

Ausgehend von den von Susanne formulierten Primärzielen
sind zwei Entwicklungslinien zu unterscheiden, weil sie für
den Fall ihres Vorversterbens (a) eine andere Gestaltung als
für Joachims Vorversterben (b) wünscht.

a) Vorversterben der Susanne

Gestaltungs-
alternativen bei
Susannes
Vorversterben

Verstirbt Susanne vor Joachim, soll Joachim sie beerben.
Dies kann erreicht werden, indem Joachim durch letztwillige
Verfügung als Erbe eingesetzt wird (vgl. § 1937 BGB). Darüber hinaus will Susanne erreichen, dass nach Joachims Tod
ihr Vermögen sowie Joachims Vermögen dessen Kindern
zukommt. Über Joachims Vermögen kann Susanne keine
einseitigen Verfügungen treffen. Vielmehr ist insoweit erforderlich, dass Joachim sein Vermögen den Kindern hinter-
lässt[28]. Hinsichtlich ihres eigenen, zunächst Joachim zu-
kommenden Vermögens, sind zwei Gestaltungen denkbar.

---

[28] Siehe oben C. I. 1., S. 111.

Einmal kann Susanne ihr Vermögen Joachim nur zeitweise,
bis zu seinem Tod, überlassen und es im Anschluss selbst
seinen Kindern übertragen. Dies entspricht der Einsetzung
von Joachim als Vorerbe und der Einsetzung seiner Kinder
als Nacherben, wobei Nacherbfall Joachims Tod ist (vgl.
§§ 2100, 2106 Abs. 1 BGB)[29]. Außerdem kann Susanne ihr
Vermögen ganz auf Joachim übertragen. Ihr Vermögen wird
Teil von Joachims Vermögen. Im Anschluss hieran muss Joachim sein gesamtes Vermögen, einschließlich des von Susanne ererbten Vermögens, seinen Kindern hinterlassen.
Dies entspricht einer Einsetzung von Joachim als Vollerbe[30].

b) Vorversterben des Joachim

Für den Fall, dass Joachim im Zeitpunkt von Susannes Tod | Gestaltung bei
bereits vorverstorben ist, sollen Joachims Kinder sie sogleich | Joachims
zu gleichen Teilen beerben. Dies kann Susanne dadurch er- | Vorversterben
reichen, dass sie Joachims Kinder durch letztwillige Verfügung zu Erben bestimmt (vgl. § 1937 BGB). Da diese Erbfolge nur eintreten soll, wenn der primär als Erbe berufene
Joachim verstorben ist, steht diese Erbeinsetzung zur Erbeinsetzung zu Gunsten von Joachim im Verhältnis der Bestimmung von Ersatzerben (vgl. § 2096 BGB).

2. Grenzen der Gestaltung

a) Pflichtteilsansprüche

Bei wirtschaftlicher Betrachtung könnten der Gestaltung der | Berücksichtigung
Erbrechtslage durch etwaige Pflichtteilsansprüche Grenzen | von Pflichtteils-
gesetzt werden, wenn die von Susanne angestrebte Gestal- | ansprüchen
tung der Erbrechtslage Pflichtteilsansprüche auslöst (aa),
welche den Vermögenszuwachs der Erben dadurch vermindern, dass sie durch die Erben erfüllt werden müssen (bb).

aa) Entstehen von Pflichtteilsansprüchen

(1) Gestaltungsalternative Vollerbenstellung des Joachim

Wird Joachim aufgrund letztwilliger Verfügung der Susanne | Vorversterben der
alleiniger Vollerbe[31], könnte Miriam ein Pflichtteilsanspruch | Susanne
nach § 2303 Abs. 1 BGB zustehen. Dies ist der Fall, wenn
Miriam (Abkömmling, vgl. § 1592 BGB) von der gesetzlichen Erbfolge ausgeschlossen wird, d. h. nicht als Erbin be-

---

[29] Vgl. oben C. I. 1. a), S. 111.
[30] Vgl. oben C. I. 1. a), S. 111.
[31] Siehe oben C. II. 1. a), S. 121.

rufen ist, obwohl sie gesetzliche Erbin wäre[32]. Miriam ist nach § 1924 Abs. 1 BGB Susannes gesetzliche Alleinerbin. Da Joachim als Susannes Alleinerbe berufen werden soll, wird Miriam als Erbe ausgeschlossen, auch wenn sie als Ersatzerbin berufen ist, diese Erbeinsetzung aber nicht zum Tragen kommt[33]. Miriam steht daher infolge der vorgesehenen letztwilligen Verfügung der Susanne ein Pflichtteilsanspruch nach § 2303 Abs. 1 BGB zu. Dieser beläuft sich nach § 2303 Abs. 1 S. 2 BGB auf die Hälfte des gesetzlichen Erbteils, d. h. für Miriam auf 1/2 von Susannes Vermögen.

Vorversterben des Joachim

Verstirbt Joachim vor Susanne, soll Susanne von Joachims Kindern beerbt werden. Weitere Kinder der Susanne, die nicht zugleich von Joachim abstammen, werden danach von der Erbschaft ausgeschlossen, weshalb für sie Pflichtteilsansprüche nach § 2303 Abs. 1 BGB entstehen, weil sie nach § 1924 Abs. 1 BGB eigentlich gesetzliche Erben nach Susanne wären. Sie würden sich als solche gemeinsam mit Miriam Susannes Vermögen zu gleichen Teilen teilen. Miriam steht dagegen grundsätzlich kein Pflichtteilsanspruch aus § 2303 Abs. 1 BGB zu, weil sie als Joachims Kind Erbin nach Susanne würde. Abweichendes würde jedoch gelten, wenn Miriam infolge von Joachims Tod Pflichtteilsansprüche gegen dessen Erben geltend gemacht hat, weil sie in diesem Fall nach den Vorstellungen der Mandanten auch nicht mehr Erbin nach Susanne werden soll, um sie von der Geltendmachung von Pflichtteilsansprüchen abzuschrecken[34]. Greift diese Sanktionsregelung ein, wird Miriam von der gesetzlichen Erbfolge nach Susanne ausgeschlossen, obwohl sie eigentlich gesetzliche Erbin wäre. Ihr steht deshalb in diesem Fall ein Pflichtteilsanspruch zu. Aber auch sofern Miriam nach Joachim keine Pflichtteilsansprüche geltend macht und Erbin nach Susanne wird, könnte ihr daneben nach § 2305 BGB ein Anspruch auf einen Zusatzpflichtteil zustehen, wenn der ihr hinterlassene Erbteil geringer als die Hälfte ihres gesetzlichen Erbteils ist. Da Miriam nur Erbin zu 1/4 werden soll, ist ihr Erbteil geringer als die Hälfte ihres derzeitigen Alleinerbrechts. Nach § 2305 BGB stünde Miriam deshalb derzeit ein Anspruch auf einen Zusatzpflichtteil bis zur Hälfte ihres gesetzlichen Erbrechts zu. In beiden Fällen partizipiert Miriam daher zu 1/2 von Susannes Vermögen, obwohl die Mandanten sie nur zu 1/4 teilhaben lassen wollen. Sollte Susanne zukünftig noch weitere Kinder be-

---

[32] Palandt/Edenhofer, § 2303 BGB Rn. 2.
[33] Vgl. Palandt/Edenhofer, § 2303 BGB Rn. 2.
[34] Siehe oben C. I. 2 b) bb) (2), S. 116 f.

kommen, würde dies Miriams Anspruch auf einen Zusatzpflichtteil jedoch verringern, weil sich aufgrund der Regelung des § 1924 Abs. 4 BGB ihr gesetzliches Erbrecht durch
weitere Geschwister als Erben erster Ordnung mindert.

(2) Gestaltungsalternative Vorerbenstellung des Joachim

Bei Susannes Vorversterben könnten wiederum Miriam
Pflichtteilsansprüche zustehen. Dies ist nach § 2303 Abs. 1
BGB der Fall[35], soweit sie aufgrund der von Susanne verfügten Erbeinsetzung von ihrem gesetzlichen Erbrecht ausgeschlossen ist. Da Miriam bei der vorliegenden Gestaltung
nach Joachims Versterben im Regelfall Susannes Nacherbin
würde,[36] ist sie nicht von der Erbfolge ausgeschlossen, weil
ihre Bestimmung (nur) zur Nacherbin lediglich eine Beschränkung ihres Erbrechts, aber kein Ausschluss ist (vgl.
§ 2306 Abs. 2 BGB)[37]. Ihr stehen danach zunächst keine
Pflichtteilsansprüche, sondern nach § 2305 BGB nur Ansprüche auf einen Zusatzpflichtteil zu, wenn ihr Erbteil hinter ihrem Pflichtteil zurückbleibt.[38] Nach § 2306 Abs. 2,
Abs. 1 S. 2 BGB kann Miriam die Nacherbschaft allerdings
ausschlagen und im Anschluss hieran Pflichtteilsansprüche
geltend machen. Schließlich stehen Miriam wiederum
Pflichtteilsansprüche zu, wenn sie gegenüber Joachims Erben Pflichtteilsansprüche geltend gemacht hat und deshalb
aufgrund des Eingreifens der Sanktionsregelung als Erbin
nach Susanne ausgeschlossen ist[39].

Soweit aufgrund von Joachims Vorversterben Miriam mit
Susannes Tod neben ihren Geschwistern unmittelbar als Ersatzerbin berufen ist, ist sie nicht von der Erbfolge ausgeschlossen. Ihr stehen allerdings Zusatzpflichtteilsansprüche
nach § 2305 BGB zu[40]. Außerdem sind wiederum Pflichtteilsansprüche der Miriam aufgrund Eingreifens der Sanktionsregelung[41] und Pflichtteilsansprüche etwaiger weiterer,
von der Erbfolge ausgeschlossener Kinder[42] denkbar.

*Vorversterben der
Susanne*

*Vorversterben des
Joachim*

---

[35] Siehe oben C. II. 2. a) aa) (1), S. 121 f.
[36] Siehe oben C. II. 1. a), S. 121.
[37] Vgl. Palandt/Edenhofer, § 2303 BGB Rn. 2.
[38] Vgl. oben C. II. 2. a) aa) (1), S. 122.
[39] Vgl. oben C. II. 2. a) aa) (1), S. 122 f.
[40] Vgl. oben C. II. 2. a) aa) (1), S. 122 f.
[41] Siehe oben C. II. 2. a) aa) (1), S. 122.
[42] Siehe oben C. II. 2. a) aa) (1), S. 122.

(3) Zwischenergebnis

Zwischenergebnis:
Pflichtteilsansprüche
bestehen

Unabhängig von der Auswahl der Gestaltungsalternative stehen etwaigen weiteren Kindern der Susanne Pflichtteilsansprüche zu. Außerdem kann Miriam unter verschiedenen Gesichtspunkten Pflichtteils- oder Zusatzpflichtteilsansprüche geltend machen.

bb) Auswirkungen auf den Vermögenszuwachs der Erben

Minderung des
Vermögenszuwachses beim Erben

Die Pflichtteilsansprüche sind nach § 2303 Abs. 1 S. 1 BGB durch die Erben zu erfüllen. Sie beschränken daher bei wirtschaftlicher Betrachtung den beim jeweiligen Erben angestrebten Vermögenszuwachs, soweit sie sich nicht vermeiden lassen. Ihre Vermeidung könnte durch eine Abbedingung (1) oder dadurch erreicht werden, dass die Berechtigten von einer Geltendmachung abgehalten werden (2).

(1) Abbedingung der Pflichtteilsansprüche

rechtliche
Vermeidung
nicht möglich

Die Pflichtteilsansprüche könnten sich durch einen konsensualen Pflichtteilsverzicht oder durch einen einseitig von Joachim verfügten Pflichtteilsentzug abbedingen lassen. Ein konsensualer Ausschluss der Pflichtteilsansprüche durch Vereinbarung eines Pflichtteilsverzichts (vgl. § 2346 Abs. 1, 2 BGB) scheidet aus, weil Miriam hierzu nicht bereit ist und zudem nicht ersichtlich ist, aus welchem Grund das Vormundschaftsgericht zu diesem für Miriam nachteiligen Geschäft seine nach § 2347 Abs. 1 S. 1 Hs. 2 BGB erforderliche Genehmigung erteilen sollte. Hinsichtlich zukünftiger Kinder ist ebenfalls nicht erkennbar, warum diese zu einem Verzichtsvertrag bereit sein sollten. Ein einseitiger Entzug der Pflichtteilsansprüche kann nur in den Grenzen der §§ 2333 ff. BGB erfolgen. Deren Voraussetzungen liegen derzeit jedoch offensichtlich nicht vor.

(2) Sanktionierung von Pflichtteilsansprüchen

faktische
Vermeidung durch
Sanktionierung

Möglicherweise lassen sich Pflichtteilsansprüche entsprechend den Vorstellungen der Mandanten wiederum dadurch vermeiden, dass ihre Geltendmachung sanktioniert wird. Dies setzt voraus, dass eine Handhabe besteht, um die Pflichtteilsberechtigten mit einer Sanktion zu belegen. Diesbezüglich hat die Prüfung für Joachim gezeigt, dass eine

Handhabe darin besteht, denjenigen, der Pflichtteilsansprüche geltend macht, im Übrigen seine Stellung als Erbe zu entziehen[43]. In Bezug auf etwaige weitere Kinder der Susanne steht diese Sanktion nicht zu Verfügung, weil für diese im Testament ohnehin keine Erbenstellung vorgesehen ist. Ihnen stehen zwingend Pflichtteilsansprüche zu; schlechter können sie durch eine Verfügung von Todes wegen nicht gestellt werden. Hinsichtlich Miriam ist grundsätzlich denkbar, sie für den Fall, dass sie Pflichtteilsansprüche geltend macht, von der Erbfolge auszuschließen. Miriam fällt dann auf ihre Pflichtteilsansprüche nach Susanne zurück. Solange sie Susannes einziger Abkömmling ist, beträgt ihr Pflichtteil jedoch die Hälfte des Werts von Susannes Vermögen[44]. Der Miriam nach den Vorstellungen der Mandanten zugedachte Erbteil beträgt dagegen nur 1/4, weshalb der Entzug des Erbteils nach Susanne keine geeignete Sanktion ist. Die Sanktionswirkung könnte aber darin liegen, dass Joachim seinerseits für diesen Fall Miriam ebenfalls als Erbin ausschließt. Hierdurch fällt Miriam gegenüber Joachim auch auf ihren Pflichtteil zurück, der 3/32 von Joachims Vermögen umfasst[45]. Im Vergleich zu dem für sie vorgesehenen Erbteil in Höhe von 1/4 verschlechtert sich ihre Stellung. Eine Sanktionswirkung wird hierdurch allerdings nur erreicht, wenn die Schlechterstellung nach Joachim die Besserstellung nach Susanne aufzehrt. Entscheidend hierfür ist der Wert der jeweiligen Vermögen im Zeitpunkt des Erbfalls. Hierüber sind die Mandanten aufzuklären.

(3) Zwischenergebnis

Notar Heu wird die Mandanten darüber aufklären, dass gegenüber weiteren Kindern der Susanne keine Sanktionswirkung erreicht werden kann. Außerdem wird er darauf hinweisen, dass die Sanktionswirkung gegenüber Miriam wesentlich vom Verhältnis des Vermögens von Joachim zum Vermögen von Susanne abhängt. Nur wenn Joachims Vermögen deutlich größer ist, wirkt die Sanktion der Enterbung. Gleichwohl wird Notar Heu den Mandanten empfehlen, für den Fall der Geltendmachung von Pflichtteilsansprüchen vorzusehen, dass Miriam nicht die ihr eigentlich zugedachte Erbenstellung erlangt und auf ihren Pflichtteil zurückfällt,

Zwischenergebnis

---

[43] Siehe oben C. I. 2. b) bb) (2), S. 116 f.
[44] Siehe oben C. II. 2. a) aa) (1), S. 122.
[45] Siehe oben C. I. 2. a) aa) (1), S. 114.

weil diese Gestaltung sich zumindest als zur Abschreckung geeignet erweisen könnte.

b) Anfechtungsrechte

Auswirkungen von
Anfechtungsrechten

Die seitens Susanne vorgesehene Gestaltung könnte in ihrer Effektivität dadurch beeinträchtigt sein, dass in dem nicht auszuschließenden Fall, dass Susanne nach Joachims Tod mit einem neuen Partner weitere Kinder bekommt, diesen weiteren Kindern Anfechtungsrechte zustehen, deren Ausübung die Wirkungen der letztwilligen Verfügung beseitigt. Ein entsprechendes Anfechtungsrecht könnte sich aus § 2079 BGB ergeben. Danach kann eine letztwillige Verfügung angefochten werden, soweit der Erblasser (Susanne) einen zur Zeit des Erbfalls vorhandenen Pflichtteilsberechtigten übergangen hat, dessen Vorhandensein ihm bei Errichtung der letztwilligen Verfügung nicht bekannt war oder der erst nach der Errichtung geboren oder pflichtteilsberechtigt geworden ist. Übergangen wird ein Pflichtteilsberechtigter, wenn er unbewusst nicht bedacht wird. Trifft der Erblasser dagegen bewusst eine abschließende Regelung, besteht kein Anfechtungsrecht[46]. Dies bedeutet, dass Susannes Wille nicht durch Anfechtungsrechte zukünftiger Kinder beeinträchtigt wird, wenn sie bewusst eine abschließende Entscheidung über den Kreis der Bedachten trifft[47].

3. Auswahl unter den Gestaltungen

a) Bestehende Gestaltungsmöglichkeiten und ihre Wirkungsweisen

Gestaltungs-
alternativen

Die Erbrechtslage nach Susanne kann auf zwei verschiedenen Wegen entsprechend den Zielvorstellungen der Mandanten gestaltet werden: (1) Einmal besteht die Möglichkeit, dass Susanne Joachim als Vollerbe einsetzt und die weitere Gestaltung Joachim überlässt sowie vorsorglich Joachims Kinder als Ersatzerben bestimmt. Stirbt Susanne vor Joachim, geht ihr Vermögen auf Joachim über und vereinigt sich mit seinem Vermögen. Das vereinigte Vermögen kann dann von Joachim an seine Kinder vererbt werden. Stirbt Susanne erst nach Joachim, erben Joachims Kinder unmittelbar von ihr. (2) Außerdem ist denkbar, dass Joachim lediglich als Vorerbe eingesetzt und seine Kinder zu Nacherben und Ersatzerben bestimmt werden. In diesem Fall erben Joa-

---

[46]   Palandt/Edenhofer, § 2079 BGB Rn. 3.

[47]   Vgl. unten D. I., S. 132.

chims Kinder unmittelbar von Susanne, unabhängig davon, ob Susanne oder Joachim zuerst verstirbt.

b) Abwägung der Vor- und Nachteile

Zu welchem der beiden denkbaren Gestaltungswege Susanne zu raten ist, ist durch Abwägung ihrer – im Hinblick auf die Vorgaben der Mandanten zu bestimmenden – Vor- und Nachteile zu ermitteln. Dabei sind neben (geäußerten) zivilrechtlichen Aspekten (aa) auch (ungeäußerte) steuerliche Fragen (bb) zu berücksichtigen.

Abwägung der beiden Gestaltungsvarianten entsprechend der Mandantenziele

aa) Zivilrechtlicher Vergleich der Gestaltungsvarianten

Die Nacherbengestaltung führt wiederum zu einer Gebundenheit des Vorerben, welche nach den geäußerten Vorstellungen der Mandanten zunächst nicht gewünscht ist, sich nach entsprechender Aufklärung und Beschränkung auf §§ 2136, 2113 Abs. 2 BGB jedoch möglicherweise als aus Mandantensicht vorteilhaft erweist[48]. Außerdem könnte sich die Nacherbenlösung insoweit als vorzugswürdig erweisen, als nur sie sicherstellt, dass Felicitas unter keinen Umständen an Susannes Vermögen partizipiert. Da Joachim noch mit Felicitas verheiratet ist, steht dieser nach seinem Versterben ein Pflichtteilsanspruch[49] sowie ein Zugewinnausgleichsanspruchs zu[50]. Für Letzteren ist nach § 1374 Abs. 2 BGB praktisch ohne Bedeutung, ob und inwieweit Joachim von Susanne erbt, weil der Erwerb von Todeswegen bei der Berechnung des Zugewinnausgleichs nach vorstehender Regelung neutralisiert wird[51]. Die Höhe des Pflichtteilsanspruchs bestimmt sich dagegen in Abhängigkeit vom Wert von Joachims Vermögen (vgl. § 2311 Abs. 1 S. 1 BGB). Je höher Joachims Vermögen im Zeitpunkt des Erbfalls ist, umso höher ist der Felicitas zustehende Pflichtteilsanspruch. Wird Joachim bei Vorversterben von Susanne Vollerbe nach dieser, wird hierdurch (dauerhaft) sein Vermögen um Susannes Vermögen erhöht. An diesem erhöhten Vermögen und damit mittelbar an Susannes Vermögen partizipiert Felicitas durch den ihr gegen Joachims Erben zustehenden Pflichtteilsanspruch. Dies entspricht nicht den Zielen der Mandan-

zivilrechtliche Vorteile der Nacherbschaft

---

[48]   Siehe oben C. I. 3. b) aa), S. 118.
[49]   Siehe oben C. I. 2. b) aa) (1), S. 114.
[50]   Vgl. oben C. I. 2. c), S. 117.
[51]   Vgl. Palandt/Brudermüller, § 1374 BGB Rn. 6.

ten und wird durch die Nacherbenlösung verhindert. Bei dieser wird Susannes Vermögen nicht Teil von Joachims Vermögen und erhöht dieses nicht, weil Susannes Nacherben im Nacherbfall deren Vermögen unmittelbar von dieser erlangen (vgl. § 2139 BGB). Dementsprechend wird Susannes Vermögen im Fall der Nacherbenlösung bei der Berechnung von Felicitas' Pflichtteilsanspruch nicht berücksichtigt. Zivilrechtlich erweist sich die Nacherbenlösung daher als insgesamt vorzugswürdig.

bb) Steuerrechtlicher Vergleich der Gestaltungsvarianten

keine
steuerrechtlichen
Nachteile der
Nacherbschaft

Den zivilrechtlichen Vorzügen der Nacherbschaft dürften keine steuerrechtlichen Nachteile in Gestalt einer höheren Steuerlast entgegenstehen. Da die Nacherbschaft nach § 6 Abs. 1, Abs. 2 S. 1 ErbStG steuerrechtlich im Grundsatz genauso behandelt wird, wie die Lösung über die Einsetzung von Joachim als Vollerbe in Verbindung mit einem zweiten Erbfall von Joachim auf seine Kinder, folgt aus der Nacherbenlösung keine höhere Steuerbelastung. Von diesem Grundsatz wird nur auf Wunsch der Erben abgewichen. Bereits dieses Wahlrecht schließt steuerliche Nachteile aus, weil sie jedenfalls nicht gegen den Willen der Betroffenen einträten.

c) Zwischenergebnis

Zwischenergebnis:
Nacherbschaft

Notar Heu wird Susanne nach Aufklärung über Vor- und Nachteile der beiden Gestaltungen zur Nacherbenlösung raten.

III. Zusammenführung der Gestaltungsvorschläge

Mandanten wollen
Abhängigkeit ihrer
Verfügungen sichern

Die Mandanten verfolgen nicht lediglich das Ziel, jeweils die eigene Erbrechtsfolge zu gestalten, sondern wollen gemeinsam, d. h. aufeinander abgestimmt und in Abhängigkeit voneinander, die Erbrechtslage gestalten[52]. Beispielsweise soll die Einsetzung von Susanne zur Vorerbin nach Joachim nur eingreifen, wenn im Anschluss alle Kinder von Joachim gleichmäßig sowohl von seinem als auch von Susannes Vermögen partizipieren. Dieser Einheitlichkeit des Willens und der gewünschten Abhängigkeit der einen Verfügung von der jeweils anderen Verfügung muss durch eine geeignete

---

[52]   Siehe oben A. I. 1., S. 106.

(1.) und zulässige (2.) Gestaltung bestmöglich (3.) Rechnung getragen werden.

1. Geeignete Gestaltungen

a) Einzeltestamente

Dem einheitlichen Willen könnte zunächst dadurch Rechnung getragen werden, dass sowohl Joachim als auch Susanne jeweils für sich eine letztwillige Verfügung (Testament, vgl. §§ 1937, 2064 ff. BGB) errichten. In diesem Fall handelt es sich bei jedem Testament um ein eigenständiges Rechtsgeschäft, welches selbstständig und unabhängig vom jeweils anderen Rechtsgeschäft steht. Sowohl Joachim als auch Susanne könnten ihre eigene Verfügung jeweils einseitig und ohne Wissen des anderen durch ein abweichendes Testament abändern (vgl. §§ 2253, 2254, 2258 BGB) und hierdurch den Eintritt des gemeinsam gebildeten Willens vereiteln. Dies entspricht nicht den Vorstellungen der Mandanten, weshalb eine abweichende Gestaltung gefunden werden muss.

selbstständige Einzelverfügungen genügen nicht

Als Lösung käme zunächst in Betracht, dass sowohl Joachim als auch Susanne jeweils die Wirksamkeit ihres eigenen Testaments davon abhängig machen, dass das dem gemeinsamen Willen der Mandanten entsprechende Testament des Partners Gültigkeit erlangt und behält. Hierzu könnte die Wirksamkeit jedes Testaments jeweils durch eine entsprechende Bedingung (vgl. § 158 BGB[53]) an die Wirksamkeit des anderen Testaments gebunden werden. Dies sichert ansatzweise, dass der Partner nicht unbemerkt sein Testament ändert, weil er hierdurch zumindest seine testamentarische Erbenstellung nach dem Partner aufs Spiel setzt. Zwar können sowohl Joachim als auch Susanne gleichwohl zukünftig von der jetzt auszuarbeitenden Verfügung abweichende Verfügungen treffen. Jedoch verliert hierdurch in der Folge auch die Verfügung des jeweils Anderen ihre Wirksamkeit und der vom gemeinsamen Erbwillen abweichende Partner verliert seine Aussicht, Erbe des Partners zu werden. Dies setzt im Kern den einheitlichen Willen der Mandanten um.

Testament des Partners als Wirksamkeitsvoraussetzung

---

[53]   Zur Bedingung siehe Boemke/Ulrici, BGB-AT, § 15 Rn. 2 ff.

b) Gemeinschaftliches Testament

gemeinschaftliches
Testament nach
§§ 2265 ff. BGB
geeignet

Zudem könnten die Mandanten ein gemeinschaftliches Testament nach §§ 2265 ff. BGB errichten, um der Einheitlichkeit ihres Willens Geltung zu verschaffen. Für in einem gemeinschaftlichen Testament enthaltene wechselbezügliche Verfügungen ordnet § 2270 Abs. 1 BGB an, dass die Wirksamkeit der einen Verfügung von der Wirksamkeit der jeweils anderen Verfügung abhängig ist. Darüber hinaus folgt aus § 2271 Abs. 1 BGB, dass wechselbezügliche Verfügungen von jeder Partei nur durch Rücktritt gegenüber der anderen Partei widerrufen werden können. Dies stellt sicher, dass jede Partei Kenntnis von dem Widerruf erlangt und hierauf durch eine Änderung des eigenen Testaments reagieren kann. Nach dem Versterben einer Partei erlischt das Widerrufsrecht nach § 2271 Abs. 2 S. 1 BGB. Dem Überlebenden verbleibt nur die Möglichkeit zur Ausschlagung des ihm Zugewendeten, wodurch er jedoch den für ihn bestimmten Vorteil verliert, was ihn von einer Ausschlagung tendenziell abhält. Hierdurch wird entsprechend den Vorstellungen der Mandanten die Verwirklichung des einheitlichen Willens gesichert.

c) Erbvertrag

Abschluss eines
Erbvertrags als
geeignete Gestaltung

In Betracht kommt schließlich der Abschluss eines Erbvertrags nach §§ 2274 ff. BGB. Soweit er vertragsmäßige Verfügungen (vgl. § 2278 BGB) enthält, folgt unmittelbar aus dem Wesen der vertraglichen Einigung, dass diese Verfügungen für beide Vertragsparteien, d. h. Joachim und Susanne, bindend sind und sich keine Vertragspartei einseitig von ihrer Verfügung lösen kann (vgl. § 2289 BGB)[54]. Dies stellt sicher, dass der gemeinsame Wille der Mandanten von keiner Partei vereitelt werden kann. Eine zusätzliche Absicherung des gemeinsamen Willens erfolgt dadurch, dass die durch den Erbvertrag begünstigten Erben davor geschützt werden, dass der Erblasser durch Schenkung ihre Erwerbsaussicht beeinträchtigt (vgl. § 2287 BGB).

---

[54] Vgl. BGH v. 08.01.1958, NJW 1958, 498.

2. Zulässigkeit der Gestaltungen

Die als geeignet identifizierten Gestaltungen sind im Hinblick auf die aus der Privatautonomie abzuleitende Testierfreiheit[55] zulässig, sofern kein Hinderungsgrund besteht. Im Hinblick auf durch Bedingungen miteinander verbundene Einzeltestamente oder den Erbvertrag ist ein solcher nicht ersichtlich. Der Abschluss eines gemeinschaftlichen Testaments ist Joachim und Susanne dagegen verwehrt, weil dieser nach § 2265 BGB nur Ehegatten möglich ist. Für Unverheiratete, seien sie auch Partner einer nichtehelichen Lebensgemeinschaft, gelten die §§ 2265 ff. BGB dagegen nicht. Es erfolgt auch keine analoge Anwendung[56].

gemeinschaftliches Testament nur zwischen Ehegatten möglich

3. Auswahl unter den geeigneten Gestaltungsmöglichkeiten

Bei der Errichtung zweier Einzeltestamente, welche in ihrer Wirksamkeit voneinander abhängig gemacht werden, wird eine einseitige Änderung durch einen der Partner nicht ausgeschlossen. Es ist auch nicht gesichert, dass der andere Partner von einer Änderung Kenntnis erlangt. Vielmehr könnte jeder Partner sein Testament einseitig und ohne Wissen des anderen durch ein abweichendes Testament, d. h. ein einseitiges, nicht zugangsbedürftiges Rechtsgeschäft, ändern (vgl. §§ 2253, 2254, 2258 BGB). In der Folge entfiele zwar zugleich das Testament des anderen Partners. Hierdurch wird allerdings nicht der Eintritt der gewünschten Erbfolge erreicht. Vielmehr führt dies zum Eintritt der hiervon abweichenden gesetzlichen Erbfolge für denjenigen Partner, der sich infolge seiner Unkenntnis auf die Geltung des eigenen Testaments verlässt. Durch eine Verbindung zweier Einzeltestamente mittels Bedingung wird der Einheitlichkeit des Mandantenwillens somit nicht ausreichend entsprochen.

Ungeeignetheit einer Verbindung durch Bedingungen

Demgegenüber erweist sich der Erbvertrag als vorteilhaft, weil die zur Umsetzung des Willens der Mandanten notwendigen Erbeinsetzungen als vertragsmäßige Verfügungen (vgl. § 2278 Abs. 2 BGB) unmittelbare Wirksamkeit zwischen den Mandanten erlangen und grundsätzlich nur noch gemeinschaftlich von beiden Vertragsparteien aufgehoben werden können. Dies sichert unmittelbar den gemeinsamen Willen der Mandanten gegen einseitige Vereitelung. Ihr gemeinsamer Wille wird in ein einheitliches Rechtsgeschäft

Vorzüge des Erbvertrags

---

[55]   Vgl. Boemke/Ulrici, BGB-AT, § 4 Rn. 1 ff.
[56]   Palandt/Edenhofer, § 2265 BGB Rn. 2.

gegossen. Notar Heu wird die Mandanten über die Reichweite der Bindungswirkungen und darüber aufklären, dass die Bindungen durch die Vereinbarung von Rücktrittsrechten aufgeweicht werden können (vgl. § 2293 BGB). Gemeinsam mit den Mandanten wird er klären, welche Lösungsmöglichkeiten passend sind.

4. Zwischenergebnis

Zwischenergebnis:
Erbvertrag

Die Ziele der Mandanten sollten im Rahmen eines Erbvertrags zwischen Joachim und Susanne umgesetzt werden, weil sich hierdurch am besten der Einheitlichkeit des Willens der Erblasser Rechnung tragen lässt.

D. Vorbereitung der Ausformulierung

konkrete
Ausformulierung

Bei der Ausformulierung der letztwilligen Verfügung sind neben den herausgearbeiteten inhaltlichen Vorgaben (I.) auch formelle Vorgaben (II.) zu beachten.

I. Inhaltliche Vorgaben

Zusammenfassung
der inhaltlichen
Vorgaben

Joachim und Susanne sollten sich im Rahmen eines Erbvertrags wechselseitig zu Vorerben einsetzen[57]. Als Nach- und Ersatzerben werden jeweils Max, Moritz, Astrid und Miriam bestimmt. In diesem Zusammenhang sollte klargestellt werden, dass der Notar Joachim und Susanne darüber aufgeklärt hat, dass hierdurch etwaige zukünftige Pflichtteilsberechtigte, insbesondere zukünftige Abkömmlinge, von der Erbfolge ausgeschlossen werden, und dass die Mandanten diese Rechtsfolge gleichwohl bewusst gewählt und eine abschließende Regelung gewollt haben[58]. Außerdem ist zu regeln, dass diejenigen testamentarischen Erben, die Pflichtteilsansprüche geltend machen, von der Erbfolge ausgeschlossen sind[59]. In Abhängigkeit von den noch zu erörternden Wünschen der Mandanten wären schließlich noch Rücktrittsrech-

---

[57] Siehe oben C. I. 1, S. 111, C. I. 3. c), S. 120, C. II. 1., S. 120 f., C. II. 3. c), S. 128.
[58] Siehe oben C. II. 2. b), S. 126.
[59] Siehe oben C. I. 2. b) bb) (2), S. 116 f., C. II. 2. a) bb) (2), S. 124 f.

te für die Parteien aufzunehmen, um ihnen unter bestimmten Umständen eine Lösung vom Erbvertrag zu ermöglichen.

II. Formelle Vorgaben

In formeller Hinsicht ist zu beachten, dass der Erbvertrag nach § 2274 BGB nur persönlich geschlossen werden kann. Eine Stellvertretung ist mithin ausgeschlossen. Überdies kann ein Erbvertrag nach § 2276 Abs. 1 BGB nur zur Niederschrift eines Notars bei gleichzeitiger Anwesenheit aller Vertragsparteien geschlossen werden. Joachim und Susanne müssen deshalb persönlich und gemeinsam vor dem Notar erscheinen, der ihre Vertragserklärungen beurkundet.

Form des Erbvertrags

Klausur Nr. 4

Доверяй, но проверяй[1]

Sachverhalt

Investor Obermann will von Geschäftsmann Tüchtig dessen
Unternehmen, ein erfolgreiches Call-Center, kaufen. Trotz
des Verkaufs soll Tüchtig auch zukünftig als Geschäftsführer eine zentrale Rolle im Unternehmen ausfüllen und in persönlicher Hinsicht weisungsfrei für dieses tätig bleiben, weil
der bisherige Unternehmenserfolg ganz wesentlich mit seiner Person verbunden ist. Diese Grundbedingung des Kaufs
will Obermann auf Empfehlung seines auf M&A speziali-
sierten Rechtsanwalts dadurch absichern, dass aufschiebende
Bedingung des Kaufvertrags über sämtliche Geschäftsanteile
an der Call-Center GmbH der Abschluss eines konkret vorgegebenen, insbesondere mit einer ausreichenden Mindest-
laufzeit ausgestatteten, Geschäftsführeranstellungsvertrags
zwischen der Call-Center GmbH und Tüchtig ist. Da sein im
Bereich M&A tätiger Rechtsanwalt über keine großen Erfahrungen auf dem Gebiet der Gestaltung von Geschäftsführer-
anstellungsverträgen verfügt, sucht Obermann die hierauf
spezialisierte Rechtsanwältin Lieblich auf. Er schildert ihr,
dass Tüchtig ein sehr umtriebiger und schlitzohriger Geschäftsmann ist. Er hat bereits vor sechs Jahren ein Call-
Center verkauft und anschließend weiter für dieses gearbei-
tet. Nach nur etwas mehr als 12 Monaten hat er dann aber
unter einem Vorwand fristlos gekündigt und nahtlos ein neu-
es Call-Center eröffnet, welches er bereits in den letzten
Monaten vor seiner Kündigung aufgebaut haben muss. Der
damalige Erwerber hatte erfolglos versucht, ihm dies zu un-

---

[1] Ausspruch, der Wladimir Iljitsch Uljanow (*1870 - †1924),
    kurz: Lenin, dem Begründer der Sowjetunion zugeschrieben
    und frei (sinngemäß) mit „Vertrauen ist gut, Kontrolle ist
    besser" übersetzt wird.

tersagen. Die angerufenen Gerichte hätten dahingehend entschieden, dass die mit Tüchtig für den Zeitraum nach seinem Ausscheiden getroffenen Vereinbarungen unwirksam sind. Schadenersatz für den Zeitraum bis zur fristlosen Kündigung musste Tüchtig letztendlich auch nicht zahlen, obwohl der handfeste Verdacht bestand, er habe bereits vor Ausspruch der Kündigung Kunden abgeworben. Die hierauf gestützte Klage wurde wegen Verjährung abgewiesen. Die angerufenen Gerichte waren der Ansicht, dass Ansprüche wegen Verletzung des Wettbewerbsverbots innerhalb einer sehr kurzen Frist ab Kenntnis vom Verdacht verjähren. Für den anstehenden Verkauf hat Tüchtig zwar versichert, dem Unternehmen treu verbunden bleiben zu wollen. Obermann ist es im Hinblick auf den achtstelligen Kaufpreis seinen Aktionären allerdings schuldig, sich nicht auf bloße Versprechungen zu verlassen. Vielmehr muss rechtssicher vorgesorgt werden. Obermann beauftragt daher Rechtsanwältin Lieblich, durch in den Geschäftsführeranstellungsvertrag einzufügende Klauseln dafür Vorsorge zu treffen, dass Tüchtig sowohl während seiner Anstellung als Geschäftsführer als auch für eine möglichst lange Dauer danach nicht die wirtschaftlichen Interessen der Call-Center GmbH dadurch beeinträchtigt, dass er in Deutschland, dem Tätigkeitsgebiet der Call-Center GmbH, auf deren Geschäftsfeld selbst unmittelbar oder mittelbar geschäftlich tätig wird. Anderenfalls besteht auch nach mehreren Jahren noch die Gefahr, dass Tüchtig seine bei der Call-Center GmbH geknüpften Kontakte und sein dort erworbenes Know-how einsetzt, um Geschäftsvolumen von der Call-Center GmbH abzuziehen. Die Durchsetzung des Verbots muss effektiv möglich sein, wozu vor allem gehört, dass für die Verfolgung der an Verstöße anknüpfenden Ansprüche ein vernünftiger Zeitraum ab einem Verdacht bis zum Eintritt der Verjährung zur Verfügung steht.

Bearbeitervermerk:

Erfüllen Sie den an Rechtsanwältin Lieblich gerichteten Auftrag und bereiten Sie die erforderlichen Gestaltungen gutachterlich vor. Ein konkreter Klauselvorschlag muss nicht gefertigt werden.

Vorüberlegungen

I. Anforderungen an den Bearbeiter

Die überdurchschnittlich schwierige Klausur behandelt in der anwaltlichen Beratungspraxis bedeutsame Fragestellungen zum Wettbewerbsverbot eines GmbH-Geschäftsführers. Hierauf, dies muss vom Klausurbearbeiter erkannt und unbedingt beachtet werden, sind Anwaltsauftrag und Aufgabenstellung beschränkt. Überlegungen zum übrigen Geschäftsführeranstellungsvertrag sind deshalb nicht angezeigt. Gegenstand der Klausur ist das zentrale Interesse eines Unternehmens, sich umfassend davor zu schützen, dass wichtige Know-how-Träger, wie z. B. Geschäftsführer, ihre Entscheidungsbefugnisse, Kenntnisse und (Kunden-) Beziehungen während (II.) oder im Anschluss (III.) an ihre Tätigkeit für das Unternehmen nutzen, um an der Gesellschaft vorbei zum eigenen Vorteil zu wirtschaften. Diesem Interesse wird vom Gesetzgeber allerdings nur partiell Rechnung getragen, was sich zudem erst durch eine analoge Gesetzesanwendung ergibt. Dem i. Ü. umfangreich verbleibenden Gestaltungsbedürfnis werden für den GmbH-Geschäftsführer außerhalb des Anwendungsbereichs der §§ 305-310 BGB praktisch nur durch § 138 Abs. 1 BGB Grenzen gesetzt. Den Maßstab der Sittenwidrigkeit konkretisiert die für die Praxis maßgebliche Rechtsprechung unter Rückgriff auf die Wertung des Art. 12 GG[2]. Da aber weder § 138 Abs. 1 BGB selbst eine konkrete Wertentscheidung für den vorliegenden Fall trifft, noch das Grundgesetz seinerseits einen konkreten Maßstab zum Ausgleich widerstreitender Grundrechte benennt, bleibt die Rechtsanwendung mit einem hohen Maß an Unsicherheit belastet, mit der sich der Klausurbearbeiter auseinandersetzen muss.

II. Vertragliches Wettbewerbsverbot

Während der Dauer seiner Tätigkeit für die GmbH unterliegt der Geschäftsführer auch ohne gesonderte Abrede grundsätzlich einem Wettbewerbsverbot[3]. Abgeleitet wird dieses aus

---

[2]   Vgl. BGH v. 14.07.1997, DStR 1997, 1413.
[3]   Zöllner/Noack, in: Baumbach/Hueck, § 35 GmbHG Rn. 41.

einer analogen Anwendung des für den Vorstand der AG geltenden § 88 Abs. 1 AktG[4]. Einer Gestaltung bedarf es daher diesbezüglich nur, soweit die gesetzlich bestehende Rechtslage weitergehenden Interessen der Gesellschaft nicht ausreichend Rechnung trägt oder zur Bekräftigung des Verbots (Appellfunktion) eine Klarstellung gewünscht ist.

Dass das Wettbewerbsverbot effektiv durchsetzbar sein soll, betrifft zunächst die an seine Verletzung anknüpfenden Sanktionen. Im Regelfall berechtigt ein Verstoß zur Kündigung der Zusammenarbeit, was jedoch nicht Obermanns Ziel entspricht, Tüchtig für eine weitere Mitarbeit zu gewinnen. Außerdem kann die Gesellschaft verlangen, dass ein ihr entstandener Schaden ersetzt oder sie so gestellt wird, als habe sie anstelle des Geschäftsführers das Geschäft getätigt. Zusätzlich bietet sich an, die Beachtung des Wettbewerbsverbots durch eine Vertragsstrafe abzusichern. Unsicher ist, innerhalb welcher Frist die aus einer Verletzung des sog. vertraglichen Wettbewerbsverbots für die Gesellschaft erwachsenden Ansprüche auf Schadenersatz oder wirtschaftliche Übernahme des Geschäfts verjähren. Anwendbar könnte zunächst die sicher ausreichend bemessene objektive Fünfjahresfrist des § 43 Abs. 4 GmbHG sein. Allerdings ist zu bedenken, dass das Wettbewerbsverbot des Geschäftsführers aus einer Analogie zu § 88 Abs. 1 AktG gewonnen wird, zu dem § 88 Abs. 3 AktG eine besondere (subjektive) Verjährungsfrist von nur drei Monaten vorsieht. Für eine Analogie hierzu[5] spricht, dass mit § 88 Abs. 3 AktG vergleichbare Verjährungsvorschriften auch für alle anderen gesetzlich normierten Wettbewerbsverbote gelten (vgl. § 61 Abs. 2 HGB, § 113 Abs. 3 HGB, § 284 Abs. 3 AktG). Will man das Risiko vermeiden, dass ein angerufenes Gericht durch analoge Anwendung des § 88 Abs. 3 AktG zu einer Verjährungsfrist von nur drei Monaten gelangt, muss man eine abweichende Verjährungsfrist vereinbaren, was ausweislich § 202 Abs. 2 BGB in weitem Umfang möglich ist.

III. Nachwirkendes Wettbewerbsverbot

Nach Beendigung von Anstellung und Bestellung unterliegt der ausgeschiedene Geschäftsführer ohne besondere Abrede keinem Wettbewerbsverbot. Er kann daher die während sei-

---

[4] Vgl. Zöllner/Noack, in: Baumbach/Hueck, § 35 GmbHG Rn. 41.

[5] Zöllner/Noack, in: Baumbach/Hueck, § 35 GmbHG Rn. 42.

ner Tätigkeit für die Gesellschaft gewonnenen Fähigkeiten und Beziehungen nach seinem Ausscheiden wirtschaftlich für sich verwerten, solange er hierdurch nicht Geschäftsgeheimnisse verletzt (vgl. § 17 Abs. 2 UWG). Der vom Mandanten erwünschte weitergehende Schutz bedarf daher einer entsprechenden Gestaltung. Dabei ist zu berücksichtigen, dass aufgrund der hierfür geltenden Grenzen (§ 138 Abs. 1 BGB i. V. m. Art. 12 GG) ein hohes Maß an Rechtsunsicherheit besteht. Dies ist für den Mandanten riskant, weil eine Überschreitung der vom jeweils angerufenen Gericht im Einzelfall angenommenen Grenzen im Regelfall zur Gesamtunwirksamkeit des Wettbewerbsverbots führt. Um dieses Risiko auszuschließen muss Rechtsanwältin Lieblich vorsorglich versuchen, eine Totalunwirksamkeit, z. B. durch Inbezugnahme des nach Ansicht der Rechtsprechung für GmbH-Geschäftsführer im Ausgangspunkt nicht geltenden[6] § 74a Abs. 1 HGB oder durch eine sog. salvatorische Klausel, zu verhindern.

---

[6]   Vgl. BGH v. 04.03.2002, DStR 2002, 735.

Lösung

Vorgehensweise

Rechtsanwältin Lieblich wird zur Unterbreitung eines konkreten Gestaltungsvorschlags (D.) zunächst die von Obermann verfolgten Ziele klären (A.). Im Anschluss muss sie prüfen, ob und inwieweit die verfolgten Ziele bereits durch die bestehende Rechtslage erreicht werden (B.). Soweit dies nicht der Fall ist, sind die erforderlichen Gestaltungen zu erarbeiten (C.).

A. Regelungsziele

Klärung der
Mandantenziele

Auf der Grundlage der Schilderungen des Mandanten sind zunächst dessen Ziele herauszufiltern und juristisch einzuordnen (I. , II.). Soweit mehrere Ziele verfolgt werden, ist deren Verhältnis zueinander zu klären (III.).

I. Hauptziel

Schutz vor Konkurrenz

In der Hauptsache will Obermann vermeiden, dass die von ihm erworbene Gesellschaft ein ähnliches Schicksal erleidet, wie das früher von Tüchtig gegründete und verkaufte Call-Center. Es soll umfassend ausgeschlossen werden, dass Tüchtig während der Dauer seiner Tätigkeit für die Gesellschaft, aber auch im Anschluss hieran in Konkurrenz zu dieser tritt. Dies umfasst vor allem, dass keine Kunden abgeworben werden. Das Interesse von Obermann reicht allerdings hierüber hinaus und geht wohl auch dahin, dass Tüchtig sich nicht an Konkurrenzunternehmen beteiligt, weil dies seine Amtsführung für die Call-Center GmbH im Fall widerstreitender Interessen gefährden könnte. Ordnet man diese Vorstellungen juristisch ein, soll mit Tüchtig, um Interessenkonflikte bereits im Vorfeld auszuschließen, ein umfassendes Wettbewerbsverbot vereinbart werden, welches sowohl während der Tätigkeit als Geschäftsführer als auch möglichst lange danach gilt.

II. Absicherung des Hauptziels

Effektivierung des
Hauptziels

Außerdem will Obermann unbedingt das Erreichen des von ihm formulierten Hauptziels sichern. Dies setzt zunächst geeignete und effektive Sanktionen für die Verletzung des

Wettbewerbsverbots voraus, welche nicht die zukünftige Mitarbeit des Tüchtig vereiteln. Außerdem sollen die aus der Verletzung des Wettbewerbsverbots folgenden Ansprüche, welche ihrerseits wesentlich über die Effektivität des Verbots entscheiden, in zeitlicher Hinsicht vor einer zu schnellen Verjährung geschützt werden. Eine Frist von wenigen Monaten entspricht insoweit nicht den Vorstellungen des Obermann. Zielvorstellung ist wohl die regelmäßige Verjährungsfrist von drei Jahren. Schließlich muss das Wettbewerbsverbot auch wirklich greifen und darf nicht mit dem Risiko seiner Unwirksamkeit behaftet sein.

III. Verhältnis der Ziele

Seine Zielvorstellungen verfolgt Obermann im Kern gleichrangig, weil die weiteren Ziele maßgeblich über den Erfolg des Hauptziels entscheiden. Ein Rangverhältnis ist insoweit nicht auszumachen. Allerdings machen Obermanns Schilderungen deutlich, dass die Wirksamkeit des Wettbewerbsverbots insoweit Vorrang genießt, als ihm mit einem besonders scharfen Gestaltungsentwurf nicht geholfen ist, sofern für diesen das Risiko der Gesamtunwirksamkeit besteht. Hinsichtlich ihrer Wirksamkeit grenzwertige Vorschläge kommen deshalb nur in Betracht, soweit sie nicht die übrige Zielerreichung gefährden.

Rechtssicherheit genießt Vorrang

B. Regelungsbedarf

Ob und inwieweit Lieblich weitere Maßnahmen vorschlagen muss, um die Ziele des Obermann umzusetzen, hängt davon ab, inwieweit die derzeit bestehende Rechtslage (I.) bereits die angestrebten Ziele erreicht (II.).

Ermittlung des Handlungsbedarfs

I. Bestehende Rechtslage

1. Dauer der Tätigkeit

a) Wettbewerbsverbot

Während der Dauer seiner Tätigkeit könnte Tüchtig auch ohne gesonderte Vereinbarung einem Wettbewerbsverbot unterliegen. Dessen Wurzel kann sich in jeder der beiden rechtlichen Beziehungen finden, welche Tüchtig während

Mögliche Anknüpfungspunkte

seiner Tätigkeit als Geschäftsführer mit der Call-Center GmbH verbindet (Organstellung und Anstellungsverhältnis).

aa) Organschaftliches Wettbewerbsverbot

keine ausdrückliche Regelung

Durch seine Bestellung (vgl. § 46 Nr. 5 GmbHG) zum Geschäftsführer wird Tüchtig Organ der Gesellschaft (vgl. § 35 Abs. 1 GmbHG). Bereits hieraus könnte sich für ihn ein Wettbewerbsverbot ergeben, nach dem es ihm untersagt ist, auf dem Geschäftsfeld der von ihm vertretenen Gesellschaft selbst ein Handelsgewerbe zu betreiben, auf eigene oder fremde Rechnung Geschäfte zu schließen oder sich an einem Konkurrenzunternehmen zu beteiligen. Ausdrücklich ist dies den Regelungen über die Organstellung des GmbH-Geschäftsführers allerdings nicht zu entnehmen. Jedoch könnte sich ein organschaftliches Wettbewerbsverbot aus einer entsprechenden Anwendung des für Vorstände der AG geltenden § 88 Abs. 1 AktG ergeben (3). Voraussetzungen hierfür sind eine regelungsbedürftige Gesetzeslücke (1) und die Vergleichbarkeit der Interessenlage zwischen dem geregelten und dem nicht geregelten Fall (2)[7].

(1) Regelungsbedürftige Gesetzeslücke

planwidrige Lückenhaftigkeit des GmbHG

Eine regelungsbedürftige Gesetzeslücke ist gegeben, wenn der zur Normsetzung berufene Gesetzgeber eine Rechtsfrage bewusst oder unbewusst nicht geregelt hat, eine Regelung jedoch nach seinem Regelungsplan erforderlich ist[8]. Das GmbHG enthält keine Regelung, die es dem Geschäftsführer während der Dauer seiner Bestellung untersagt, in Konkurrenz zur Gesellschaft zu treten. Dies ist nicht Ausdruck einer stillschweigenden Regelung, wonach der Geschäftsführer keinem Verbot unterliegen soll. Vielmehr ist das GmbHG im Vergleich zum AktG insgesamt weit weniger detailliert und deutlich lückenhafter, obwohl die vom Gesetzgeber zu entscheidenden Interessengegensätze für beide Gesellschaftsformen vergleichbar sind. Eine nach den Vorstellungen des Gesetzgebers regelungsbedürftige Gesetzeslücke ist deshalb gegeben.

---

[7]   Vgl. Boemke/Ulrici, BGB-AT, § 3 Rn. 25.
[8]   Larenz/Wolf, BGB-AT, § 4 Rn. 78.

(2) Vergleichbarkeit der Interessenlage

Geregelter und ungeregelter Sachverhalt müssten vergleichbar sein[9]. Dies ist der Fall, wenn die Interessenlage im unge-
regelten Fall nach dem gesetzlichen Gesamtkonzept derjenigen im geregelten Fall entspricht, d. h. keine Unterschiede
bestehen, die eine unterschiedliche Behandlung rechtfertigen
würden (vgl. Art. 3 Abs. 1 GG)[10]. Sowohl für den Vorstand
der AG als auch für den Geschäftsführer der GmbH ist typisch, dass sie die geschäftlichen Geschicke der Gesellschaft
entscheidend bestimmen, die zentralen geschäftlichen Entscheidungen treffen, die Strategien und Geschäftspartner der
Gesellschaft kennen und deshalb ohne Eingehung eigener
Risiken in der Lage sind, Geschäfte auf dem Geschäftsfeld
der Gesellschaft zu tätigen und hierdurch deren Interessen zu
beeinträchtigen. Diese gleichartige Gefährdung der Interessen der Gesellschaft durch die vergleichbare Nähebeziehung
des Organs zur Gesellschaft gebietet es, den Geschäftsführer
einem vergleichbaren Wettbewerbsverbot zu unterwerfen
wie den Vorstand. Hierfür spricht nicht zuletzt, dass im
Rahmen einer letztlich aus anderen Gründen gescheiterten
Reform des GmbHG beabsichtigt war, für den Geschäftsführer eine mit § 88 AktG übereinstimmende Regelung zu
schaffen (vgl. § 71 RegE-1972)[11].

Interessenlage für Vorstand und Geschäftsführer vergleichbar

(3) Schließung der Regelungslücke

Die Voraussetzungen einer Analogie liegen vor. Deshalb gilt
§ 88 Abs. 1 AktG in entsprechender Anwendung auch für
Geschäftsführer der GmbH, welchen es danach verboten ist,
auf dem Geschäftsfeld der Gesellschaft ein Handelsgewerbe
zu betreiben oder Geschäfte auf eigene oder fremde Rechnung zu tätigen[12]. Der ersten Alternative steht es gleich, in
leitender Funktion für eine andere Handelsgesellschaft tätig
zu werden[13]. Die zweite Alternative umfasst letztlich jede
geschäftliche Tätigkeit auf dem Gebiet der Gesellschaft,
z. B. auch die Beratung von Konkurrenten[14]. Aus § 88 Abs. 1

analoge Anwendung des § 88 Abs. 1 AktG

---

[9]   Vgl. Larenz/Wolf, BGB-AT, § 4 Rn. 78.
[10] Vgl. Boemke/Ulrici, BGB-AT, § 3 Rn. 25; Larenz/Wolf, BGB-AT, § 4 Rn. 80.
[11] BT-Drucks. VI/3088, S. 20 und 124.
[12] Vgl. OLG Oldenburg v. 17.02.2000, NZG 2000, 1038, 1039; Zöllner/Noack, in: Baumbach/Hueck, § 35 GmbHG Rn. 41.
[13] Zöllner/Noack, in: Baumbach/Hueck, § 35 GmbHG Rn. 41.
[14] Jula, GmbH-Geschäftsführer, S. 102; Paefgen, in: Ulmer/Habersack/Winter, § 43 GmbHG Rn. 44.

AktG folgt allerdings nicht das Verbot, sich nur kapitalmäßig an einem Konkurrenzunternehmen zu beteiligen[15], weil § 88 Abs. 1 AktG tätigkeitsbezogen gilt.

bb) Wettbewerbsverbot aufgrund Anstellung

Treuepflicht aus dem Anstellungsverhältnis als Grundlage?

Der Geschäftsführer wird für die Gesellschaft regelmäßig aufgrund eines – hier zu gestaltenden – Anstellungsverhältnisses tätig, welches die Pflicht des Geschäftsführers zur Übernahme und Führung des Amts begründet. Bei diesem Anstellungsverhältnis handelt es sich um ein Dienstverhältnis nach § 611 BGB. Die hierfür geltenden Vorschriften sehen ein Wettbewerbsverbot nicht ausdrücklich vor.

h. M.: kein Wettbewerbsverbot aufgrund Anstellung

Hieraus schlussfolgert die wohl h. M., dass der Geschäftsführer grundsätzlich nur einem organschaftlichen[16], nicht aber einem in der Anstellung wurzelnden Wettbewerbsverbot unterliegt[17]. Im Ergebnis würde das (danach nur aus der Organschaft folgende) Wettbewerbsverbot mit der Abberufung als Geschäftsführer enden, auch wenn das Anstellungsverhältnis noch fortbesteht[18].

a. A.: Wettbewerbsverbot aufgrund Anstellung

Hiergegen könnte jedoch sprechen, dass die bei der Gesellschaft angestellten Arbeitnehmer unabhängig von einer Organstellung für die Dauer ihrer Anstellung einem Wettbewerbsverbot unterliegen, welches sich als Konkretisierung des § 242 BGB (Treuepflicht) aus einer (entsprechenden) Anwendung des § 60 HGB ergibt[19]. Entgegen der h. A. könnte sich deshalb aus § 242 BGB i. V. m. dem Anstellungsverhältnis auch für Geschäftsführer ein Wettbewerbsverbot für die Dauer ihrer Anstellung ergeben. Dies setzt voraus, dass in Bezug auf den Geschäftsführer eine dem Arbeitnehmer vergleichbare Interessenlage besteht, welche das in allen Schuldverhältnissen geltende Gebot von Treu und Glauben auffüllt. Treu und Glauben gebieten, dass der Schuldner auch über den bloßen Leistungsaustausch hinaus

---

[15] A. A. Zöllner/Noack, in: Baumbach/Hueck, § 35 GmbHG Rn. 41.

[16] Siehe oben B. I. 1. a) aa), S. 142 ff.

[17] OLG Celle v. 09.02.2005, GmbHR 2005, 541, 542; OLG Oldenburg v. 17.02.2000, NZG 2000, 1038, 1039; Jula, GmbH-Geschäftsführer, S. 102, 111; Paefgen, in: Ulmer/Habersack/ Winter, § 43 GmbHG Rn. 40.

[18] Vgl. OLG Celle v. 09.02.2005, GmbHR 2005, 541, 542; OLG Oldenburg v. 17.02.2000, NZG 2000, 1038, 1039; Jula, GmbH-Geschäftsführer, S. 102, 111; Paefgen, in: Ulmer/Habersack/ Winter, § 43 GmbHG Rn. 40.

[19] BAG v. 26.09.2007, NJW 2008, 392, 393.

den Zweck des Schuldverhältnisses nicht vereitelt[20]. Für das Arbeitsverhältnis ist insoweit zu berücksichtigen, dass dessen Grundlage darin besteht, dass der Arbeitnehmer seine Dienste dem Arbeitgeber zur Verfügung stellt, damit dieser sie nach seinen Vorstellungen nutzen und hieraus wirtschaftliche Vorteile ziehen kann (Fremdnützigkeit des Arbeitsverhältnisses)[21]. Im Gegenzug erhält der Arbeitnehmer eine erfolgsunabhängige Vergütung (Arbeitgeber trägt das wirtschaftliche Risiko), welche der Arbeitgeber beabsichtigt aus den von ihm erzielten wirtschaftlichen Vorteilen zu zahlen[22]. Deshalb darf der Arbeitnehmer während der Dauer seiner Tätigkeit für den Arbeitgeber grundsätzlich keine Konkurrenztätigkeit ausüben, weil er hierdurch den Zweck des Arbeitsverhältnisses, Erzielung wirtschaftlicher Vorteile für den Arbeitgeber, in einer Weise beeinträchtigt, welche mit dem Umstand, dass er von diesem erfolgsunabhängig vergütet wird, nicht zu vereinbaren ist. Der Arbeitnehmer darf nicht die Hand beißen, die ihn ernährt[23]. Eine vergleichbare Interessenlage besteht auch zwischen Geschäftsführer und Gesellschaft, solange der Geschäftsführer bei der Gesellschaft angestellt ist und von dieser erfolgsunabhängig für seine Tätigkeit vergütet wird. Auch der Geschäftsführer erbringt fremdnützige Dienste, deren wirtschaftliches Risiko die Gesellschaft trägt. Dementsprechend gebietet § 242 BGB i. V. m. dem Anstellungsverhältnis, dass er während seiner Anstellung bei der GmbH zu dieser nicht in Wettbewerb tritt. Er darf in Anlehnung an § 60 Abs. 1 HGB kein konkurrierendes Handelsgewerbe betreiben und auf dem Geschäftsfeld der Gesellschaft keine Geschäfte auf eigene oder fremde Rechnung tätigen[24]. Ein Verbot, sich kapitalmäßig an einem Konkurrenzunternehmen zu beteiligen, besteht aber auch hiernach nicht, weil § 60 HGB nur ein tätigkeitsbezogenes Verbot begründet.

Nach vorzugswürdiger Ansicht unterliegt der Geschäftsführer auch aufgrund seiner Anstellung einem Wettbewerbsverbot. Die wohl h. A. gelangt jedoch zu einem abweichenden Ergebnis.

Zwischenergebnis

---

[20] Vgl. BGH v. 20.06.1989, NJW-RR 1989, 1393, 1395.
[21] Vgl. Ulrici, Vermögensrechtliche Grundfragen des Arbeitnehmerurheberrechts, 2008, § 4 C. II., III., S. 38 ff.
[22] Vgl. Ulrici, Vermögensrechtliche Grundfragen des Arbeitnehmerurheberrechts, 2008, § 4 C. II., III., S. 38 ff.
[23] Vgl. BAG v. 17.04.1957, NJW 1957, 1005, 1005 f.
[24] Vgl. Zöllner/Noack, in: Baumbach/Hueck, § 35 GmbHG Rn. 39, 46.

b) Sanktionen

Rechtsfolgen der
Verletzung

Die speziellen Rechtsfolgen der Verletzung des organschaftlichen und des vertraglichen Wettbewerbsverbots lassen sich
zunächst einer entsprechenden Anwendung der § 88 Abs. 2
AktG bzw. § 61 Abs. 1 HGB entnehmen.

Schadenersatz

Die Gesellschaft kann vom Geschäftsführer zunächst
Schadenersatz verlangen, wenn er schuldhaft das organschaftliche oder vertragliche Wettbewerbsverbot verletzt hat.
Der Gesellschaft ist danach im Rahmen der §§ 249 ff. BGB
ein ihr kausal erwachsener Schaden zu ersetzen. Hierzu muss
die Gesellschaft neben den Haftungsvoraussetzungen auch
darlegen und gegebenenfalls beweisen, dass ihr ein Schaden,
d. h. eine Einbuße an Rechten oder Rechtsgütern, entstanden
ist. Ein entsprechender Schaden kann ausweislich § 252
BGB auch in einem entgangenen Gewinn liegen.

Eintrittsrecht

Anstelle von Schadenersatz kann die Gesellschaft verlangen, dass der Geschäftsführer sie im Hinblick auf die von
ihm auf eigene Rechnung getätigten Geschäfte so stellt, als
seien diese von der Gesellschaft getätigt worden. Im Hinblick auf vom Geschäftsführer auf fremde Rechnung getätig-
te Geschäfte kann die Gesellschaft verlangen, dass der Geschäftsführer eine hierfür erlangte Vergütung (z. B. Provisi-
on) herausgibt. Dieses sog. Eintrittsrecht zielt darauf ab, dass
die Gesellschaft vom Geschäftsführer wirtschaftlich so gestellt wird, als wäre das von ihm vorgenommene Geschäft
von ihr wahrgenommen worden.

allgemeine
Rechtsfolgen

Neben den für die Verletzung des Wettbewerbsverbots
speziell vorgesehenen Rechtsfolgen kommt in Betracht, dass
die Call-Center GmbH von allgemein bestehenden Rechts-
behelfen Gebrauch macht. Hierzu gehört zunächst die Möglichkeit, Tüchtig durch Klage zur zukünftigen Einhaltung
des Verbots anzuhalten. Außerdem kann die Call-Center
GmbH in Betracht ziehen, das Anstellungsverhältnis zu
Tüchtig nach § 626 BGB außerordentlich zu kündigen[25].

c) Verjährung

Ausgangspunkt

Die aus der Verletzung des organschaftlichen oder des vertraglichen Wettbewerbsverbots folgenden Ansprüche verjähren im Rahmen der dreijährigen Regelverjährungsfrist des
§ 195 BGB, soweit keine vorrangig zu beachtende Sondervorschrift eingreift. Die Regelverjährungsfrist läuft mit Ablauf desjenigen Kalenderjahres an, innerhalb dessen der An-

---

[25]   Vgl. BAG v. 25.04.1991, NZA 1992, 212, 213; OLG Celle v.
09.02.2005, GmbHR 2005, 541, 542.

spruch entstanden ist und die Gesellschaft von seinen Voraussetzungen Kenntnis erlangt oder grob fahrlässig nicht erlangt hat (vgl. § 199 Abs. 1 BGB).

aa) Verjährungsfrist des § 43 Abs. 4 GmbHG

Als vorrangig zu beachtende Verjährungsvorschrift könnte
§ 43 Abs. 4 GmbHG einschlägig sein. Danach würden die
Ansprüche innerhalb von fünf Jahren ab Anspruchsentste-
hung verjähren. Dies gilt aber nur, wenn der Anwendungsbereich des § 43 Abs. 4 GmbHG eröffnet ist und die Regelung
nicht ihrerseits durch eine Sondervorschrift verdrängt wird.
Der Geltungsbereich des § 43 Abs. 4 GmbHG ist durch Auslegung der Vorschrift zu ermitteln. Ihrem Wortlaut nach bezieht sie sich nur auf die Ansprüche aufgrund des § 43
Abs. 2, 3 GmbHG, d. h. auf alle Ansprüche wegen Verletzung organschaftlicher Pflichten. Dies erfasst grundsätzlich
auch Ansprüche wegen Verletzung des organschaftlichen
Wettbewerbsverbots, weil auch dessen Beachtung zu den
Obliegenheiten des Geschäftsführers i. S. d. § 43 Abs. 2
GmbHG zählt. Ansprüche auf anderer Rechtsgrundlage würden danach nicht erfasst, soweit sich aus Sinn und Zweck
der Vorschrift nichts Abweichendes ergibt. Ziel der Regelung des § 43 Abs. 4 GmbHG ist es, eine für die besondere
Beziehung des Geschäftsführers zur GmbH angemessene
Verjährungsfrist zu schaffen. Dieses Regelungsziel liefe leer,
wenn § 43 Abs. 4 GmbHG neben Ansprüchen wegen Verletzung organschaftlicher Pflichten nicht zugleich auch Ansprüche wegen Verletzung des Anstellungsvertrags erfassen
würde, welche regelmäßig mit Ansprüchen nach § 43 Abs. 2,
3 GmbHG konkurrieren. Die teleologische Auslegung ergibt
daher, dass § 43 Abs. 4 GmbHG über seinen Wortlaut hinaus
grundsätzlich auch konkurrierende vertragliche Ansprüche
erfasst[26].

> Fünfjahresfrist?

bb) Verjährungsfrist des § 88 Abs. 3 AktG bzw. § 61 Abs. 2 HGB

Die Regelung des § 43 Abs. 4 GmbHG kommt allerdings
dann nicht zur Anwendung, wenn sie ihrerseits durch spe-
ziellere Vorschriften verdrängt oder ergänzt wird. Als vorrangig einschlägige Vorschriften kommen hinsichtlich des
organschaftlichen Wettbewerbsverbots § 88 Abs. 3 AktG
und hinsichtlich des vertraglichen Wettbewerbsverbots § 61

> dreimonatige
> Verjährungsfrist?

---

[26]   BGH v. 12.06.1989, NJW-RR 1989, 1255, 1255 f.; Zöllner/
    Noack, in: Baumbach/Hueck, § 43 GmbHG Rn. 58.

Abs. 2 HGB in Betracht. Unmittelbar sind beide Vorschriften auf den Geschäftsführer allerdings nicht anwendbar. Sie sind jedoch analog anzuwenden, wenn eine schließungsbedürftige Regelungslücke besteht und die in den beiden Vorschriften geregelte Interessenlage mit der vorliegend bestehenden vergleichbar ist[27].

(1) Regelungsbedürftige Gesetzeslücke

Lücke nach analoger Anwendung von § 88 Abs. 1 AktG und § 60 Abs. 1 HGB

Eine schließungsbedürftige Gesetzeslücke ist gegeben, wenn der zur Normsetzung berufene Gesetzgeber eine Rechtsfrage bewusst oder unbewusst nicht geregelt hat, eine Regelung jedoch erforderlich ist. Da sich für den Geschäftsführer keine eigenständige Regelung darüber findet, inwieweit er während seiner Bestellung berechtigt ist, in Konkurrenz zur Gesellschaft zu treten[28], fehlt auch eine besondere Regelung über die Verjährung der aus der Verletzung des nicht ausdrücklich geregelten Wettbewerbsverbots erwachsenden Ansprüche. Dies ist nicht Ausdruck einer stillschweigenden Regelung, weil der Gesetzgeber die Verjährungsfrage ohne Regelung eines Wettbewerbsverbots nicht regeln konnte. Vielmehr besteht eine Gesetzeslücke, die daraus erwachsen ist, dass § 88 Abs. 1 AktG und § 60 Abs. 1 HGB entsprechend angewendet werden. Würde man nur die Regelungen über die Statuierung eines Wettbewerbsverbots und nicht zugleich die Sonderregelungen über die Verjährung anwenden, würde für den Geschäftsführer eine im Vergleich zum Vorstand und zum Arbeitnehmer abweichende Rechtslage eintreten, obwohl die entsprechende Anwendung der Wettbewerbsverbote im Hinblick auf die Vergleichbarkeit der Interessenlage gerade auf die Herstellung einer vergleichbaren Rechtslage abzielt (vgl. Art. 3 Abs. 1 GG)[29]. Deshalb ist die vorgefundene Regelungslücke schließungsbedürftig.

(2) Vergleichbarkeit der Interessenlage

Vergleichbarkeit der Interessenlage

Für die Vergleichbarkeit der Interessenlage in Bezug auf die Verjährung von Ansprüchen aus der Verletzung des Wettbewerbsverbots spricht, dass der Gesetzgeber im Zusammenhang mit allen gesondert normierten Wettbewerbsverboten (vgl. §§ 61 Abs. 2, 113 Abs. 3 HGB, §§ 88 Abs. 3, 284 Abs. 3 AktG) eine identische Verjährungsregelung getroffen hat und im Zusammenhang mit dem Entwurf einer gesetzli-

---

[27] Vgl. Boemke/Ulrici, BGB-AT, § 3 Rn. 25.
[28] Siehe oben B. I. 1. a) aa), S. 142 ff. und B. I. 1. a) bb), S. 144 f.
[29] Siehe oben B. I. 1. a) aa) (2), S. 143.

chen Kodifikation eines Wettbewerbsverbots für den Geschäftsführer eine inhaltsgleiche Regelung vorgesehen hatte
(vgl. § 71 Abs. 3 RegE-1972[30]). Hintergrund hierfür ist, dass
der Gesetzgeber insgesamt davon ausgeht, dass Wettbewerbsverbote aufgrund ihrer kartellartigen Wirkung uner-
wünscht sind und nur zugelassen werden sollen, soweit an
ihnen ein berechtigtes Interesse besteht[31]. Dass ein solches
Interesse im Einzelfall fehlt, wird dadurch indiziert, dass die
aus der Verletzung des Wettbewerbsverbots folgenden Ansprüche nicht kurzfristig geltend gemacht werden[32]. Diese
Erwägung des Gesetzgebers trägt auch für den Geschäftsführer.

(3) Zwischenergebnis

Deshalb ist im Ergebnis davon auszugehen, dass für die aus   dreimonatige
der Verletzung des organschaftlichen oder des vertraglichen   Verjährung
Wettbewerbsverbots folgenden Ansprüche entsprechend
§ 88 Abs. 3 AktG und § 61 Abs. 2 HGB eine kurze Sonder-
verjährung von drei Monaten gilt[33]. Diese läuft ab Kenntnis
oder grob fahrlässiger Unkenntnis der Gesellschafter vom
Verstoß.

cc) Zwischenergebnis

Die aus der Verletzung des während der Tätigkeit für die   Zwischenergebnis
Gesellschaft geltenden Wettbewerbsverbots folgenden An-
sprüche verjähren innerhalb einer dreimonatigen Verjährungsfrist[34].

d) Unwirksamkeitsfolge

Wird ein über das ohnehin bestehende Wettbewerbsverbot   grundsätzlich
hinausreichendes Verbot vereinbart, welches beispielsweise   Nichtigkeitsfolge
bloß vorbereitende Maßnahmen verbietet, kann sich dies als

---

[30] Vgl. BT-Drs. VI/3088, S. 20 und 124.
[31] BT-Drs. 15/3653, S. 12, 18 und 22.
[32] BT-Drs. 15/3653, S. 12, 18 und 22.
[33] Zöllner/Noack, in: Baumbach/Hueck, § 35 GmbHG Rn. 42;
      vgl. auch BGH v. 26.10.1964, WM 1964, 1320 zu § 79 Abs. 3
      AktG-1937. – Die Entscheidung BGH v. 12.06.1989, NJW-RR
      1989, 1255, 1256 steht nicht entgegen. Sie besagt nur, dass § 43
      Abs. 4 GmbHG im Einklang mit der objektiven Frist des § 88
      Abs. 3 S. 2 AktG gilt.
[34] Dies gilt – soweit Haftungsgrund allein die Verletzung des
      Wettbewerbsverbots ist – unabhängig von der Anspruchsgrund-
      lage, vgl. OLG Köln v. 10.01.2008, BB 2008, 800, 801 f.

zum Schutz der berechtigten Gesellschaftsinteressen objektiv nicht erforderlich erweisen. In diesem Fall kann es sittenwidrig sein. Ist dies der Fall, ordnet § 138 Abs. 1 BGB die Nichtigkeit des (gesamten) Rechtsgeschäfts an. Diese scharfe Rechtsfolge rechtfertigt sich einerseits daraus, dass das angerufene Gericht der streitigen Gerichtsbarkeit anderenfalls eine Vertragskorrektur vornehmen müsste, obwohl sich hierfür eher die freiwillige Gerichtsbarkeit eignet, und außerdem für den Gestalter des Rechtsgeschäfts anderenfalls kein Unwirksamkeitsrisiko besteht, d. h. von § 138 BGB keinerlei Präventionswirkung ausginge[35]. In bestimmten Fällen kann sich die Gesamtnichtigkeit jedoch als überschießende Rechtsfolge erweisen. Dies gilt namentlich, soweit das Gesetz einen handhabbaren Maßstab zur Vertragshilfe bietet und der Sittenwidrigkeitsgrund eine Präventivwirkung nicht erfordert[36]. Unter diesen Voraussetzungen kommt eine Reduktion des Rechtsgeschäfts auf seinen nicht sittenwidrigen Inhalt in Betracht (geltungserhaltende Reduktion). Da es hinsichtlich der Reichweite eines vereinbarten Wettbewerbsverbots jedoch an einem klaren gesetzlichen Maßstab fehlt, müsste das Gericht umfassende Vertragshilfe leisten. Dies lässt § 138 BGB nicht zu. Eine geltungserhaltende Reduktion scheidet demnach aus. Von der danach eintretenden Gesamtunwirksamkeit unberührt bleibt jedoch das auch unabhängig von einer entsprechenden Vereinbarung bestehende Wettbewerbsverbot[37].

keine Anwendung des § 74a Abs. 1 HGB

Abweichend von Vorstehendem könnte § 74a Abs. 1 HGB vorsehen, dass das Verbot lediglich insoweit unverbindlich ist, als es zu weit reicht. Da § 74a Abs. 1 HGB allerdings nur für nachvertragliche Wettbewerbsverbote gilt, ist er nicht unmittelbar einschlägig. In Betracht ist jedoch eine entsprechende Anwendung zu ziehen. Voraussetzung hierfür ist, dass eine regelungsbedürftige Gesetzeslücke besteht und geregelter und ungeregelter Sachverhalt im Hinblick auf die gesetzlich normierte Interessenlage vergleichbar sind. Vorliegend fehlt es zumindest an einer vergleichbaren Interessenlage. Durch § 74a Abs. 1 HGB soll zugunsten des Verpflichteten des Verbots vermieden werden, dass das Wettbewerbsverbot zwar unwirksam ist, im Gegenzug aber

---

[35] BGH v. 28.04.1986, WM 1986, 1251, 1253; BGH v. 17.10.2008, NJW 2009, 1135, 1136 f.; Boemke/Ulrici, BGB-AT, § 11 Rn. 63.

[36] Vgl. BGH v. 29.10.1990, GmbHR 1991, 15, 17; BGH v. 17.10.2008, NJW 2009, 1135, 1136 f.

[37] Siehe oben B. I. 1. a) aa), S. 142 ff.

auch der hiermit im Synallagma stehende Anspruch des Verpflichteten auf Karenzentschädigung verloren geht[38]. Für die Dauer der Tätigkeit für die Gesellschaft bedarf es keines entsprechenden Schutzes, weil insoweit eine Karenzentschädigung weder vorgeschrieben noch vom Mandanten vorgesehen ist. Eine analoge Anwendung scheidet demnach aus.

2. Nach Beendigung der Tätigkeit

a) Nachwirkender Konkurrenzschutz

aa) Kein Verbot zur Aufnahme einer Konkurrenztätigkeit

Tüchtig unterliegt auch im Zeitraum nach dem Verlust seiner Organstellung sowie nach Ausscheiden aus seinem Anstellungsverhältnis einem Wettbewerbsverbot, wenn sich hierfür eine Rechtsgrundlage findet. Das Gesetz sieht ein nachvertragliches Wettbewerbsverbot nicht vor. Dieses lässt sich nicht unter Rückgriff auf die während der Organ- sowie der Anstellung maßgeblichen Gesichtspunkte[39] begründen, weil die insoweit einschlägigen Wertungen nach Zerschneidung des jeweiligen rechtlichen Bandes nicht mehr tragen. Vielmehr legen §§ 74 ff. HGB den Umkehrschluss nahe, dass ein solches Verbot nur besteht, soweit es von den Parteien wirksam vereinbart wurde.

kein Wettbewerbsverbot

bb) Verbot der Verwertung von Kundendaten

Die Interessen der Gesellschaft könnten aber zumindest insoweit geschützt sein, als sie Tüchtig die Verwertung ihrer Kundendaten verbieten kann. Ein entsprechender Unterlassungsanspruch der Gesellschaft könnte sich aus § 1004 Abs. 1 S. 2 BGB analog i. V. m. § 823 Abs. 2 BGB i. V. m. § 17 Abs. 2 UWG ergeben. Dies setzt zunächst voraus, dass die drohende Verletzung eines Schutzgesetzes i. S. v. § 823 Abs. 2 BGB einen Unterlassungsanspruch aus § 1004 Abs. 1 S. 2 BGB analog rechtfertigt (1). Zudem muss § 17 Abs. 2 UWG ein Schutzgesetz sein und die Verwertung von Geschäftsgeheimnissen verbieten (2).

Schutz von Geschäftsgeheimnissen

---

[38] Vgl. Baumbach/Hopt, § 75d HGB Rn. 2.
[39] Siehe oben B. I. 1. a) aa), S. 143 und B. I. 1. a) bb), S. 145.

(1) Unterlassungsanspruch bei Schutzgesetzverletzung

analoge Geltung des
§ 1004 Abs. 1 S. 2
BGB

Unmittelbar sieht § 1004 Abs. 1 S. 2 BGB einen Unterlassungsanspruch nur für die Beeinträchtigung des Eigentums vor. Er könnte aber auf die Verletzung anderer deliktisch geschützter Rechtsgüter entsprechend anwendbar sein und daher auch bei Verletzung eines Schutzgesetzes eingreifen. Dies setzt neben einer planwidrigen Regelungslücke die Vergleichbarkeit der Interessenlage voraus. Da das Gesetz an die Verletzung eines deliktisch geschützten Rechtsguts in §§ 823 ff. BGB grundsätzlich nur Schadenersatzansprüche nach Eintritt einer Verletzung knüpft und über § 1004 Abs. 1 S. 2 BGB nur für das von § 823 Abs. 1 BGB ebenfalls deliktisch geschützte Eigentum einen Unterlassungsanspruch vorsieht, besteht eine Regelungslücke. Diese erweist sich im Hinblick auf das Anliegen des deliktischen Schutzes als planwidrig, weil der erstrebte Schutz effektiver wäre, wenn er bereits die Vermeidung einer Verletzung ermöglichte[40]. Insoweit besteht zwischen dem Eigentum und anderen deliktisch geschützten Rechtsgütern auch eine vergleichbare Interessenlage. Die Vermeidung eines Schadens ist effektiver als sein Ausgleich. § 1004 Abs. 1 S. 2 BGB gilt daher entsprechend[41].

(2) Drohende Schutzgesetzverletzung

§ 17 Abs. 2 UWG
verbietet
Verwertung von
Kundendaten auch
nach Beendigung der
Tätigkeit

Schutzgesetz ist eine Regelung, die den Schutz von Individualrechtsgütern bezweckt. Dies ist bei § 17 Abs. 2 UWG der Fall, welcher den Schutz des jeweiligen Geheimnisberechtigten verfolgt[42]. Durch die Verwertung von Kundendaten (Name, Anschrift, Vertragskonditionen) der Gesellschaft nach seinem Ausscheiden müsste Tüchtig gegen § 17 Abs. 2 UWG verstoßen. Voraussetzung hierfür ist zunächst, dass es sich bei den Kundendaten um ein Geschäfts- oder Betriebsgeheimnis handelt. Geschäfts- und Betriebsgeheimnisse sind einem Unternehmen dienende Daten, die nur einem begrenzten Personenkreis bekannt sind und an deren Geheimhaltung ein berechtigtes Interesse besteht[43]. Dies trifft in der Regel auf Kundendaten zu[44]. Tüchtig müsste sich die Kundendaten

---

[40] Larenz/Canaris, SR BT II/2, § 87 I. 1., S. 704.
[41] RG v. 05.01.1905, RGZ 60, 6, 7; Larenz/Canaris, SR BT II/2, § 87 I. 1., S. 704.
[42] Vgl. Köhler/Bornkamm, § 17 UWG Rn. 2.
[43] BGH v. 26.02.2009, GRUR 2009, 603, 604; Köhler/Bornkamm, § 17 UWG Rn. 4.
[44] BGH v. 26.02.2009, GRUR 2009, 603, 604.

unbefugt, d. h. im Widerspruch zum Willen des Geheimnisberechtigten (Gesellschaft), verschafft haben. Dies ist der
Fall, wenn er sich hierzu nicht vorgesehener technischer Mittel bedient, eine nicht erlaubte Verkörperung hergestellt oder
eine Verkörperung weggenommen hat. Als Geschäftsführer
darf Tüchtig grundsätzlich mit Kundendaten umgehen, diese
einsehen, vervielfältigen und erforderliche Verkörperungen
herstellen. Dies ist vom Willen der geheimnisberechtigten
Gesellschaft abgedeckt. Dagegen ist er als Geschäftsführer
nicht berechtigt, für sich eine Verkörperung herzustellen
oder Verkörperungen ohne dienstlichen Anlass aus dem
Gewahrsam der Gesellschaft in seinen privaten Gewahrsam
zu überführen. Soweit er dies macht, verschafft er sich die
Kundendaten unbefugt. Eine anschließende Nutzung verstößt gegen § 17 Abs. 2 Nr. 2 UWG, welcher auch nach Beendigung der Tätigkeit für die Gesellschaft gilt[45].

(3) Zwischenergebnis

Wenn Tüchtig Kundendaten „kopiert" und nach seinem   Zwischenergebnis
Ausscheiden verwertet, verstößt er gegen § 17 Abs. 2 Nr. 2
UWG, woraus für die Call-Center GmbH nach § 1004
Abs. 1 S. 2 BGB ein Unterlassungsanspruch erwächst. Ein
weitergehendes Verbot folgt aus § 17 Abs. 2 Nr. 2 UWG
nicht, weshalb es Tüchtig z. B. nicht verwehrt ist, dass er
Kontakte verwertet, an welche er sich erinnert.

b) Sanktionen

Da ein nachwirkendes Wettbewerbsverbot ohne besondere   keine spezielle
Vereinbarung nicht besteht, regelt das Gesetz auch keine   gesetzliche
Sanktionen. Wird ein Wettbewerbsverbot vertraglich be-   Vorschrift
gründet, richten sich die Folgen seiner Verletzung primär
nach dem Inhalt der vertraglichen Abrede, hilfsweise nach
den gesetzlichen Vorschriften. Danach begründet die schuldhafte Verletzung vertraglicher Pflichten i. V. m. § 280
Abs. 1 BGB einen Anspruch auf Ersatz des kausal entstandenen Schadens. Ein Eintrittsrecht folgt aus dem Gesetz allerdings nicht. Bevorstehende Verstöße gegen § 17 Abs. 2
Nr. 2 UWG könnten durch die gerichtliche Durchsetzung
des dann bestehenden Unterlassungsanspruchs abgewehrt
werden. Ein schuldhaft erfolgter Verstoß führt zur Strafbarkeit des Tüchtig und macht diesen jedenfalls nach § 823
Abs. 2 BGB schadenersatzpflichtig.

---

[45]   Vgl. Köhler/Bornkamm, § 17 UWG Rn. 49.

c) Verjährung

Wird vertraglich ein nachwirkendes Wettbewerbsverbot vereinbart, richtet sich die Verjährung hieraus erwachsender
Ansprüche nach § 195 BGB, wenn keine Sondervorschrift
eingreift. Als solche scheidet § 43 Abs. 4 GmbHG nach Beendigung der Stellung als Geschäftsführer aus, weil die Vorschrift nur für Ansprüche aus der Verletzung organschaftlicher Pflichten und hiermit konkurrierender Ansprüche gilt.
Nach Beendigung der Organstellung können organschaftliche Pflichten nicht mehr verletzt werden. Die Verjährung
könnte sich wiederum nach § 88 Abs. 3 AktG bzw. § 61
Abs. 2 HGB richten. Unmittelbar finden diese Vorschriften
keine Anwendung, weil sie in persönlicher Hinsicht keine
Geschäftsführer und in zeitlicher Hinsicht nur ein während
der Dauer des aktiv bestehenden Rechtsverhältnisses geltendes Wettbewerbsverbot erfassen. Beide Regelungen gelten
zwar in entsprechender Anwendung auch für Geschäftsführer[46]. Zusätzlich müssten aber auch im Hinblick auf den zeitlichen Geltungsbereich die Voraussetzungen für eine Analogie gegeben sein. Dies setzt das Bestehen einer regelungsbe-
dürftigen Gesetzeslücke sowie die Vergleichbarkeit der Interessenlage voraus. Eine regelungsbedürftige Gesetzeslücke
besteht, wenn der zur Normsetzung berufene Gesetzgeber
eine Rechtsfrage bewusst oder unbewusst nicht geregelt hat,
eine Regelung jedoch erforderlich ist. Hieran fehlt es vorliegend, weil mit § 195 BGB eine ausreichende Regelung existiert. Eine Sondervorschrift musste der Gesetzgeber nicht erlassen, weil ein nachwirkendes Wettbewerbsverbot nur in
dem Umfang besteht, wie dies die Parteien vereinbaren. Dabei sollen die Parteien nicht nur den räumlichen, zeitlichen
und gegenständlichen Geltungsbereich des Verbots, sondern
auch die aus seiner Verletzung folgenden Ansprüche nebst
Verjährung regeln, weil nach den Vorstellungen des Gesetzgebers die Länge der maßgeblichen Verjährungsfrist im Zusammenhang mit den berechtigten Interessen an der Geltung eines Wettbewerbsverbots steht[47], welche die Betroffenen bestimmen sollen. Eine Sondervorschrift greift demnach
auch nicht analog ein und es kommt die Regelverjährung zur
Anwendung, soweit keine abweichende Vereinbarung getroffen wird.

---

[46]   Siehe oben B. I. 2. c), S. 146 ff.
[47]   BT-Drs. 15/3653, S. 12, 18 und 22.

d) Unwirksamkeitsfolge

Wird ein Wettbewerbsverbot vereinbart, kann sich dieses in seiner Reichweite als objektiv zum Schutz der berechtigten Gesellschaftsinteressen nicht erforderlich erweisen. In diesem Fall kann es sittenwidrig sein. Ist dies der Fall, sieht § 138 Abs. 1 BGB die Nichtigkeit der Regelung vor. Dabei ist davon auszugehen, dass das Rechtsgeschäft, auch wenn es nur in Teilbereichen sittenwidrig ist, insgesamt nichtig ist und nicht mit eingeschränktem Inhalt fortgilt. Dies rechtfertigt sich daraus, dass das angerufene Gericht anderenfalls eine Vertragskorrektur vornehmen müsste und für den Gestalter des Rechtsgeschäfts kein Unwirksamkeitsrisiko besteht[48]. Die Gesamtnichtigkeit kann sich jedoch im Einzelfall im Hinblick auf vorstehende Erwägungen als überschießende Rechtsfolge erweisen. Dann kommt eine Reduktion des Rechtsgeschäfts auf seinen nicht sittenwidrigen Inhalt in Betracht (geltungserhaltende Reduktion). In Bezug auf nachwirkende Wettbewerbsverbote könnte dies hinsichtlich eines zu weiten zeitlichen Anwendungsbereichs gelten. Das Gesetz enthält in dem für Handlungsgehilfen geltenden § 74a Abs. 1 S. 3 HGB einen klaren Hinweis auf die äußerste zeitliche Geltung und liefert hierdurch einen handhabbaren Maßstab zur Vertragskorrektur[49]. Zugleich besteht aufgrund der klaren gesetzlichen Vorgabe nur eine eingeschränkte Gefahr, dass Gestalter das Fehlen einer Präventionswirkung missbräuchlich ausnutzen. Die geltungserhaltende Korrektur eines zu lang gefassten zeitlichen Geltungsbereichs ist deshalb ausnahmsweise möglich[50]. Hinsichtlich der sonstigen Geltungsbereiche des Wettbewerbsverbots ist dies dagegen nicht der Fall, weil es an einem klaren gesetzlichen Maßstab fehlt.

> grundsätzlich Nichtigkeitsfolge

Abweichend von § 138 Abs. 1 BGB könnte § 74a Abs. 1 HGB jedoch generell an ein zu weites Wettbewerbsverbot die Rechtsfolge knüpfen, dass nur der zu weit geratene Teil der Regelung unverbindlich ist. Voraussetzung hierfür ist jedoch, dass § 74a Abs. 1 HGB anwendbar ist. In persönlicher Hinsicht gilt § 74a Abs. 1 HGB für Handlungsgehilfen und sonstige Arbeitnehmer (vgl. § 110 GewO). Entscheidend ist daher, ob Tüchtig Arbeitnehmer ist. Arbeitnehmer ist, wer

> keine Anwendung des § 74a Abs. 1 HGB

---

[48] Siehe oben B I. 1. d), S. 150.
[49] Vgl. BGH v. 08.05.2000, ZIP 2000, 1337, 1339; BGH v. 29.10.1990, GmbHR 1991, 15, 17.
[50] Vgl. BGH v. 08.05.2000, ZIP 2000, 1337, 1339; BGH v. 29.10.1990, GmbHR 1991, 15, 17.

auf Grundlage eines privaten Dienstvertrags unselbstständige, d. h. in persönlicher Abhängigkeit (weisungsabhängige) Dienste erbringt[51]. Diese Voraussetzungen erfüllt Tüchtig nicht, weil er in persönlicher Hinsicht frei tätig werden soll. Er ist kein Arbeitnehmer und § 74a Abs. 1 HGB findet auf ihn keine unmittelbare Anwendung. In Betracht zu ziehen ist eine entsprechende Anwendung des § 74a Abs. 1 HGB. Voraussetzung hierfür ist, dass eine regelungsbedürftige Gesetzeslücke besteht und geregelter und ungeregelter Sachverhalt im Hinblick auf die gesetzlich normierte Interessenlage vergleichbar sind. Vorliegend fehlt es zumindest an einer, unter Berücksichtigung des Regelungskonzepts des Gesetzgebers, vergleichbaren Interessenlage. Die Regelung des § 74a Abs. 1 HGB dient dem Schutz der aus der Sicht des Gesetzgebers besonders schutzbedürftigen Arbeitnehmer. Diesen soll nicht gegen ihren Willen eine erwartete Karenzentschädigung entzogen werden[52]. Für den Geschäftsführer hat der hierzu berufene Gesetzgeber ein vergleichbares Schutzbedürfnis bislang nicht formuliert. Dies entspricht seiner Wertentscheidung für andere Bereiche des Dienstvertragsrechts. Eine analoge Anwendung scheidet demnach aus[53].

3. Zwischenergebnis

Zwischenergebnis

Während seiner Stellung als Organ unterliegt Tüchtig ohne gesonderte Abrede einem Wettbewerbsverbot, welches ihm Konkurrenztätigkeiten, nicht aber die bloße Beteiligung an Konkurrenzunternehmen verbietet[54]. Verletzt er dieses Verbot schuldhaft, hat er wahlweise Schadenersatz zu leisten oder die Gesellschaft wirtschaftlich so zu stellen, wie diese stünde, wenn sie das Geschäft selbst getätigt hätte[55]. Diese Ansprüche verjähren möglicherweise bereits innerhalb von drei Monaten[56]. Für einen Zeitraum, in welchem Tüchtig zwar nicht als Geschäftsführer bestellt, er jedoch entsprechend angestellt ist, lässt sich mit überzeugenden Argumenten ein Wettbewerbsverbot bejahen, auch wenn dieses nicht gesondert vereinbart wird. Die wohl h. M. folgt jedoch einer

---

[51]   BAG v. 20.08.2003, NJW 2004, 461, 462.
[52]   Siehe oben B I. 1. d), S. 150 f.
[53]   Jula, GmbH-Geschäftsführer, S. 112.
[54]   Siehe oben B I. 1. a), S. 142 ff.
[55]   Siehe oben B I. 1. b), S. 146.
[56]   Siehe oben B I. 1. c), S. 146 ff.

anderen Ansicht[57]. Bejaht man mit der a. A. ein Wettbewerbsverbot, entsprechen die weiteren Rechtsfolgen dem organschaftlichen Wettbewerbsverbot. Für den Zeitraum nach
der Beendigung seiner Tätigkeit für die Gesellschaft muss
Tüchtig zwar weiterhin deren Geschäfts- und Betriebsgeheimnisse wahren[58]. Einem Wettbewerbsverbot unterliegt er
jedoch ohne besondere Abrede nicht mehr[59]. Wird rechtsgeschäftlich ein Wettbewerbsverbot begründet, ist es grundsätzlich insgesamt unwirksam, wenn es unangemessen weit
gefasst ist[60]. Eine Reduktion erfolgt nur im Hinblick auf den
zeitlichen Geltungsbereich des nachwirkenden Verbots.

II. Vergleich des Regelungsziels mit der bestehenden Rechtslage

Handlungsbedarf ist gegeben, soweit die bestehende Rechtslage die einzelnen Ziele des Obermann noch nicht vollständig abdeckt.

*Vergleich
Rechtslage mit
Mandantenzielen*

1. Dauer der Tätigkeit

Hinsichtlich des Ziels, dass Tüchtig während der Dauer seiner Tätigkeit für die Call-Center GmbH keine Konkurrenztätigkeit ausübt, besteht nur geringer Regelungsbedarf. Solange Tüchtig das Amt eines Geschäftsführers innehat, unterliegt er auch ohne gesonderte Regelung einem Wettbewerbsverbot. Für Zeiträume, in denen er zwar nicht als Geschäftsführer bestellt, jedoch zur Gesellschaft in einem Anstellungsverhältnis steht, lässt sich dies ebenfalls annehmen. Allerdings folgt dem die wohl h. M. nicht, weshalb Regelungsbedarf zumindest insoweit besteht, als für diese Zeiträume
kein gesichertes Wettbewerbsverbot besteht. Außerdem besteht ein Regelungsbedarf insoweit, als sich dem Gesetz
nicht das Verbot entnehmen lässt, sich kapitalmäßig an einem Konkurrenzunternehmen zu beteiligen.

*Bedürfnis nach
Klarstellung und
Erweiterung*

Die Effektivität der Durchsetzung des Wettbewerbsverbots genügt noch nicht den Interessen des Obermann. Die an
eine Verletzung anknüpfende Möglichkeit, Tüchtig zu kündigen, schreckt diesen gegebenenfalls von der Begehung eines Verstoßes ab. Sie steht allerdings im Widerspruch zu

*Effektivierung des
Verbots*

---

[57]   Siehe oben B I. 1. a), bb), S. 144.
[58]   Siehe oben B II. 2 a) bb), S. 151 ff.
[59]   Siehe oben B II. 2. a) aa), S. 151.
[60]   Siehe oben B II. 2. d), S. 155 f.

dem Ziel, Tüchtig an das Unternehmen zu binden. Die verbleibenden Schadenersatzansprüche oder das Eintrittsrecht könnten im Einzelfall Probleme hinsichtlich Darlegung und Beweis der Anspruchsvoraussetzungen bereiten, was die gerichtliche Durchsetzung behindern könnte. Dies genügt den Ansprüchen des Mandanten an die Effektivität des Verbots nicht. Zudem besteht das Risiko, dass eine zu kurze Verjährungsfrist für die aus der Verletzung des Wettbewerbsverbots folgenden Ansprüche läuft.

Vermeidung der Gesamtunwirksamkeit

Schließlich widerspricht die nach § 138 BGB eintretende Nichtigkeitsfolge den Zielen des Obermann. Dieser Widerspruch wiegt allerdings nicht so schwer, weil es trotz gegebenenfalls eintretender Gesamtnichtigkeit einer wettbewerbsbeschränkenden Abrede zumindest bei der Geltung des auch ohne gesonderte Abrede bestehenden Wettbewerbsverbots bliebe.

2. Nach Beendigung der Tätigkeit

umfassendes Regelungsbedürfnis

Da Tüchtig nach seinem Ausscheiden bei der Call-Center GmbH frei darin ist, eine Konkurrenztätigkeit zu entfalten oder sich an Konkurrenzunternehmen zu beteiligen, entspricht die Rechtslage insoweit nicht den Zielen des Obermann. Dies gilt letztlich auch für die Folgefragen der Absicherung eines Verbots und der Verjährung hieraus erwachsender Ansprüche. Schließlich widerspricht die an ein zu weit gefasstes Verbot anknüpfende Nichtigkeitsfolge, welche grundsätzlich das gesamte Wettbewerbsverbot erfasst, den Zielen des Mandanten.

C. Umsetzung des Regelungsbedarfs

I. Geeignete Gestaltungen

1. Dauer der Tätigkeit

a) Vereinbarung eines Wettbewerbsverbots

Klarstellung des Verbots einer Konkurrenztätigkeit

Lieblich könnte den Gestaltungsbedarf des Mandanten dadurch umsetzen, dass sie zunächst empfiehlt, im Geschäftsführeranstellungsvertrag ein für die Dauer der Anstellung geltendes Wettbewerbsverbot zu vereinbaren. Soweit dieses neben das losgelöst von einer besonderen Abrede ohnehin geltende Wettbewerbsverbot tritt, erreicht es zumindest eine Klarstellung und appelliert an Tüchtig, seine Pflichten zu beachten. Zugleich wird die zweifelhafte Rechtslage[61] über das Bestehen eines Wettbewerbsverbot für Zeiträume, in denen zwar ein Anstellungsverhältnis, aber keine Organstellung besteht, klargestellt, weil ein gegebenenfalls ohne besondere Abrede nicht bestehendes Wettbewerbsverbot begründet würde.

Das Wettbewerbsverbot muss zudem den inhaltlichen Vorgaben der Mandantin Rechnung tragen. Es muss Tüchtig daher zunächst jegliche Konkurrenztätigkeit untersagen. Dies umfasst zunächst den Betrieb eines Handelsgewerbes im Geschäftsbereich der Gesellschaft als auch das Geschäftemachen auf diesem Gebiet. Darüber hinaus soll vermieden werden, dass sich Tüchtig an einem Konkurrenzunternehmen beteiligt, um Interessenskonflikte bereits im Vorfeld auszuschließen. Mit diesem Inhalt geht das Wettbewerbsverbot über das organschaftliche Wettbewerbsverbot hinaus und erlangt auch insoweit selbstständige Bedeutung.

Vereinbarung eines Verbots der Beteiligung an Konkurrenzunternehmen

b) Vereinbarung der eingreifenden Sanktionen

Ebenso wie das Wettbewerbsverbot klargestellt und partiell begründet werden sollte, kommt eine Klarstellung und partielle Regelung der an seine Verletzung anknüpfenden Rechtsfolgen (Schadenersatz und Eintrittsrecht) in Betracht.

Klarstellung der Sanktionen

Als zusätzliche Absicherung der Beachtung des Wettbewerbsverbots kommt die Vereinbarung einer Vertragsstrafe in Betracht, welche Tüchtig verwirkt, wenn er dem Wettbewerbsverbot zuwiderhandelt. Die Strafe sollte in ihrer Höhe so gewählt werden, dass der von ihr ausgehende Druck Tüchtig von einer Verletzung des Wettbewerbsverbots abhält. Der Betrag muss daher so hoch sein, dass der für Tüchtig im Regelfall mit einem Verstoß verbundene Vorteil aufgesogen wird. Dies spricht für eine möglichst hohe Vertragsstrafe. Andererseits lässt der von einem Vertragsstrafeversprechen ausgehende Druck möglicherweise wieder nach, wenn eine absurd hohe Strafe vereinbart wird, welche Tüchtig offensichtlich niemals zahlen kann. Außerdem erlangt die Vertragsstrafe nur Geltung, wenn Tüchtig den Vertrag abschließt. Eine absurd hohe Strafe könnte hier ein Hindernis sein. Im Hinblick auf den für die Unternehmensanteile gezahlten Kaufpreis in achtstelliger Höhe erscheint eine sechsstellige Vertragsstrafe je Verstoß nicht fernliegend. Hierüber wird gegebenenfalls mit Obermann zu sprechen und mit Tüchtig zu verhandeln sein.

Erweiterung der Sanktionen durch eine Vertragsstrafe

---

[61] Siehe oben B. I. 1. a) bb), S. 144 f.

c) Verlängerung der Verjährungsfristen

Verweis auf
gesetzliche
Regelverjährung

Der zutreffenden Befürchtung der Mandantin, dass aus der Verletzung des Wettbewerbsverbots erwachsende Ansprüche zu schnell durch Zeitablauf verloren gehen können, kann dadurch Rechnung getragen werden, dass im Geschäftsführeranstellungsvertrag ausdrücklich eine angemessene Verjährungsfrist für diese Ansprüche vereinbart wird. Dies kann dadurch erfolgen, dass die regelmäßige gesetzliche Verjährungsfrist für anwendbar erklärt wird. Kommt diese zur Anwendung, bliebe der Mandantin ein Zeitraum von drei Jahren ab Kenntnis bzw. grob fahrlässiger Unkenntnis des Verstoßes (vgl. §§ 195, 199 Abs. 1 BGB).

d) Ersatzklausel

Salvatorische
Klausel

Die von der Mandantin unerwünschte Folge der Gesamtnichtigkeit einer zu weit geratenen Gestaltung könnte dadurch vermieden[62] werden, dass eine hiervon abweichende Regelung getroffen wird. In Betracht kommt insoweit, dass eine konkrete Ersatzregelung getroffen wird. Denkbar ist aber auch, dass eine Vereinbarung dahingehend getroffen wird, dass eine unwirksame Regelung ganz allgemein durch eine ihr nach Sinn und Zweck möglichst weitgehend entsprechende, aber wirksame Regelung ersetzt wird. Dies ermöglicht eine Anpassung, ohne sich bereits jetzt auf eine konkrete Ersatzregelung festlegen zu müssen.

2. Nach Beendigung der Tätigkeit

Vereinbarung eines
zeitlich Fortwirkens
des Wettbewerbs-
verbots

Da sich für den Zeitraum nach dem Ausscheiden des Tüchtig aus dem Gesetz praktisch kein Verbot der Ausübung einer Konkurrenztätigkeit usw. ergibt, bedarf es insoweit einer umfassenden Gestaltung. Da die Interessen des Mandanten insoweit darauf abzielen, die während der Dauer der Tätigkeit als Geschäftsführer geltenden Beschränkungen für einen möglichst langen Zeitraum umfassend fortzuschreiben, kommen für das nachwirkende Wettbewerbsverbot die auch

---

[62] Durch eine Ersatzklausel (sog. salvatorische Klausel) wird eine Gesamtnichtigkeit zwar nicht in jedem Fall ausgeschlossen. Sie tritt aber nur ein, wenn ein Festhalten am Vertrag auch unter Berücksichtigung lückenschließender Regelung nicht mehr dem Parteiwillen entspricht, vgl. BGH v. 15.03.2010, NJW-Spezial 2010, 303.

während der Dauer der Tätigkeit vorgesehenen Gestaltungen[63] als geeignete Umsetzung in Betracht.

II. Zulässigkeit der vorgesehenen Gestaltungen

Die Parteien können die als geeignet erkannten Gestaltungen durch eine vertragliche Einigung zur Wirksamkeit gelangen lassen, soweit kein Unwirksamkeitsgrund besteht[64]. Als mögliche Unwirksamkeitsgründe sind zunächst Spezialvorschriften in Betracht zu ziehen. Außerdem liefern die §§ 305-310 BGB einen Maßstab zur Wirksamkeitsprüfung vertraglicher Vereinbarungen. Sie kommen allerdings nur zur Anwendung, wenn ihr Anwendungsbereich (formularmäßige und wiederholte Nutzung) eröffnet ist. Hierfür ist vorliegend kein Anhaltspunkt aus dem Sachverhalt zu entnehmen. Schließlich sind die allgemeinen Grenzen der §§ 134, 138 BGB zu wahren, an denen sich alle Rechtsgeschäfte messen lassen müssen.

Kontrollmaßstab

1. Dauer der Tätigkeit

a) Vereinbarung eines Wettbewerbsverbots

Besondere Vorschriften, an denen sich das für die Dauer der Tätigkeit vorgesehene Wettbewerbsverbot messen lassen müsste, bestehen nicht. Dies gilt auch, soweit für den Vorstand der AG oder gegebenenfalls für Arbeitnehmer geltende Vorschriften im Wege der Analogie für Geschäftsführer zur Anwendung kommen[65]. Die betreffenden Vorschriften begründen ein Wettbewerbsverbot, enthalten aber jeweils keine abschließende Regelung, welche weitergehende Abreden verbieten würde. Soweit die in Aussicht genommene Vereinbarung lediglich das ohnehin auch ohne besondere Abrede geltende organschaftliche Wettbewerbsverbot klarstellt, scheidet von vornherein die inhaltliche Unwirksamkeit der Regelung aus. Eine im Wege der Analogie aus dem Gesetz abgeleitete Regelung kann weder gegen ein Verbotsgesetz verstoßen noch sittenwidrig sein.

Unbedenklichkeit der Klarstellung

Wegen eines Verstoßes gegen die guten Sitten könnte die in Aussicht genommene Regelung aber insoweit nach § 138 Abs. 1 BGB unwirksam sein, als sie das organschaftliche

Unwirksamkeit der Erweiterung?

---

[63] Siehe oben C. I. 1., S. 158 ff.
[64] Vgl. Boemke/Ulrici, BGB-AT, § 11 Rn. 2.
[65] Siehe oben B. I. 1. a), S. 141 ff.

Wettbewerbsverbot erweitert. Eine solche Erweiterung wäre unter Berücksichtigung der wohl h. M. zunächst für den Zeitraum zwischen Verlust der Organstellung und Fortbestehens des Anstellungsverhältnisses gegeben. Eine Erweiterung erfolgt zudem inhaltlich dadurch, dass die Beteiligung an Konkurrenzunternehmen untersagt werden soll. Beide Erweiterungen sind unwirksam, wenn sie gegen die guten Sitten verstoßen. Dies ist nach der klassischen Formel der Rechtsprechung der Fall, wenn das Rechtsgeschäft dem Anstandsgefühl aller billig und gerecht Denkenden widerspricht[66]. Diese wertausfüllungsbedürftige Formel ist vorrangig durch rechtliche Wertungen zu konkretisieren[67]. Was im Einklang mit der geltenden Rechtsordnung steht, kann nicht sittenwidrig sein. Entsprechend der Rangordnung innerhalb der Rechtsordnung sind sowohl Wertungen der Verfassung (mittelbare Drittwirkung der Grundrechte) als auch die mit ihr in Einklang stehenden Wertungen des einfachen Rechts zu beachten[68]. Danach ist für die Erweiterung des Wettbewerbsverbots zu berücksichtigen, dass dieses die durch Art. 12 GG gewährleistete Berufsfreiheit des Tüchtig beschränkt, weil es ihm die Ausübung einer bestimmten beruflichen Tätigkeit untersagt[69]. Umgekehrt ist eine Konkurrenztätigkeit des Tüchtig gegebenenfalls geeignet, ebenfalls durch Art. 12 GG geschützte wirtschaftliche Interessen der Call-Center GmbH zu beeinträchtigen. Den Wertungen des Grundgesetzes widerspricht ein Wettbewerbsverbot daher erst, wenn es die Berufsfreiheit beeinträchtigt, ohne durch ausreichend gewichtige Interessen des Berechtigten gerechtfertigt zu sein. Keinen Bedenken begegnet hiernach die Erweiterung des organschaftlichen Wettbewerbsverbots auf einen Anstellungszeitraum ohne Organstellung, weil es nach der Wertung des § 60 HGB dem Schutz gewichtiger Interessen der Call-Center GmbH dient[70]. Als nicht sittenwidrig erweist sich nach diesem Maßstab aber auch die gegenständliche Erweiterung des Wettbewerbsverbots auf jegliche Beteiligung an Konkurrenzunternehmen, weil sich die Call-Center GmbH hierdurch die für die Tätigkeit als Leitungsorgan notwendige Loyalität des Tüchtig sichert. Es wird vermieden, dass Tüchtig sich bei seiner Tätigkeit für die Call-

---

[66]   RG v. 11.04.1901, RGZ 48, 114, 124; BGH v. 19.07.2004, NJW 2004, 2668, 2670.
[67]   Boemke/Ulrici, BGB-AT, § 11 Rn. 45 ff.
[68]   Vgl. Boemke/Ulrici, BGB-AT, § 11 Rn. 45 ff.
[69]   BGH v. 14.07.1997, NJW 1997, 3089.
[70]   Siehe oben B. I. 1. a) bb), S. 145.

Center GmbH von eigenen oder fremden Interessen leiten lässt. Die Gefahr hierzu bestünde, wenn Tüchtig an Konkurrenten beteiligt ist.

Die in Aussicht genommenen Vereinbarungen über ein während der Dauer der Tätigkeit für die Call-Center GmbH geltendes Wettbewerbsverbot sind nicht sittenwidrig und deshalb zulässig. Sie können wirksam vereinbart werden.

Zwischenergebnis

b) Vereinbarung der eingreifenden Sanktionen

Besondere Vorschriften, welche die Zulässigkeit von an die Verletzung eines Wettbewerbsverbots anknüpfenden Schadenersatzansprüchen oder eines Eintrittsrechts regeln, existieren nicht. Namentlich der für eine entsprechende Anwendung in Betracht zu ziehende § 88 Abs. 2 AktG[71] sieht beide Rechtsfolgen vor, schließt aber weder ihre Übertragung auf andere Fälle noch ihre Erweiterung aus. Entscheidend ist daher, ob die Vereinbarung eines an die Verletzung des Wettbewerbsverbots anknüpfenden Schadenersatzanspruchs oder eines Eintrittsrechts sittenwidrig und deshalb nach § 138 Abs. 1 BGB unwirksam ist. Dies ist jedenfalls nicht der Fall, wenn eine entsprechende Regelung im Einklang mit gesetzlichen Wertungen steht oder sie lediglich die ohnehin geltende Rechtslage klarstellt. Letzteres gilt vorliegend für die Vereinbarung eines Schadenersatzanspruchs und zwar nicht nur insoweit, als insgesamt eine § 88 Abs. 2 AktG entsprechende Rechtslage geschaffen wird. Auch soweit ein Schadenersatzanspruch an das erweiterte Wettbewerbsverbot anknüpft, wird lediglich klargestellt, was sich ohnehin aus § 280 Abs. 1 BGB ergibt. Danach verpflichtet grundsätzlich jede schuldhafte Verletzung einer Pflicht im Schuldverhältnis zum Schadenersatz. Soweit ein Eintrittsrecht als Sanktion des ohnehin bestehenden organschaftlichen Wettbewerbsverbots vereinbart wird, ist lediglich eine Klarstellung gegeben. Im Übrigen muss das Eintrittsrecht zwar durch Rechtsgeschäft begründet werden. Eine entsprechende Vereinbarung greift ihrerseits aber eine in § 88 Abs. 2 AktG sowie z. B. in § 61 Abs. 1 HGB normierte Rechtsfolge auf und steht deshalb im Einklang mit Wertungen des Gesetzes. Beide auch von § 88 Abs. 2 AktG vorgesehenen Sanktionen können ohne Verstoß gegen § 138 Abs. 1 BGB vereinbart werden.

Unbedenklichkeit eines Schadenersatzanspruchs und eines Eintrittsrechts

---

[71]   Siehe oben B. I. 1. b), S. 146.

Unbedenklichkeit
einer Vertragsstrafe

Besondere Vorschriften, welche die Zulässigkeit der Vereinbarung einer Vertragsstrafe einschränken, existieren nicht. Entsprechende Regelungen finden sich insbesondere nicht in den §§ 339 ff. BGB. Dort wird lediglich geregelt, wann eine Vertragsstrafe im Zweifel verwirkt ist, wie Vertragsstrafeversprechen im Zweifel auszulegen sind oder wann eine Herabsetzung der verwirkten Strafe erfolgt. Soweit § 344 BGB die Unwirksamkeit eines Vertragsstrafeversprechens behandelt, betrifft dies nur die Folgen der Unwirksamkeit der durch die Vertragsstrafe gesicherten Leistung. Entscheidend ist daher, ob die Vereinbarung einer Vertragsstrafe für den Fall der Verletzung des Wettbewerbsverbots sittenwidrig und deshalb nach § 138 Abs. 1 BGB unwirksam ist. Dies ist jedenfalls nicht der Fall, wenn eine entsprechende Regelung im Einklang mit gesetzlichen Wertungen steht. Eine entsprechende Wertung kann man den §§ 339 ff. BGB entnehmen, welche davon ausgehen, dass wirksam begründete (vgl. § 344 BGB) Leistungspflichten, auch soweit sie in einem Unterlassen bestehen (vgl. § 339 S. 2 BGB), durch eine Vertragsstrafe gesichert werden können. Dass von dieser gesetzlich vorgesehenen Möglichkeit Gebrauch gemacht wird, ist daher grundsätzlich nicht sittenwidrig. Die Sittenwidrigkeit einer Vertragsstrafe könnte sich jedoch aus ihrer Ausgestaltung, insbesondere ihrer Höhe ergeben. In Ermangelung erkennbarer Sonderinteressen der Mandantin beschränkt sich die vom Gesetz abweichende oder das Gesetz ergänzende Ausgestaltung darauf, dass eine Vertragsstrafe in sechsstelliger Höhe vorgesehen wird. Diese Höhe wäre sittenwidrig, wenn sie auch unter Berücksichtigung einer u. U. bestehenden Möglichkeit zur Herabsetzung nach § 343 BGB[72] gegen das Anstandsgefühl aller billig und gerecht Denkenden verstößt. Dies ist jedenfalls insoweit nicht der Fall, als die vereinbarte Höhe der Vertragsstrafe noch im Rahmen dessen liegt, was geeignet ist, die von §§ 339 ff. BGB verfolgte Sicherungswirkung zu erreichen. Im Hinblick auf die Höhe der beteiligten wirtschaftlichen Interessen (Anhaltspunkt ist der für das Unternehmen gezahlte Kaufpreis) ist eine Vertragsstrafe in sechsstelliger Höhe geeignet, die gewünschte Sicherungswirkung zu erreichen[73].

Zwischenergebnis

Die in Aussicht genommene Vereinbarung der an die Verletzung des Wettbewerbsverbots anknüpfenden Rechtsfolgen ist zulässig.

---

[72]   Vgl. BGH v. 30.03.1977, WM 1977, 641, 643.
[73]   Vgl. oben C. I. 1. b), S. 159.

c) Verlängerung der Verjährungsfristen

Mit Ausnahme des § 202 BGB gibt es keine allgemeinen[74] Vorschriften, welche speziell die Zulässigkeit von Vereinbarungen über die Verjährung von Ansprüchen regeln. Die in Aussicht genommene Verjährungsverlängerung durch Verweis auf die gesetzliche Regelverjährung ist daher zulässig, wenn sie nicht sittenwidrig und deshalb nach § 138 Abs. 1 BGB nichtig ist. Nach der klassischen Formel darf sie nicht gegen das Anstandsgefühl aller billig und gerecht Denkenden verstoßen. Diese wertausfüllungsbedürftige Formulierung ist vorrangig durch die Wertungen des Gesetzes zu konkretisieren[75]. Ausgangspunkt hierbei ist die Funktion der Verjährung, welche einen angemessenen Ausgleich zwischen dem Interesse des Schuldners und der Allgemeinheit an Rechtsfrieden und dem Interesse des Gläubigers an einer ausreichenden Möglichkeit zur Realisierung seiner Ansprüche schaffen soll[76]. Hinsichtlich dieses Interessenwiderstreits lässt sich § 202 Abs. 2 BGB entnehmen, dass jedenfalls nach Ablauf von 30 Jahren dem Rechtsfrieden Vorrang eingeräumt werden muss. Bis zu dieser Grenze soll eine Verlängerung der Verjährung dagegen grundsätzlich möglich sein. Die in Aussicht genommene Verlängerung der Verjährung begegnet insoweit keinen Bedenken.

Zulässigkeit der Verlängerung der Verjährung

Im Zusammenhang mit Ansprüchen aus der Verletzung eines Wettbewerbsverbots lässt sich jedoch den Regelungen der §§ 61 Abs. 2, 113 Abs. 3 HGB, §§ 88 Abs. 3, 284 Abs. 3 AktG entnehmen, dass der Gläubiger eines Wettbewerbsverbots diese Ansprüche besonders zeitnah verfolgen soll, weil anderenfalls davon ausgegangen wird, dass am Wettbewerbsverbot selbst kein hinreichendes Interesse besteht, wenn der Gläubiger zuwartet, um im Anschluss gegebenenfalls besonders hohe Ansprüche geltend machen zu können[77]. Dieser Wertung trägt eine Verlängerung der Verjährungsfrist von drei Monaten auf drei Jahre nicht Rechnung. Gleichwohl ist die in Aussicht genommene Regelung nicht sittenwidrig, wenn sie mit der gesetzlichen Wertung nicht schlechthin unvereinbar ist. Hiervon ist auszugehen, wenn dem speziellen Anliegen des Gesetzes dadurch hinreichend Rechnung getragen wird, dass § 242 BGB i. V. m. dem Insti-

Berücksichtigung der besonderen Wertungen des Gesetzgebers

---

[74] Eine hier nicht einschlägige besondere Regelung enthält z. B. § 475 Abs. 2 BGB.

[75] Vgl. oben C. II. 1 a), S. 162.

[76] Vgl. Boemke/Ulrici, BGB-AT, § 19 Rn. 16.

[77] Vgl. oben B. I. 1. c), S. 149.

tut der Verwirkung im Einzelfall eine treuwidrige Anspruchsdurchsetzung ausschließt[78]. Dies ist der Fall, wenn der Einwand der Verwirkung ausschließt, dass der Gläubiger den Schuldner längere Zeit im Unklaren lässt. Verwirkung tritt ein, wenn der Berechtigte mit der Geltendmachung eines Rechts längere Zeit zugewartet hat und der Belastete aufgrund der Begleitumstände darauf vertrauen durfte, dass eine Geltendmachung nicht mehr erfolgen wird[79]. Unter diesen Voraussetzungen kann das verwirkte Recht nicht mehr ausgeübt werden. Bei der Anwendung dieser Grundsätze kann die besondere Interessenlage eines Wettbewerbsverbots berücksichtigt werden. Die wissentliche Hinnahme etwaiger Wettbewerbsverstöße durch den Begünstigten kann bereits nach moderatem Zeitablauf beim Belasteten die berechtigte Erwartung entstehen lassen, er könne sein Verhalten fortsetzen. Das Institut der Verwirkung schafft danach einen angemessenen Ausgleich im Einzelfall und mildert hierdurch die Wirkungen der in Aussicht genommenen Verlängerung der Verjährung. Aufgrund dieser Milderung ist die Verlängerung der Verjährung durch Verweis auf die gesetzliche Regelverjährung nicht mit Wertungen des Gesetzes unvereinbar.

Zwischenergebnis

Sittenwidrigkeit ist nicht gegeben. Die in Aussicht genommene Regelung zur Verjährung kann wirksam vereinbart werden.

d) Ersatzklausel

§ 139 BGB steht nicht entgegen

Die Vereinbarung einer konkreten oder abstrakten Ersatzregelung könnte zunächst nach § 139 BGB unzulässig sein. Dies ist der Fall, wenn es sich bei § 139 BGB um eine zwingende Vorschrift handelt, aus der folgt, dass die Unwirksamkeit eines Rechtsgeschäfts dessen ersatzloses Entfallen bewirken soll. Ob es sich bei § 139 BGB um eine zwingende oder eine nachgiebige Vorschrift handelt, ist durch Auslegung zu ermitteln. Eine ausdrückliche gesetzliche Entscheidung hierzu ist dem Wortlaut des BGB nicht zu entnehmen. Indem das Gesetz jedoch darauf abstellt, ob das Rechtsgeschäft auch ohne den unwirksamen Teil vorgenommen worden wäre, nimmt es den hypothetischen Parteiwillen in Bezug[80]. Dies ist ein deutliches Indiz, dass § 139 BGB die Privatautonomie stützen und nicht einschränken soll. Es handelt

---

[78]   Vgl. zur Verwirkung Boemke/Ulrici, BGB-AT, § 20 Rn. 28.

[79]   BGH v. 12.03.2008, NJW 2008, 2254, 2255.

[80]   Vgl. Boemke/Ulrici, BGB-AT, § 14 Rn. 26 ff.

sich daher nicht um eine zwingende Regelung, welche der Vereinbarung einer Ersatzklausel entgegensteht.

Eine konkrete oder abstrakte Ersatzklausel ist nach § 138 Abs. 1 BGB unwirksam, wenn sie sittenwidrig ist. Dies ist nach der klassischen Formel der h. M. der Fall, wenn sie gegen das Anstandgefühl aller billig und gerecht Denkenden, d. h. vor allem gegen gesetzliche Wertentscheidungen verstößt. Dafür ist zunächst die hinter § 139 BGB stehende Wertentscheidung in den Blick zu nehmen. Diese besteht darin, der Privatautonomie möglichst weitgehend Geltung zu verschaffen. Hiermit kollidiert eine Ersatzklausel nicht. Vielmehr wird dieser Gedanke durch eine Ersatzklausel gestärkt. Zugleich ist aber die hinter dem jeweiligen Unwirksamkeitsgrund stehende Wertung zu berücksichtigen, welche durch eine Ersatzklausel nicht konterkariert werden darf[81]. Besteht der Unwirksamkeitsgrund, um eine Partei des Rechtsgeschäfts vor einem (potentiellen) einseitigen Missbrauch der Privatautonomie durch die andere Partei zu schützen, kann hiermit unvereinbar sein, dass die Ersatzklausel es der stärkeren Partei ermöglicht, ihre Privatautonomie wahrzunehmen und sich zugleich gezielt durch eine Ersatzklausel gegen die Risiken der Wahrnehmung der Privatautonomie abzusichern. Dieser Gedanke könnte einer Ersatzklausel im Zusammenhang mit Wettbewerbsverboten entgegenstehen, weil § 138 Abs. 1 BGB den Schuldner des Wettbewerbsverbots davor schützen soll, dass er aufgrund unterlegener Verhandlungsstärke seine grundrechtlich geschützte Berufsfreiheit übermäßig preisgibt. Allerdings zeigt zunächst § 74a Abs. 1 HGB, dass der Gesetzgeber die Anpassung überschießender Wettbewerbsverbote nicht schlechthin als bedenklich ansieht. Zudem ist das Interesse an der Vereinbarung einer Ersatzregelung im Hinblick auf die Schwierigkeiten bei der Grenzziehung billigenswert[82]. Abweichendes könnte nur im hier nicht gegebenen Fall gelten, dass die Kombination aus weit reichender Gestaltungsmacht und Vereinbarung einer Ersatzregelung bewusst missbraucht wird.

allgemeine Unwirksamkeitsgründe

Konkrete oder abstrakte Ersatzklauseln können wirksam vereinbart werden.

Zwischenergebnis

---

[81] Vgl. BGH v. 17.10.2008, NJW 2009, 1135, 1136 f.; Boemke/Ulrici, BGB-AT, § 11 Rn. 63.

[82] Vgl. BAG v. 14.01.2009, NZA 2009, 666, 669 (sog. Prognoserisiko, kritisch hierzu Ulrici, jurisPR-ArbR 28/2009 Nr. 1).

2. Nach Beendigung der Tätigkeit

a) Wettbewerbsverbot

aa) Grenzen des Verbots

Zulässigkeit
nachwirkenden
Wettbewerbsverbots

Spezielle Regelungen, an denen sich die Vereinbarung eines nachwirkenden Wettbewerbsverbots für GmbH-Geschäftsführer messen lassen muss, könnten sich in den §§ 74 ff. HGB finden. Voraussetzung ist jedoch, dass diese Vorschriften auf Geschäftsführer anwendbar sind. Dies ist nicht der Fall, weil die betreffenden Regelungen dem Schutz des Arbeitnehmers dienen und der Gesetzgeber für Geschäftsführer ein vergleichbares Schutzbedürfnis nicht formuliert hat[83]. Die in Aussicht genommene Fortwirkung des Wettbewerbsverbots über die Beendigung der Tätigkeit für die Call-Center GmbH hinaus kann deshalb wirksam vereinbart werden, soweit § 138 Abs. 1 BGB nicht entgegensteht. Entscheidend ist somit, ob und inwieweit ein nachwirkendes Wettbewerbsverbot gegen das Anstandsgefühl aller billig und gerecht Denkenden verstößt, d. h. den einschlägigen Wertungen der Rechtsordnung widerspricht[84]. Als derartige Wertung ist zunächst zu berücksichtigen, dass die Vereinbarung eines nachwirkenden Wettbewerbsverbots Tüchtig die Wahrnehmung seines Grundrechts aus Art. 12 GG teilweise unmöglich macht[85]. Gerade auf dem ihm vertrauten Gebiet kann er seinen angestammten Beruf nicht ausüben. Überdies wird das Interesse der Wettbewerber der Call-Center GmbH, sich das Know-how oder das Kapital des Tüchtig nutzbar zu machen, beeinträchtigt. Schließlich können auch Interessen der Allgemeinheit beeinträchtigt werden. Dies betrifft zunächst den Fall, dass Tüchtig möglicherweise seinen Lebensunterhalt nicht mehr verdienen kann und deshalb der Fürsorge anheim fällt. Angesprochen ist zudem, dass Tüchtig sich nicht in den Wettbewerb einbringen und hierdurch für günstigere Konditionen im Call-Center-Markt sorgen kann. Diese vielfältigen, auch über das Verhältnis der Parteien hinausgehenden, negativen Wirkungen eines Wettbewerbsverbots sind nach den aus § 74a Abs. 1 S. 1 HGB ersichtlichen Vorstellungen des Gesetzgebers nur akzeptabel, soweit sie durch hinreichende gegenläufige Interessen des Begünstigten gerechtfertigt sind. Fehlen das Verbot tragende

---

[83] Vgl. BGH v. 04.03.2002, DStR 2002, 735; BGH v. 26.03.1984, NJW 1984, 2366, 2366 f.
[84] Vgl. Boemke/Ulrici, BGB-AT, § 11 Rn. 45 f.
[85] Vgl. BGH v. 14.07.1997, NJW 1997, 3089.

Interessen, ist dieses mit den Wertungen der Rechtsordnung unvereinbar und deshalb sittenwidrig.

Die Zulässigkeit der vorgesehenen Regelung ist somit davon abhängig, dass die Call-Center GmbH in gegenständlicher, räumlicher und zeitlicher Hinsicht ein ausreichend gewichtiges Sicherungsinteresse verfolgt[86]. Ein solches besteht nur im Hinblick auf solche geschäftlichen Betätigungen des Tüchtig, die geeignet sind, die schutzwürdigen wirtschaftlichen Interessen der Call-Center GmbH zu beeinträchtigen. Nicht schutzwürdig ist nach dem Konzept der geltenden Wirtschaftsordnung das Interesse an der Vermeidung von Konkurrenz[87]. Schutzwürdig ist aber das Interesse am Erhalt der eigenen Geschäftsgrundlagen und deren Schutz vor Ausbeutung durch Dritte[88]. Untersagt werden können Tüchtig deshalb nur Tätigkeiten, bei denen die Gefahr besteht, dass dieser sein bei der Call-Center GmbH erworbenes Know-how oder seine dort geknüpften Kontakte zu Lasten der Call-Center GmbH ausnutzt. Dagegen darf sich das Verbot nicht darauf erstrecken, dass sich Tüchtig an Konkurrenzunternehmen kapitalmäßig beteiligt. Dies ergibt sich daraus, dass die Call-Center GmbH nach Beendigung der Tätigkeit des Tüchtig nicht mehr davor geschützt werden muss, dass Tüchtig sich bei Ausübung seiner Tätigkeit von Drittinteressen leiten lässt[89]. Das Verbot darf sich zudem nur darauf beziehen, dass Tüchtig räumlich im gleichen Gebiet tätig wird, in dem auch die Call-Center GmbH tätig ist. In zeitlicher Hinsicht ist zudem zu berücksichtigen, dass der Nutzen des erworbenen betrieblichen Know-hows und der gewonnenen Kontakte mit fortschreitender Zeit verblasst. Der Regelung des § 74a Abs. 1 S. 3 HGB lässt sich dabei die Wertung entnehmen, dass die Schutzwürdigkeit spätestens zwei Jahre nach Beendigung der Tätigkeit endet, weil gepflegte Kontakte verblasst sind und Know-how überholt ist. Diese die widerstreitenden Grundrechte und Interessen ausgleichende Grenze gilt im Regelfall selbst dann, wenn im Einzelfall die geknüpften Kontakte zwei Jahren überdauern[90]. Zulässig vereinbart werden kann deshalb nur ein nachwirkendes Wettbewerbsverbot, welches sich in räumlicher und gegenständlicher Hinsicht auf Tätigkeiten des Tüchtig beschränkt,

Räumliche, gegenständliche und zeitliche Reichweite des Verbots

---

[86] BGH v. 04.03.2002, DStR 2002, 735.
[87] BGH v. 08.05.2000, ZIP 2000, 1337, 1339.
[88] BGH v. 04.03.2002, DStR 2002, 735.
[89] Vgl. hierzu oben A. I., S. 140.
[90] Vgl. BGH v. 08.05.2000, ZIP 2000, 1337, 1339; BGH v. 29.10.1990, GmbHR 1991, 15, 17.

die dieser in Konkurrenz zur Call-Center GmbH unter (potentieller) Verwendung im Rahmen seiner Tätigkeit erworbener Kenntnisse und Kontakte entfaltet. Das Verbot kann längsten für zwei Jahre nach Beendigung der Tätigkeit bei der Call-Center GmbH begründet werden. Eine Beteiligung an Konkurrenzunternehmen kann dagegen nicht verboten werden.

bb) Ausgleich durch Karenzentschädigung

Notwendigkeit der Zahlung einer Karenzentschädigung

Die Vereinbarung eines Wettbewerbsverbots könnte zudem gegen die guten Sitten verstoßen und nach § 138 Abs. 1 BGB unwirksam sein, wenn die Call-Center GmbH Tüchtig nicht als Ausgleich für die Beschränkung seiner wirtschaftlichen Betätigung eine Karenzentschädigung in ausreichender Höhe zahlt. Dies ist der Fall, wenn ein Wettbewerbsverbot ohne eine entsprechende Ausgleichszahlung gegen das Anstandsgefühl aller billig und gerecht Denkenden, d. h. insbesondere Wertentscheidungen des Gesetzgebers, verstößt. Als entsprechende Wertentscheidung kommt § 74 Abs. 2 HGB in Betracht, der vorsieht, dass gegenüber einem Arbeitnehmer ein Wettbewerbsverbot nur verbindlich ist, wenn dem Arbeitnehmer als Ausgleich eine Karenzentschädigung in Höhe von mindestens 50% der letzten Vergütung gezahlt wird. Hierdurch sollen die Belastungen abgefedert werden, die den Arbeitnehmer dadurch treffen, dass er auf dem ihm anvertrauten Gebiet nicht tätig werden und deshalb nur erschwert Einkünfte erzielen kann[91]. Zugleich wird vermieden, dass Arbeitnehmer hierdurch der Fürsorge anheim fallen. Treffen diese Erwägungen auch auf Geschäftsführer zu, prägen sie das Anstandsgefühl aller billig und gerecht Denkenden auch im vorliegenden Fall. Hiervon ist auszugehen[92]. Auch wenn der Gesetzgeber im Grundsatz davon ausgeht, dass Arbeitnehmer im Vergleich zu Geschäftsführern besonders schutzwürdig sind, treffen im Kern beide hinter § 74 Abs. 2 HGB stehende Erwägungen auch auf Tüchtig zu. Durch ein Wettbewerbsverbot wird er daran gehindert, auf dem ihm vertrauten Gebiet beruflich tätig zu werden. Dies erschwert ihm, Einkünfte zu erzielen und seinen Lebensun-

---

[91]   Vgl. BGH v. 28.04.2008, NJW-RR 2008, 1421, 1422.

[92]   Vgl. OLG Frankfurt/Main v. 06.12.1972, DB 1973, 139, 140; OLG Düsseldorf v. 18.05.1989, DB 1990, 1960. – BGH v. 28.04.2008, NJW-RR 2008, 1421, 1422 und BGH v. 04.03.2002, DStR 2002, 735 verweisen auf BGH v. 26.03.1984, NJW 1984, 2366, wo lediglich eine Kundenschutzklausel vereinbart wurde.

terhalt zu bestreiten. Hieran ändert sich nicht dadurch etwas, dass Tüchtig nach der Veräußerung seines Unternehmens über Geldmittel verfügt, die ihm möglicherweise bereits aufgrund der Zinserträge einen angemessenen Lebensstandard ermöglichen, weil auch § 74 Abs. 2 HGB nicht danach fragt, über welches Vermögen oder über welche Vermögenserträge der Handlungsgehilfe verfügt. Dementsprechend kommt die § 74 Abs. 2 HGB zu entnehmende Wertentscheidung im Rahmen des § 138 Abs. 1 BGB auch in Bezug auf Geschäftsführer zum tragen[93]. Wird dem ausgeschiedenen Geschäftsführer durch ein Wettbewerbsverbot eine geschäftliche Betätigung auf seinem angestammten Geschäftsfeld untersagt, muss diese Belastung zur Sicherung des Erwerbs des Geschäftsführers durch eine Karenzentschädigung ausgeglichen werden. Als Anhaltspunkt für die notwendige Höhe der Vergütung kann ebenfalls auf die Wertung des § 74 Abs. 2 HGB zurückgegriffen werden. Sofern dem ausgeschiedenen Geschäftsführer dagegen nicht die Tätigkeit auf dem ihm vertrauten Geschäftsfeld untersagt wird, sondern ihm nur das Abwerben von Kunden verboten ist (Kundenschutzklausel), verstößt eine solche Regelung ohne Zusage einer Karenzentschädigung auch unter Berücksichtigung der Wertungen des § 74 Abs. 2 HGB nicht gegen die guten Sitten, weil der Erwerb des Geschäftsführers nur partiell beschränkt wird und bei typisierender Betrachtung nicht die Gefahr besteht, dass der Geschäftsführer der Fürsorge anheim fällt[94].

Die Vereinbarung eines nachwirkenden Wettbewerbsverbots ist sittenwidrig, sofern als Ausgleich keine Karenzentschädigung zugesagt wird, die sich in ihrer Höhe an der Hälfte der Tüchtig zuvor zugesagten vertragsmäßigen Leistungen orientiert. Abweichendes gilt, sofern Tüchtig nur untersagt wird, Kunden der Call-Center GmbH abzuwerben.

Zwischenergebnis

b) Sanktionen

Die zur Durchsetzung und Absicherung des nachwirkenden Wettbewerbsverbots vorgesehene Vereinbarung von Sanktionen, welche inhaltlich den für Verstöße gegen das vertragliche Wettbewerbsverbot geltenden Sanktionen entsprechen sollen, begegnet keinen anderen Bedenken als die entsprechende Vereinbarung zum vertraglichen Wettbewerbsverbot.

Zulässigkeit der vorgesehenen Sanktionen

---

[93] OLG Frankfurt/Main v. 06.12.1972, DB 1973, 139, 140; OLG Düsseldorf v. 18.05.1989, DB 1990, 1960

[94] Vgl. BGH v. 04.03.2002, DStR 2002, 735; BGH v. 26.03.1984, NJW 1984, 2366, 2366 f.

Wie dort dargelegt wurde[95], können die vorgesehenen Sanktionen wirksam vereinbart werden.

c) Verjährung

Zulässigkeit der
vorgesehenen
Verjährungsfrist

Der vorgesehene Verweis auf das gesetzliche Verjährungsrecht begegnet im Hinblick auf das nachwirkende Wettbewerbsverbot keinen Bedenken. Die Interessenlage unterscheidet sich insoweit nicht von der bzgl. des vertraglichen Wettbewerbsverbots[96]. Hinzu kommt, dass für Verstöße gegen ein nachwirkendes Wettbewerbsverbot generell keine einschlägigen gesetzlichen Sondervorschriften bestehen und das gesetzliche Verjährungsrecht somit ohnehin zur Geltung kommt.

d) Ersatzregelung

Zulässigkeit der
Vereinbarung einer
Ersatzregelung

Schließlich bestehen an der Wirksamkeit der Vereinbarung einer konkreten oder abstrakten Ersatzklausel keine Bedenken, die sich von denen unterscheiden, die im Zusammenhang mit der Zulässigkeit einer Ersatzklausel für das vertragliche Wettbewerbsverbot erwogen, geprüft und verworfen wurden[97]. Eine Ersatzklausel kann wirksam vereinbart werden.

III. Auswahl

Ausgangspunkt

Die zur Umsetzung des Regelungsbedarfs erforderlichen Regelungen können weitgehend wirksam getroffen werden. Nicht möglich ist lediglich die nachwirkende Verpflichtung, sich nicht an einem konkurrierenden Unternehmen zu beteiligen.

Auswahl zwischen
konkreter oder
abstrakter
Ersatzklausel

Im Hinblick auf die Vereinbarung einer Ersatzklausel für den Fall, dass eine getroffene Vereinbarung unwirksam ist, hat die Prüfung ergeben, dass sowohl eine konkrete Ersatzklausel als auch eine abstrakte Ersatzklausel vereinbart werden kann[98]. Rechtsanwältin Lieblich wird zur Auswahl derjenigen Gestaltung raten, die im Hinblick auf die Mandantenziele vorzugswürdig ist. Vergleicht man konkrete und abstrakte Ersatzklausel miteinander, fällt auf, dass die Vereinbarung einer konkreten (wirksamen) Ersatzregelung für

---

[95] Siehe oben C. II. 1. b), S. 163 f.
[96] Siehe oben C. II. 1. c), S. 165 f.
[97] Siehe oben C. II. 1. d), S. 166 f.
[98] Siehe oben C. II. 1. d), S. 166 f.

den Fall der (unvorhergesehenen) Unwirksamkeit einer Vertragsbedingung voraussetzt, dass man bereits im Vorfeld
konkret ermittelt, welche Regelung noch wirksam ist. Dies
ist insoweit problematisch, als Rechtsanwältin Lieblich ja
bereits die primär vorgesehene Regelung als wirksam ein-
stuft, weil sie diese anderenfalls nicht empfehlen würde. Die
Suche nach einer wirksamen Ersatzklausel für den Fall der
Unwirksamkeit der primär vorgesehenen Regelung stürzt
Lieblich mithin in ein Dilemma. Wüsste sie sicher, welche
Regelung noch wirksam ist, könnte sogleich diese vereinbart
werden. Eine Ersatzregelung wäre entbehrlich. Dem eigentlichen Anliegen des Obermann wird deshalb nur durch eine
abstrakte Ersatzregelung genügt, weshalb Lieblich hierzu raten wird.

Außerdem hat die Prüfung ergeben, dass die Zulässigkeit
des nachwirkenden Wettbewerbsverbots, beschränkt man es
nicht auf eine Kundenschutzklausel, davon abhängig ist,
dass Tüchtig eine Karenzentschädigung in Höhe von 50%
der zuletzt erbrachten Leistung erhält. Obermann wird, hierüber durch Lieblich aufgeklärt, entscheiden müssen, ob die
von ihm gekaufte Gesellschaft diese Zahlungspflicht übernehmen will. Seine bisherigen Schilderungen, insbesondere
das Vorverhalten des als schlitzohrig beschriebenen Tüchtig
legen allerdings nahe, dass die mit der Übernahme einer
Verpflichtung zur Zahlung einer Karenzentschädigung verbundene Belastung gerechtfertigt ist, weil nur durch ein
Wettbewerbsverbot in möglichst weitgehendem Umfang
vermieden wird, dass Tüchtig der für viel Geld verkauften
Call-Center GmbH schadet.

nachwirkendes
Wettbewerbsverbot
oder Kundenschutz-
klausel

D. Ergebnis

I. Vertragliches Wettbewerbsverbot

Lieblich wird Obermann empfehlen, in den Geschäftsführeranstellungsvertrag eine Regelung aufzunehmen, welche es
Tüchtig für die Dauer seiner Anstellung untersagt, auf dem
Geschäftsfeld der Call-Center GmbH auf eigene oder fremde
Rechnung Geschäfte zu tätigen oder selbst das Gewerbe eines Call-Centers auszuüben. Außerdem sollte Tüchtig untersagt werden, sich kapitalmäßig oder wirtschaftlich an einem
Wettbewerber zu beteiligen. Für den Fall der Zuwiderhandlung sollte vorgesehen werden, dass Tüchtig eine Vertragsstrafe in zu verhandelnder, vorzugsweise sechsstelliger Höhe

Ergebnis
vertragliches
Wettbewerbsverbot

zu zahlen hat und dass es der Call-Center GmbH unbenommen bleibt[99], nach ihrer Wahl auch Schadenersatz zu fordern oder so gestellt zu werden, als habe sie das verbotene Geschäft selbst getätigt. Weiter sollte geregelt werden, dass diese Ansprüche nur im Rahmen der gesetzlichen Regelverjährungsfrist verjähren. Für den Fall, dass eine der vorstehenden Regelungen ganz oder teilweise unwirksam ist, sollte schließlich vorgesehen werden, dass bei Fortgeltung des übrigen Vertrags an ihre Stelle eine zulässige Regelung tritt, welche der unwirksamen Regelung nach Sinn und Zweck des ursprünglichen Vertrags möglichst nahe kommt.

II. Nachwirkendes Wettbewerbsverbot

Ergebnis
nachwirkendes
Wettbewerbsverbot

Für den Zeitraum nach dem Ausscheiden des Tüchtig als Geschäftsführer wird Lieblich empfehlen, ein nachwirkendes Wettbewerbsverbot zu vereinbaren, nach welchem es Tüchtig untersagt ist, für die Dauer von zwei Jahren nach seinem Ausscheiden im Bereich Call-Center in Deutschland selbst ein Handelsgewerbe zu betreiben oder auf eigene oder fremde Rechnung Geschäfte zu tätigen. Im Gegenzug verspricht die Call-Center GmbH Tüchtig für diese Dauer eine Karenzentschädigung in Höhe von 50% der ihm zuletzt geschuldeten Leistungen. Hinsichtlich der Rechtsfolgen einer Verletzung des nachwirkenden Wettbewerbsverbots, der Verjährung und der Geltung einer Ersatzregelung anstelle einer unerwartet als unwirksam erkannten Regelung sollte auf die Regelungen über das vertragliche Wettbewerbsverbot verwiesen werden.

---

[99]   Vgl. Einleitung, S. 20.

Klausur Nr. 5

Alles für unsere Zukunft

Sachverhalt

In der Kanzlei des Fachanwalts für Verwaltungsrecht Dr. Roman erscheint Oskar Links, Bürgermeister einer in der Region Leipziger Neuseenland liegenden und stark wachsenden Gemeinde. Er schildert Dr. Roman, dass der Gemeinderat der Ansicht ist, dass es ein unhaltbarer Zustand sei, dass Spekulanten ein Vermögen damit verdienten, dass sie sich frühzeitig unbebaute Grundstücke in der Nähe zu alten Tagebaulöchern gesichert haben, die nach umfangreicher Umgestaltung der Landschaft und Ausweisung als Bauland ihren Wert verhundertfachen. Im Gemeinderat herrschte daher frühzeitig Einigkeit, dass weiteres Bauland nur ausgewiesen wird, wenn die Gemeinde an den Wertsteigerungen partizipiert. Die seitens des Gemeinderats erhofften Einnahmen sollen für das Gemeinwohl, insbesondere für die Errichtung von Schulen und Kindertagesstätten verwendet werden. Immerhin sind die Kinder die Zukunft der Gemeinde!

In Umsetzung dieser Vorgabe hat die Gemeinde im Januar 2009 mit den Eigentümern mehrere unbebauter, noch nicht als Bauland ausgewiesener Grundstücke notarielle Verträge geschlossen, welche auszugsweise lauten: „ *... Der Gemeinderat hat in seiner Sitzung vom 10.09.2008 beschlossen, den Geltungsbereich des Bebauungsplans ‚Ufer Nord' auf die Grundstücke Fl.Nr. ... der Gemarkung M. zu erweitern. Die Verwaltung wird angewiesen, das Planänderungsverfahren erst in Gang zu setzen, wenn die Grundstückseigentümer der dreizehn betroffenen Grundstücke jeweils einen Betrag von 7,13 € je Quadratmeter Grundstücksfläche als nicht zweckgebundene Zuwendung an die Gemeinde zahlen. ... Die Gemeinde verwendet die Beträge zur Errichtung von Schulen und Kindertagesstätten für das Plangebiet. ... Sobald die vorgesehene Planänderung erfolgt ist und der*

Eigentümer eine bestandskräftige Baugenehmigung erhalten hat, ist die Gemeinde berechtigt, den Betrag von 7,13 € je Quadratmeter Grundstücksfläche als Haushaltsmittel zu vereinnahmen. ... ".

Oskar Links schildert weiter, dass er vollständig hinter dem Anliegen seines Gemeinderats steht, dass ein Parteifreund aber Zweifel angemeldet hat, ob die getroffenen Vereinbarungen unter Geltung der derzeitigen, sozial kalten Gesetze wirksam sind. Helfen die Verträge nicht, müsse auf anderem Weg Sorge dafür getragen werden, dass die Vorstellungen des Gemeinderats umgesetzt werden. In diesem Zusammenhang muss unbedingt umfassend vermieden werden, dass einmal eingeplante Gelder später zurückzuzahlen sind. Eine solche Rückzahlung könnte die Gemeinde nicht leisten, wenn die Gelder für Schulen und Kindertagesstätten ausgegeben wurden. Von seinem Parteifreund habe er gehört, dass bereits kleinste Fehler zur Unwirksamkeit des Vertrags führen können. Dies gilt es zu vermeiden. Oskar Links bittet Dr. Roman, der Gemeinde in dieser Angelegenheit behilflich zu sein und ihr die notwendigen Maßnahmen vorzustellen. Ergänzend teilt er auf Nachfrage mit, dass seitens der Gemeinde bislang keine im vorliegenden Zusammenhang relevanten Satzungen erlassen wurden.

Aufgabenstellung:

Dr. Roman bittet die ihm zur Ausbildung zugewiesene Referendarin Lucy Listig, den seitens der Gemeinde gewünschten Vorschlag gutachterlich vorzubereiten. Sollten Maßnahmen notwendig sein, brauchen nur deren Inhalt und die zu beachtenden Formalien erarbeitet werden. Ein konkreter Formulierungsvorschlag muss nicht erteilt werden. Erstellen Sie das Gutachten der Lucy Listig. Auf etwaige Möglichkeiten der Gemeinde, für Schulen oder Kindertagesstätten Zuschüsse von anderen Hoheitsträgern zu erhalten, ist dabei nicht einzugehen. Es kann zudem unterstellt werden, dass keine bundes- oder landesrechtlichen Vorschriften existieren, die in Bezug auf Schulen und Kindertagesstätten eine endgültige Kostenallokation bei der Gemeinde vorsehen.

Vorüberlegungen

I. Methodische Vorüberlegungen

Der aus Anwaltssicht zu beurteilende Sachverhalt ist dadurch gekennzeichnet, dass der Mandant seine Ziele schildert und zugleich berichtet, welche Maßnahmen er bereits selbst zur Zielerreichung ergriffen hat. Er erwartet, dass der beauftragte Rechtsanwalt überprüft, ob die bereits ergriffenen Maßnahmen ausreichen, um die verfolgten Ziele zu erreichen. Anderenfalls sollen Vorschläge unterbreitet werden, wie der angestrebte Erfolg erreicht werden kann. Das Anliegen des Mandanten ist danach nicht primär darauf gerichtet, dass der Rechtsanwalt eine Gestaltung für ihn entwirft. Vielmehr geht er vorrangig davon aus, dass die bereits von ihm ergriffenen Maßnahmen genügen. Dies soll ihm vom Rechtsanwalt möglichst bestätigt werden. Nur hilfsweise erbittet der Mandant die Erarbeitung einer Gestaltung. Da nach dem allgemeinen Schema zur Bearbeitung rechtsgestaltender Fälle stets zu prüfen ist, ob und inwieweit überhaupt ein Gestaltungsbedarf besteht, bevor mit dessen Umsetzung begonnen wird, wirft der vorliegende Fall trotz des etwas anders liegenden Mandantenanliegens keine methodischen Besonderheiten auf. Dem Umstand, dass der Mandant bereits eigene Maßnahmen ergriffen hat, ist im Rahmen der Falllösung bei der Ermittlung des bestehenden Gestaltungsbedarfs Rechnung zu tragen. In den vorzunehmenden Vergleich der angestrebten Ziele mit der bestehenden Rechtslage sind die ergriffenen Maßnahmen als Teil der bestehenden Rechtslage einzustellen, welche nicht nur durch Gesetze, Satzungen usw., sondern auch durch die abgeschlossenen Rechtsgeschäfte bestimmt wird. Dies gilt allerdings nur, soweit das Rechtsgeschäft wirksam ist. Im Rahmen der Ermittlung des bestehenden Regelungsbedarfs ist daher inzident die Wirksamkeit der abgeschlossenen Verträge zu prüfen. Erweisen sich diese als unwirksam oder besteht trotz ihres Abschlusses noch ein Gestaltungsbedarf, sind im Weiteren geeignete und wirksame Gestaltungsmittel zu suchen.

II. Inhaltliche Vorüberlegungen

Inhaltlich ist die Aufgabenstellung im öffentlichen Recht, genauer dem Bauplanungsrecht sowie dem allgemeinen Verwaltungsrecht angesiedelt.

Im Zentrum steht zunächst die Frage, ob die von der Gemeinde geschlossenen Verträge wirksam sind, weshalb diese auf ihre Vereinbarkeit mit höherrangigem Recht zu überprüfen sind. Hierzu ist vorab zu klären, ob ein privat- oder öffentlich-rechtlicher Vertrag vorliegt, weil an öffentlich-rechtliche Verträge besondere Anforderungen zu stellen sind (§§ 54 ff. VwVfG). Da die Verträge nicht abgeschlossen worden wären, wenn keine Planungserwartungen der Eigentümer bestünden, und auch keine Zahlung erfolgen soll, wenn keine Bebaubarkeit hergestellt wird, waren die Planungsabsichten der Gemeinde Geschäftsgrundlage[1]. Dementsprechend liegt der Gegenstand der Verträge[2] auf dem Gebiet des Bauplanungsrechts, d. h. des öffentlichen Rechts[3]. Als öffentlich-rechtliche Verträge unterliegen sie auf der Grundlage der Rechtsprechung des Bundesverwaltungsgerichts den besonderen Vorgaben für subordinationsrechtliche Verträge (vgl. § 54 S. 2 VwVfG), weil im Bereich der Bauplanung bei abstrakter Betrachtung ein Über- und Unterordnungsverhältnis besteht[4]. Hiernach ist insbesondere § 56 Abs. 1 VwVfG zu beachten, der den Abschluss sog. Austauschverträge beschränkt. Ein Austauschvertrag i. d. S. liegt nicht nur vor, wenn im Vertrag synallagmatische Leistungen vereinbart werden. Erfasst werden vielmehr auch solche Verträge, bei denen eine bestimmte hoheitliche Leistung Geschäftsgrundlage des Vertrags ist (hinkende Austauschverträge)[5]. Dabei zeigt vorliegend die Bezugnahme auf den Beschluss des Gemeinderats, dass die Verträge geschlossen wurden, um die Ausweisung als Bauland zu erreichen. Es liegt danach ein hinkender Austauschvertrag vor[6]. Nach § 56 Abs. 1 S. 1 VwVfG muss für die Leistung des Bürgers danach ein bestimmter öffentlicher Zweck vereinbart werden. Zudem muss die Leistung nach § 56 Abs. 1 S. 2 VwVfG an-

---

[1]   Vgl. Grziwotz, JuS 1998, 807, 809.

[2]   Vgl. Grziwotz, JuS 1998, 807, 809; Kopp/Ramsauer, § 54 VwVfG Rn. 27.

[3]   Vgl. BVerwG v. 16.05.2000, NVwZ 2000, 1285, 1286.

[4]   Vgl. BVerwG v. 16.05.2000, NVwZ 2000, 1285, 1286.

[5]   Vgl. Kopp/Ramsauer, § 59 VwVfG Rn. 28; Stelkens/Bonk/Sachs, § 59 VwVfG Rn. 39.

[6]   Vgl. BVerwG v. 16.05.2000, NVwZ 2000, 1285, 1287.

gemessen sein und in einem sachlichen Zusammenhang zur Leistung der Gemeinde stehen (Koppelungsverbot). Diesen Anforderungen genügen die geschlossenen Verträge auf der Grundlage der Rechtsprechung des Bundesverwaltungsgerichts nicht[7]. Sie sind nach § 59 Abs. 2 Nr. 4 VwVfG nichtig. Die Gemeinde müsste vereinnahmte Zahlungen der Grundstückseigentümer deshalb zurückzahlen[8].

Zu ermitteln ist daher, wie die Mandantenziele auf anderem Weg, insbesondere durch Abschluss neuer Verträge, erreicht werden können. Als geeignet erweisen sich insoweit grundsätzlich städtebauliche Verträge nach § 11 BauGB. Aus dem nicht abschließenden Katalog des § 11 BauGB kommt vorliegend der Folgekostenvertrag (§ 11 Abs. 1 S. 2 Nr. 3 BauGB) in Betracht. Er ermöglicht zwar nicht den Verkauf von Hoheitsrechten und damit auch keine Partizipation an den Wertsteigerungen der Grundstücke. Gegenstand eines Folgekostenvertrags kann allerdings die Umlage der mit der Baulandausweisung verbundenen Folgekosten, d. h. insbesondere der Aufwendungen für einen Ausbau der Infrastruktur einschließlich sozialer Einrichtungen sein. Auf diesem Weg lassen sich die Ziele der Mandanten zwar nicht unmittelbar und vollständig, aber mitteilbar und jedenfalls teilweise erreichen, weil die Folgelasten der Baugebietsausweisung auf den Grundstückseigentümer umgelegt werden können. Die Grundstückseigentümer müssen sich als Kehrseite der von ihnen zu erzielenden Vorteile an den Nachteilen beteiligen. Dementsprechend ist dem Mandanten der Abschluss von Folgekostenverträgen vorzuschlagen. Ihm sind die hierbei zu beachtenden Grenzen zu erläutern. Außerdem ist entsprechend seinem Anliegen besonderer Wert auf die Vermeidung einer Rückzahlungspflicht zu legen. Zu diesem Zweck ist zur Aufnahme einer umfassenden salvatorischen Klausel[9] in den Vertrag zu raten.

---

[7] BVerwG v. 16.05.2000, NVwZ 2000, 1285, 1287 f.
[8] BVerwG v. 16.05.2000, NVwZ 2000, 1285, 1288 f.; Grziwotz, JuS 1998, 902, 905.
[9] Vgl. hierzu Hk-VerwR/Fehling, § 59 VwVfG Rn. 39.

Lösung

Listig wird zur Erarbeitung einer zusammenfassenden Empfehlung (D.) zunächst die von der Gemeinde verfolgten Ziele
klären (A.). Im Anschluss ist zu prüfen, ob diese bereits
durch die bestehende Rechtslage erreicht werden (B.). Soweit dies noch nicht der Fall ist, sind die erforderlichen Gestaltungsvorschläge zu erarbeiten (C.).

A. Regelungsziel der Gemeinde

Klärung der
Mandantenziele

Aus den Schilderungen des Links ist zu entnehmen, dass es
der Gemeinde darum geht, den Eigentümern der als Bauland
auszuweisenden Grundstücke Geldzahlungspflichten aufzuerlegen. Hierdurch will die Gemeinde an den mit der Baulandausweisung verbundenen Vorteilen partizipieren (Abschöpfung). Außerdem will sie Mittel für zukunftsträchtige
Projekte wie Schulen und Kindertagesstätten generieren
(Mittelbeschaffung). Dabei soll insgesamt darauf geachtet
werden, dass keine Rückzahlungspflichten begründet werden. Vor allem soll vermieden werden, dass kleine Fehler
große Folgen nach sich ziehen.

B. Bestehender Regelungsbedarf

Ermittlung des
Handlungsbedarfs

Ob und inwieweit die Gemeinde weitere Maßnahmen ergreifen muss, um ihre Ziele umzusetzen, hängt davon ab, inwieweit die derzeit bestehende Rechtslage (I.) bereits die angestrebten Ziele erreicht (II.).

I. Bestehende Rechtslage

Klärung der
bestehenden
Rechtslage

Im Hinblick auf die Ziele der Gemeinde ist zu klären, welche
eine Abschöpfung oder jedenfalls eine Mittelgewinnung[10]
ermöglichenden gesetzlichen (1.) oder rechtsgeschäftlichen

---

[10] Erkennbar nicht zu problematisieren sind etwaige Ansprüche
auf Verwaltungsgebühren für die Erteilung einer Baugenehmigung o. ä., weil diese letztlich nur den Aufwand des hierauf
gerichteten Verwaltungsverfahrens abdecken sollen, nicht aber
zusätzliche Einnahmen generieren können.

(2.) Ansprüche ihr infolge der Baulandausweisung und gegebenenfalls der Erteilung von Baugenehmigungen gegen
die Grundstückseigentümer zustehen. Soweit entsprechende
Ansprüche trotz möglicher von der Gemeinde begangener
Fehler bestehen, bilden diese den Rechtsgrund für das Behaltendürfen erlangter Zahlungen; Rückzahlungsansprüche
scheiden dann aus.

1. Gesetzliche Ansprüche

Ein gesetzlicher Anspruch der Gemeinde gegen die Eigentümer der zu beplanenden Grundstücke auf Zahlung eines
für die Errichtung von Schulen und Kindertagesstätten ver-
wendbaren und eine Abschöpfung der Wertsteigerungen erreichenden Geldbetrags besteht nur, wenn sich hierfür eine
Anspruchsgrundlage finden lässt. Ein der (teilweisen) Abschöpfung von Wertsteigerungen dienender Anspruch ist gesetzlich nicht vorgesehen. Zu prüfen ist aber weiter, ob Zahlungsansprüche bestehen, deren Einnahmen sich zumindest
für die Errichtung von Schulen und Kindertagesstätten einsetzen lassen. Zu denken ist an die Ansprüche auf Erschlie-
ßungskosten nach §§ 127 ff. BauGB[11] oder vergleichbaren
landesrechtlichen Vorschriften. Voraussetzung für das Bestehen derartiger Ansprüche ist aber zunächst, dass diese
durch eine Satzung geregelt wurden (vgl. § 132 BauGB[12]).
Außerdem können nach §§ 127 ff. BauGB Erschließungs-
kosten nur für die in § 127 Abs. 2 BauGB[13] genannten Einrichtungen erhoben werden. Vorliegend fehlt eine Erschlie-
ßungsbeitragssatzung. Außerdem zählen Schulen und Kindertagesstätten nicht zu den umlagefähigen Erschließungsan-
lagen. Gesetzliche Ansprüche bestehen demnach nicht.

keine gesetzlichen Ansprüche

2. Rechtsgeschäftliche Ansprüche

Der Gemeinde könnten gegen die Grundstückseigentümer
aus den abgeschlossenen Verträgen Zahlungsansprüche in
Höhe von 7,13 € je qm Grundstücksfläche zustehen, sobald

Ansprüche aus den abgeschlossenen Verträgen

---

[11] Diese Vorschriften gelten nur, soweit kein vorrangiges Landes-
recht besteht, vgl. z. B. §§ 33 ff. KAG Baden-Württemberg;
Art. 5a KAG Bayern.

[12] Vgl. z. B. § 34 KAG Baden-Württemberg. – In Berlin ist die
nach § 132 BauGB notwendige Regelung durch Gesetz (EBG)
erfolgt.

[13] Vgl. z. B. § 33 KAG Baden-Württemberg; Art. 5a Abs. 1
KAG Bayern.

bestandskräftiges Baurecht geschaffen wurde. Voraussetzung hierfür ist – neben dem auch seitens der Gemeinde herbeizuführenden Eintritt der Zahlungsvoraussetzungen – der Abschluss der Verträge sowie das Fehlen von Beendigungs- oder Unwirksamkeitsgründen. Da Zweifel am Abschluss der Verträge nicht bestehen und vom Mandanten auch keine Beendigungsgründe geschildert werden, ist zu klären, ob Unwirksamkeitsgründe eingreifen. Welche Unwirksamkeitsgründe (b) in Betracht kommen, hängt zunächst davon ab, ob ein öffentlich-rechtlicher oder ein privatrechtlicher Vertrag vorliegt (a), weil an öffentlich-rechtliche Verträge besondere Anforderungen gestellt werden, deren Nichtbeachtung im Rahmen des § 59 Abs. 2 VwVfG zur Unwirksamkeit führen kann.

a) Öffentlich-rechtlicher Vertrag

Gegenstand des
Vertrags

Ein öffentlich-rechtlicher Vertrag i. S. d. §§ 54 ff. VwVfG liegt vor, wenn sich der Gegenstand des Vertrags[14], d. h. das von ihm geregelte Rechtsverhältnis dem öffentlichen Recht zuordnen lässt[15]. Die vom Vertrag statuierte Zahlungspflicht der Grundstückseigentümer erweist sich insoweit als indifferent, weil Zahlungsansprüche als solche sowohl in einem öffentlich-rechtlichen als auch in einem privatrechtlichen Rechtsverhältnis wurzeln können[16]. Entscheidend ist daher, wofür die Zahlung erbracht werden soll. Ist die Zahlung Gegenleistung für eine öffentlich-rechtliche Pflicht, liegt grundsätzlich ein öffentlich-rechtlicher, anderenfalls ein privatrechtlicher Vertrag vor. Der Rückgriff auf die entgoltene Gegenleistung führt vorliegend allerdings nicht weiter, weil keine Gegenleistung der Gemeinde vereinbart wurde.

Geschäftsgrundlage
war die Ausweisung
als Bauland

Da eine Gegenleistung nicht vereinbart wurde, beurteilt sich die Natur des Vertrags unter Berücksichtigung seiner Geschäftsgrundlage[17], d. h. den erkennbaren Vorstellungen über die Motive des Vertragsschlusses. Wie sich aus der Formulierung der Verträge ergibt, wurden diese vor dem Hintergrund abgeschlossen, dass die Gemeinde zunächst die Grundstücke als Bauland ausweisen soll, um die Zahlungspflicht der Eigentümer auszulösen. Es wurde danach zwar

---

[14] GmS-OGB v. 10.04.1986, NJW 1986, 2359; Grziwotz, JuS 1998, 807, 809.

[15] Kopp/Ramsauer, § 54 VwVfG Rn. 28.

[16] Grziwotz, JuS 1998, 807, 809. – Vgl. BVerwG v. 06.07.1973, NJW 1973, 1895.

[17] Kopp/Ramsauer, § 54 VwVfG Rn. 34. – Vgl. BVerwG v. 16.05.2000, NVwZ 2000, 1285, 1286.

keine Rechtspflicht der Gemeinde zur Beplanung der
Grundstücke begründet. Allerdings wurde die Beplanung zur
Grundlage des Vertrags erhoben, weil um ihretwillen die
Zahlungen geleistet werden sollen[18]. Die zur Geschäfts-
grundlage erhobene Beplanung der Grundstücke ist dem
Bauplanungsrecht des BauGB und damit dem öffentlichen
Recht zuzuordnen. Es liegt demnach ein öffentlich-
rechtlicher Vertrag vor[19]. Unabhängig hiervon sind nach dem
Gebot des sichersten Wegs[20] im Zweifel ohnehin die strenge-
ren Bindungen für öffentlich-rechtliche Verträge zu beach-
ten[21].

b) Unwirksamkeitsgründe

Die abgeschlossenen öffentlich-rechtlichen Verträge sind
unwirksam, soweit sie einem Vertragsformverbot unterfallen
(aa), sich die Nichtigkeit aus § 59 Abs. 2 VwVfG ergibt (bb)
oder ein zu berücksichtigender zivilrechtlicher Unwirksamkeitsgrund eingreift (cc). Bereits die Unwirksamkeit einer
einzelnen Vertragsbedingung führt nach § 59 Abs. 3 VwVfG
zur Unwirksamkeit des gesamten Vertrags, soweit nicht anzunehmen ist, dass der Vertrag auch ohne den unwirksamen
Teil abgeschlossen worden wäre[22].

*Eingreifen eines
Unwirksamkeits-
grunds*

aa) Vertragsformverbot

Ein öffentlich-rechtlicher Vertrag ist unwirksam, wenn der
Verwaltung hinsichtlich seines Gegenstands die vertragliche
Handlungsform ausdrücklich oder kraft Natur der Sache un-
tersagt ist[23].

*kein
Vertragsformverbot*

Nach § 1 Abs. 3 S. 2 Hs. 2 BauGB kann durch Vertrag
keine Verpflichtung zur Aufstellung eines Bebauungsplans
begründet werden. Hiergegen verstoßen die abgeschlossenen
Verträge nicht, weil sie gerade keine Planungspflicht begründen, sondern lediglich eine voraussichtliche Planung zur

*keine
Planungspflicht*

---

[18] Vgl. BVerwG v. 16.05.2000, NVwZ 2000, 1285, 1286; Grzi-
      wotz, JuS 1998, 807, 809.
[19] BVerwG v. 16.05.2000, NVwZ 2000, 1285, 1286; BVerwG v.
      06.07.1973, NJW 1973, 1895.
[20] Siehe oben Einleitung, S. 23.
[21] Grziwotz, JuS 1998, 807, 810.
[22] Vgl. für überhöhte Kostenvereinbarungen die Andeutung bei
      BVerwG v. 29.01.2009, NVwZ 2009, 1109, 1113.
[23] Wolff/Bachof/Stober/Kluth, VwR I, § 54 Rn. 11 ff.

Geschäftsgrundlage erheben. Dieser Gestaltung steht § 1 Abs. 3 S. 2 Hs. 2 BauGB nicht entgegen[24].

Bauplanungsrecht nicht vertragsfeindlich

Im Übrigen bestehen für das Bauplanungsrecht keine Vertragsformverbote. Vielmehr lässt sich § 11 Abs. 1 S. 1 BauGB positiv entnehmen, dass auf dem Gebiet des Bauplanungsrechts die Handlungsform des Vertrags grundsätzlich gegeben ist. Ein Vertragsformverbot besteht demnach nicht.

bb) Öffentlich-rechtliche Unwirksamkeitsgründe

Unwirksamkeit nach § 59 Abs. 2 Nr. 4 VwVfG

Die abgeschlossenen Verträge sind nach § 59 Abs. 2 Nr. 4 VwVfG unwirksam, wenn es sich um subordinationsrechtliche Verträge i. S. d. § 54 S. 2 VwVfG handelt (1) und sich die Gemeinde eine nach § 56 VwVfG unzulässige Gegenleistung versprechen ließ (2).

(1) Subordinationsrechtlicher Vertrag

Definition subordinationsrechtlicher Vertrag

Ein subordinationsrechtlicher Vertrag i. S. d. § 54 S. 2 VwVfG liegt vor, wenn die Behörde, anstatt einen Verwaltungsakt zu erlassen, mit dem Adressaten des Verwaltungsakts einen öffentlich-rechtlichen Vertrag schließt. Nach der hier maßgeblichen[25] gefestigten Rechtsprechung des Bundesverwaltungsgerichts ist dabei nicht entscheidend, ob die Behörde im Zeitpunkt des Vertragsschlusses (noch) konkret zum Erlass eines Verwaltungsakts berechtigt war[26]. Vielmehr ist darauf abzustellen, ob abstrakt eine Berechtigung zum Erlass eines Verwaltungsakts oder sonst ein Über- und Unterordnungsverhältnis besteht[27].

Bestehen eines Über- und Unterordnungsverhältnisses

In einem solchen Über- und Unterordnungsverhältnis stehen sich vorliegend die Grundstückseigentümer sowie die Gemeinde gegenüber, weil die Grundstückseigentümer darauf angewiesen sind, dass die Gemeinde im Rahmen der Bauleitplanung hoheitlich tätig wird[28]. Bei den abgeschlossenen Verträgen handelt es sich daher um subordinationsrechtliche Verträge i. S. v. § 54 S. 2 VwVfG.

---

[24]   Battis/Krautzberger/Löhr, § 1 BauGB Rn. 31.
[25]   Siehe oben Einleitung, S. 23.
[26]   BVerwG v. 16.05.2000, NVwZ 2000, 1285, 1286; BVerwG v. 24.08.1994, NJW 1995, 1104, 1105.
[27]   BVerwG v. 16.05.2000, NVwZ 2000, 1285, 1286; BVerwG v. 24.08.1994, NJW 1995, 1104, 1105; Grziwotz, JuS 1998, 807, 810.
[28]   BVerwG v. 16.05.2000, NVwZ 2000, 1285, 1286.

(2) Unzulässige Gegenleistung

(2.1) Austauschvertrag

Bei der von den Grundstückseigentümern zu erbringenden Zahlung müsste es sich um eine gegen § 56 VwVfG verstoßende Gegenleistung handeln. Dies setzt zunächst voraus, dass es sich bei den abgeschlossenen Verträgen um Austauschverträge handelt, welche ein Gegenseitigkeitsverhältnis begründen. Ein solches Gegenseitigkeitsverhältnis scheint zu fehlen, weil sich lediglich die Grundstückseigentümer zu einer Leistung verpflichtet haben, die Gemeinde ihrerseits jedoch keine Leistungspflicht übernommen hat. Nach gefestigter Rechtsprechung und herrschender Ansicht in der Literatur erfasst § 56 VwVfG aber nicht nur Austauschverträge im engeren Sinne[29]. Vielmehr gebietet die hinter § 56 VwVfG stehende rechtsstaatliche Zielsetzung zumindest eine analoge Anwendung auf unvollkommene, sog. hinkende Austauschverträge, bei denen sich zwar eine Vertragspartei nicht zu einer Leistung verpflichtet, eine Leistung dieser Vertragspartei aber Geschäftsgrundlage für den Abschluss des Vertrags ist[30]. Für den Schutz des Bürgers vor unangemessenen Leistungsverpflichtungen zum Erhalt hoheitlicher Leistungen macht es keinen Unterschied, ob für ihn ein Rechtsanspruch auf die Leistung begründet wird oder er sich einseitig um der hoheitlichen Leistung willen verpflichtet[31]. Danach ist der Anwendungsbereich des § 56 VwVfG eröffnet, weil die Zahlung erfolgen soll, um für die Gemeinde den Weg zur Durchführung des beabsichtigten Planungsverfahrens frei zu machen.

Vorliegen eines Austauschvertrags

(2.2) Vereinbarung eines bestimmten Leistungszwecks

Die geschlossenen Verträge sind rechtswidrig, wenn in ihnen kein bestimmter Zweck zum Einsatz der Mittel vereinbart worden ist (§ 56 Abs. 1 S. 1 Hs. 1 VwVfG). Erforderlich ist insoweit, dass der Zweck der vom Bürger zu erbringenden Leistung so konkret angegeben wird, dass die vertragsschließende Gemeinde nicht einseitig frei über ihre Leistung disponieren kann und sich anhand der Zweckvereinbarung

Vereinbarung eines öffentlichen Zwecks

---

[29] BVerwG v. 16.05.2000, NVwZ 2000, 1285, 1287.
[30] BVerwG v. 20.03.2003, NVwZ-RR 2003, 874, 875; BVerwG v. 16.05.2000, NVwZ 2000, 1285, 1287; BVerwG v. 24.08.1994, NJW 1995, 1104, 1105; Kopp/Ramsauer, § 59 VwVfG Rn. 28; Stelkens/Bonk/Sachs, § 59 VwVfG Rn. 39.
[31] BVerwG v. 16.05.2000, NVwZ 2000, 1285, 1287.

die übrigen Rechtmäßigkeitsvoraussetzungen prüfen lassen[32]. Diesen Anforderungen werden die geschlossenen Verträge gerecht, weil sich ihnen im Wege der Auslegung konkret entnehmen lässt, dass mit der Zahlung des Geldbetrags
der Zweck verfolgt wird, dass die Gemeinde für den Bedarf
des Planungsgebiets Schulen und Kindertagesstätten errichten oder erweitern wird. Der Gemeinde steht es daher nicht
frei, die Mittel für andere Maßnahmen zu verwenden. Auch
lässt sich in Bezug auf diese Vorhaben die Angemessenheit
der Gegenleistung prüfen[33]. Ein konkretes Gebäude o. ä.
muss hierfür nicht benannt sein[34].

(2.3) Erfüllung öffentlicher Aufgaben

Finanzierung von
Kindergärten etc.

Die von den Grundstückseigentümern zu erbringenden Leistungen müssen der Gemeinde zur Erfüllung öffentlicher
Aufgaben dienen (§ 56 Abs. 1 S. 1 Hs. 2 VwVfG). Insoweit
lässt sich aus dem Vertrag entnehmen, dass mit den vereinnahmten Geldern Kindergärten und Schulen errichtet bzw.
erweitert werden sollen. Die Geldmittel sollen von der Gemeinde demnach zur Erfüllung von Aufgaben der Daseinsvorsorge verwendet werden und dienen daher der Erfüllung
öffentlicher Aufgaben.

(2.4) Koppelungsverbot

Koppelungsverbot

Weiterhin muss die von den Grundstückseigentümern versprochene Leistung in einem sachlichen Zusammenhang mit
der vertraglichen Leistung der Behörde, hier mit der die Geschäftsgrundlage bildenden Leistung der Gemeinde stehen
(§ 56 Abs. 1 S. 2 Hs. 2 VwVfG). Unter welchen Voraussetzungen dieser sachliche Zusammenhang zwischen Leistung
und Gegenleistung zu bejahen ist, lässt sich kaum abstrakt-
generell umschreiben oder gar festlegen[35]. Entscheidend sind
Inhalt und Begleitumstände des konkreten Vertrags unter
Berücksichtigung von Sinn und Zweck des sog. Koppelungsverbots[36]. Dieses verbietet zum einen, dass durch einen
öffentlich-rechtlichen Vertrag etwas verknüpft wird, was
nicht ohnehin bereits in einem inneren Zusammenhang steht,

---

[32] Vgl. Kopp/Ramsauer, § 56 VwVfG Rn. 7; Stelkens/Bonk/
     Sachs, § 56 VwVfG Rn. 51; Wolff/Bachof/Stober/Kluth,
     VwR I, § 54 Rn. 46.
[33] Vgl. unten C. II. 2 b) bb) (4), S. 195 f.
[34] Hk-VerwR/Fehling, § 56 VwVfG Rn. 22.
[35] BVerwG v. 16.05.2000, NVwZ 2000, 1285, 1287.
[36] BVerwG v. 16.05.2000, NVwZ 2000, 1285, 1287.

und zum anderen, dass hoheitliche Entscheidungen ohne gesetzliche Ermächtigung von einer wirtschaftlichen Gegenleistung abhängig gemacht werden (kein „Verkauf von Hoheitsakten")[37].

Nach diesen Maßstäben stehen Leistung und Gegenleistung vorliegend nicht in einem sachlichen Zusammenhang[38].
Die von der Gemeinde bezweckte Wertabschöpfung bezüglich der durch die Baulandausweisung verbundenen Wertsteigerung steht in keinem inneren Zusammenhang zur Baulandausweisung selbst, weil die dieser zugrunde liegende
Bauplanung eine Abwägung erfordert, für welche den Wertsteigerungen keine Relevanz zukommt. Vielmehr zielt die
Wertabschöpfung gerade darauf, dass die im Falle der Erforderlichkeit (§ 1 Abs. 3 S. 1 BauGB) gesetzlich vorgeschrie-
bene Planungspflicht kommerzialisiert wird, d. h. Hoheitsrechte verkauft werden. Die vereinbarte Gegenleistung verstößt somit gegen das Koppelungsverbot[39].

**unzulässiger
Verkauf von
Hoheitsrechten**

(2.5) Zwischenergebnis

Die vereinbarte Leistung der Grundstückseigentümer verstößt in der konkreten Ausgestaltung gegen § 56 VwVfG,
weil kein innerer Zusammenhang zur Bauleitplanung durch
die Gemeinde besteht. Eine Prüfung, ob die Leistung angemessen i. S. d. § 56 Abs. 1 S. 2 Hs. 1 VwVfG ist, erübrigt
sich hiernach, weil bei einem Verstoß gegen das Koppelungsverbot feststeht, dass gar keine – unabhängig von ihrer
Höhe – Gegenleistung vereinbart werden darf.

**Unzulässigkeit der
Gegenleistung**

(3) Zwischenergebnis

Die geschlossenen Grundstücksverträge sind nach § 59
Abs. 2 Nr. 4 VwVfG unwirksam.

**öffentlich-rechtliche
Unwirksamkeit**

cc) Zivilrechtliche Unwirksamkeitsgründe

Zu berücksichtigende zivilrechtliche Unwirksamkeitsgründe
sind nicht ersichtlich. Insbesondere sind die Verträge nicht
nach § 59 Abs. 1 VwVfG i. V. m. § 125 BGB i. V. m. § 57
VwVfG unwirksam, weil die von der Gemeinde gewählte

kein Formmangel

---

[37] BVerwG v. 20.03.2003, NVwZ-RR 2003, 874, 875; BVerwG
     v. 16.05.2000, NVwZ 2000, 1285, 1287; Grziwotz, JuS 1998,
     902, 905.
[38] Vgl. BVerwG v. 16.05.2000, NVwZ 2000, 1285, 1287.
[39] Vgl. BVerwG v. 16.05.2000, NVwZ 2000, 1285, 1287 f.

notarielle Form die Schriftform ersetzt (§ 126 Abs. 4 BGB)[40].

dd) Zwischenergebnis

Verträge sind
unwirksam

Die abgeschlossenen Verträge leiden an einem Unwirksamkeitsgrund.

c) Zwischenergebnis

kein vertraglicher
Zahlungsanspruch

Für die Gemeinde ergeben sich aus den abgeschlossenen Verträgen keine Zahlungsansprüche gegen die Grundstückseigentümer, weil die Verträge unwirksam sind.

3. Zwischenergebnis

insgesamt keine
Ansprüche

Für die Gemeinde bestehen insgesamt keine Zahlungsansprüche, mit denen eine Abschöpfung der infolge der Baulandausweisung eintretenden Wertsteigerung oder eine Mittelbeschaffung für Zukunftsinvestitionen erreicht werden kann. Würden Grundstückseigentümer Zahlungen auf die unwirksamen Vertragspflichten leisten, wäre die Gemeinde grundsätzlich zur Rückzahlung verpflichtet[41]; Anhaltspunkte für einen Ausschluss etwaiger Rückzahlungsansprüche nach Treu und Glauben sind nicht ersichtlich[42].

**II. Vergleich der bestehenden Rechtslage
mit den Regelungszielen**

Vergleich mit
Mandantenzielen

Vergleicht man die Ziele der Gemeinde mit der derzeit bestehenden Rechtslage, wird deutlich, dass die Ziele noch nicht erreicht werden und eine weitere Gestaltung erforderlich ist. Der Gemeinde stehen nicht die gewünschten Zahlungsansprüche gegen die Eigentümer der zu beplanenden Grundstücke zu. Die bei den Eigentümern eintretenden Wertsteigerungen lassen sich nicht teilweise abschöpfen. Auch lassen sich keine Gelder für Investitionen in Kindergärten oder Schulen erzielen. Überdies bestünden Rückzahlungsansprüche, soweit sich die Verträge als unwirksam erweisen. Dabei kann sich im Rahmen des § 59 Abs. 3 VwVfG die Unwirksamkeit des Gesamtvertrags auch aus der Unwirksamkeit einer Teilregelung ergeben.

---

[40]   Vgl. Boemke/Ulrici, BGB-AT, § 10 Rn. 14.
[41]   BVerwG v. 16.05.2000, NVwZ 2000, 1285, 1288 f.
[42]   Vgl. hierzu BVerwG v. 29.01.2009, NVwZ 2009, 1109.

Dies zeigt, dass sich die Ziele der Gemeinde nur erreichen lassen, wenn Zahlungsansprüche begründet werden, die einen Einsatz der eingenommenen Mittel für Investitionen in Schulen oder Kindergärten ermöglichen. Nur durch die rechtssichere Begründung solcher Ansprüche lassen sich Rückzahlungspflichten verhindern. Unter diesem Gesichtspunkt sollte definitiv vermieden werden, dass grundsätzlich jeder Unwirksamkeitsgrund des Vertrags geeignet ist, die Unwirksamkeit des Gesamtvertrags zu begründen. Zugleich sollte geregelt werden, wie die sich aus der Teilunwirksamkeit ergebenden Vertragslücken geschlossen werden.

offene Rechtsziele

C. Umsetzung des Regelungsbedarfs

I. Geeignete Gestaltungen

1. Begründung von Zahlungsansprüchen

Da Zahlungsansprüche nicht bestehen, lassen sich die Ziele der Gemeinde allein dadurch erreichen, dass Zahlungsansprüche, welche Mittel zuführen, die in Kindergärten oder Schulen investiert werden können, begründet werden. Abstrakt betrachtet können solche Ansprüche zunächst dadurch begründet werden, dass die Gemeinde einseitig Normen setzt, aus welchen sich anschließend entsprechende Ansprüche ergeben. Daneben ist denkbar, dass entsprechende Zahlungsansprüche vertraglich begründet werden. Dies bedarf zwar der Mitwirkung der Grundstückseigentümer beim Vertragsschluss. Da die Gemeinde die betreffenden Grundstücke allerdings noch nicht beplant hat und für die Grundstückseigentümer kein Anspruch auf eine bestimmte Beplanung besteht (§ 1 Abs. 3 S. 2 BauGB), haben diese ein Interesse am Abschluss der Verträge, wenn hierdurch die Gemeinde zur Einleitung des Planungsverfahrens bewogen wird. Demnach besteht eine realistische Aussicht auf Abschluss entsprechender Verträge, weshalb sich auch die rechtsgeschäftliche Anspruchsbegründung als geeignetes Mittel erweist.

Primärziel:
Begründung von
Zahlungsansprüchen

2. Vermeidung von Rückzahlungsansprüchen

Ergänzend zu dem Ziel, Einnahmen zu erzielen, legt die Mandantin Wert darauf, dass ihr das vereinnahmte Geld dauerhaft verbleibt und kein Risiko besteht, dass sie Rückzahlungsansprüchen ausgesetzt ist. Hinter diesem Ziel steht die Erkenntnis, dass insbesondere bei rechtsgeschäftlicher

Sekundärziel:
Risikoverminderung

Anspruchsbegründung die Gefahr besteht, dass die Unwirksamkeit einer Teilregelung die Unwirksamkeit des Gesamtvertrags nach sicht zieht[43]. Hierhinter steht weiter die Erwägung, dass auch die Vereinbarung einer zu hohen Zahlungspflicht grundsätzlich dazu führt, dass die Zahlungspflicht insgesamt unwirksam ist. Diese Konsequenzen gilt es auszuschließen. Als geeignet erscheint die Vereinbarung einer sog. salvatorischen Klausel, welche vorsieht, dass im Falle der Unwirksamkeit einer Vertragsbedingung der Restvertrag fortbesteht und die entstandene Lücke entsprechend dem Geist des Vertrags geschlossen wird[44]. Für den Fall einer unangemessenen und zu hohen Leistung sollte klargestellt werden, dass dies entsprechend gilt und die Lückenschließung dadurch erfolgt, dass die angemessene (reduzierte) Leistung geschuldet wird.

II. Zulässigkeit geeigneter Gestaltungen

1. Begründung von Zahlungsansprüchen

a) Normative Zahlungsansprüche

Erlass einer Erschließungs- beitragssatzung

Normative Zahlungsansprüche könnten dadurch begründet werden, dass eine Satzung erlassen wird, welche die gewünschten Zahlungen vorsieht. Voraussetzung hierfür ist, dass die Gemeinde zum Erlass einer entsprechenden Satzung ermächtigt ist. Eine solche Ermächtigung ergibt sich nicht bereits aus der allgemeinen Satzungskompetenz der Gemeinden[45] oder der allgemeinen Kompetenz zum Erlass von Beitragssatzungen[46], weil diese jeweils nur eine Aufgabe zuweisen, ohne hiermit zugleich Eingriffe in Grundrechte zu ermöglichen[47]. Allerdings ermächtigt zunächst § 132 BauGB[48] zum Erlass von Erschließungsbeitragssatzungen,

---

[43]   Siehe oben B. I. 2 b), S. 183.

[44]   Durch eine Ersatzklausel (sog. salvatorische Klausel) wird eine Gesamtnichtigkeit zwar nicht in jedem Fall ausgeschlossen. Sie tritt aber nur noch ein, wenn ein Festhalten am Vertrag auch unter Berücksichtigung lückenschließender Regelung nicht mehr dem Parteiwillen entspricht, vgl. BGH v. 15.03.2010, NJW-Spezial 2010, 303.

[45]   Vgl. z. B. § 7 Abs. 1 GemO NRW oder § 4 Abs. 1 SächsGemO.

[46]   Vgl. z. B. § 2 Abs. 1 KAG Hessen oder § 2 Abs. 1 KAG Sachsen.

[47]   BVerwG v. 07.03.1958, BVerwGE 6, 247, 250 f.; Wolff/ Bachof/Stober/Kluth, VwR I, § 25 Rn. 61.

[48]   Vgl. § 34 KAG Baden-Württemberg.

auf deren Grundlage die Kosten der Erschließung eines Baugebiets auf die begünstigten Grundstückseigentümer umgelegt werden können. Umlagefähig sind insoweit allerdings
nur die Kosten für die abschließend benannten Erschlie-
ßungsanlagen (§ 127 Abs. 2 BauGB[49]). Die Kosten für Schulen und Kindertagesstätten sind hiervon nicht erfasst. Außerdem lassen landesrechtliche Vorschriften regelmäßig den Erlass von Beitragssatzungen zu, mit denen Grundstückseigentümer an den Kosten der Errichtung von für das Grundstück
vorteilhaften öffentlichen Einrichtungen beteiligt werden
können[50]. Schulen und Kindergärten vermitteln jedoch keine
Vorteile, die vom Grundstück in Anspruch genommen werden können. Für die Umlegung der Kosten ihrer Errichtung
bieten die entsprechenden landesrechtlichen Vorschriften
keine Ermächtigungsgrundlage. Ein Zahlungsanspruch der
Gemeinde kann deshalb nicht durch Erlass einer Satzung begründet werden.

b) Vertragliche Zahlungsansprüche

Vertragliche Ansprüche können durch Abschluss eines entsprechenden Vertrags begründet werden, soweit höherrangi-
ges Recht nicht entgegensteht. Da Grundlage des Vertragsschlusses die Baulandausweisung ist und deren Folgen geregelt werden sollen, sind die abzuschließenden Verträge als
öffentlich-rechtliche Verträge einzuordnen[51]. Als solche sind
sie wirksam, wenn kein Vertragformverbot besteht (aa), keine öffentlich-rechtlichen Unwirksamkeitsgründe (bb) oder
zu beachtenden zivilrechtlichen Hindernisse (cc) bestehen.

*Begründung
vertraglicher
Zahlungsansprüche*

aa) Vertragsformverbot

Ein öffentlich-rechtlicher Vertrag ist unwirksam, wenn der
Verwaltung hinsichtlich seines Gegenstands die vertragliche
Handlungsform ausdrücklich oder kraft Natur der Sache untersagt ist[52]. Hiervon ist für den Bereich des Bauplanungsrechts im weiteren Sinne nicht auszugehen. Vielmehr lässt
sich § 11 Abs. 1 S. 1 BauGB positiv entnehmen, dass auf
dem Gebiet des Bauplanungsrechts die Handlungsform des
Vertrags grundsätzlich gegeben ist. Ein generelles Vertragsformverbot besteht demnach nicht.

*kein
Vertragsformverbot*

---

[49]   Vgl. § 33 KAG Baden-Württemberg und Art. 5a KAG Bayern.
[50]   Vgl. z. B. § 11 KAG Hessen, § 8 KAG NRW oder § 17 KAG
        Sachsen.
[51]   Siehe oben B. I. a), S. 182 f.
[52]   Wolff/Bachof/Stober/Kluth, VwR I, § 54 Rn. 11 ff.

keine
Planungspflicht

Nach § 1 Abs. 3 S. 2 Hs. 2 BauGB kann durch Vertrag aber keine Verpflichtung zur Aufstellung eines Bebauungsplans begründet werden. Dementsprechend darf durch die abzuschließenden Verträge eine solche Pflicht nicht begründet werden. Denkbar ist vielmehr nur, dass eine voraussichtliche Planung zur Geschäftsgrundlage erhoben wird. Dieser Gestaltung steht § 1 Abs. 3 S. 2 Hs. 2 BauGB nicht entgegen.

bb) Öffentlich-rechtliche Unwirksamkeitsgründe

Unwirksamkeit nach
§ 59 Abs. 2 Nr. 4
VwVfG

Da es sich bei den abzuschließenden Verträgen um subordinationsrechtliche Verträge i. S. d. § 54 S. 2 VwVfG handelt, weil sie im Über- und Unterordnungsverhältnis abgeschlossen werden[53], sind sie unwirksam, wenn ein Unwirksamkeitsgrund nach § 59 Abs. 2 VwVfG vorliegt. Hiernach darf insbesondere keine gegen § 56 VwVfG verstoßende Leistung der Grundstückseigentümer vereinbart werden, wenn es sich um einen Austauschvertrag handelt. Da die Grundstückseigentümer zum Abschluss von sie belastenden Verträgen nur gegen Beplanung der Grundstücke bewegt werden können, ist die Beplanung Geschäftsgrundlage der Vertragsabschlüsse. Es werden demnach hinkende Austauschverträge abgeschlossen, auf welche § 56 VwVfG zumindest entsprechende Anwendung findet[54]. Da nach § 1 Abs. 3 S. 2 Hs. 1 BauGB auf den Erlass eines Bebauungsplans kein Anspruch besteht, müssen § 56 Abs. 2 VwVfG bzw. § 11 Abs. 2 S. 2 BauGB nicht beachtet werden. Allerdings muss nach § 56 Abs. 1 S. 1 Hs. 1 VwVfG ein bestimmter Zweck der Leistung der Grundstückseigentümer vereinbart werden (3). Außerdem müssen die von den Grundstückseigentümern zu erbringenden Leistungen nach § 56 Abs. 1 S. 1 Hs. 2 VwVfG der Gemeinde zur Erfüllung öffentlicher Aufgaben dienen (2). Weiterhin muss nach § 56 Abs. 1 S. 2 Hs. 2 VwVfG die von den Grundstückseigentümern versprochene Leistung in einem sachlichen Zusammenhang mit der vertraglichen Leistung der Behörde, hier mit der die Geschäftsgrundlage bildenden Leistung der Gemeinde stehen (1). Schließlich darf die vereinbarte Gegenleistung nicht unangemessen sein (4).

---

[53] Siehe oben B. I. 2. b) bb) (1), S. 184.
[54] Siehe oben B. I. 2. b) bb) (2.1), S. 185.

(1) Kein Verstoß gegen das Koppelungsverbot

Erforderlich ist zunächst, dass Leistung und Gegenleistung in einem sachlichen Zusammenhang stehen. Unter welchen Voraussetzungen dieser sachliche Zusammenhang zu bejahen ist, lässt sich kaum abstrakt-generell umschreiben oder gar festlegen[55]. Entscheidend sind Inhalt und Begleitumstände des konkreten Vertrags unter Berücksichtigung von Sinn und Zweck des sog. Koppelungsverbots[56]. Dieses verbietet zum einen, dass durch einen öffentlich-rechtlichen Vertrag etwas verknüpft wird, was nicht ohnehin bereits in einem inneren Zusammenhang steht, und zum anderen, dass hoheitliche Entscheidungen ohne gesetzliche Ermächtigung von einer wirtschaftlichen Gegenleistung abhängig gemacht werden (kein „Verkauf von Hoheitsakten")[57].

Eine bloß auf Abschöpfung der Wertsteigerungen gerichtete Zahlungspflicht verstößt gegen das Koppelungsverbot, weil die Gemeinde nach § 1 Abs. 3 S. 1 BauGB zur Bauleitplanung verpflichtet ist, soweit diese erforderlich ist. Sie darf ihre insoweit bestehenden Befugnisse nicht verkaufen[58]. Allenfalls darf die Gemeinde, die ihr durch die Bauleitplanung und deren Folgen entstehenden Kosten auf die Begünstigten umlegen. Insoweit besteht zwischen Leistung (Bauleitplanung) und Gegenleistung (Kostenersatz) ein sachlicher Zusammenhang, weil die Kosten gerade Voraussetzung der den Grundstückeigentümern entstehenden Vorteile sind.

Dementsprechend erlaubt § 11 Abs. 1 Nr. 3 BauGB ausdrücklich, dass Grundstückseigentümer sich im Rahmen eines städtebaulichen Vertrags verpflichten, diejenigen Kosten und Aufwendungen zu übernehmen, die der Gemeinde für städtebauliche Maßnahmen entstehen oder entstanden sind und die Voraussetzung oder Folge des geplanten Vorhabens sind. Dies umfasst insbesondere diejenigen Kosten, die ihr infolge der nachfolgenden Bebauung des Gebiets dadurch entstehen, dass sie für das Baugebiet Schulen und Kindergärten als soziale Einrichtungen schafft[59]. Allerdings dürfen die Kosten nur insoweit den Begünstigten auferlegt werden, als sich die Kosten dem bestimmten Vorhaben zurechnen

Marginalien:
Inhalt des Koppelungsverbots

keine Abschöpfung

Abwälzung von Folgekosten

---

[55] BVerwG v. 16.05.2000, NVwZ 2000, 1285, 1287.
[56] BVerwG v. 16.05.2000, NVwZ 2000, 1285, 1287.
[57] BVerwG v. 20.03.2003, NVwZ-RR 2003, 874, 875; BVerwG v. 16.05.2000, NVwZ 2000, 1285, 1287; Grziwotz, JuS 1998, 902, 905.
[58] Siehe oben B. I. 2. b) bb) (2.4), S. 186 f.
[59] BVerwG v. 29.01.2009, NVwZ 2009, 1109, 1112.

lassen[60]. Hierzu bedarf es grundsätzlich einer konkreten Berechnung durch die Gemeinde, in welcher dargelegt wird, welcher konkrete zusätzliche Aufwand ihr infolge der zusätzlichen Baulandausweisung im Hinblick auf Schulen und Kindertagesstätten erwächst[61]. Die hierzu notwendigen Informationen sind mit der Mandantin noch zu ermitteln.

(2) Erfüllung öffentlicher Aufgaben

Gegenleistung dient Erfüllung öffentlicher Aufgaben

Im Fall des hinkenden Austauschvertrags[62] sind die Zahlungen der Grundstückseigentümer die Gegenleistung i. S. d. § 56 Abs. 1 S. 1 VwVfG und müssen der Gemeinde zur Erfüllung ihrer öffentlichen Aufgaben dienen. Werden die Kosten, die der Gemeinde infolge der Baulandausweisung für den Ausbau von Schulen und Kindertagesstätten entstehen, auf die Grundstückseigentümer der begünstigten Grundstücke umgelegt, wird die Gemeinde von diesen Kosten entlastet. Im wirtschaftlichen Endergebnis tragen diese Kosten mithin die Grundstückseigentümer. Anders ausgedrückt hat bzw. wird die Gemeinde mit diesen Zahlungen Schulen und Kindertagesstätten errichten, d. h. ihren Aufgaben im Bereich der öffentlichen Daseinsvorsorge nachkommen. Wie auch von § 11 Abs. 1 S. 2 Nr. 3 BauGB vorausgesetzt, dient die Zahlung somit der Erfüllung öffentlicher Aufgaben.

(3) Konkrete Zweckvereinbarung

förmliche Zweckvereinbarung

Nach § 56 Abs. 1 S. 1 VwVfG muss die Gegenleistung der Grundstückseigentümer für einen bestimmten Zweck vereinbart werden. Erforderlich ist insoweit, dass der Zweck der vom Bürger zu erbringenden Leistung so konkret angegeben wird, dass die vertragsschließende Gemeinde nicht einseitig frei über ihre Leistung disponieren kann und sich anhand der Zweckvereinbarung die übrigen Rechtmäßigkeitsvoraussetzungen prüfen lassen[63]. Für einen Folgekostenvertrag nach

---

[60]   BVerwG v. 29.01.2009, NVwZ 2009, 1109, 1112; OVG Lüneburg v. 10.07.2007, BauR 2008, 57, 61 ff.; Grziwotz, JuS 1998, 1113, 1114 f.; Seidler, NZBau 2008, 49.

[61]   BVerwG v. 29.01.2009, NVwZ 2009, 1109, 1112; OVG Lüneburg v. 10.07.2007, BauR 2008, 57, 61 ff.; Seidler, NZBau 2008, 49.

[62]   Siehe oben B. I. 2. b) bb) (2.1), S. 185.

[63]   Vgl. Kopp/Ramsauer, § 56 VwVfG Rn. 7; Stelkens/Bonk/Sachs, § 56 VwVfG Rn. 51; Wolff/Bachof/Stober/Kluth, VwR I, § 54 Rn. 46.

§ 11 Abs. 1 S. 2 Nr. 3 BauGB bedeutet dies, dass sich der Einigung entnehmen lassen muss, dass die Leistung des Bürgers für den Ausbau von Schulen und Kindertagesstätten zu Gunsten des neuen Baugebiets verwendet werden sollen. Nur hierdurch wird sichergestellt, dass die Gemeinde die vereinnahmten Gelder nicht anderweitig verwendet und die Bürger eine zweckentsprechende Mittelverwendung gerichtlich einfordern können. Diese Vorgabe ist bei der späteren Ausformulierung eines Vertrags zu berücksichtigen.

(4) Angemessenheit

Schließlich ist erforderlich, dass die Gegenleistung der Grundstückseigentümer nach den Umständen des Falls angemessen ist. Dies ergibt sich aus der eigenständigen Regelung des § 11 Abs. 2 S. 1 BauGB, der § 56 Abs. 1 S. 2 VwVfG bestätigt[64]. Angemessen ist eine Gegenleistung, wenn sie dem Übermaßverbot entspricht und zwischen den Parteien individuell ausgehandelt wurde, wobei unschädlich ist, dass mehrere Fälle gleichartig behandelt werden sollen[65]. Anders ausgedrückt darf sich die Gegenleistung nicht als Machtmissbrauch der Gemeinde darstellen und muss in einem ausgewogenen Verhältnis zu deren Leistung stehen.   *Angemessenheit der Gegenleistung*

Aus dem Sachverhalt ergeben sich keine Anhaltspunkte, dass die Gemeinde bei Abschluss der städtebaulichen Verträge ihre Machtpositionen bei der Ausübung ihrer Hoheitsrechte missbrauchen würde. Es ist insbesondere nicht ersichtlich, dass die Gemeinde beabsichtigt, eine Zwangslage der Grundstückseigentümer auszunutzen. Dementsprechend ist davon auszugehen, dass die Grundstückseigentümer die von der Gemeinde angestrebten städtebaulichen Verträge erst nach Abwägung der mit diesen verbundenen Vor- und Nachteile unterzeichnen werden. Dies bietet die Gewähr dafür, dass die von der Gemeinde jeweils geforderte Gegenleistung aus der Sicht der Beteiligten (subjektiv) angemessen ist[66].   *subjektive Schranken der Gegenleistung*

Für die Frage, wann die von den Grundstückseigentümern zu erbringenden Gegenleistungen objektiv angemessen sind, gibt es keinen generell gültigen Maßstab[67]. Es lassen sich je-   *objektive Schranken der Gegenleistung*

---

[64] Vgl. Battis/Krautzberger/Löhr, § 11 BauGB Rn. 21.
[65] Battis/Krautzberger/Löhr, § 11 BauGB Rn. 21.
[66] Vgl. BVerwG v. 29.01.2009, NVwZ 2009, 1109, 1113; Battis/ Krautzberger/Löhr, § 11 BauGB Rn. 21; Grziwotz, JuS 1998, 1113, 1114.
[67] Battis/Krautzberger/Löhr, § 11 BauGB Rn. 21.

doch äußerste Grenzen bestimmen, die zwingend zu beachten sind. So wird die objektive Angemessenheit zunächst dadurch begrenzt, dass die Gemeinde nach § 11 Abs. 1 S. 2 BauGB lediglich die ihr entstehenden Kosten umlegen darf; einen „Gewinn" darf sie nicht erzielen[68]. Entsprechend der oben[69] dargelegten Zweckbindung dürfen nur die kausal verursachten Kosten umgelegt werden[70]. Diese Kosten können im Einzelfall durchaus – bezogen auf ein einzelnes Grundstück – höher sein als die mit der Baulandausweisung verbundene Wertsteigerung. Eine solche vollständige Abschöpfung wird weder durch § 11 Abs. 1 S. 2 Nr. 3 BauGB noch durch § 11 Abs. 2 S. 1 BauGB generell verboten[71]. Allerdings führt eine Überschreitung der Wertsteigerung bei wirtschaftlicher Betrachtung auf den ersten Blick zu einer „Entwertung" des Grundstücks. Diese „Entwertung" ist im Hinblick auf § 11 Abs. 2 S. 1 BauGB besonders rechtfertigungsbedürftig, weil die objektive Angemessenheit fehlt, wenn die Gegenleistung des Bürgers die Vorteile der behördlichen Leistung überschreitet[72]. Als zusätzliche Rechtfertigung kommen aber die über die Bodenwertsteigerung hinausgehenden Vorteile in Betracht, die vorliegend mit dem Bau von Schulen und Kindertagesstätten verbunden sind. Diese weiteren Vorteile müssten jedoch nachweisbar ermittelt und quantifiziert werden. Soweit die Gemeinde die Umlage der vorhabenbezogenen Folgekosten auf die konkrete Bodenwertsteigerung beschränkt, wäre eine solche Nachweisführung entbehrlich. Die Angemessenheit würde unabhängig hiervon gewahrt[73].

(5) Zwischenergebnis

Folgekostenumlage möglich

Im Rahmen der vorstehenden Grenzen können die der Gemeinde für Schul- und Kindertagesstättenbau entstehenden Folgekosten auf die begünstigten Grundstückseigentümer vertraglich umgelegt werden. Die Umlage sollte auf die mit der Baulandausweisung verbundene Bodenwertsteigerung begrenzt werden, um sicher das Gebot der Angemessenheit

---

[68] BVerwG v. 29.01.2009, NVwZ 2009, 1109, 1113; Battis/ Krautzberger/Löhr, § 11 BauGB Rn. 21; Grziwotz, JuS 1998, 1113, 1114 f.

[69] Siehe oben C. II. 1. b) bb) (1), S. 193 f. und C. II. 1. b) bb) (2), S. 194.

[70] Grziwotz, JuS 1998, 1113, 1114 f.

[71] Vgl. Battis/Krautzberger/Löhr, § 11 BauGB Rn. 21.

[72] Vgl. BVerwG v. 29.01.2009, NVwZ 2009, 1109, 1113.

[73] Vgl. Battis/Krautzberger/Löhr, § 11 BauGB Rn. 21.

zu wahren. In Abstimmung mit der Gemeinde sollte allerdings auch erwogen werden, die weiteren Vorteile nachzuweisen und zu quantifizieren, um höhere Einnahmen zu ermöglichen.

cc) Zivilrechtliche Unwirksamkeitsgründe

Da die abzuschließenden Verträge nach § 59 Abs. 1 VwVfG unwirksam sind, wenn ein zu beachtender zivilrechtlicher Unwirksamkeitsgrund eingreift, gilt es diese zu vermeiden. Insbesondere sollte eine Formunwirksamkeit nach §§ 125, 126 BGB i. V. m. § 11 Abs. 3 BauGB ausgeschlossen werden. Es ist daher darauf zu achten, dass der städtebauliche Vertrag unter Beachtung der Schriftform abgeschlossen wird. Diese gilt insbesondere für die Vereinbarung des Zwecks der Gegenleistung[74]; hierfür muss sich nach Ansicht der Rechtsprechung zumindest eine Andeutung in der Vertragsurkunde finden[75].

Vermeidung zivilrechtlicher Unwirksamkeitsgründe

dd) Zwischenergebnis

Durch schriftlichen städtebaulichen Vertrag können zu Gunsten der Gemeinde den begünstigten Grundstückseigentümern zweckgebundene Zahlungspflichten auferlegt werden, mit denen die Folgekosten baulicher Vorhaben umgelegt werden. Zu diesen Folgekosten zählen auch die Kosten für Schulen und Kindertagesstätten. Entsprechende Verträge sind in den vorgenannten Grenzen wirksam.

Zwischenergebnis

2. Salvatorische Klausel

In die Verträge sollen zur Risikoverringerung salvatorische Klauseln aufgenommen werden, welche den Fortbestand des Vertrags sichern und sich aus einem Unwirksamkeitsgrund ergebende Vertragslücken schließen. Entsprechende Klauseln sind wirksam, wenn keine Unwirksamkeitsgründe bestehen. Da die salvatorischen Klauseln lediglich eine Nebenregelung im Rahmen eines öffentlich-rechtlichen Vertrags[76] sind, unterliegen sie den Anforderungen an einen öffentlich-

Zulässigkeit salvatorischer Klauseln

---

[74] BVerwG v. 15.12.1989, BVerwGE 84, 236, 244; Hk-VerwR/ Fehling, § 56 VwVfG Rn. 21.

[75] Vgl. allgemein zur Andeutungstheorie Boemke/Ulrici, BGB-AT, § 10 Rn. 43 f.

[76] Siehe oben C. II. 1 b), S. 191.

rechtlichen Vertrag[77]. Sie sind demnach wirksam, wenn kein Vertragformverbot besteht (a) und keine öffentlich-rechtlichen Unwirksamkeitsgründe (b) oder zu beachtende zivilrechtliche Hindernisse (c) eingreifen.

a) Vertragsformverbot

kein
Vertragformverbot

Ein öffentlich-rechtlicher Vertrag ist unwirksam, wenn der Verwaltung hinsichtlich seines Gegenstands die vertragliche Handlungsform ausdrücklich oder kraft Natur der Sache untersagt ist[78]. Hinsichtlich des Abschlusses eines städtebaulichen Vertrags als solchem besteht kein Vertragformverbot[79]. Aber auch bezüglich der Vereinbarung über die Folgen unwirksamer Vertragsbedingungen hinsichtlich Erhaltung und Lückenschließung ist ein Vertragsformverbot nicht ersichtlich. Vielmehr zeigt § 59 Abs. 3 VwVfG, dass der Wille der Vertragsparteien zu berücksichtigen ist. Ordnet § 59 Abs. 3 VwVfG dies für den mutmaßlichen Willen an, kann im Hinblick auf den Vertrag als Akt privatautonomer Gestaltung nichts Anderes gelten[80].

b) Öffentlich-rechtliche Unwirksamkeitsgründe

unzulässige
Abweichung von
§ 59 Abs. 2 VwVfG

Die salvatorische Klausel selbst regelt keine Gegenleistung der Grundstückseigentümer, weil sie nicht um der Baulandausweisung willen vereinbart wird. Sie ist als Nebenabrede daher insgesamt nicht an § 56 VwVfG zu messen. Soweit sie regelt, dass die Unwirksamkeit einer Vertragsbedingung die Wirksamkeit des Vertrags im Übrigen nicht berührt, wird lediglich der durch § 59 Abs. 3 VwVfG eröffnete Vorrang des Parteiwillens ausgefüllt. Allerdings könnte eine salvatorische Klausel, soweit sie anordnet, wie entstehende Vertragslücken ausgefüllt werden, gegen die von § 59 Abs. 2 VwVfG vorgesehene Unwirksamkeitsanordnung verstoßen. Dies ist der Fall, wenn § 59 Abs. 2 VwVfG ganz oder teilweise nicht nur bestimmte Vertragsregelungen als solche vermeiden will (Vermeidung rechtlich missbilligter Erfolge)[81], sondern hierüber hinaus Hoheitsträger vorsorgend davon abhalten will, verdächtige Regelungen zu treffen (Gefahrvermeidung durch

---

[77]   Vgl. BVerwG v. 01.02.1980, NJW 1980, 2538, 2538 f.; Kopp/Ramsauer, § 54 Rn. 29.
[78]   Wolff/Bachof/Stober/Kluth, VwR I, § 54 Rn. 11 ff.
[79]   Siehe oben C. II. 1 b) aa), S. 191.
[80]   Hk-VerwR/Fehling, § 59 VwVfG Rn. 39. – Vgl. die Andeutung bei BVerwG v. 29.01.2009, NVwZ 2009, 1109, 1113.
[81]   So Stelkens, Die Verwaltung 37 (2004), 193, 195 ff.

Abschreckung; Disziplinierung der Verwaltung)[82]. Letzteres ist der Fall, wenn § 59 Abs. 2 VwVfG für alle oder einzelne öffentlich-rechtliche Unwirksamkeitsgründe der Gefahr begegnen will, dass Hoheitsträger missbilligte Regelungen vereinbaren, weil sie lediglich befürchten müssten, dass der Vertrag auf das gerade noch zulässige Maß reduziert wird.

Dem Wortlaut der Vorschrift ist zu dieser Frage nichts zu entnehmen. Auch Gesetzgebungsgeschichte und Systematik sind nicht ergiebig. Gegen einen weitreichenden Disziplinierungszweck spricht, dass grundsätzlich davon auszugehen ist, dass Hoheitsträger rechtliche Vorgaben beachten (wollen)[83]. Ausreichend erscheint daher, die Bindung an das Gesetz dadurch herzustellen, dass im Ergebnis unerwünschten Regelungen die Anerkennung versagt wird[84]. Hierdurch wird der verfassungsrechtliche Schutzauftrag ausgefüllt[85]. Weiter spricht gegen einen Disziplinierungszweck, dass der Gesetzgeber zumindest für den Unwirksamkeitsgrund des § 59 Abs. 2 Nr. 4 VwVfG zuletzt selbst eine Reduktionsvorschrift zum Erhalt des Restvertrags vorgesehen hat[86]. Dies zeigt, dass der Gesetzgeber (bislang) nicht die Gefahr gesehen hat, dass Hoheitsträger derartige Ersatzklauseln missbrauchen könnten. Im Ergebnis ist somit davon auszugehen, dass § 59 Abs. 2 VwVfG der Vereinbarung einer Ersetzungsklausel nicht entgegensteht.

Auslegung des Gesetzes

c) Zivilrechtliche Unwirksamkeitsgründe

Abgesehen von ihrer Nichtigkeit bei einer etwaigen Nichtbeachtung der für die gesamte Vertragsurkunde zu wahrenden Schriftform könnte eine salvatorische Klausel nach § 59 Abs. 1 VwVfG i. V. m. § 306 BGB unwirksam sein. Dies ist der Fall, wenn § 306 BGB vorliegend über § 59 Abs. 1 VwVfG anwendbar ist (aa) und eine salvatorische Klausel gegen § 306 BGB verstößt (bb).

Vereinbarkeit mit AGB-Recht

---

[82] Vgl. tendenziell Spannowsky, UPR 2003, 81, 91; Hk-VerwR/ Fehling, § 59 VwVfG Rn. 43.

[83] Vgl. zu diesem Gedanken BGH v. 04.10.2000, NJW 2001, 445, 447 f. – Zweifelnd Spannowsky, UPR 2003, 81, 91; Hk-VerwR/Fehling, § 59 VwVfG Rn. 43.

[84] Stelkens, Die Verwaltung 37 (2004), 193, 195 ff.

[85] Stelkens, Die Verwaltung 37 (2004), 193, 194, 195 ff.

[86] Vgl. hierzu Stelkens, NWVBl. 2006, 1, 6.

aa) Geltung des AGB-Rechts

Anwendbarkeit des AGB-Rechts auf öffentlich-rechtliche Verträge

Ob die Vorschriften der §§ 305 ff. BGB über §§ 62 Satz 2, 59 Abs. 1 VwVfG auf öffentlich-rechtliche, insbesondere städtebauliche Verträge Anwendung finden, wenn die Verträge wie vorliegend formularmäßig verwendet werden, ist umstritten[87]. Seit dem Jahr 2002 nicht mehr relevant ist insoweit das formale Argument der Verortung des AGB-Rechts außerhalb des BGB[88].

Streitstand

In der Rechtsprechung der Instanzgerichte wird wohl überwiegend davon ausgegangen, dass sich öffentlich-rechtliche, auch städtebauliche Verträge an den Vorschriften des AGB-Rechts messen lassen müssen[89]. Teile der Literatur folgen dieser Sichtweise[90]. Hierfür wird angeführt, dass die Vorschriften des AGB-Rechts keine Bereichsausnahme vorsehen. Überdies besteht auch im Verhältnis zu Hoheitsträgern kein abweichendes Schutzbedürfnis, sondern gleichermaßen die besondere Gefahr, dass Vertragsbedingungen aus einer überlegenen Position einseitig vorgegeben werden[91] oder der Vertragspartner des Verwenders durch eine umfassende Vertragsprüfung logistisch überfordert wird. Schließlich wird darauf verwiesen, dass die dem AGB-Recht zugrunde liegende Klauselrichtlinie auch öffentlich-rechtliche Verträge erfasst[92]. Andererseits wird in der Literatur vielfach vertreten, dass § 56 VwVfG sowie insbesondere § 11 BauGB als lex specialis die Anwendung des AGB-Rechts ausschließen[93]. Dieser Sichtweise hat sich der BGH zumindest für Verträge, die bis zum Ablauf der Umsetzungsfrist für die dem AGB-Recht zugrunde liegende EU-Richtlinie abgeschlossen wurden, angeschlossen[94]. Für später

---

[87] Vgl. hierzu Grziwotz, JuS 1998, 902, 904.
[88] Spannowsky, UPR 2003, 81, 87 f. – So zuvor z. B. OVG Münster v. 19.08.1988, NJW 1989, 1879, 1880.
[89] Vgl. OLG Hamm v. 11.01.1996, NJW 1996, 2104; OLG Karlsruhe v. 14.03.1991, NJW-RR 1992, 18, 19; Hk-VerwR/Fehling, § 62 VwVfG Rn. 15.
[90] Ulmer/Brandner/Hensen, § 305 BGB Rn. 14 und 77 sowie Vorb. v. § 307 BGB Rn. 45. – Vgl. auch Spannowsky, UPR 2003, 81, 87 f.
[91] Hierauf abstellend Ulmer/Brandner/Hensen, Vorb. v. § 307 BGB Rn. 45.
[92] Ulmer/Brandner/Hensen, Vorb. v. § 307 BGB Rn. 45.
[93] Battis/Krautzberger/Löhr, § 11 BauGB Rn. 14a; Kopp/Ramsauer, § 62 VwVfG Rn. 18 f.
[94] BGH v. 29.11.2002, NVwZ 2003, 371, 373. – Kritisch Ulmer/Brandner/Hensen, Vorb. v. § 307 Rn. 48.

abgeschlossene Verträge hat der BGH eine Entscheidung offen gelassen.

Vorzugswürdig erscheint, dass jedenfalls § 306 BGB, d. h. die Regelungen über die Folgen unwirksamer Vertragsbedingungen auf öffentlich-rechtliche Verträge keine Anwendung findet, sondern durch § 59 Abs. 3 VwVfG verdrängt wird. Hierfür spricht, dass Hoheitsträger unmittelbar an den Gleichheitssatz des Art. 3 GG gebunden sind. Sie sind somit verpflichtet, unter gleichen Voraussetzungen gleiche Verträge abzuschließen und müssen deshalb im Regelfall Allgemeine Geschäftsbedingungen i. S. d. § 305 Abs. 1 BGB verwenden, weshalb davon auszugehen ist, dass der Gesetzgeber die Regelung des § 59 Abs. 3 VwVfG für alle – auch formularmäßige – öffentlich-rechtliche Verträge vorgesehen hat. Dieses Ergebnis fügt sich auch in die allgemeinen Regelungen zu § 306 BGB ein, weil anerkannt ist, dass § 306 BGB zurücktritt, soweit besondere gesetzliche Folgeregelungen bestehen[95]. Hiergegen spricht auch nicht die EU-Klauselrichtlinie, welche die Rechtsfolge des § 306 BGB nicht vorschreibt.

Stellungnahme

bb) Verstoß gegen AGB-Recht

Da sich die Nichtgeltung der §§ 305 ff. BGB für öffentlich-rechtliche Verträge nicht sicher prognostizieren lässt, ist vorsorglich zu prüfen, ob eine salvatorische Klausel mit den zwingenden Vorschriften der §§ 305 ff. BGB vereinbar ist. Soweit eine salvatorische Klausel anordnet, dass die Unwirksamkeit einer Vertragsbedingung die Wirksamkeit des Restvertrags nicht berührt, entspricht sie vollständig der Regelung des § 306 Abs. 1 BGB und verstößt daher nicht gegen die §§ 305 ff. BGB. Bedenken könnten aber insoweit bestehen, als eine salvatorische Klausel besondere Anordnungen für die Schließung von Vertragslücken vorsieht. Hierdurch könnte der Vertragspartner des Verwenders entgegen Treu und Glauben unangemessen benachteiligt werden (1). Außerdem könnte eine salvatorische Klausel als Abweichung von der zwingenden Vorschrift des § 306 BGB unwirksam sein (2).

vorsorglich: Verstoß gegen § 306 BGB

---

[95]   Vgl. Hk-ArbR/Boemke/Ulrici, § 306 BGB Rn. 13 f.

(1) Unangemessene Benachteiligung

salvatorische
Klausel macht
Vertrag
intransparent

Nach ganz herrschender und somit hier maßgeblicher Ansicht benachteiligen salvatorische Klauseln den Vertragspartner des Verwenders unangemessen, weil sie im Regelfall
gegen das Transparenzgebot des § 307 Abs. 1 S. 2 BGB verstoßen[96]. Dies wird daraus abgeleitet, dass der Vertragspartner des Verwenders unter Berücksichtigung der salvatorischen Klausel aus dem Vertrag nicht mehr hinreichend deutlich seine Rechte und Pflichten ersehen kann.

(2) Unangemessene Benachteiligung

Verstoß gegen
zwingendes Recht

Darüber hinaus zielen salvatorische Klauseln, soweit sie Regelungen zur Lückenschließung enthalten, auf eine Modifi-
zierung der Rechtsfolge des § 306 Abs. 2 BGB ab. Da es
sich bei § 306 Abs. 2 BGB um zwingendes Gesetzesrecht
handelt, bleibt diese Modifikation wirkungslos. Die zwingende Gesetzesvorschrift setzt sich durch.

(3) Zwischenergebnis

Wirksamkeit der
Ersetzungsregelung
ungewiss

Es sprechen gute Gründe dafür, dass eine in einem öffentlich-rechtlichen Vertrag enthaltene salvatorische Klausel
nicht an den §§ 305 ff. BGB zu messen ist. Die Rechtslage
hierzu ist jedoch nicht abschließend geklärt. Sollten die
§§ 305 ff. BGB insgesamt anwendbar sein, wäre eine salvatorische Klausel insoweit unwirksam als sie den Vertrag
intransparent macht und abweichend von § 306 Abs. 2 BGB
besondere Anordnungen zur Schließung etwaiger Vertragslücken enthält.

d) Zwischenergebnis

Zwischenergebnis

Soweit eine salvatorische Klausel darauf abzielt, in Abweichung von § 59 Abs. 3 VwVfG die Wirksamkeit des Restvertrags als Grundregel zu statuieren, bestehen keine rechtlichen Hinderungsgründe. Die Vertragsparteien würden insoweit allein den von § 59 Abs. 3 VwVfG vorgesehen Vorrang
des Parteiwillens ausschöpfen und eine § 306 Abs. 1 BGB
entsprechende Regelung schaffen. Soweit eine salvatorische
Klausel jedoch Regelungen zur Schließung sich ergebender
Vertragslücken umfasst, ist deren Wirksamkeit unsicher. Gute Gründe, nicht zuletzt aktuelle Gesetzgebungsvorschläge[97],

---

[96] Vgl. Hk-ArbR/Boemke/Ulrici, § 306 BGB Rn. 17.
[97] Vgl. hierzu Stelken, NWVBl. 2006, 1, 6.

sprechen für die Zulässigkeit derartiger Regelungen. Ein Unwirksamkeitsrisiko dieser Klausel ergibt sich jedoch aus einer etwaigen, in der höchstrichterlichen Rechtsprechung noch nicht geklärten Anwendung der §§ 305 ff. BGB.

III. Auswahl geeigneter Gestaltungen

Ausgehend von vorstehender Prüfung kann die Gemeinde das Ziel, Geld für den Ausbau von Schulen und Kindertagesstätten zu generieren und hierdurch zumindest einen Teil der bei den Grundstückeigentümern entstehenden Wertsteigerungen abzuschöpfen dadurch erreichen, dass neue Verträge, sog. Folgekostenverträge, abgeschlossen werden. Werden die vorstehend herausgearbeiteten Grenzen beachtet, sind diese Verträge als solche rechtlich zulässig und wirksam.

Erreichung des Hauptziels

Hinsichtlich des Nebenziels, die Anfälligkeit des Gesamtvertrags für Unwirksamkeitsgründe zu reduzieren, hat sich ergeben, dass dieses nicht sicher erreicht werden kann. Das Gebot des sichersten Wegs legt deshalb grundsätzlich nahe, dass man von der Aufnahme einer salvatorischen Klausel insoweit Abstand nimmt, als eine Regelung zur Lückenfüllung aufgenommen wird. Abweichendes gilt jedoch, wenn durch die Aufnahme zumindest die Chance auf die Erreichung des Mandantenziels erhöht würde, ohne hierdurch Nachteile für den Mandanten zu begründen. Da nach vorstehender Prüfung zumindest die Chance besteht, dass die Lückenfüllungsregelung wirksam ist, ist entscheidend, ob ihre Aufnahme für den Fall ihrer Unwirksamkeit schaden könnte. Dies wäre der Fall, wenn die Unwirksamkeit der Lückenfüllungsregelung den Gesamtvertrag in Frage stellt. Hiervon ist jedoch nicht auszugehen. Zunächst wird im Vertrag selbst zulässig und wirksam geregelt, dass die Unwirksamkeit einzelner Regelungen nicht zur Gesamtunwirksamkeit führt (unbedenklicher Teil der salvatorischen Klausel). Überdies würde grundsätzlich die Vorschrift des § 59 Abs. 3 VwVfG ergeben, dass der Vertrag auch ohne die Lückenfüllungsregel geschlossen worden wäre. Schließlich und unabhängig hiervon besteht nicht die Gefahr, dass die Unwirksamkeit der Lückenfüllungsklausel den gesamten Vertrag in Frage stellt, weil die Unwirksamkeit der Lückenfüllungsklausel nur bei Geltung des AGB-Rechts bestünde. Ist aber das AGB-Recht anwendbar, schreibt § 306 Abs. 1 BGB seinerseits die Fortgeltung des Restvertrags vor. Insgesamt kann der Gemeinde daher die Aufnahme einer Klausel zur Lü-

Erreichung des Nebenziels

ckenfüllung empfohlen werden, weil hiermit zumindest keine Nachteile verbunden sind.

D. Zusammenfassende Empfehlung

Gesamtergebnis

Der Gemeinde ist zu empfehlen, die unwirksamen Verträge durch neu abzuschließende Folgekostenverträge zu ersetzen. Hierzu sollten zunächst vorbereitend Berechnungen über die zu erwartenden und zurechenbaren Folgekosten angestellt werden, um eine Grundlage für die Verhandlungen über die Höhe der zu vereinbarenden Zahlungen zu finden. Im Anschluss sollte den Grundstückseigentümern erklärt werden, dass die Planungen im Hinblick auf die Unwirksamkeit der Verträge vorerst ruhen. Hierdurch kann die Motivation zum Abschluss neuer Verträge erhöht werden. Ergänzend ist der Gemeinde zu raten, in die abzuschließenden Verträge eine salvatorische Klausel aufzunehmen, welche vorsieht, dass die Unwirksamkeit einer Klausel den Fortbestand des restlichen Vertrags unberührt lässt. Schließlich sollte geregelt werden, dass entstehende Vertragslücken dadurch geschlossen werden, dass eine der unwirksamen Klausel möglichst weitgehend entsprechende und wirksame Klausel vereinbart wird.

Klausur Nr. 6

Herr im eigenen Haus

Sachverhalt

Im Büro des Fachanwalts für Erbrecht Dr. Zampano erscheinen die 50-jährige, geschiedene Yvonne und ihr Lebensgefährte, der 40-jährige Christian. Sie schildern Dr. Zampano, dass sie bereits seit 12 Jahren zusammenleben. Da Yvonne mit der Ehe schlechte Erfahrungen gemacht hat, haben beide nicht geheiratet und wollen dies auch in der Zukunft nicht tun. Allerdings hat sich die Beziehung in der Vergangenheit derart verfestigt, dass sich beide Partner sicher sind, dass nur der Tod sie trennen kann. Anlass des Beratungsgesprächs ist, dass sich Yvonnes Beziehung zu ihren beiden Kindern aus der geschiedenen Ehe immer weiter verschlechtert hat. Den Kontakt zu ihnen hat sie daher endgültig abgebrochen. Sie will mit ihren Kindern nichts mehr zu tun haben. Vor diesem Hintergrund macht sie sich Gedanken, wie es sich bewerkstelligen lässt, dass Christian ihr vierstöckiges, acht Wohnungen umfassendes Jugendstilmietshaus im Leipziger Waldstraßenviertel, welches im Wesentlichen ihr ganzes Vermögen ausmacht und in welchem sie gemeinsam mit Christian selbst eine Wohnung bewohnt, erhält, wenn sie verstirbt. Wichtig ist ihr dabei, dass ihre Kinder aus erster Ehe das Haus nicht bekommen und auch nicht wirtschaftlich an diesem partizipieren.

Auf Nachfrage erklärt Yvonne, dass es zwischen ihr und ihren Kindern Streit über die Beziehung zu Christian gibt und sie die ständigen Auseinandersetzungen leid ist. Dies war der Grund, warum der Kontakt vollständig abgebrochen wurde. Es gab einfach unüberbrückbare Differenzen in diesem für Yvonne zentralen Punkt. Tätlichkeiten, schwere seelische Verletzungen o. ä. erfolgten im Rahmen der Auseinandersetzung jedoch nicht.

Zu ihrer Beziehung befragt, teilen Yvonne und Christian mit, dass sie einander vollständig vertrauen und sich aufeinander verlassen können. Deshalb brauche Dr. Zampano sich keine Gedanken darüber zu machen, ob Yvonne ihren jetzt zu gestaltenden Wunsch zu einem anderen Zeitpunkt ändern kann. Gemeinsame Kinder existieren nicht; hierfür ist es inzwischen auch zu spät, obwohl Yvonne noch bei bester Gesundheit ist. Ihren Lebensunterhalt bestreiten Yvonne und Christian aus Yvonnes Arbeitslohn, den Mieteinkünften aus dem benannten Haus sowie aus den Einnahmen, die Christian als selbstständiger Kaufmann mit seinem Autohaus erzielt. Erbrechtliche Gestaltungen haben weder Yvonne noch Christian bislang vorgenommen.

Dr. Zampano verspricht, sich der Angelegenheit anzunehmen und eine geeignete Gestaltung bis zum nächsten Besprechungstermin in drei Wochen zu erarbeiten.

Aufgabenstellung:

Bereiten Sie durch ein umfassendes Gutachten den anstehenden Beratungstermin soweit vor, dass Yvonne und Christian ein konkreter Gestaltungsweg empfohlen werden kann. Eine Ausformulierung ist nicht erforderlich.

Vorüberlegungen

Die überdurchschnittlich schwierige Klausur behandelt eine typische Gestaltung der Vermögensnachfolge. Ihre Schwerpunkte liegen in der vollständigen Erfassung der Ziele der Mandantin sowie in der Erarbeitung einer im Hinblick auf die Gesamtheit der verfolgten Ziele möglicherweise nur teilweise geeigneten Gestaltung.

I. Ausgehend von den Schilderungen der Mandantin sind zunächst sorgfältig deren Ziele zu ermitteln und in rechtliche Kategorien einzuordnen. Da Yvonne erreichen will, dass ihr Mietshaus, genauer gesagt das Grundstück nebst Mietshaus (vgl. §§ 93, 94 Abs. 1 BGB), im Todesfall auf Christian übergeht und ihre Kinder hieran nicht teilhaben, scheint alles auf eine dies erreichende erbrechtliche Gestaltung zuzulaufen. Gleichwohl griffe man mit einem hierauf beschränkten Blick zu kurz, weil man versäumte, die von der Mandantin laienhaft formulierten Ziele umfassend zu würdigen. Namentlich die scheinbar klare Vorgabe, dass die Übertragung des Hausgrundstücks erst mit Yvonnes Tod erfolgen soll, bedarf unter Berücksichtigung der mutmaßlichen Interessen der Mandantin der Auslegung. Diese ergibt, dass die Gesamtumstände darauf hindeuten, dass Yvonne ihren Tod als Zeitpunkt der Übertragung nicht gewählt hat, um Christian das Haus entsprechend lange vorzuenthalten. Vielmehr ließ sich Yvonne davon leiten, bis zu ihrem Tod wie bisher „Herr in ihrem Haus" zu bleiben, und ging insoweit davon aus, dass die Übertragung deshalb aufgeschoben werden muss. Nach einer entsprechenden Aufklärung wird sich Yvonne somit zur Erreichung der beiden Ziele, Übertragung auf Christian und Übergehung der Kinder, auch vorstellen können, dass Grundstück sofort auf Christian zu übertragen, wenn ausreichend sichergestellt ist, dass sie bis zu ihrem Tod in ihrer Wohnung leben kann und ein Mitspracherecht in Bezug auf das Grundstück behält. Letzteres betrifft nicht allein ein Mitspracherecht gegenüber Christian. Vielmehr zielt ihr Anliegen auch darauf ab, zu verhindern, dass Dritte über das Grundstück mitbestimmen. Im Hinblick auf Christians Selbstständigkeit und die hiermit regelmäßig verbundenen wirtschaftlichen Risiken könnte z. B. die Gefahr bestehen, dass seine Gläubiger bereits vor Yvonnes Tod auf das Grundstück zugreifen. Fasst man die von Dr. Zampano durch Ermittlung der mutmaßlichen Interessen seiner Mandantin zu ermittelnden Vorstellungen zusammen, wird deutlich, dass Yvonne letztlich drei Ziele zugleich erreichen will: (1) unentgeltliche Übertragung des Hausgrundstücks auf Christian, (2) eigene „Herrschaft" über das Hausgrundstück bis zum Tod und (3) Nichtbeteiligung der Kinder am Wert des Hausgrundstücks.

II. Ausgehend vom ersten Ziel, Übergang des Hausgrundstücks auf Christian, ist zunächst eine erbrechtliche Gestaltung zu erwägen. Als solche kommt insbesondere eine Einsetzung von Christian als Erbe in Betracht. Diese Gestaltung ist im Weiteren darauf zu untersuchen, ob sie es ermöglicht, auch die beiden weiteren Ziele zu erreichen. Da der Erbfall erst mit Yvonnes Tod eintritt und Christian erst zu diesem Zeitpunkt das Eigentum am Hausgrundstück erlangt (vgl. § 1922 BGB), verbleiben bis zu diesem Zeitpunkt sämtliche Befugnisse bezüglich des Hausgrundstücks bei Yvonne, womit dem entsprechenden Mandanteninteresse ohne weiteres genügt wird. Zu klären ist weiter, ob gewährleistet ist, dass die Kinder nicht am Hausgrundstück partizipieren. Die Prüfung wird insoweit zeigen, dass den Kindern als gesetzlichen Erben Pflichtteilsansprüche zustehen (vgl. § 2303 BGB), deren Höhe sich vorliegend ganz maßgeblich nach dem Wert des Hausgrundstücks richtet (vgl. § 2311 BGB). Christians Erbeinsetzung verhindert somit nicht, dass die Kinder partizipieren. Durch erbrechtliche Gestaltungen lassen sich die Ziele nicht vollständig erreichen.

III. Dementsprechend ist weiter zu prüfen, ob sich die Ziele durch eine lebzeitige Schenkung erreichen lassen. Ohne weiteres bewirkt dies, dass Christian wie gewünscht das Hausgrundstück erlangt. Allerdings muss für diesen Fall abgesichert werde, dass Yvonne bis zu ihrem Ableben über ein ausreichendes Mitspracherecht verfügt, welches ihr auch Christians Gläubiger nicht streitig machen können. Insbesondere muss gesichert sein, dass Yvonne dauerhaft in ihrer Wohnung leben kann. Diese Ziele lassen sich durch eine bloße Schenkung nicht erreichen, weil Christian in Vollzug der Schenkung Eigentümer des Grundstücks wird und deshalb mit diesem nach seinem Belieben verfahren darf (vgl. § 903 S. 1 BGB). Auf diese Position können zudem seine Gläubiger zugreifen. Im schlimmsten Fall wird das Haus zwangsversteigert und der Erwerber nimmt Yvonne die Möglichkeit, im Haus wohnen zu bleiben. Diesen Gefahren kann mit verschiedenen Gestaltungen begegnet werden: (1) Yvonne

behält sich ein Rücktrittsrecht vor und sichert den hieraus folgenden Rückübereignungsanspruch grundbuchmäßig ab; (2) für Yvonne wird ein Nießbrauch am
Grundstück bestellt, welcher in Verbindung mit der
Schenkung und deren Vollzug bewirkt, dass Christian
zwar unentgeltlich das Eigentum am Grundstück bereits
zu Yvonnes Lebzeiten erlangt, diese aber bis zu ihrem
Tod tatsächlich und wirtschaftlich Berechtigte bleibt
(vgl. §§ 1030, 1061 BGB); (3) für Yvonne könnte
ein grundbuchmäßig gesichertes, lebzeitig bestehendes
Wohnrecht für ihre Wohnung bestellt werden. Daneben
muss noch gewährleistet werden, dass Yvonnes Kinder
nicht am Grundstück und dessen Wert partizipieren.
Deshalb sind vorstehende Gestaltungen darauf zu untersuchen, wie sie sich auf mögliche Pflichtteilsansprüche
der Kinder auswirken. Dabei zeigt sich, dass das Grundstück bei der Bemessung der Pflichtteilsansprüche der
Kinder nicht mehr wertmäßig zu berücksichtigen ist,
wenn es bereits vor Yvonnes Tod aus ihrem Vermögen
ausgeschieden ist. Allerdings stehen den Kindern im
Anschluss an die Schenkung Pflichtteilsergänzungsansprüche zu (vgl. § 2325 Abs. 1 BGB). Sie können den
Betrag verlangen, um den sich ihr Pflichtteilsanspruch
ohne die Schenkung erhöht hätte. Danach partizipieren
die Kinder wiederum am Wert des Grundstücks. Dieser
Anspruch reduziert sich jedoch mit Ablauf der Zeit und
erlischt zehn Jahre nach erfolgter Schenkung ganz (vgl.
§ 2325 Abs. 3 BGB). Yvonnes Ziel (Übergehung der
Kinder) würde deshalb durch eine Schenkung erreicht,
wenn sie im Anschluss noch mindestens zehn Jahre lebt.
Allerdings beginnt die maßgebliche Frist nach ständiger
Rechtsprechung erst, wenn Yvonne die Schenkung
spürt[1]. Soweit sie weiter „die Hand auf dem Gegenstand
hat", läuft die Frist nicht an. Die Bestellung eines unbeschränkten Nießbrauchs, die Vereinbarung eines Rücktrittsrechts oder eine vergleichbare umfassende Absicherung bewirkt deshalb, dass die Frist des § 2325 Abs. 3
BGB nicht anläuft.

IV. Zwischenergebnis der Begutachtung ist demnach, dass
Yvonne die Summe der von ihr verfolgten Ziele nicht
vollständig erreichen kann. Zwar ist es möglich, dass
das Grundstück an den Kindern vorbei auf Christian
übergeht, soweit Yvonne nicht innerhalb von zehn Jah-

---

[1]   BGH v. 27.04.1994, NJW 1994, 1791, 1791 f.; OLG Schleswig
v. 25.11.2008, FamRZ 2009, 734, 734 f.

ren ab Vollzug der Schenkung stirbt. Hierfür muss sie allerdings ihr Interesse an einer umfassenden lebzeitigen Absicherung preisgeben. Eine vollständige Zielerreichung ist demnach nicht möglich. Zu erwägen ist jedoch, dass die Gesamtheit der Ziele weitgehend umgesetzt werden kann, wenn sich Yvonne mit einer partiellen Absicherung begnügt. Zumindest teilweise gesichert wäre sie z. B. durch ein auf die von ihr genutzte Wohnung beschränktes dingliches Wohnrecht, welches allein den Fristlauf des § 2325 Abs. 3 BGB nicht hindert, weil bei einer Gesamtbetrachtung der Schenkungsgegenstand insgesamt weggegeben wird[2]. Unter Hinweis auf die hiermit verbundenen Risiken ist Yvonne daher zu einer lebzeitigen Schenkung an Christian zu raten, welche mit der Bestellung eines dinglichen Wohnrechts belastet wird.

---

[2]   OLG Bremen v. 25.02.2005, NJW 2005, 1726; Palandt/Edenhofer, § 2325 BGB Rn. 27.

Lösung

Zur Erarbeitung einer zusammenfassenden Empfehlung (D.) sind zunächst die von Yvonne verfolgten Ziele zu klären (A.). Im Anschluss ist zu prüfen, ob die verfolgten Ziele bereits durch die bestehende Rechtslage erreicht werden (B.). Soweit dies nicht der Fall ist, sind die erforderlichen Gestaltungen zu erarbeiten (C.).

Vorgehensweise

A. Regelungsziele der Mandantin

Yvonne will ausweislich ihrer Schilderungen erreichen, dass Christian im Fall ihres Ablebens das Hausgrundstück sowohl gegenständlich als auch wirtschaftlich erhält. Ihre Kinder sollen als „Strafe" für die ständigen Vorwürfe weder das Haus erhalten noch sonst wirtschaftlich an diesem partizipieren. Diese „natürlichen" Zielvorstellungen müssen ausgelegt und juristisch strukturiert werden.

Ausgangspunkt: Schilderungen der Mandantin

I. Auslegung der natürlichen Ziele

Aus den Schilderungen ergibt sich deutlich, dass Yvonne zumindest zwei Ziele verfolgt. Sie will zunächst erreichen, dass Christian unentgeltlich Eigentümer und wirtschaftlich Berechtigter des Grundstücks wird und weder er noch Dritte an Yvonnes Kinder Leistungen erbringen müssen, deren Umfang sich nach dem Wert des Grundstücks bemisst. Die Kinder sollen keine Vorteile aus Yvonnes Tod ziehen, welche sich unmittelbar oder mittelbar dem Grundstück zurechnen lassen. Diese beiden, den Schilderungen der Mandantin leicht zu entnehmenden Zielvorstellungen sollen allerdings nicht sofort, sondern erst mit Yvonnes Tod eintreten. Dementsprechend verfolgt Yvonne neben den beiden benannten zugleich ein weiteres, drittes Ziel: die Wirkungen der Vermögensübertragung auf Christian sollen erst mit ihrem Tod eintreten.

Mandantin verfolgt nicht nur zwei, sondern drei Ziele

Das dritte, von Yvonne eher beiläufig benannte Gestaltungsziel kann bei genauerer Betrachtung auf unterschiedliche Wünsche hinsichtlich der zu erreichenden Ergebnisse hinweisen. Insoweit ist einerseits denkbar, dass Yvonne vermeiden will, dass Christian bereits zu ihren Lebzeiten in den Genuss des Hausgrundstücks und seiner Früchte gelangt. Andererseits ist denkbar, dass Yvonne nicht einen frühzeiti-

Auslegung des dritten Ziels

gen Erwerb durch Christian verhindern, sondern nur für sich einen lebzeitigen Zugriff auf das Grundstück und die lebzeitige Herrschaft über dieses sichern will. Soweit Yvonnes Vorstellungen nur auf Letzteres abzielen, wäre zur Erreichung der beiden anderen Vorstellungen (Eigentumserwerb des Christian, Übergehung der Kinder) auch eine bereits sofort (lebzeitig) wirkende Rechtsgestaltung in Betracht zu ziehen, sofern Yvonne gleichwohl „Herr im Haus" bliebe.

Erforschung des wahren Willens

Ausgehend von Yvonnes Schilderungen ist zu ermitteln aus welchem der beiden Erwägungen heraus sie geäußert hat, dass Christian bei ihrem Tod das Hausgrundstück erlangen soll. Yvonnes Wortwahl scheint zunächst darauf hinzudeuten, dass sie einen vorgezogenen Erwerb vermeiden will, weil sie einen konkreten Zeitpunkt des Erwerbs bei Christian benannt hat. Andererseits hat sie nicht explizit ausgeschlossen, dass Christian sogleich Eigentümer des Hauses wird. Die aus den weiteren Schilderungen der Man-dantin ableitbare Interessenlage legt demgemäß auch nahe, dass Yvonne den von ihr benannten Zeitpunkt nur gewählt hat, weil sie bis zu ihrem Tod die Sicherheit haben will, dass sie das Hausgrundstück nutzen und über dieses bestimmen kann. Für Yvonne als Laie war einfach nicht vorstellbar, dass es durch rechtliche Konstruktionen möglich sein könnte, das Hausgrundstück sogleich zu übertragen, bis zum Todesfall jedoch weiterhin alle bedeutsamen Entscheidungsbefugnisse innezuhaben. Es ist jedenfalls kein sonstiger Grund ersichtlich, aus welchem heraus Yvonne Christian das Grundstück noch vorenthalten will. Sie wird sich daher einer vorgezogenen Übertragung des Hausgrundstücks voraussichtlich nicht verschließen, wenn dies ihrem Kernanliegen dient und für sie ausreichend gesichert ist, dass sie trotz des vorgezogenen Eigentumsverlusts Einfluss auf das Hausgrundstück nehmen kann. Entscheidend ist, dass sie trotz sofortiger Übertragung des Eigentums auf Christian verhindern kann, dass Christian vor ihrem Tod gegen ihren Willen mit dem Grundstück verfährt. Außerdem soll im Hinblick auf Christians wirtschaftlich riskante Selbstständigkeit ausgeschlossen sein, dass seine Gläubiger vor Yvonnes Tod Zugriff auf das Grundstück haben. Schließlich will Yvonne die derzeit genutzte Wohnung bis zu ihrem Tod bewohnen, egal was sonst mit dem Grundstück passiert.

II. Juristische Einordnung der Ziele

Die juristische Strukturierung der Zielvorstellungen ergibt somit, dass Yvonne kumulativ drei rechtlich abzubildende Ziele verfolgt: (1) Sie will das Hausgrundstück als Gegenstand und Vermögenswert unentgeltlich auf Christian übertragen. (2) Bis zu ihrem Tod will sie selbst die Herrschaft über das Hausgrundstück ausüben. (3) Die Kinder sollen weder am Hausgrundstück als Gegenstand noch an dessen Wert partizipieren. Dass diese Ziele durch eine erbrechtliche Gestaltung erreicht werden, ist dagegen kein Ziel der Mandantin.

sowohl erbrechtliche als auch lebzeitige Gestaltung möglich

B. Regelungsbedarf

Ob und inwieweit Yvonne zur Umsetzung ihrer Ziele weitere Maßnahmen ergreifen muss, hängt davon ab, inwieweit die derzeit bestehende Rechtslage (I.) bereits deren Erreichung gewährleistet (II.).

Ermittlung des Handlungsbedarfs

I. Bestehende Rechtslage

Da Yvonne derzeit Eigentümerin des Hausgrundstücks ist, kann sie nach der Grundaussage des § 903 S. 1 BGB mit diesem nach ihrem Belieben verfahren. Soweit sie bis zu ihrem Tod Eigentümerin bleibt, besteht dieser Einfluss wunschgemäß fort. Im Hinblick auf Yvonnes Ziel, nach ihrem Tod eine bestimmte Vermögenslage am Hausgrundstück zu erreichen, ist zu klären, wem das betreffende Hausgrundstück zugeordnet wird, wenn sie verstirbt.

Vermögenslage bei Yvonnes Versterben

Mit Yvonnes Tod könnte Christian nach § 1922 BGB Eigentümer des Grundstücks nebst Mietshaus werden. Nach § 1922 BGB geht mit dem Tod einer Person (Yvonne) deren Vermögen als Ganzes (u. a. das Hausgrundstück) auf die Erben über (Gesamtrechtsnachfolge). Christian wird somit mit Yvonnes Tod Eigentümer des Hausgrundstücks, wenn er (Allein-) Erbe nach Yvonne wird. Hierüber entscheidet nach § 1937 BGB vorrangig Yvonne durch eine von ihr errichtete letztwillige Verfügung. Da es an einer solchen bislang fehlt, wird Christian nur Erbe, wenn er als gesetzlicher Erbe berufen ist. Zu den gesetzlichen Erben zählen nach §§ 1924 ff. BGB zunächst die Abkömmlinge des Erblasser, die Eltern des Erblassers und ihre Abkömmlinge, die Großeltern des

Christian ist kein Erbe

Erblassers und ihre Abkömmlinge usw. Dem Sachverhalt lässt sich nicht entnehmen, dass Christian zu diesem Personenkreis zählt. Darüber hinaus steht nach § 1931 BGB dem Ehegatten des Erblassers ein gesetzliches Erbrecht zu. Da Christian und Yvonne jedoch nicht verheiratet sind, ist Christian auch unter diesem Gesichtspunkt nicht als gesetzlicher Erbe berufen. Er wird nicht Eigentümer des Grundstücks.

Kinder als gesetzliche Erben

In Betracht kommt vielmehr, dass mit Yvonnes Tod ihre Kinder nach § 1922 BGB Eigentümer des Grundstücks werden. Dies ist der Fall, wenn Yvonne von ihren Kindern beerbt wird. In Ermangelung einer erbrechtlichen Verfügung wird Yvonne von ihren gesetzlichen Erben beerbt (vgl. § 1937 BGB). Nach § 1924 BGB sind gesetzliche Erben erster Ordnung Yvonnes Abkömmlinge, d. h. ihre Kinder (vgl. § 1591 BGB). Deshalb wird Yvonne von ihren Kindern beerbt und diese werden nach § 1922 BGB durch Gesamtrechtsnachfolge Eigentümer des Grundstücks samt Mietshaus.

II. Vergleich des Regelungsziels mit der bestehenden Rechtslage

umfassender Regelungsbedarf

Vergleicht man die von Yvonne angestrebten Ziele mit der derzeit bestehenden Rechtslage, ist ein umfassender Regelungsbedarf auszumachen. Lediglich Yvonnes lebzeitige Zuständigkeit für alle maßgeblichen Entscheidungen betreffs des Hausgrundstücks wird bereits gewährleistet. Entgegen ihrem Anliegen erhält Christian mit Yvonnes Tod aber nicht das Eigentum am Hausgrundstück. Vielmehr fällt dieses unentgeltlich ihren Kindern zu, welche am Hausgrundstück gerade nicht, weder unmittelbar noch mittelbar, partizipieren sollen.

C. Umsetzung des Regelungsbedarfs

I. Geeignete Gestaltungen

zwei unterschiedliche Wege denkbar

Ausgehend von den ermittelten und konkretisierten Zielvorstellungen der Mandantin[3] ist zwischen zwei möglichen Gestaltungswegen zu unterscheiden. Den primären Vorstellun-

---

[3]   Siehe oben A., S. 211 ff.

gen der Mandantin entsprechend sind zunächst geeignete erbrechtliche Gestaltungen zu suchen (1). Ergänzend ist zu untersuchen, ob die Ziele der Mandantin auch durch eine von dieser selbst wohl nicht erwogenen, bereits zu Lebzeiten wirkenden Rechtsgestaltung umgesetzt werden können (2.).

1. Erbrechtliche Gestaltung

Die von Yvonne selbst durch ihre Schilderungen nahe gelegte erbrechtliche Gestaltung ist insgesamt geeignet (d), wenn sie einen unentgeltlichen Grundstückserwerb durch Christian (a), Yvonnes Zugriff auf das Grundstück bis zu ihrem Tod im notwendigen Umfang (b) und eine Nichtbeteiligung von Yvonnes Kindern (c) ermöglicht[4].

geeignete erbrechtliche Gestaltung

a) Grundstückserwerb durch Christian

Das Ziel, das Hausgrundstück spätestens im Todesfall Christian unentgeltlich zuzuwenden, könnte dadurch erreicht werden, dass Yvonne Christian durch eine erbrechtliche Verfügung (Testament, vgl. § 1937 BGB) zu ihrem Alleinerben einsetzt. Wird Christian Erbe, tritt er bei Yvonnes Tod nach § 1922 BGB in alle ihre Rechtspositionen ein. Ist Yvonne im Zeitpunkt ihres Versterbens Eigentümerin des Hausgrundstücks, geht diese Rechtsposition im Weg der Universalsukzession auf Christian über. Christian wird Eigentümer des Grundstücks, ohne hierfür eine Gegenleistung erbringen zu müssen, wodurch Yvonnes erstes Ziel erreicht wird.

Erbeinsetzung des Christian

b) Absicherung bis zum Todesfall

Eine Übertragung des Hausgrundstücks durch Vererbung ist als Gestaltung insgesamt aber nur geeignet, soweit auch den Vorstellungen der Mandantin, bis zum Tod „Herr im eigenen Haus" zu bleiben, entsprochen wird oder nötigenfalls in Verbindung mit einer weiteren Gestaltung Rechnung getragen werden kann. Entscheidend ist, dass Yvonne bis zu ihrem Tod selbst über das Grundstück bestimmen und Christian gegen ihren Willen keine Entscheidungen, insbesondere keine Verfügungen treffen kann (aa). Außerdem dürfen Christians Gläubiger keinen Zugriff auf das Hausgrundstück haben (bb). Schließlich will Yvonne lebenslang die derzeit bewohnte Wohnung nutzen (cc)[5].

Yvonne kann bis zum Tod über das Grundstück bestimmen

---

[4]   Siehe oben A., S. 211 ff.
[5]   Vgl. oben A., S. 212.

aa) Entscheidungsfreiheit

Bestimmungsrecht geht nicht verloren

Berechtigt, die eine Sache berührende Entscheidungen zu treffen, insbesondere Verfügungen vorzunehmen, ist im Grundsatz der Eigentümer (vgl. § 903 S. 1 BGB). Da Yvonne nach der vorgesehenen erbrechtlichen Gestaltung bis zu ihrem Tod Eigentümerin des Grundstücks bleibt[6], kann sie bis zu diesem Zeitpunkt grundsätzlich frei über dieses bestimmen.

bb) Haftung für Christians Verbindlichkeiten

kein Zugriff durch Christians Gläubiger

Im Hinblick auf Christians riskante Selbstständigkeit ist entscheidend, ob die Gefahr besteht, dass seine Gläubiger vor Yvonnes Tod auf das Hausgrundstück Zugriff haben. Dies ist der Fall, wenn die Gläubiger im Rahmen der Zwangsvollstreckung auf das Grundstück zugreifen und dieses verwerten können. Nach § 864 Abs. 1 ZPO unterliegt das Grundstück wegen Christians Geldforderungen der Zwangsvollstreckung in das unbewegliche Vermögen, wenn er dessen Eigentümer ist. Da Christian jedoch erst mit Yvonnes Versterben Eigentümer wird[7], erwächst hieraus für Yvonne selbst keine Gefahr.

cc) Eigene Nutzungsmöglichkeit an der Wohnung

lebzeitige Nutzung der Wohnung gesichert

Als Eigentümerin ist Yvonne bis zu ihrem Tod berechtigt, ihr Eigentum nach ihren Vorstellungen zu nutzen (vgl. § 903 S. 1 BGB). Dies umfasst auch die Berechtigung, die derzeit genutzte Wohnung weiterhin zu bewohnen.

dd) Zwischenergebnis

Yvonnes Absicherung ist gewährleistet

Die vorgesehene erbrechtliche Gestaltung entspricht ohne weiteres vollständig Yvonnes zweitem Ziel.

c) Ausschluss der Kinder

Übergehung der Kinder gewährleistet?

Christians Einsetzung als Erbe muss zudem Yvonnes drittem Ziel, Übergehung der Kinder, entsprechen (aa) oder nötigenfalls in Verbindung mit einer weiteren Gestaltung Rechnung tragen können (bb).

---

6   Siehe oben C. I. 1. a), S. 215.
7   Siehe oben C. I. 1. a), S. 215.

aa) Erforderlichkeit weiterer Gestaltungen

Yvonnes Kinder dürften im Erbfall nicht am Hausgrundstück partizipieren. Dies bedeutet, dass sie nicht (Mit-) Eigentümer des Hausgrundstücks werden (1) und ihnen auch
keine Ansprüche zustehen dürfen, über welche sie wirtschaftlich am Grundstück beteiligt werden (2).

Stellung der Kinder?

(1) Eigentumserwerb der Kinder

Die Kinder könnten nach § 1922 BGB (Mit-) Eigentümer
des Hausgrundstücks werden. Dies ist der Fall, wenn sie neben Christian (Mit-) Erben nach Yvonne werden. Aufgrund
einer erbrechtlichen Verfügung sind sie nicht als Erben vorgesehen. Als Abkömmlinge (vgl. § 1591 BGB) sind Y-
vonnes Kinder zwar gesetzliche Erben erster Ordnung (vgl.
§ 1924 BGB[8]). Die gesetzliche Erbfolge kommt aber nur
zum Tragen, soweit der Erblasser keine Erbeinsetzung durch
letztwillige Verfügung bestimmt hat (vgl. § 1937 BGB)[9].
Wird Christian wie vorstehend erwogen durch eine erbrechtliche Verfügung zum Alleinerben eingesetzt[10], schließt dies
eine Erbenstellung der Kinder aus, weil Yvonnes Vermögen
insgesamt nur einmal im Weg der Universalsukzession ü-
bergehen kann. Erlangt Christian das gesamte Vermögen, ist
zugleich gewährleistet, dass Yvonnes Kinder im Todesfall
nicht das Eigentum am Grundstück erlangen. Die erwogene
Gestaltung erweist sich auch insoweit als geeignet.

Kinder werden nicht Miteigentümer

(2) Pflichtteilsansprüche der Kinder

Die Kinder könnten aber mittelbar am Hausgrundstück partizipieren, wenn ihnen gegen den Erben (infolge der beabsichtigten Gestaltung ist dies Christian) Pflichtteilsansprüche
zustehen, deren Höhe sich auch am Wert des Hausgrundstücks orientiert. Entsprechende Ansprüche ergeben sich für
Yvonnes Kinder aus § 2303 Abs. 1 BGB, wenn sie als Abkömmlinge des Erblassers (vgl. § 1591 BGB) durch eine
Verfügung von Todes wegen von der Erbfolge ausgeschlossen sind. Da Yvonnes Kinder nach § 1924 BGB deren gesetzliche Erben sind[11], jedoch nicht Erben werden, sofern
Yvonne wie vorgesehen Christian durch eine letztwillige

Pflichtteilsansprüche bestehen und beziehen sich wertmäßig auf das Haus

---

[8]   Siehe oben B. I., S. 214.
[9]   Palandt/Edenhofer, § 1922 BGB Rn. 1, § 1924 BGB Rn. 1.
[10] Siehe oben C. I. 1. a), S. 215.
[11] Siehe oben B. I., S. 214.

Verfügung zu ihrem Erben bestimmt[12], sind sie durch eine letztwillige Verfügung von der Erbfolge ausgeschlossen[13]. Ihnen stehen daher nach der vorgesehenen Gestaltung Pflichtteilsansprüche gegen Christian als testamentarischen Erben zu. Die Höhe dieser auf Geldzahlung gerichteten Ansprüche beläuft sich auf die Hälfte des Werts des gesetzlichen Erbteils. Grundlage der Berechnung ist dabei nach § 2311 BGB der Wert des Nachlasses. Da das Hausgrundstück zum Nachlass, d. h. zu Yvonnes Vermögen im Erbfall, zählt, wenn es erst mit dem Erbfall im Weg der Universalsukzession auf Christian übergeht, bestimmen sich der Wert des Nachlasses und die Höhe der Ansprüche der Kinder nach dem Wert des Hausgrundstücks. Aufgrund der danach gegebenen Pflichtteilsansprüche partizipieren Yvonnes Kinder im Fall von Christians Einsetzung zum Alleinerben mittelbar am Hausgrundstück.

(3) Zwischenergebnis

Erbeinsetzung allein nicht geeignet

Dass Yvonnes Kinder durch ihnen zustehende Pflichtteilsansprüche mittelbar am Hausgrundstück partizipieren, widerspricht Yvonnes Zielvorstellungen. Die vorgesehene erbrechtliche Gestaltung allein erweist sich zur Umsetzung der Mandantenziele demnach nicht als vollständig geeignet.

bb) Geeignete Folgegestaltung

geeignete Auswege: Pflichtteilsverzicht oder -entzug

Die beabsichtigte erbrechtliche Gestaltung könnte sich gleichwohl als geeignet erweisen, sofern sich die von ihr ausgelösten, nicht den Mandantenzielen entsprechenden Rechtsfolgen durch weitere Gestaltungen dahingehend modifizieren lassen, dass für die Kinder keine Pflichtteilsansprüche begründet werden. Dies kann zunächst erreicht werden, indem mit den Kindern ein Pflichtteilsverzicht nach § 2346 Abs. 2 BGB vereinbart wird. Da es hierzu jedoch der Mitwirkung der Kinder bedarf, scheidet dieser Weg im Hinblick auf die geschilderte Beziehungssituation offensichtlich aus. In Betracht kommt aber eine einseitige Entziehung des Pflichtteils durch letztwillige Verfügung (vgl. §§ 2333, 2336 Abs. 1 BGB), welche im Ergebnis verhindert, dass Yvonnes Kindern Pflichtteilsansprüche gegen Christian zustehen.

---

[12]   Siehe oben C. I. 1. c) aa) (1), S. 217.
[13]   Vgl. Palandt/Edenhofer, § 2303 BGB Rn. 2.

cc) Zwischenergebnis

Eine erbrechtliche Gestaltung, in deren Rahmen Yvonne Christian durch eine letztwillige Verfügung zu ihrem Alleinerben bestimmt und ihren Kindern den Pflichtteil entzieht, ist geeignet, alle Ziele der Mandantin vollständig zu erreichen. Ohne einseitige Entziehung des Pflichtteilsrechts erweist sich Christians Erbeinsetzung allerdings nicht als vollständig geeignet, weil nicht verhindert wird, dass Yvonnes Kinder am Hausgrundstück wirtschaftlich partizipieren.

erbrechtliche Gestaltung ermöglicht es, Kinder zu übergehen

d) Zwischenergebnis

Christians Einsetzung als Yvonnes Erbe erweist sich in Verbindung mit einem Pflichtteilsentzug zu Lasten von Yvonnes Kindern als geeignet, um alle drei Ziele zu erreichen.

Zwischenergebnis

2. Schenkung zu Lebzeiten

Nach Yvonnes primären Vorstellungen soll Christian erst mit ihrem Tod das Hausgrundstück erhalten. Eine Gesamtwürdigung der Interessenlage hat aber gezeigt, dass eine unentgeltliche Übertragung des Hausgrundstücks bereits zu Lebzeiten der Mandantin (a) nicht ausgeschlossen ist, wenn Yvonne auf diesem Weg bis zu ihrem Tod im notwendigen Umfang im Hinblick auf das Hausgrundstück gesichert ist (b) und die Kinder nicht am Grundstück partizipieren (c) [14].

Erwägung eines lebzeitigen Vermögensübergangs

a) Grundstückserwerb durch Christian

Das Ziel, Christian unentgeltlich das Grundstück zukommen zu lassen, könnte Yvonne dadurch erreichen, dass sie ihm das Grundstück nach §§ 873 Abs. 1, 925 BGB übereignet. Durch Vollendung des Erwerbstatbestands wird Christian Eigentümer des Hausgrundstücks. Hieraus erwachsen ihm die Eigentümerrechte des § 903 S. 1 BGB. Da Christian danach im Grundsatz nach Belieben mit dem Gegenstand verfahren darf und dies auch nach Yvonnes Ableben fortgilt, wird Yvonnes Ziel insoweit erreicht, als Christian das Grundstück gegenständlich erlangt.

dinglich: Eigentumserwerb

Christian erlangt das Grundstück zugleich wertmäßig, wenn er keine Gegenleistung erbringen und das Grundstück auch nicht zurückgeben muss. Die Übereignung als Verfügungsgeschäft begründet für Christian keinerlei Verpflichtung, im Gegenzug für die Erlangung des Eigentums seiner-

obligatorisch: Schenkung

---

[14]   Siehe oben A., S. 211 ff.

seits eine Gegenleistung zu erbringen. Allerdings ist er nach § 812 Abs. 1 S. 1 Alt. 1 BGB verpflichtet, dass Hausgrundstück zurück zu übereignen, sofern für seinen Eigentumserwerb kein Rechtsgrund besteht[15]. Ein solcher kann vorliegend dadurch begründet werden, dass Yvonne und Christian als Grundlage der Übereignung einen Schenkungsvertrag abschließen. Durch diesen verpflichtet sich Yvonne gegenüber Christian zur unentgeltlichen Übereignung des Hausgrundstücks. Dies gewährleistet, dass Christian für den Erhalt des Grundstücks keine Gegenleistung erbringen muss. Zugleich wird vermieden, dass er nach § 812 Abs. 1 S. 1 Alt. 1 BGB verpflichtet ist, das Grundstück zurück zu übereignen[16]. Dem Kernanliegen der Mandantin kann daher durch eine schenkungsweise Übereignung des Hausgrundstücks entsprochen werden.

b) Absicherung bis zum Todesfall

Berücksichtigung des zweiten Gestaltungsziels

Eine schenkungsweise Übertragung des Hausgrundstücks bereits zu Lebzeiten ist als Gestaltung insgesamt aber nur geeignet, soweit sie auch Yvonnes zweitem Ziel, bis zum Tod „Herr im eigenen Haus" zu bleiben, entspricht (aa) oder nötigenfalls in Verbindung mit einer weiteren Gestaltung Rechnung tragen kann (bb).

aa) Erforderlichkeit weiterer Gestaltungen

Yvonne weiter Herr im eigenen Haus?

Im Unterschied zum eigentlich verfolgten Szenario, das Hausgrundstück im Todesfall auf Christian übergehen zu lassen, erwirbt Christian im Fall einer lebzeitigen Schenkung bereits vor Yvonnes Tod das Eigentum am Hausgrundstück. Dies entspricht nur dann Yvonnes Vorstellungen, wenn sie in diesem Fall vergleichbar der erbrechtlichen Lösung bis zu ihrem Tod „Herr im eigenen Haus" bleibt, d. h. sie selbst über dieses bestimmen und Christian gegen ihren Willen keine Entscheidungen, insbesondere keine Verfügungen treffen kann (1), Christians Gläubiger auf das Hausgrundstück nicht zugreifen können (2) und Yvonne lebenslang die derzeit bewohnte Wohnung nutzen kann (3)[17].

---

[15]   Vgl. Boemke/Ulrici, BGB-AT, § 4 Rn. 41.

[16]   Vgl. Boemke/Ulrici, BGB-AT, § 4 Rn. 41.

[17]   Vgl. oben A., S. 212.

(1) Entscheidungsfreiheit

Die eine Sache berührenden Entscheidungen darf im Grundsatz nur der Eigentümer treffen (vgl. § 903 S. 1 BGB). Solange Yvonne Eigentümerin des Grundstücks ist, kann sie grundsätzlich frei über dieses bestimmen. Übereignet sie im Rahmen der Umsetzung der vorgesehenen Gestaltung das Grundstück zu Lebzeiten an Christian, gehen die Eigentümerbefugnisse bereits vor ihrem Tod auf Christian über[18]. Sie kann dann ab Vollzug der Übereignung nicht mehr frei über das Grundstück entscheiden. Vielmehr kann ab diesem Zeitpunkt grundsätzlich Christian, auch gegen Yvonnes Willen, frei die insoweit maßgeblichen Entscheidungen treffen.

Bestimmungsrecht geht verloren

(2) Haftung für Christians Verbindlichkeiten

Im Hinblick auf Christians Selbstständigkeit ist entscheidend, ob die Gefahr besteht, dass seine Gläubiger vor Yvonnes Tod auf das Hausgrundstück Zugriff haben. Dies ist der Fall, wenn Christians Gläubiger im Rahmen der Zwangsvollstreckung auf das Grundstück zugreifen und dieses verwerten können. Nach § 864 Abs. 1 ZPO unterliegt das nach Vollzug der Schenkung in Christians Eigentum stehende Grundstück der Zwangsvollstreckung wegen dessen Geldschulden. Dabei kann die Zwangsvollstreckung neben der Eintragung einer Sicherungshypothek auch durch Zwangsversteigerung oder Zwangsverwaltung erfolgen (vgl. § 866 Abs. 1 ZPO). Die Zwangsversteigerung führt nach § 869 ZPO i. V. m. § 90 ZVG zum Eigentumserwerb des Ersteigerers und spiegelbildlich zum Eigentumsverlust bei Christian. Ab dem Zeitpunkt, in dem Christian Eigentümer wird, unterliegt das Hausgrundstück dem Zugriff seiner Gläubiger, wodurch diese gegebenenfalls Christian das Eigentum am Hausgrundstück wieder entziehen können.

Zugriff durch Christians Gläubiger

(3) Eigene Nutzungsmöglichkeit an der Wohnung

Indem Yvonne ihr Eigentum am Hausgrundstück an Christian überträgt, geht auf diesen und nachfolgend gegebenenfalls auf einen Ersteigerer[19] der aus der Eigentümerstellung erwachsende[20] Anspruch aus § 985 BGB über. Christian bzw. ein Ersteigerer (vgl. § 93 Abs. 1 S. 1 ZVG) können von Yvonne danach Räumung der Wohnung verlangen, wenn ihr

lebzeitige Nutzung der Wohnung wird gefährdet

---

[18]   Siehe oben C. I. 2. a), S. 219.
[19]   Siehe oben C. I. 2. b) aa) (2), S. 221.
[20]   Vgl. Palandt/Bassenge, § 985 BGB Rn. 1 f.

kein Recht zum Besitz zusteht. Da Yvonne die Wohnung bislang aufgrund ihrer Eigentümerstellung besitzt und diese Stellung verliert, steht ihr im Anschluss kein Recht zum Besitz zu, weil auch der mit Christian abzuschließende Schenkungsvertrag für den Schenker im Regelfall kein Nutzungsrecht begründet. Die vorgesehene Gestaltung gefährdet daher Yvonnes lebzeitige Nutzung der derzeit bewohnten Wohnung.

(4) Zwischenergebnis

Absicherung für
Yvonne erforderlich

Da die sofortige Eigentumsübertragung im Vergleich mit der von Yvonne primär benannten erbrechtlichen Gestaltung Risiken in Bezug auf Yvonnes Beziehung zum Hausgrundstück begründet, ist eine Absicherung gegen Fremdbestimmung, insbesondere gegen einen möglichen Zugriff Dritter und eine mögliche Beeinträchtigung der Nutzungsbefugnisse erforderlich.

bb) Geeignete Folgegestaltung

(1) Vorbehalt der Rückabwicklung

Absicherung durch
Rücktrittsrecht

Yvonne könnte sich zunächst umfassend dadurch absichern, dass sie sich bis zu ihrem Tod vertraglich ein Rücktrittsrecht vom Schenkungsvertrag vorbehält. Durch ein freies oder auf bestimmte Fallgestaltungen beschränktes Rücktrittsrecht wird gewährleistet, dass Yvonne von der Schenkung zurücktreten kann, sofern Christian eine ihr nicht genehme Entscheidung trifft oder die Gefahr eines Zugriffs Dritter besteht. In der Folge müsste Christian ihr das Grundstück zurück übereignen (vgl. § 346 Abs. 1 BGB). Hierdurch kann Yvonne ihre Eigentümerbefugnisse wiedererlangen. Dies entspricht dann zwar im Ergebnis nicht mehr ihrem Hauptanliegen (Vermögensübergang auf Christian). Allerdings tritt diese Folge nicht ohne Yvonnes Willen ein, weshalb sie im Zusammenhang mit der Ausübung des Rücktritts erneut entscheiden kann, welche Gestaltung ihrer Vermögensangelegenheiten sie im betreffenden Zeitpunkt erreichen will und wie sie diese dann umsetzt. Dies genügt den Vorstellungen der Mandantin[21].

Ergänzung durch
Vormerkung

Infolge des Rücktritts steht Yvonne allerdings nur ein schuldrechtlicher Rückübertragungsanspruch gegen Christian zu. Erst durch dessen Erfüllung erlangt sie ihre Eigentümerbefugnisse wieder. Es muss daher sichergestellt werden,

---

[21] Vgl. auch Einleitung, S. 20.

dass nicht die Entstehung des Rückübertragungsanspruchs (vgl. § 346 Abs. 2 S. 1 Nr. 2 BGB) oder im Anschluss dessen Erfüllung (vgl. § 275 Abs. 1 BGB) dadurch vereitelt wird, dass Christian sein Eigentum am Hausgrundstück zwischenzeitlich weiter übertragen oder sonst verloren hat. Als Abhilfe kommt eine auf das Rücktrittsrecht aufbauende Vormerkung zur Sicherung des Rückübertragungsanspruchs in Betracht. Diese muss verhindern, dass Christian oder Dritte über das Grundstück (im Wege der Zwangsvollstreckung) verfügen, oder die Vormerkung muss sich gegenüber diesen Verfügungen durchsetzen. Entscheidend ist, dass nachfolgende Verfügungen des Christian oder Dritter nicht verhindern können, dass Yvonne nach erklärtem Rücktritt das Grundstück unbelastet zurück erhält. Nach § 883 Abs. 2 BGB sind Verfügungen, die nach Eintragung der Vormerkung vorgenommen werden, insoweit unwirksam, als sie den gesicherten Anspruch (lastenfreier Rückerwerb) vereiteln oder beeinträchtigen. Dies gilt auch, wenn die Verfügung im Wege der Zwangsvollstreckung erfolgt (vgl. auch §§ 91 Abs. 1, 52 Abs. 1, 44 Abs. 1, 48 ZVG)[22]. Deshalb ist gewährleistet, dass Yvonne nach erklärtem Rücktritt das Eigentum am Grundstück dinglich unbelastet zurück erlangt. Allerdings bietet die Vormerkung nach wohl h. M. keinen Schutz davor, dass Christian schuldrechtliche Bindungen begründet, welche nach der Rückübereignung Yvonne treffen (vgl. § 566 BGB)[23].

Durch ein um eine Vormerkung ergänztes Rücktrittsrecht kann Yvonne trotz lebzeitiger Übertragung des Hausgrundstücks erreichen, dass sie bis zu ihrem Tod „Herr im eigenen Haus" bleibt.

Zwischenergebnis

(2) Bestellung eines Nießbrauchs

Als Absicherung kommt zudem in Betracht, dass zu Yvonnes Gunsten ein umfassendes Nießbrauchsrecht am Grundstück bestellt wird. Diese Gestaltung ist geeignet, wenn sie sicherstellt, dass Yvonne das Grundstück bis zu ihrem Tod wirtschaftlich nutzen kann und weder Christian noch Dritte ihr entsprechendes Recht verkürzen können. Ein Nießbrauchsrecht sichert dem Berechtigten die Befugnis,

Absicherung durch umfassenden Nießbrauch

---

[22] Vgl. zur sog. Auflassungsvormerkung Palandt/Bassenge, § 833 BGB Rn. 26.

[23] BGH v. 03.03.1954, NJW 1954, 953, 953 f.; BGH v. 19.10.1988, NJW 1989, 451. – A. A. Palandt/Bassenge, § 883 BGB Rn. 20.

Nutzungen aus einer Sache zu ziehen (vgl. § 1030 BGB). Der Nießbraucher ist insbesondere zum Besitz der Sache berechtigt (vgl. § 1036 BGB). Diese Berechtigungen bestehen gegenüber dem jeweiligen Eigentümer der Sache. Deshalb ist Yvonne aufgrund eines am Hausgrundstück bestellten Nießbrauchs gegenüber Christian und jedem sonstigen Eigentümer berechtigt (Recht zum Besitz), das Hausgrundstück entsprechend seiner bisherigen Zweckbestimmung umfassend zu nutzen, d. h. selbst darin zu wohnen und es zu vermieten. Da der Nießbrauch nach § 1030 BGB auf dem Grundstück lastet, bleibt er von nachfolgenden Verfügungen über das Grundstück unberührt, soweit er im Grundbuch eingetragen ist (vgl. §§ 891, 892 BGB). Christian kann nur über das bereits belastete Grundstück verfügen. Seinen Gläubigern stehen keine weiterreichenden Rechte zu, sofern Yvonnes Nießbrauchsrecht vorrangig eingetragen ist (vgl. §§ 91 Abs. 1, 52 Abs. 1, 44 Abs. 1 ZVG). Mit Yvonnes Tod erlischt der Nießbrauch (vgl. § 1061 S. 1 BGB) und der jeweilige Eigentümer (im Grundsatz ist das Christian) wird in der Ausübung seiner Eigentümerbefugnisse frei. Die Bestellung eines Nießbrauchs ist daher ohne Gefährdung des Hauptziels (Grundstücksübertragung auf Christian spätestens zum Todeszeitpunkt) geeignet, trotz sofortigen Eigentumsübergangs sicherzustellen, dass Yvonne das Grundstück ohne Rücksicht auf Christian oder dessen Gläubiger bis zu ihrem Tod nutzen kann.

(3) Bestellung eines Wohnrechts

Absicherung durch dingliches Wohnrecht

Schließlich ließe sich jedenfalls Yvonnes Interesse an einer lebzeitigen Nutzung der Wohnung durch Bestellung eines dinglich gesicherten Wohnrechts absichern (vgl. § 1093 BGB). Das Wohnrecht wird als beschränkt persönliche Dienstbarkeit bestellt und umfasst das Recht, ein Gebäude oder einen Teil eines Gebäudes unter Ausschluss des Eigentümers als Wohnung zu benutzen (Recht zum Besitz). Es ruht ebenso wie der Nießbrauch auf dem Grundstück und setzt sich daher wie ein Nießbrauch im Umfang der vermittelten Berechtigung gegenüber dem jeweiligen Eigentümer durch. Ist es im Grundbuch eingetragen, wird es durch nachfolgende Verfügungen nicht beeinträchtigt[24].

---

[24] Vgl. oben C. I. 2. b) bb) (2), S. 224.

(4) Zwischenergebnis

Die Nachteile einer lebzeitigen Übertragung, welche im Vergleich zu einer erbrechtlichen Gestaltung in Bezug auf Yvonnes Entscheidungsbefugnisse hinsichtlich des Grundstücks eintreten, können durch ein dinglich abgesichertes Rücktrittsrecht oder die Bestellung eines umfassenden Nießbrauchs vollständig ausgeglichen werden. Durch die Bestellung eines dinglich gesicherten Wohnrechts kann zumindest Yvonnes Interesse an einer lebzeitigen Nutzung der derzeit bewohnten Wohnung abgesichert werden.

Zwischenergebnis

cc) Zwischenergebnis

Die lebzeitige Schenkung kann durch geeignete Gestaltungen derart ergänzt werden, dass Yvonne bis zu ihrem Tod ganz oder zumindest in Bezug auf das Recht, ihre Wohnung weiter zu nutzen, abgesichert wird.

Zwischenergebnis

c) Ausschluss der Kinder

Eine schenkungsweise Übertragung des Hausgrundstücks bereits zu Lebzeiten ist als Gestaltung nur vollständig geeignet, soweit sie auch dem dritten Ziel der Mandantin, ihre Kinder zu übergehen, entspricht (aa) oder nötigenfalls in Verbindung mit einer weiteren Gestaltung Rechnung tragen kann (bb).

Berücksichtigung des dritten Gestaltungsziels

aa) Erforderlichkeit weiterer Gestaltung

Die Kinder dürfen bei Yvonnes Versterben nicht am Hausgrundstück partizipieren. Dies bedeutet, dass sie nicht das (Mit-) Eigentum am Hausgrundstück erlangen (können) (1) und ihnen auch keine Ansprüche zustehen, die Christians Erwerb wirtschaftlich schmälern (2).

Übergehung der Kinder gewährleistet?

(1) Zugriff der Kinder auf den Vermögensgegenstand

Yvonnes Kinder dürfen im Todesfall nicht Eigentümer des Hausgrundstücks werden. Ihnen dürften auch keine Ansprüche auf Verschaffung des Eigentums am Hausgrundstück zustehen.

Zugriff auf das Grundstück als solches?

(1.1) Dinglicher Zugriff

Die Kinder könnten nach § 1922 BGB (Mit-) Eigentümer des Hausgrundstücks werden. Voraussetzung hierfür ist, dass sie Yvonne beerben und das Eigentum am Hausgrundstück im Erbfall noch zu Yvonnes Vermögen gehört. An Letzte-

kein dinglicher Zugriff

rem fehlt es jedoch, wenn das Hausgrundstück bereits zu Yvonnes Lebzeiten an Christian übereignet wird, weil Yvonne hierdurch bereits lebzeitig ihr Eigentum am Grundstück verliert[25]. Da Yvonne im Zeitpunkt des Erbfalls nicht mehr Eigentümerin des Hausgrundstücks ist, kann diese Position nicht im Wege der Universalsukzession auf ihre Erben übergehen.

(1.2) Schuldrechtlicher Zugriff

schuldrechtlicher Zugriff?

Den Kindern könnte aber über § 1922 BGB ein Anspruch auf Rückübereignung gegen Christian als zukünftigem Eigentümer zustehen. Trifft Yvonne keine letztwillige Verfügung, wird sie von ihren Kindern beerbt[26]. Entscheidend ist daher, ob Yvonne im Todeszeitpunkt ein Rückübereignungsanspruch gegen Christian zustehen kann, der auf die Kinder übergeht.

kein bereicherungsrechtlicher Zugriff

Ein im Erbfall bestehender und auf die Kinder nach § 1922 BGB übergehender Rückübereignungsanspruch ergibt sich nicht aus § 812 Abs. 1 S. 1 Alt. 1 BGB, weil der zwischen Yvonne und Christian vorgesehene Schenkungsvertrag zu Christians Gunsten den Rechtsgrund für das Behaltendürfen schafft[27]. Abweichendes würde nach § 812 Abs. 1 S. 2 Alt. 1 BGB gelten, wenn die Schenkung als Rechtsgrund der Übereignung infolge ihres Widerrufs nach § 530 BGB beseitigt wird[28]. Dabei kann dahinstehen, unter welchen Voraussetzungen Yvonne selbst nach § 530 Abs. 1 BGB die Schenkung widerrufen kann, weil sie jedenfalls zugleich mit dem Widerruf eine neue, ihren Vorstellungen zu diesem Zeitpunkt entsprechende Zuordnung des Hausgrundstücks vornehmen kann[29]. Entscheidend ist vielmehr nur, unter welchen Voraussetzungen Yvonnes Erben selbst die Schenkung widerrufen könnten. Dies regelt § 530 Abs. 2 BGB einschränkend dahin, dass Christian Yvonne durch eine rechtswidrige und vorsätzliche Tötung an der Ausübung des ihr zustehenden Widerrufsrechts gehindert haben muss. Da hiervon unter Berücksichtigung der geschilderten Beziehungssituation kaum ausgegangen werden kann, werden die Zielvorstellungen der Mandantin nicht dadurch beeinträch-

---

25 Vgl. oben C. I. 2. a), S. 219.
26 Siehe oben B. I., S. 214.
27 Siehe oben C. I. 2. a), S. 219 f.
28 Vgl. BGH v. 02.10.1987, NJW-RR 1988, 584, 585; Palandt/Weidenkaff, § 530 BGB Rn. 3.
29 Vgl. Einleitung, S. 20.

tigt, dass ihre Kinder nach § 812 Abs. 1 S. 2 Alt. 1 BGB
i. V. m. § 1922 BGB die Rückübereignung des Hausgrundstücks verlangen können.

    Allerdings könnte Yvonne im Zeitpunkt des Erbfalls ein
Rückübereignungsanspruch aus § 528 Abs. 1 S. 1 BGB zustehen, welcher auf die Erben (Kinder) übergeht. Ein solcher
Anspruch besteht, wenn Yvonne nach Vollziehung der
Schenkung verarmt und außerstande ist, ihren Unterhalt zu
bestreiten oder Unterhaltsansprüche ihrer Verwandten zu erfüllen. Nach derzeitiger Einschätzung ist das Bestehen eines
solchen Anspruchs unwahrscheinlich, weil eine Verarmung
der Yvonne nicht abzusehen ist. Sogar gänzlich ausgeschlossen ist ein unerwünschter Zugriff der Kinder auf das Grundstück über § 1922 BGB i. V. m. § 528 Abs. 1 S. 1 BGB,
wenn er davon abhängig ist, dass Yvonne noch zu Lebzeiten
selbst den Anspruch geltend gemacht hat, weil sie dann im
Zusammenhang mit der Anspruchsgeltendmachung zugleich
eine passende Gestaltung vornehmen kann, welche der geänderten Situation Rechnung trägt[30]. Der Wortlaut der Vorschrift gibt hierüber keinen klaren Aufschluss, weil die Formulierung „kann" in § 528 Abs. 1 S. 1 BGB nur die allgemeine Forderungsberechtigung aus § 194 Abs. 1 BGB und
nicht das Erfordernis einer höchstpersönlichen Geltendmachung bezeichnet. Allerdings lässt sich für das Erfordernis
einer lebzeitigen Geltendmachung anführen, dass der Beschenkte die Rückgabe des Geschenks nach § 528 Abs. 1
S. 2 BGB abwenden kann, indem er den erforderlichen Unterhalt leistet. Diesbezüglich folgt aus § 528 Abs. 1 S. 3
BGB i. V. m. § 1615 Abs. 1 BGB zunächst, dass zur Abwendung nur der bis zum Tod des Schenkers notwendige
Unterhalt geleistet werden muss. Mit dem Tod des Schenkers hat die Abwendungsbefugnis des § 528 Abs. 1 S. 2
BGB dauerhaft ihren Zweck erreicht und eine Rückgabe
wird nicht mehr geschuldet. Weiter folgt aus § 528 Abs. 1
S. 3 BGB i. V. m. § 1613 Abs. 1 BGB, dass zur Abwendung
Unterhalt für die Vergangenheit nur unter den dort genannten Voraussetzungen, im Wesentlichen ab Eintritt des Ver-
zugs mit den Unterhaltszahlungen, gefordert werden kann.
Da Verzug aber im Regelfall erst infolge einer Mahnung
durch den Berechtigten eintritt (vgl. § 286 Abs. 1 BGB),
muss Unterhalt für die Vergangenheit nur geleistet werden,
wenn der Beschenkte hierzu bzw. zur Rückforderung aufgefordert wurde. Hat der Schenker den Beschenkten weder zur
Rückzahlung noch zur Unterhaltsleistung aufgefordert, kann

kein Zugriff infolge
Verarmung

---

[30] Vgl. Einleitung, S. 20.

die Rückgabe durch Leistung eines „Nullunterhalts" nach § 528 Abs. 1 S. 2 BGB abgewendet werden[31]. Ohne eine lebzeitige Geltendmachung läuft somit der Anspruch aus § 528 Abs. 1 S. 1 BGB nach dem Tod des Verpflichteten leer[32]. Dieser Argumentation folgt die h. A. zwar nicht. Allerdings leitet auch sie aus dem Zweck des Anspruchs nach § 528 Abs. 1 S. 1 BGB, den Unterhalt des Verarmten zu sichern, ab, dass kein Rückforderungsanspruch besteht, wenn sich der Schenker zu Gunsten des Beschenkten zu einer sparsamen Lebensführung entscheidet[33]. Solange Yvonne keine Unterhaltsleistung des Staats oder Dritter in Anspruch nimmt, können die Erben auch nach dieser Ansicht nach dem Todesfall keinen Anspruch aus § 528 Abs. 1 S. 1 BGB geltend machen. Dies ermöglicht es Yvonne, zu Lebzeiten darüber zu disponieren, ob ihre Erben gegen Christian einen Rückforderungsanspruch geltend machen können. Gegen Yvonnes Willen kann ein Rückforderungsanspruch daher von den Erben nicht verfolgt werden. Yvonnes Kinder können somit nicht ohne ihren Willen am Hausgrundstück partizipieren.

(1.3) Zwischenergebnis

Zwischenergebnis

Gegen Yvonnes Willen können ihre Kinder, auch wenn sie Erben werden, das Hausgrundstück nach Vollzug der beabsichtigten Schenkung nicht zurückfordern. Christian kann das Hausgrundstück endgültig behalten.

(2) Zugriff der Kinder auf den Wert des Vermögensgegenstands

(2.1) Pflichtteilsansprüche

Entstehen von Pflichtteilsansprüchen

Die Kinder könnten aber mittelbar vom Hausgrundstück profitieren, wenn ihnen Pflichtteilsansprüche zustehen, deren Höhe sich auch am Wert des Hausgrundstücks orientiert. Nach § 2303 Abs. 1 BGB steht einem Abkömmling des Erblassers, der durch eine Verfügung von Todes wegen von der

---

[31] A. A. BGH v. 20.12.1985, NJW 1986, 1606, 1607. – Vgl. aber wie hier Franzen, FamRZ 1997, 528, 529 ff., der ergänzend die Aussage des § 1613 Abs. 1 BGB dahingehend modifiziert, dass der Mahnung gleichsteht, wenn dem Beschenkten bekannt ist, dass der Schenker Leistungen Dritter zum Unterhalt erhält.

[32] Vgl. Erman/Herrmann, § 528 BGB Rn. 4; Franzen, FamRZ 1997, 528, 529 ff..

[33] Vgl. BGH v. 14.05.1995, NJW 1995, 2287, 2288; BGH v. 25.04.2001, NJW 2001, 2084, 2085 f.

Erbfolge ausgeschlossen ist, gegen die Erben ein Pflichtteilsanspruch zu, dessen Höhe die Hälfte des Wertes des gesetzlichen Erbteils ist. Grundlage der Berechnung ist nach
§ 2311 BGB der Wert des Nachlasses. Da das Hausgrundstück durch die beabsichtige Schenkung und deren Vollzug
bereits zu Lebzeiten aus Yvonnes Vermögen ausgeschieden
ist, bestimmt es nicht mehr den Wert des Nachlasses. Dies
gilt entsprechend, wenn ein Wohnrecht und/oder ein Nießbrauch bestellt werden, weil diese Rechte mit Yvonnes Tod
erlöschen[34]. Unabhängig davon, ob den Kindern dem Grunde
nach Pflichtteilsansprüche zustehen und wer diese als Erbe
erfüllen muss, erfolgt hierdurch keine wertmäßige Beteiligung am Hausgrundstück.

(2.2) Pflichtteilsergänzungsansprüche

Die Kinder könnten jedoch trotz lebzeitiger Schenkung des   Entstehen von
Grundstücks dadurch wertmäßig am Hausgrundstück parti-   Pflichtteilsergän-
zipieren, dass ihnen ein Pflichtteilsergänzungsanspruch nach zungsansprüchen
§ 2325 BGB zusteht[35], dessen Umfang durch den Wert des
Hausgrundstücks mitbestimmt wird. Voraussetzung hierfür
ist zunächst, dass der Erblasser einem Dritten lebzeitig eine
Schenkung gemacht hat. Dies ist infolge der vorgesehenen
Schenkung des Hausgrundstücks der Fall. Außerdem müssen
die Kinder pflichtteilsberechtigt sein, d. h. zum durch § 2303
BGB geschützten Personenkreis zählen; ein Pflichtteilsanspruch muss ihn dagegen konkret nicht zustehen[36]. Auch diese Voraussetzung ist erfüllt, weil die Kinder als Abkömmlinge nach § 2303 Abs. 1 BGB pflichtteilsberechtigt sind[37].
Zudem müsste der ihnen unter fiktiver Einbeziehung des
Grundstücks zustehende Pflichtteilsanspruch höher sein, als
der Wert desjenigen, was sie von Todes wegen von Yvonne
erhalten. Hierbei gilt nach § 2325 Abs. 2 BGB das Nie-
derstwertprinzip, d. h. das Hausgrundstück ist mit dem Wert
im Zeitpunkt des Erbfalls anzusetzen, wenn der Wert im
Zeitpunkt der Schenkung nicht niedriger war. Da das Hausgrundstück im Wesentlichen Yvonnes Vermögen ausmacht,
lässt sich auch ohne konkrete Berechnung feststellen, dass

---

[34] Vgl. BGH v. 08.04.1992, NJW 1992, 2887; BGH
v. 08.03.2006, NJW-RR 2006, 877, 878.
[35] Da Yvonne verhindern will, dass ihre Kinder am Wert des
Hausgrundstücks teilhaben, kann dahinstehen, wer den Pflichtteilsergänzungsanspruch als Erbe erfüllen muss oder ob Christian als Beschenkter haftet (vgl. § 2329 BGB).
[36] Palandt/Edenhofer, § 2325 BGB Rn. 2.
[37] Siehe oben C. I. 1. c) aa), S. 217 f.

die Kinder, unabhängig davon, ob sie Erben nach Yvonne werden oder nicht, schlechter stehen, als stünde ihnen ein Pflichtteilsanspruch unter fiktiver Einbeziehung des Hausgrundstücks zu. Deshalb erlangen sie grundsätzlich einen Pflichtteilsergänzungsanspruch nach § 2325 BGB, dessen Höhe sich nach der Differenz des Erwerbs der Kinder von Todes wegen und einem Pflichtteilsanspruch unter wertmäßiger Berücksichtigung des Hausgrundstücks bemisst[38]. Die Kinder werden im Kern so gestellt, als sei das Hausgrundstück nicht verschenkt worden. Sie partizipieren daher wirtschaftlich weiterhin am Hausgrundstück, wenn der Anspruch nicht ausgeschlossen ist oder zumindest nennenswert gemindert wird.

Begrenzung der Pflichtteilsergänzungsansprüche

Eine Begrenzung der Pflichtteilsergänzungsansprüche könnte sich aus § 2325 Abs. 3 BGB ergeben. Nach dieser Vorschrift verringert sich der den Kinder zustehende Anspruch mit weiterem Zeitablauf um 1/10 für jedes Jahr, welches seit der Schenkung bis zu Yvonnes Tod vergeht. Nach Ablauf von zehn Jahren nach der Schenkung erlischt der Pflichtteilsergänzungsanspruch und die Kinder partizipieren nicht mehr am Wert des Hausgrundstücks. Im Hinblick auf Yvonnes Lebensalter ist anzunehmen, dass diese noch mindestens zehn Jahre leben wird. Dies ist zwar nicht sicher, aber wahrscheinlich. Trifft die gestellte Prognose zu, partizipieren die Kinder nicht am Hausgrundstück und die lebzeitige Schenkung nebst ihrem Vollzug erweist sich als insgesamt geeignete Gestaltung, um sowohl das Hausgrundstück Christian zukommen zu lassen als auch die Kinder hierbei zu übergehen. Voraussetzung ist jedoch, dass die Frist des § 2325 Abs. 3 BGB unmittelbar anläuft. Die Frist des § 2325 Abs. 3 BGB läuft ab der Leistung des geschenkten Gegenstands. Der Wortlaut dieser Regelung lässt scheinbar zunächst keinen Zweifel daran aufkommen, dass die Frist grundsätzlich ab Eigentumsübergang am Grundstück, d. h. unmittelbar anläuft. Allerdings ist für die Auslegung der Vorschrift neben deren Wortlaut auch ihr Telos zu berücksichtigen. Dieser besteht in der Erwägung, dass der Anspruch aus § 2325 Abs. 1 BGB vermeiden will, dass der Pflichtteilsanspruch eines Berechtigten ausgehöhlt wird. Eine entsprechende Gefahr sieht der Gesetzgeber aber dann als nicht gegeben an, wenn der Erblasser selbst vom Verlust des Gegenstands noch betroffen wird[39]. Dementsprechend setzt der Begriff

---

[38]   Vgl. Palandt/Edenhofer, § 2325 BGB Rn. 3.
[39]   BGH v. 27.04.1994, NJW 1994, 1791, 1791 f.; OLG Schleswig v. 25.11.2008, FamRZ 2009, 734, 734 f.

„Leistung" i. S. d. § 2325 Abs. 3 BGB voraus, dass sich der Erblasser des Gegenstands dergestalt entledigt hat, dass er den Verlust spürt[40]. Überträgt er dagegen nur eine leere rechtliche Hülle und behält sich weiterhin den wirtschaftlichen Kern des Gegenstands vor, z. B. durch schuldrechtliche oder dingliche Bindungen, läuft die Frist nicht an[41]. Dies bedeutet, dass die Vereinbarung eines Rücktrittsrechts oder die Bestellung eines unbeschränkten Nießbrauchs bewirken, dass die Frist des § 2325 Abs. 3 BGB nicht anläuft[42]. Wird die lebzeitige Schenkung wie vorgesehen durch ein Rücktrittsrecht oder einen umfassenden Nießbrauch ergänzt, werden die Pflichtteilsergänzungsansprüche der Kinder somit nicht durch den bloßen Zeitablauf nach § 2325 Abs. 3 BGB begrenzt. Abweichendes gilt aber für die Bestellung eines Wohnrechts, weil dieses nur einen kleinen Teil des verschenkten Hausgrundstücks betrifft und Yvonne deshalb den Verlust in Gänze spürt[43].

(2.3) Zwischenergebnis

Das dritte Ziel der Mandantin wird mit der vorgesehenen Gestaltung bislang nicht erreicht, weil den Kindern danach Pflichtteilsergänzungsansprüche zustehen. Unter vollständiger Berücksichtigung des zweiten Gestaltungsziels[44] besteht auch keine faktische Aussicht auf Erreichung des dritten Ziels, weil die insoweit maßgebliche Frist des § 2325 Abs. 3 BGB nicht anläuft, wenn sich Yvonne wie beabsichtigt umfassend absichert. Abweichendes gilt für den Fall, dass zur Absicherung lediglich ein Wohnrecht bestellt wird.

Zwischenergebnis

bb) Geeignete Folgegestaltung

Als geeignete Gestaltung, um die unerwünschten Pflichtteilsergänzungsansprüche der Kinder auszuschließen, kommt ein einseitig, durch letztwillige Verfügung angeordneter Pflichtteilsentzug in Betracht[45]. Kann dieser umgesetzt wer-

Pflichtteilsentzug

---

[40] BGH v. 27.04.1994, NJW 1994, 1791, 1791 f.; OLG Schleswig v. 25.11.2008, FamRZ 2009, 734, 734 f.

[41] BGH v. 27.04.1994, NJW 1994, 1791, 1791 f.; OLG Schleswig v. 25.11.2008, FamRZ 2009, 734, 734 f.

[42] BGH v. 27.04.1994, NJW 1994, 1791, 1791 f.; OLG Schleswig v. 25.11.2008, FamRZ 2009, 734, 734 f.

[43] OLG Bremen v. 25.02.2005, NJW 2005, 1726; Palandt/Edenhofer, § 2325 BGB Rn. 23.

[44] Siehe oben C. I. 2. b) bb), S. 222 f.

[45] Siehe oben C. I. 1. c) bb), S. 218.

den, schließt er auch einen Anspruch aus § 2325 BGB aus[46] und kann das dritte Ziel der Mandantin umsetzen.

cc) Zwischenergebnis

Zwischenergebnis

Die lebzeitige Schenkung nebst der gewünschten Absicherung für Yvonne kann durch geeignete Gestaltungen derart ergänzt werden, dass die Kinder nicht am Hausgrundstück partizipieren.

d) Zwischenergebnis

Zwischenergebnis

Auch der Weg über eine lebzeitige Schenkung erweist sich zur Erreichung aller drei verfolgten Ziele als geeignet.

3. Zwischenergebnis

Zwischenergebnis

Sowohl durch eine erbrechtliche Gestaltung als auch durch eine bereits zu Yvonnes Lebzeiten wirkende Schenkung können, unter Berücksichtigung verschiedener Zusatzgestaltungen, die Zielvorstellungen der Mandantin vollständig oder zumindest in erheblichem Umfang (Sicherung durch Wohnrecht) erreicht werden.

II. Zulässigkeit der Gestaltung

rechtliche Zulässigkeit?

Ausgehend von den beiden als geeignet ermittelten Gestaltungswegen[47] ist die Zulässigkeit der erbrechtlichen (1.) sowie der lebzeitig wirkenden Grundstücksübertragung (2.) zu prüfen.

1. Erbrechtliche Gestaltung

einseitiger Pflichtteilsentzug kann nicht verfügt werden

Die vorgesehene erbrechtliche Gestaltung, welche eine testamentarisch verfügte Erbeinsetzung des Christian sowie einen Pflichtteilsentzug zu Lasten der Kinder umfasst, ist zulässig, soweit die vom Gesetz hieran gestellten materiellen Anforderungen[48] erfüllt sind und kein Unwirksamkeitsgrund eingreift[49]. Die Wirksamkeit von Christians Einsetzung zum

---

[46] Palandt/Edenhofer, § 2325 BGB Rn. 2.
[47] Siehe oben C. I. 3., S. 232.
[48] Formelle Anforderungen, wie z. B. § 2231 BGB, sind erst bei der Umsetzung der zulässigen Gestaltung zu berücksichtigen.
[49] Vgl. Boemke/Ulrici, BGB-AT, § 4 Rn. 2.

Alleinerben knüpft das Gesetz nicht an das vorliegen bestimmter materieller Erfordernisse. Vielmehr ist Yvonne frei darin, einen Erben zu bestimmen. Auch ist diesbezüglich nicht erkennbar, dass ein Unwirksamkeitsgrund eingreifen könnte. Die Wirksamkeit eines zu Lasten eines Abkömmlings (Kinder, vgl. § 1591 BGB) wirkenden Pflichtteilsentzugs macht das Gesetz in § 2333 Abs. 1 BGB jedoch vom Vorliegen eines der dort vorgesehenen Entzugsgründe abhängig. Der Umstand, dass zwischen Yvonne und ihren Kindern grundlegende Meinungsverschiedenheiten über Yvonnes persönlichen Lebenswandel (Beziehung zu Christian) bestehen, erfüllt erkennbar keinen der dort enumerativ[50] normierten Entzugsgründe. Ein Pflichtteilsentzug kann daher nicht wirksam verfügt werden. Die erbrechtliche Gestaltung kann die Ziele der Mandantin daher nicht erfüllen, weil zwar ein Übergang des Hausgrundstücks auf Christian möglich ist (Erbeinsetzung ist zulässig), nicht jedoch Pflichtteilsansprüche der Kinder ausgeräumt werden können (Kinder können auf diesem Weg nicht übergangen werden).

2. Schenkung zu Lebzeiten

a) Schenkung

Die von Yvonne beabsichtige lebzeitige Schenkung sowie ihr Vollzug sind wirksam, wenn sie nicht ausnahmsweise gegen Grenzen der Privatautonomie verstoßen. Die vorgesehene Gestaltung könnte sittenwidrig und deshalb nach § 138 Abs. 1 BGB unwirksam sein. Sittenwidrig ist ein Rechtsgeschäft nach der klassischen Formel, wenn es gegen das Anstandsgefühl aller billig und gerecht Denkenden verstößt[51]. Dies ist im Hinblick auf Schenkungen und ihren Vollzug generell nicht der Fall. Vorliegend könnte sich ein Verstoß gegen das Anstandsgefühl aller billig und gerecht Denkenden daraus ergeben, dass die Gestaltung darauf angelegt ist, die eigenen Kinder zu umgehen. Bei der Anwendung der klassischen Formel darf das Gericht jedoch grundsätzlich nicht sein eigenes Anstandsgefühl oder das Anstandsgefühl der Mehrheit zur Geltung bringen[52]. Vielmehr muss es die Wer-

Schenkung an Christian und deren Vollzug zulässig

---

[50] BGH v. 01.04.1974, NJW 1974, 1084, 1085; Palandt/Edenhofer, § 2333 BGB Rn. 2.
[51] RG v. 11.04.1901, RGZ 48, 114, 124; BGH v. 19.07.2004, NJW 2004, 2668, 2670.
[52] Boemke/Ulrici, BGB-AT, § 11 Rn. 45.

tungen der Rechtsordnungen fortdenken[53]. Diese Wertungen liefern den Maßstab der Beurteilung. Deshalb ist entscheidend, ob die Umgehung des Pflichtteilsrechts durch eine lebzeitig vollzogene Schenkung mit Wertungen des Gesetzes, insbesondere der Anordnung eines nur in engen Grenzen entziehbaren Pflichtteilsrechts unvereinbar ist. Dies ist zu verneinen, weil der Gesetzgeber in § 2325 BGB, insbesondere in dessen Abs. 3, einen seinen Vorstellungen entsprechenden Ausgleich zwischen dem Pflichtteilsrecht einerseits und der lebzeitigen Verfügungsfreiheit andererseits hergestellt hat. Hiervon will Yvonne lediglich Gebrauch machen. Die vorgesehene Gestaltung ist daher nicht mit den Wertungen der Rechtsordnung unvereinbar und somit nicht sittenwidrig. Die Gestaltung ist zulässig.

b) Lebzeitige Absicherung

durch Vormerkung abgesichertes Rücktrittsrecht zulässig

Die vorgesehenen Absicherungen sind jeweils zulässig, soweit die vom Gesetz hieran gestellten materiellen Anforderungen[54] erfüllt sind und kein Unwirksamkeitsgrund eingreift[55]. An die Vereinbarung eines Rücktrittsrechts im Rahmen einer Schenkung stellt das Gesetz keine materiellen Anforderungen. Auch ist nicht ersichtlich, dass die Vereinbarung eines solchen Rücktrittsrechts einem Unwirksamkeitsgrund unterfallen sollte. Hinsichtlich der Vormerkung, welche den aus der Ausübung des Rücktritts entstehenden Rückübereignungsanspruch absichern soll, sind Unwirksamkeitsgründe ebenfalls nicht ersichtlich. Sie ist daher wirksam, wenn sie vom Berechtigten bewilligt wird und einen vormerkungsfähigen Anspruch absichert (vgl. §§ 885, 883 Abs. 1 S. 1 BGB). Nach § 883 Abs. 1 S. 2 BGB können auch zukünftige oder bedingte Ansprüche gesichert werden. Da die Bewilligung im Rahmen der Umsetzung der rechtlichen Gestaltung erklärt werden kann, ist entscheidend, ob es sich bei dem erst aus der Ausübung des Rücktrittsrechts ergebenden Rückübereignungsanspruch um einen künftigen oder bedingten und damit vormerkungsfähigen Anspruch handelt. Dies setzt in beiden Alternativen voraus, dass für den Rückübereignungsanspruch schon eine feste Rechtsgrundlage mit bestimmten Entstehungsvoraussetzungen gegeben ist[56]. Ein

---

[53]   Boemke/Ulrici, BGB-AT, § 11 Rn. 45.
[54]   Formelle Anforderungen, wie z. B. § 2231 BGB, sind erst bei der Umsetzung der zulässigen Gestaltung zu berücksichtigen.
[55]   Vgl. Boemke/Ulrici, BGB-AT, § 4 Rn. 2.
[56]   BGH v. 13.06.2002, NJW 2002, 2461, 2462.

sich aus der Ausübung eines Rücktrittsrechts ergebender Rückübereignungsanspruch ist danach sicherbar, weil sein Rechtsgrund (Ausübung eines vertraglichen Rücktrittsrechts) bereits konkret gelegt ist[57]. Die vorgesehene Absicherung durch ein Rücktrittsrecht ist zulässig.

In den Grenzen der Privatautonomie, zu denen der sachenrechtliche Typenzwang gehört[58], kann am Hausgrundstück zu Yvonnes Gunsten ein Nießbrauch bestellt werden. Erforderlich sind hierfür nach § 873 BGB die Einigung über die Bestellung und die Eintragung des Nießbrauchsrechts. Ein Verstoß gegen die Grenzen der Privatautonomie ist nicht ersichtlich. Eine Sicherung durch eine Nießbrauchbestellung ist deshalb zulässig.

Bestellung eines Nießbrauchs

In den Grenzen der Privatautonomie kann am Hausgrundstück zu Yvonnes Gunsten schließlich auch ein Wohnrecht bestellt werden. Erforderlich sind hierfür nach § 873 BGB die Einigung über dessen Bestellung sowie seine Eintragung ins Grundbuch. Ein Verstoß gegen die Grenzen der Privatautonomie ist nicht ersichtlich. Eine Sicherung durch ein Wohnrecht ist deshalb zulässig.

Bestellung eines Wohnrechts

c) Pflichtteilsentzug

Der zum Ausschluss der unerwünschten Pflichtteilsergänzungsansprüche vorgesehene Pflichtteilsentzug kann allerdings nicht wirksam vereinbart werden, weil die Voraussetzungen des § 2333 Abs. 1 BGB nicht erfüllt sind[59].

Entzug von Pflichtteils(ergänzungs)ansprüchen nicht zulässig

d) Zwischenergebnis

Die zur Zielerreichung vorgesehene Gestaltung durch Umsetzung einer lebzeitigen Schenkung ist zwar überwiegend zulässig. Sie erweist sich allerdings ebenso wie bereits die erbrechtliche Gestaltung insoweit als unzulässig, als nicht durch einen Pflichtteilsentzug verhindert werden kann, dass Yvonnes Kinder am Hausgrundstück partizipieren.

Zwischenergebnis

3. Zwischenergebnis

Weder die erbrechtliche Gestaltung noch der Weg über eine lebzeitige Schenkung hat sich in ausreichendem Maß als zulässig erwiesen. Zwar ist es auf beiden Wegen möglich, das Hausgrundstück so auf Christian zu übertragen, dass ihm

Zwischenergebnis

---

[57] BGH v. 13.06.2002, NJW 2002, 2461, 2462 f.
[58] Boemke/Ulrici, BGB-AT, § 4 Rn. 9.
[59] Siehe oben C. II. 1., S. 233.

dieses spätestens mit Yvonnes Tod unentgeltlich zukommt und Yvonne bis zu ihrem Tod die Herrschaft über das Grundstück behält. Allerdings kann auf keinem der beiden Wege zugleich Yvonnes Anliegen, ihre Kinder in jeder Hinsicht in Bezug auf das Hausgrundstück auszuschließen, entsprochen werden, weil ein Pflichtteilsentzug nicht zulässig ist.

III. Auswahl

teilweise
Zielerreichung
möglich?

Da für Yvonne eine teilweise Zielerreichung im Vergleich mit einer gänzlichen Verfehlung ihrer Wünsche grundsätzlich vorzugswürdig ist, muss ihr im Fall einer teilweise möglichen Zielerreichung regelmäßig eine Gestaltung im entsprechenden Umfang empfohlen werden. Verfolgt der Mandant eine Vielzahl an Zielen, welche nicht zugleich, sondern nur alternativ erreicht werden können (1., sog. Zielkonflikt), ist ihm dabei zugleich aufzuzeigen, wie er in diesem Fall die Gesamtheit seiner Ziele möglichst weitgehend erreichen kann (2.).

1. Identifizierung eines Zielkonflikts

besteht ein
Zielkonflikt?

Ein Zielkonflikt ist gegeben, wenn aus einer Mehrzahl kumulativ zu erreichender Ziele jedes einzelne Ziel für sich erreichbar ist (a), die Umsetzung eines Ziels jedoch die Erreichung eines anderen Ziels beeinträchtigt (b).

alle Ziele isoliert
erreichbar

Die bisherige Prüfung hat für den Weg über eine lebzeitige Schenkung ergeben, dass der vorgesehene Vermögensübergang[60] ebenso wie Yvonnes umfassende lebzeitige Absicherung[61] geeignet und zulässig ist. Erstes und zweites Ziel sind daher erreichbar. Weiterhin wurde deutlich, dass zwar keine rechtliche Handhabe besteht, die Kinder zu übergehen. Allerdings besteht im konkreten Fall eine faktische Aussicht, das dritte Gestaltungsziel der Mandantin zu erreichen, indem diese das Hausgrundstück durch eine lebzeitige Schenkung auf Christian überträgt und mindestens zehn Jahre vor ihrem Ableben die Frist des § 2325 Abs. 3 BGB auslöst[62]. Unter Berücksichtigung der konkreten Lebensumstände ist daher auch das dritte Ziel bei isolierter Betrachtung faktisch erreichbar.

---

[60] Siehe oben C. I. 2. a), S. 219 f. und C. II. 2. a), S. 233 f.
[61] Siehe oben C. I. b), S. 220 ff. und C. II. b), S. 234 f.
[62] Siehe oben C. I. 2. c) aa) (2), S. 228 ff.

Allerdings hat sich Yvonnes umfassender Wunsch nach einer lebzeitigen Absicherung als hinderlich bei der Erreichung des dritten Gestaltungsziels erwiesen, weil die Frist des § 2325 Abs. 3 BGB erst anläuft, wenn Yvonne selbst den Vermögensverlust in Gänze spürt[63]. Bleibt Yvonne bis zu ihrem Tod „Herr im Haus", spürt sie den Verlust nicht und die Frist kann nicht anlaufen[64]. Demnach besteht zwischen dem zweiten und dem dritten Ziel der Mandantin ein Zielkonflikt. Sie kann das eine Ziel nur unter (teilweiser) Preisgabe des anderen Ziels erreichen.

Konflikt zwischen Erreichung des zweiten und dritten Ziels

2. Auflösung des Zielkonflikts

Im Widerstreit stehen somit das Interesse, die Kinder nicht am Hausgrundstück partizipieren zu lassen, und das Interesse, das Hausgrundstück lebzeitig umfassend für sich selbst zu sichern. Dieser Zielkonflikt ist dahingehend aufzulösen, dass der Gesamtheit der Zielvorstellungen der Mandantin möglichst weitgehend Rechnung getragen wird[65]. Hierzu ist zu ermitteln, inwieweit die konfligierenden Zielvorstellungen jeweils aufgrund der Erreichung des anderen Ziels nicht erreichbar sind. Außerdem ist das Gewicht der einzelnen Ziele für den Mandanten zu ermitteln.

Grundsätze zur Auflösung des Zielkonflikts

Um Yvonne einen vollständigen lebzeitigen Zugriff auf das Grundstück zu sichern (zweites Ziel), muss sie ihr drittes Gestaltungsziel vollständig preisgeben. Hierzu kann ihr nur geraten werden, wenn sich die Erreichung des zweiten Gestaltungsziels als vorrangig gegenüber dem dritten Gestaltungsziel erweist. Anhaltspunkte hierfür lassen sich Yvonnes Schilderungen nicht entnehmen. Deshalb ist hierzu eine weitere Aufklärung erforderlich. Um für Yvonne im rechtlich zulässigen Ausmaß zu ermöglichen, die Kinder nicht am Hausgrundstück partizipieren zu lassen (drittes Ziel), muss das zweite Gestaltungsziel teilweise, jedoch nicht vollständig preisgegeben werden. Yvonne kann sich die durch § 2325 Abs. 3 BGB begründete faktische Möglichkeit eröffnen, ihre Kinder zu übergehen, und sich zugleich ein lebenslanges Wohnrecht an ihrer derzeit bewohnten Wohnung sichern[66]. Deshalb ist ihr zu raten, das dritte Ziel vollständig

Feststellung und Bewertung der Interessenlage

---

[63] Siehe oben C. I. 2. c) aa) (2), S. 230.
[64] Siehe oben C. I. 2. c) aa) (2), S. 231.
[65] Dies ist vergleichbar mit dem Ausgleich konfligierender Grundrechte im Wege praktischer Konkordanz, vgl. hierzu Epping, Grundrechte, 4. Auflage 2010, Rn. 86.
[66] Siehe oben C. I. 2. c) aa) (2), S. 231.

zu erreichen und eine partielle Einschränkung des zweiten Ziels in Kauf zu nehmen. Dies gilt lediglich dann nicht, wenn ihrem zweiten Gestaltungsziel ein eindeutiger Vorrang zukommt. Anhaltspunkte hierfür sind nicht ersichtlich. Durch eine Nachfrage bei Yvonne kann hierüber Aufschluss erlangt werden.

Abwägung

Über die Gewichtung der einzelnen Ziele zueinander kann derzeit keine endgültige Aussage getroffen werden. Auch ist eine typische Interessenlage nicht erkennbar. Allerdings hat Yvonne geschildert, dass sie Christian vollständig vertraut und beide letztlich davon ausgehen, Freud und Leid des Lebens zu teilen. Dies rechtfertigt die Annahme, dass das Bedürfnis der Mandantin an einer Absicherung gegenüber Christian gering ist. Dies legt zugleich nahe, dass Yvonne möglicherweise Christian ohnehin aus finanzieller Not helfen und hierfür gegebenenfalls das Hausgrundstück bis zu einer bestimmten Grenze einsetzen würde. Aufgrund der bisherigen Schilderungen scheinen Yvonnes Sicherungsinteressen daher geringer, jedenfalls nicht schwerer zu wiegen als der Wunsch nach einem Ausschluss der Kinder. Dies spricht für die Hinnahme einer nur beschränkten Absicherung, wenn dies der Erreichung der sonstigen Ziele dient.

3. Zwischenergebnis

Lösungsvorschlag

Nach Abwägung der bekannten Interessen ist Yvonne nahe zu legen, sich mit der Absicherung einer lebzeitigen Nutzung der Wohnung durch Bestellung eines Wohnrechts zu begnügen, weil hierdurch ihr Sicherungsinteresse zumindest teilweise und in einem für die persönliche Lebensführung zentralen Aspekt berücksichtigt wird, ohne die Kinder am Hausgrundstück beteiligen zu müssen.

D. Ergebnis

Ergebnis

Dr. Zampano wird Yvonne unter Erläuterung der Risiken eine lebzeitige Schenkung, welche mit einem Wohnrecht belastet ist, empfehlen. Schließt sich Yvonne dieser Empfehlung an, wird Dr. Zampano im Anschluss einen konkret ausformulierten Gestaltungsvorschlag erarbeiten und Yvonne auf die dabei zu beachtenden Förmlichkeiten hinweisen.

Klausur Nr. 7

Alle sollen gewinnen

Sachverhalt

Unter dem 24.04.2004/27.04.2004 haben Holger Heukel und
Adam Antons mit Beginn zum 01.05.2004 schriftlich einen
auf zehn Jahre befristeten Mietvertrag über Büroräume zum
Betrieb eines Architekturbüros im ersten Obergeschoss in
einem Heukel gehörenden Mietshaus mit 1a-Lage in der
Grimmaischen Straße 8 in Leipzig geschlossen. Da Antons
den Mietvertrag wegen der beeindruckenden Architektur des
Gebäudes unbedingt und ganz kurzfristig abschließen wollte
und Heukel aufgrund seines engen Terminkalenders ohnehin
kein Interesse an ausschweifenden Vertragsverhandlungen
hatte, griff Heukel ohne weitere Diskussionen, insbesondere
ohne Widerspruch des Antons, auf ein Mietvertragsformular
des örtlichen Vermietervereins zurück, welches er auch gegenüber anderen Gewerbemietern verwendet. Dieses sieht
vor, dass der Mieter „mindestens alle fünf Jahre die Büroräume fachgerecht" renovieren muss. Mitte 2010 erlangt
Heukel Kenntnis davon, dass Antons bislang keine Schönheitsreparaturen durchgeführt hat. Er fordert Antons deshalb
auf, diese Arbeiten nunmehr fachmännisch erledigen zu lassen. Antons lässt hierauf durch seinen Anwalt erwidern, dass
die Räume kaum Gebrauchsspuren zeigen und eine Renovierung deshalb unverhältnismäßig sei. Die Vorgaben im Mietvertrag müssten deshalb zurücktreten. Heukel ist hierüber
überaus verärgert und lässt durch seinen Anwalt ausrichten,
dass Antons eine letzte Frist von vier Wochen gesetzt wird,
innerhalb derer die Arbeiten zu erledigen sind, anderenfalls
das Mietverhältnis außerordentlich gekündigt wird. Da Antons nach anwaltlicher Beratung bei seiner ablehnenden Haltung bleibt, erhält er nach Fristablauf die außerordentliche
Kündigung mit einer Auslauffrist zum Ende des Kalenderjahres. Dies trifft Antons hart, weil er gerade einen größeren

Geldbetrag in eine Imagebroschüre für sein Architekturbüro gesteckt hat, welche das Gebäude, in dem sich sein Büro befindet, maßgeblich zitiert. Die Investitionen in die Imagebroschüre würden wertlos, wenn er umziehen muss. Zudem gingen die sonstigen Vorteile des einzigartigen Büros verloren. Eigentlich wollte er mit Heukel demnächst über eine vorzeitige Verlängerung des Mietverhältnisses bis zu seinem voraussichtlichen Ruhestand (31.12.2019) verhandeln. Jetzt sieht er sich mit einem möglichen Umzug konfrontiert. Nachdem ihn sein Rechtsanwalt beruhigt hat, erhebt Antons Klage gegen Heukel, mit welcher er begehrt, festzustellen, dass das Mietverhältnis über den 31.12.2010 hinaus bis zum vertraglich vereinbarten Mietende fortbesteht. Heukel beantragt, die Klage abzuweisen. Er hat Antons bislang zwar als Mieter geschätzt, will sich aber von seinem Mieter nicht auf der Nase herumtanzen lassen. Außerdem muss das Problem mit den Schönheitsreparaturen gelöst werden. Heukel will schließlich nicht dafür verantwortlich sein, dass die Räume in einem ordnungsgemäßen Zustand bleiben. Zur Rechtfertigung seiner Kündigung verweist er auf die nicht vertragsgemäß durchgeführte Renovierung. Antons meint, die vertragliche Regelung sei doch unzumutbar.

Mit dem Rechtsstreit wird der Vorsitzende der 1. Zivilkammer des örtlichen Landgerichts befasst. Da dieser kürzlich einen Workshop zur nichtstreitigen Verfahrensbeendigung besucht hat, meint er nach Lektüre der gewechselten Schriftsätze, zu erkennen, dass der Rechtsstreit möglicherweise im Wege eines Vergleichs beendet werden kann. Mit dieser Bemerkung übergibt er die Akte der ihm zugewiesenen Rechtsreferendarin Yvonne Lieblich und bittet diese, einen Vergleichsvorschlag auszuarbeiten, der versucht – ohne Rücksicht auf die jeweiligen Prozessaussichten – eine für beide Parteien vorteilhafte Lösung mit angemessenem Inhalt zu erreichen.

Aufgabenstellung:

Erfüllen Sie den an Lieblich gerichteten Auftrag und entwerfen Sie einen konkreten Vorschlag zur vergleichsweisen Einigung. Der Vorschlag muss keine Regelungen zum Prozessrechtsverhältnis (z. B. Kostenfolge) enthalten.

Vorüberlegungen

Die im Mietrecht angesiedelte Klausur hebt sich von den üblichen Klausuren zur Rechtsgestaltung dadurch ab, dass nicht ein Berater damit befasst ist, die Interessen seines Mandanten durch eine Gestaltung umzusetzen, sondern ein neutraler Richter einen Vorschlag zur nichtstreitigen Verfahrensbeendigung erarbeiten muss.

I. Herangehensweise des Richters

1. Bei der Erarbeitung eines Vergleichsvorschlags geht ein Richter grundsätzlich nicht anders vor als andere Rechtsgestalter. Er muss sich im ersten Schritt Gedanken darüber machen, welche inhaltlichen Ziele er mit seiner Gestaltung umsetzen will. Anders als ein Parteiberater richtet er sich hierbei aber nicht an den Zielvorstellungen seines Mandanten oder einer Partei aus[1]. Vielmehr besteht die Aufgabe des Richters zuvorderst darin, einen Konsens zu finden, der aller Voraussicht nach die Zustimmung beider Parteien findet. Dementsprechend muss er Zielvorstellungen entwickeln, welche den Interessen beider Parteien gerecht werden. Im günstigsten Fall gelingt es ihm hierbei trotz eines im Ausgangspunkt bestehenden Interessengegensatzes, eine win-win-Situation zu schaffen[2]. Eine Gestaltung, bei der sich beide Seiten als Gewinner fühlen dürfen, kommt auch vorliegend in Betracht, wenn man sich von den konkret im Streit stehenden Interessen löst und die übergeordneten Interessen einbezieht. Hierdurch erkennt man, dass es Heukel eigentlich nicht um die Beendigung des Mietverhältnisses, sondern um eine Abwälzung der Schönheitsreparaturen geht. Umgekehrt lehnt Antons nicht jegliche Schönheitsreparaturen ab. Vielmehr will er diese nur im erforderlichen Ausmaß leisten. Vor allem will er die Büroräume aber auch weiterhin, möglichst bis zum Ruhestand, nutzen. Diese Ausgangssituation ermöglicht es, beide Interessen zusammenzubringen und den Streit zu beenden.
2. Allerdings ist es in streitigen Situationen vielfach nicht möglich, eine win-win-Situation zu schaffen. Dann muss das Gericht einen Kompromiss erarbeiten und die Partei-

---

[1]   Siehe Einleitung, S. 22, 33 f.
[2]   Vgl. Einleitung, S. 33 f.

en von dessen Vorteilen überzeugen. Hierzu muss es zunächst eine tragfähige Prognose über den voraussichtlichen Ausgang des Verfahrens sowie die Chancen und Risiken der Parteien erarbeiten. Ausgehend von diesem Befund ist ein angemessener Ausgleich zu suchen. Dieser bestimmt dann das Regelungsziel. Ausweislich der Aufgabenstellung ist vorliegend eine entsprechende Prognose nicht anzustellen. Vielmehr wird der Bearbeiter sogleich darauf hingewiesen, dass eine win-win-Lösung zu finden ist.

3. Hat sich das Gericht unter Berücksichtigung seiner neutralen Stellung Klarheit über die im Vergleichsvorschlag zu erreichenden Ziele verschafft, muss es prüfen, ob und inwieweit hierfür eine Gestaltung erforderlich ist, wie ein sich ergebender Gestaltungsbedarf umgesetzt wird und wie der Vorschlag auszuformulieren ist. Ausgehend von dem Ziel des Gerichts, die Parteien zu einer einvernehmlichen Lösung zu bewegen und von der Angemessenheit des eigenen Vorschlags zu überzeugen, kann hierbei zu beachten sein, dass sich die Zulässigkeit einer rechtlichen Gestaltung nicht nur nach den konkret einschlägigen Vorschriften, sondern auch nach hypothetisch mit zu berücksichtigenden Vorschriften richtet. Erkennt man im vorliegenden Fall die win-win-Lösung zutreffend darin, dass das Mietverhältnis in dem von Antons gewünschten Umfang verlängert wird und im Gegenzug die Frage der Schönheitsreparaturen in dem Ausmaß ausgestaltet wird, wie dies Heukel im Fall einer Neuvermietung wirksam vereinbaren könnte, führt das zum Prüfungsmaßstab der §§ 305 ff. BGB. Zwar enthält der gerichtliche Vergleichsvorschlag keine AGB[3], weshalb die §§ 305 ff. BGB eigentlich nicht beachtet werden müssen. Allerdings würde Heukel im Fall einer Neuvermietung voraussichtlich zu einem Formularvertrag greifen und könnte seine Interessen daher nur in den entsprechenden Grenzen verwirklichen.

---

[3] Enthält der gerichtliche Vergleich, anders als hier, einen Verbrauchervertrag, können die §§ 305 ff. BGB über § 310 Abs. 3 Nr. 1 und Nr. 2 BGB sogar verbindliche Geltung erlangen, vgl. Hk-ArbR/Boemke/Ulrici, § 310 BGB Rn. 11.

II. Materiell-rechtliche Probleme

1. In materiell-rechtlicher Hinsicht steht im Zentrum der Klausur die Problematik der Abwälzung der Schönheitsreparaturen vom Vermieter auf den Mieter. Hierzu sieht das Gesetz im Ausgangspunkt vor, dass der Vermieter nach § 535 Abs. 1 S. 2 BGB verpflichtet ist, die Mietsache in einem gebrauchsfähigen Zustand zu erhalten. Dies erfasst bei Räumen auch eine Erneuerung ihres Erscheinungsbilds (Schönheitsreparaturen), d. h. das Renovieren[4]. Diese vom Gesetzgeber vorgenommene Zuweisung erweist sich aber aus Sicht beider Mietparteien als unpraktikabel, weil dem Mieter die Mietsache anvertraut ist und er durch seinen Umgang mit ihr Einfluss darauf nimmt, inwieweit Schönheitsreparaturen erforderlich werden[5]. Der Vermieter ist deshalb daran interessiert, dass der Mieter durch einen pfleglichen Umgang mit der Mietsache die Erforderlichkeit in Grenzen hält. Vorsorglich muss er jedoch den voraussichtlich mit den Schönheitsreparaturen verbundenen Aufwand in seine Mietforderung einkalkulieren[6]. Hierbei wird er sich am durchschnittlichen Aufwand orientieren, diesen jedenfalls nicht unterschreiten. Dies beeinträchtigt die Motivation des Mieters, besonders pfleglich mit der Mietsache umzugehen. Mieter, welche die Mietsache besonders schonend nutzen, können hierdurch keine Miete sparen, obwohl dies aus ihrer Sicht wünschenswert ist. Um dieser Interessenlage Rechnung zu tragen, hat es sich in der Praxis durchgesetzt, die Pflicht zur Vornahme von Schönheitsreparaturen auf den Mieter abzuwälzen. Inwieweit dies durch AGB konkret möglich ist, hat der BGH in einer Reihe von Entscheidungen herausgearbeitet[7]. Die danach maßgeblichen Grundsätze nachzuzeichnen und aus dem Gesetz abzuleiten, ist materiell-rechtliche Kernaufgabe der Klausur.

2. Ein zweites materiell-rechtliches Problem der Klausur wird dadurch ausgelöst, dass ein Mietvertrag mit einer festen Restlaufzeit von mehr als einem Jahr geschlossen (verlängert) werden soll. Hierfür muss nach § 550 S. 1

---

[4] Vgl. BGH v. 06.04.2005, NZM 2005, 863, 864; Erman/Jendrek, § 535 BGB Rn. 47; Schrader, JURA 2010, 241.

[5] Vgl. hierzu BGH v. 18.02.2009, NZM 2009, 353, 354.

[6] Vgl. BGH v. 06.07.1988, NJW 1988, 2790, 2792; Schrader, JURA 2010, 241.

[7] Vgl. den Beitrag von Schrader, JURA 2010, 241.

BGB die Schriftform gewahrt werden; anderenfalls kommt ein unbefristetes Mietverhältnis zustande[8]. Das Gericht muss sich im Rahmen der konkreten Ausformulierung seines Entwurfs Klarheit darüber verschaffen, ob und inwieweit dieses Formerfordernis auf die vorgesehene Gestaltung Anwendung findet und sich auf die Zielerreichung auswirkt. Ausgehend hiervon muss es beurteilen, welche Maßnahmen seinerseits oder seitens der Parteien gegebenenfalls zur Umsetzung des Formerfordernisses unternommen werden müssen.

---

[8]   Vgl. Palandt/Weidenkaff, § 550 BGB Rn. 13.

Lösung

Lieblich wird zur Erarbeitung eines Formulierungsvor-
schlags (D.) zunächst die zu erreichenden Gestaltungsziele
klären (A.). Im Anschluss wird sie prüfen, ob diese Ziele bereits durch die bestehende Rechtslage erreicht werden (B.).
Soweit dies nicht der Fall ist, sind die erforderlichen Maßnahmen zu erarbeiten (C.).

Vorgehensweise

A. Regelungsziel

Um einen Vergleichsvorschlag zu erarbeiten, muss Lieblich
zunächst die Interessen der beiden Parteien herausarbeiten
(I., II.), um einen Überblick darüber zu gewinnen, inwieweit
diese miteinander in Einklang zu bringen sind (III.). Ausgehend von den erkennbaren, möglicherweise auch überzoge-
nen Vorstellungen der Parteien ist ein Vorschlag zu erarbeiten, der eine gewisse Gewähr dafür bietet, von beiden Partei-
en angenommen zu werden. Dabei darf sich das Gericht aber
nicht ausschließlich von seinem Bestreben, eine streitige
Entscheidung zu vermeiden, leiten lassen[9]. Vielmehr muss es
auch seiner von Neutralität und Fürsorge gekennzeichneten
Stellung gerecht werden. Deshalb sollten erkennbar überzo-
gene Vorstellungen nur in reduziertem Ausmaß übernommen werden. Zudem muss dort, wo die Parteien keine konkreten Vorstellungen zum Ausdruck bringen, eine ihrem
mutmaßlichen Willen entsprechende, angemessene Lösung
vorgeschlagen werden.

*Ausgangspunkt:
Neutralität des
Gerichts*

I. Interessen des Antons

Wie Antons mit seiner Klage deutlich zeigt, besteht sein
Hauptinteresse zunächst darin, das Mietverhältnis mindestens bis zum Ende der vertraglich vorgesehenen Laufzeit
fortzuführen. Hierfür sprechen auch die von ihm getätigten
Investitionen (Imagebroschüre), welche er auf diesem Weg
amortisieren will. Darüber hinaus ist er sogar an einer Ver-

*Antons:
Fortsetzung des
Mietverhältnisses*

---

[9]   Vgl. BGH v. 06.07.1966, NJW 1966, 2399 zur Anfechtung
      eines gerichtlichen Vergleichs, zu dessen Abschluss das Gericht
      zur Vermeidung eines Urteils in Erfüllung der Drohungsalter-
      native des § 123 BGB „geraten" hatte.

längerung des Mietverhältnisses interessiert, um die günstig gelegenen Räumlichkeiten noch länger nutzen zu können.

angemessene
Schönheits-
reparaturen kein
Hinderungsgrund

Gegen die Übernahme der Schönheitsreparaturen an sich hat Antons nichts einzuwenden. Er möchte lediglich vermeiden, diese nach starren Fristen vornehmen zu müssen, selbst wenn konkret noch kein Bedürfnis hierfür besteht.

II. Interessen des Heukel

Heukel: keine
Bedenken gegen
Fortsetzung des
Mietverhältnisses

Sowohl die von Heukel ausgesprochene Kündigung als auch der Umstand, dass er sich gegen Antons Klage zur Wehr setzt, sprechen zunächst dafür, dass er das Mietverhältnis mit Antons beenden und die Büroräume anderweitig vermieten möchte. Bei näherer Betrachtung ergibt sich aus Heukels Äußerungen im Zusammenhang mit seinem Klageabweisungsantrag jedoch, dass es ihm nicht unbedingt darum geht, das Mietverhältnis mit Antons zu beenden. Vielmehr schätzt er diesen im Grundsatz als Vertragspartner. Dies spricht dafür, dass gegen eine Fortsetzung des Mietverhältnisses eigentlich keine Bedenken bestehen, sondern die insoweit erklärte Kündigung nur der Kanalisation anderer Motive diente.

aber rechtssichere
Abwälzung
der Schönheits-
reparaturen

Eigentliches Anliegen des Heukel ist es, das Problem der Schönheitsreparaturen zu lösen. Diese sollen effektiv und sicher auf den Mieter abgewälzt werden. Dies muss sichergestellt sein. Gelingt dies, besteht für Heukel kein Grund mehr, die Beendigung des Mietverhältnisses anzustreben.

III. Vereinbarkeit der Interessen

Auffinden der
Gemeinsamkeiten

Trotz im Ausgangspunkt widerstreitender Anträge stehen sich die Interessen der Parteien des Rechtsstreits keineswegs unversöhnlich gegenüber. Vielmehr lassen sich beide Interessen dadurch in Einklang bringen, dass das Mietverhältnis fortgesetzt sowie entsprechend Antons Vorstellungen verlängert und im Gegenzug eine Regelung zur Vornahme von Schönheitsreparaturen aufgenommen wird, welche in dem Maß Heukels Interessen Rechnung trägt, wie er diese auch im Rahmen einer Neuvermietung durchsetzen könnte.

Gestaltungsziele

Lieblich wird daher einen Vorschlag erarbeiten, der neben einer rechtssicheren Fortsetzung des Mietverhältnisses mit verlängerter Laufzeit auch eine zulässige und in Ansehung der Alternative einer Neuvermietung durch Heukel angemessene Regelung zur Abwälzung der Schönheitsreparaturen umfasst.

B. Regelungsbedarf

Ob und inwieweit weitere Maßnahmen ergriffen werden müssen, hängt davon ab, inwieweit die derzeit bestehende Rechtslage (I.) bereits die angestrebten Ziele ausreichend abbildet (II.).

Ermittlung des Regelungsbedarfs

I. Bestehende Rechtslage

1. Pflicht zur Vornahme von Schönheitsreparaturen

Die Verpflichtung zur Vornahme der Schönheitsreparaturen richtet sich nach den einschlägigen gesetzlichen Vorschriften (a), soweit keine wirksame Abwälzung durch Rechtsgeschäft (b) erfolgt ist.

Verpflichtung nach Gesetz und Vertrag

a) Gesetzliche Zuweisung der Schönheitsreparaturen

Die Vornahme der Schönheitsreparaturen könnte nach § 535 Abs. 1 S. 2 BGB Heukel als Vermieter obliegen. Dies ist der Fall, wenn Schönheitsreparaturen dem Erhalt der Mietsache in einem den vertragsgemäßen Gebrauch ermöglichenden Zustand dienen. Unter Schönheitsreparaturen werden üblicherweise alle Maßnahmen verstanden, die der Beseitigung von im Rahmen des vertragsgemäßen Gebrauchs abnutzungsbedingt entstandenen Beeinträchtigungen des Erscheinungsbilds der Mietsache dienen[10]. Ist die Mietsache ein Büro, gehört zu dem den vertragsgemäßen Gebrauch ermöglichenden Zustand auch ein angemessenes Erscheinungsbild, weil das Büro eine angenehme Arbeitsatmosphäre schaffen und überdies vielfach auch Repräsentationsfunktion erfüllen soll. Ein „abgenutztes" Erscheinungsbild beeinträchtigt die Nutzung als Arbeitsraum und zu Repräsentationszwecken. Eine entsprechende Verschlechterung auszugleichen und den zur vertragsgemäßen Nutzung erforderlichen Zustand wieder herzustellen, schuldet nach § 535 Abs. 1 S. 2 BGB der Ver-

Gesetz weist Verpflichtung dem Vermieter zu

---

[10]   Vgl. Erman/Jendrek, § 535 BGB Rn. 47; Palandt/Weidenkaff, § 535 BGB Rn. 41.

mieter. Das Gesetz weist somit die Verpflichtung zur Vornahme von Schönheitsreparaturen Heukel zu[11].

b) Wirksamkeit der vertraglichen Abwälzung

**Ausgangspunkt:
Vertragsfreiheit**

Die Verpflichtung zur Vornahme von Schönheitsreparaturen
könnte Heukel durch seine mit Antons getroffene Abrede
wirksam auf diesen abgewälzt haben. Im Hinblick auf den
Grundsatz der Vertragsfreiheit ist dies der Fall, wenn in Bezug auf die getroffene Vereinbarung kein Unwirksamkeitsgrund eingreift. Ein Unwirksamkeitsgrund könnte sich vorliegend aus §§ 307 ff. BGB ergeben. Dies ist insoweit (dd)
der Fall, als der Anwendungsbereich der §§ 305 ff. BGB eröffnet ist (aa) und sich die Klausel anhand des maßgeblichen
Prüfungsmaßstabs (bb) als unangemessen erweist (cc).

aa) Allgemeine Geschäftsbedingungen

**Anwendungsbereich
der AGB-Kontrolle
ist eröffnet**

Bei der betreffenden Regelung im Vertragsformular müsste
es sich um eine Allgemeine Geschäftsbedingung (AGB)
i. S. d. § 305 Abs. 1 BGB, d. h. eine für eine Vielzahl von
Verträgen vorformulierte Vertragsbedingung handeln, die
eine Vertragspartei der anderen bei Abschluss eines Vertrags
stellt und welche nicht im Einzelnen ausgehandelt wurde[12].
Vertragsbedingungen sind alle auf den Inhalt eines Vertrags
abzielenden (rechtsverbindlichen) Abreden. Sie sind vorformuliert, wenn sie zeitlich vor dem Vertragsschluss vorliegen[13]. Für eine Vielzahl von Verträgen bestimmt ist eine
Vertragsbedingung, wenn entweder der Ersteller (Vermieterverein) oder der Verwender (Heukel) eine entsprechende
Absicht hegt[14]. Gestellt werden Vertragsbedingungen von
derjenigen Vertragspartei, die sie fertig in die Vertragsverhandlungen einbringt und hierdurch einseitige Gestaltungsmacht in Anspruch nimmt[15]. An einem Aushandeln fehlt es,
wenn der Verwender die Vertragsbedingung nicht ernsthaft
und erkennbar zur Disposition stellt[16]. Danach handelt es
sich bei der Regelung über die Abwälzung der Schönheitsreparaturen um eine AGB, weil diese den Inhalt des Mietver-

---

[11] Vgl. BGH v. 06.04.2005, NZM 2005, 863, 864; Palandt/Wei-
     denkaff, § 535 BGB Rn. 36.
[12] Vgl. zu den einzelnen Begriffsmerkmalen Boemke/Ulrici,
     BGB-AT, § 11 Rn. 69 ff.
[13] Erman/Roloff, § 305 BGB Rn. 9.
[14] Vgl. BGH v. 17.02.2010, NJW 2010, 1131.
[15] Vgl. BGH v. 17.02.2010, NJW 2010, 1131, 1131 f.
[16] BGH v. 27.03.1991, NJW 1991, 1678, 1679.

trags gestalten soll, bereits vor Vertragsschluss fertig vorlag, sowohl Heukel als auch der Vermieterverein eine mindestens dreimalige Verwendung in Aussicht genommen haben, sie auf einseitigen Vorschlag des Heukel und ohne Einflussnahme des Antons zum Gegenstand einer Einigung gemacht wurde, ohne zuvor ernsthaft zur Disposition gestellt worden zu sein.

bb) Prüfungsmaßstab

Die Kontrolle der Angemessenheit der Abwälzungsklausel könnte zunächst auf eine Transparenzkontrolle nach § 307 Abs. 1 S. 2 BGB beschränkt sein. Dies ist der Fall, wenn die betreffende Klausel nicht von Rechtsvorschriften abweicht oder diese nicht ergänzt (vgl. § 307 Abs. 3 S. 1 BGB). Da die zwischen Antons und Heukel vereinbarte Klausel zur Abwälzung der Schönheitsreparaturen darauf abzielt, die Regelung des § 535 Abs. 1 S. 2 BGB, d. h. eine gesetzliche Vorschrift, teilweise abzuändern, handelt es sich bei ihr nicht um eine das Gesetz lediglich wiederholende Klausel. Als vom Gesetz abweichende Regelung ist ihre Angemessenheitskontrolle nicht auf eine Transparenzkontrolle beschränkt.

inhaltliche Angemessenheitskontrolle eröffnet

Allerdings könnte vorliegend die Anwendung der §§ 308, 309 BGB nach § 310 Abs. 1 S. 1 BGB ausgeschlossen sein. Dies ist der Fall, wenn Heukel (Verwender) die AGB gegenüber einem Unternehmer verwendet. Antons ist nach § 14 BGB Unternehmer, wenn er den Mietvertrag in Ausübung seiner gewerblichen oder selbstständigen beruflichen Tätigkeit abgeschlossen hat. Dazu muss der Vertragsschluss zu einem Zweck erfolgt sein, der Antons Architektentätigkeit zuzurechnen ist; außerdem muss die Architektentätigkeit eine gewerbliche oder selbstständige Tätigkeit sein[17]. Der Abschluss des Mietvertrags ist Antons Architektentätigkeit zuzurechnen, weil er für diese eine repräsentative räumliche Grundlage schaffen soll. Gewerblich handelt, wer auf gewisse Dauer angelegt, planmäßig Leistungen gegen Entgelt am Markt anbietet und keinen freien Beruf ausübt[18]. Selbstständig beruflich handelt, wer planmäßig und dauerhaft Leistungen am Markt gegen Entgelt anbietet und weder ein Gewerbe betreibt noch abhängige Dienste erbringt[19]. Als Inhaber

Nichtgeltung spezieller Klauselverbote

---

[17]   Vgl. Palandt/Ellenberger, § 14 BGB Rn. 2 i. V. m. § 13 BGB Rn. 3.
[18]   Palandt/Ellenberger, § 14 BGB Rn. 2.
[19]   Palandt/Ellenberger, § 14 BGB Rn. 2.

eines Architekturbüros erbringt Antons am Markt auf gewisse Dauer planmäßig Architekturleistungen gegen Entgelt. Gleichwohl handelt er nicht gewerblich, weil Architekten einen freien Beruf ausüben[20]. Allerdings übt er eine selbstständige Tätigkeit aus, weil er die Architekturleistungen nicht in Form abhängiger Dienste erbringt, sondern nach der Lebenserfahrung selbst entscheidet, welchen Auftrag er annimmt und wann er welchen Auftrag erledigt. Antons hat den Mietvertrag daher als Unternehmer geschlossen und die §§ 308, 309 BGB finden nach § 310 Abs. 1 S. 1 BGB keine Anwendung.

Zwischenergebnis

Die Abwälzungsklausel ist am Maßstab des § 307 Abs. 1, Abs. 2 BGB zu messen. In diesem Rahmen können nach § 310 Abs. 1 S. 2 BGB die Wertungen der §§ 308, 309 BGB im Lichte der Besonderheiten des Handelsverkehrs berücksichtigt werden.

cc) Unangemessene Benachteiligung

Unangemessenheit starrer Renovierungspflichten?

Die Regelung, nach der die Büroräume innerhalb einer festen Frist von fünf Jahren zu renovieren sind, ist nach § 307 Abs. 2 Nr. 2, Nr. 1, Abs. 1 BGB insoweit unwirksam, als sie den Vertragszweck gefährdet (1), mit wesentlichen Grundgedanken der gesetzlichen Regelung, von der abgewichen wird, nicht zu vereinbaren ist (2) oder Antons sonst unangemessen benachteiligt (3).

(1) Vertragszweckgefährdung

keine Vertragszweckgefährdung

Als Unwirksamkeitsgrund greift § 307 Abs. 2 Nr. 2 BGB ein, wenn die Abwälzungsklausel wesentliche Rechte und Pflichten, die sich aus der Natur des Vertrags ergeben, so einschränkt, dass die Erreichung des Vertragszwecks gefährdet wird. Hierfür müsste es sich bei der von der Klausel betroffenen Erhaltungspflicht des Vermieters (vgl. § 535 Abs. 1 S. 2 BGB) zunächst um eine wesentliche, in der Natur des Vertrags wurzelnde Pflicht handeln. Hiervon ist auszugehen, weil die Erhaltungspflicht die Hauptleistungspflicht des Vermieters aus § 535 Abs. 1 S. 1 BGB konkretisiert[21]. Da sie ein Ausschnitt der Hauptleistungspflicht ist, eigenständig in der Eingangsnorm des Mietrechts („Hauptpflichten") erwähnt und überdies in § 538 BGB abgesichert wird, prägt die Erhaltungspflicht den Mietvertrag. Weitere Voraussetzung des § 307 Abs. 2 Nr. 2 BGB ist jedoch, dass

---

[20]   BGH v. 22.02.1979, WM 1979, 559.
[21]   Palandt/Weidenkaff, § 535 BGB Rn. 14, 30.

die teilweise Abwälzung der Erhaltungspflicht im Umfang der Schönheitsreparaturen den Vertragszweck gefährdet. Der Zweck des Mietverhältnisses über Räume liegt darin, dass der Mieter diese auf Zeit nutzen kann, ohne zuvor die beträchtlichen Investitionen für den Kauf eines Grundstücks und die Errichtung eines Gebäudes tätigen zu müssen. Durch die Abwälzung allein der Schönheitsreparaturen wird dieser Zweck nicht gefährdet, weil der hiermit verbundene Aufwand typischerweise gering ist und im Verhältnis zum ohnehin zu zahlenden Nutzungsentgelt nicht erheblich ins Gewicht fällt. Die Abwälzungsklausel gefährdet den Vertragszweck nicht und ist daher nicht nach § 307 Abs. 2 Nr. 2 BGB unwirksam[22].

(2) Unvereinbarkeit mit gesetzlichem Grundgedanken

Die von Heukel verwendete Klausel könnte jedoch nach § 307 Abs. 2 Nr. 1 BGB unwirksam sein. Dazu müsste die durch die Vertragsbedingung bewirkte Abweichung von einem gesetzlichen Grundgedanken mit diesem unvereinbar sein.

Unvereinbarkeit mit gesetzlichem Grundgedanken?

Die vorliegende Abwälzung der Schönheitsreparaturen weicht von der Regelung des § 535 Abs. 1 S. 2 BGB ab. Die Erhaltungspflicht des § 535 Abs. 1 S. 2 BGB ist ein Ausschnitt der Gebrauchsüberlassungspflicht des Vermieters, welche unabdingbare Hauptleistungspflicht des Vertragstypus Mietvertrag ist[23]. Hinter dieser durch § 538 BGB verstärkten Regelung steht der den Mietvertrag prägende Grundgedanke, dass dem Mieter die Nutzung der Mietsache gegen Entgelt überlassen wird. Verbunden ist die Nutzung einer Sache regelmäßig mit einer Abnutzung, weshalb deren Folgen der Vermieter zu tragen hat. Hiervon weicht die zwischen Antons und Heukel bislang vereinbarte Klausel ab, indem sie dem Mieter einen Teil der Erhaltungspflicht auferlegt.

Abweichung von gesetzlichem Grundgedanken

Die festgestellte Abweichung der im Mietvertrag vorgesehenen Schönheitsreparaturklausel von der Konzeption des Gesetzes ist mit dessen Grundentscheidungen unvereinbar, wenn sie in die vom Gesetz geschützten Interessen des Vertragspartners in nicht unerheblichem Maß eingreift[24]. Dies richtet sich danach, in welchem Umfang vom Gesetz abgewichen wird und unter welchen Modalitäten dies erfolgt.

keine Unvereinbarkeit der Abweichung

---

[22]   Vgl. BGH v. 06.07.1988, NJW 1988, 2790, 2792.
[23]   Palandt/Weidenkaff, § 535 BGB Rn. 14, 30.
[24]   Vgl. Palandt/Grüneberg, § 307 BGB Rn. 28.

Tendenziell gegen eine erhebliche Beeinträchtigung der von § 535 Abs. 1 S. 2 BGB geschützten Interessen spricht, dass nur ein geringer Teil der Erhaltungspflicht auf den Mieter abgewälzt wird. Zudem könnte die Abwälzung für den Mieter vorteilhaft sein. Hierfür könnte sprechen, dass sie nicht nur den Interessen des Vermieters, sondern auch denen des Mieters dient. Dies könnte sich daraus ergeben, dass ohne Abwälzung der Pflicht zur Vornahme der Schönheitsreparaturen diese und die mit ihrer Erfüllung verbundenen Kosten zwar den Vermieter treffen, dieser aber wiederum die ihm hierfür voraussichtlich entstehenden Kosten pauschaliert in die vom Mieter zu zahlende Miete einkalkulieren würde[25]. In diesem Fall ist es für den Mieter unmöglich, durch einen pfleglichen Umgang mit der Mietsache diese Kosten gering zu halten und Ausgaben zu sparen, weil der unter Berücksichtigung pauschaler Erhaltungskosten kalkulierte Mietzins unabhängig von der tatsächlichen Abnutzung zu zahlen ist. Im Vergleich hierzu könnte sich die Abwälzung der Renovierungspflicht auf den Mieter für diesen als vorteilhaft erweisen, weil er durch einen pfleglichen Umgang die Erforderlichkeit dieser Arbeiten verringern und Kosten einsparen kann[26]. Die Abwälzung der Renovierungspflicht erscheint deshalb für beide Parteien vorteilhaft. Allerdings trägt vorstehender Gedanke nur, soweit der Mieter durch einen pfleglichen Umgang mit der Mietsache wirklich Kosten ersparen kann. Voraussetzung hierfür ist, dass die Pflicht zur Vornahme von Schönheitsreparaturen allein durch ihre konkrete Erforderlichkeit und nicht durch starre Pflichten ausgelöst wird, weil durch Vereinbarung starrer Pflichten eine Renovierungspflicht unabhängig von jeglicher Nutzung entstehen kann. Da die zwischen Heukel und Antons derzeit vereinbarte Klausel hierauf keine Rücksicht nimmt und starre Vornahmefristen („mindestens") unabhängig von der konkreten Erforderlichkeit vorsieht, kehrt sie den gesetzlichen Grundgedanken des § 535 Abs. 1 S. 2 BGB in ihrem Anwendungsbereich um, ohne eine (potentielle) Kompensation vorzusehen oder durch einen sachlichen Grund getragen zu werden. Dies beeinträchtigt in nicht unerheblichem Umfang die Interessen des Antons, weshalb die vorliegende Klausel

---

[25]   Vgl. BGH v. 06.07.1988, NJW 1988, 2790, 2792.
[26]   Vgl. hierzu BGH v. 18.02.2009, NZM 2009, 353, 354.

mit dem gesetzlichen Grundgedanken des § 535 Abs. 1 S. 2 BGB unvereinbar ist[27].

(3) Unangemessenheit nach der Generalklausel

Die Abwälzung der Schönheitsreparaturen in Anbindung an starre Fristen könnte zudem nach § 307 Abs. 1 S. 1 BGB unwirksam sein, wenn sie aus einem von § 307 Abs. 2 Nr. 1 BGB nicht erfassten Umstand unangemessen ist[28]. Dies ist der Fall, wenn die dem Mieter auferlegte Belastung, die Pflicht zur Ausführung von Schönheitsreparaturen innerhalb starrer Fristen zu erfüllen, nicht durch hinreichende gegenläufige Interessen des Vermieters gerechtfertigt ist. Da eine starre Fristenregelung geeignet ist, vom Mieter die Vornahme von Schönheitsreparaturen zu fordern, obwohl hierfür kein Bedarf besteht, wird die hierdurch für den Mieter allgemein begründete Belastung nicht durch schutzwürdige Interessen des Vermieters aufgewogen. Dieser erlangt durch eine nicht erforderliche Renovierung keinerlei Vorteil. Eine starre Fristenregelung erweist sich daher auch losgelöst von der Wertung des § 535 Abs. 1 S. 2 BGB als unangemessen[29].

sonstige Unangemessenheit

dd) Rechtsfolge

Die vorstehende Prüfung hat gezeigt, dass die Unangemessenheit der von Heukel verwendeten Klausel nicht in der Abwälzung der Schönheitsreparaturen an sich, sondern allein in der starren Fristenregelung wurzelt. Die Unwirksamkeitsfolge erfasst daher zunächst nur die starre Fristenregelung als unangemessene Vertragsbedingung. Ausgehend hiervon erstreckt sie sich jedoch auf die gesamte Abwälzungsklausel, wenn diese nicht im Sinne des § 306 Abs. 1, 2 BGB („teilweise", „soweit") teilbar ist. Von Teilbarkeit ist auszugehen, wenn sich der rechtswidrige Teil einer Vertragsbedingung ohne weiteres herausstreichen lässt, die restliche Klausel trotzdem verständlich bleibt und noch eine sinnvolle sowie zulässige Regelung enthält[30]. Zumindest an Letzterem fehlt es, wenn man aus der Verpflichtung zum Renovieren den

Gesamtunwirksamkeit der Abwälzungsklausel

---

[27] BGH v. 23.06.2004, NJW 2004, 2586, 2587; Schrader, JURA 2010, 241, 245. – A. A. Heinrichs, NZM 2005, 201, 210, der starre Fristen im Gewerbemietvertrag als zulässig ansieht.

[28] Vgl. Hk-ArbR/Boemke/Ulrici, § 307 BGB Rn. 1 f., 4.

[29] BGH v. 23.06.2004, NJW 2004, 2586, 2587. – A. A. Heinrichs, NZM 2005, 201, 210.

[30] Vgl. BAG v. 21.04.2005, NZA 2005, 1053, 1056; BGH v. 18.04.1989, BGHZ 107, 185, 190.

hierfür maßgeblichen Zeitpunkt herausstreicht, weil dann nicht geregelt ist, wann und inwieweit diese Pflichten bestehen. Die vorliegende Abwälzungsklausel ist daher nicht teilbar und somit insgesamt unwirksam[31]. Der übrige Mietvertrag bleibt hiervon unberührt (vgl. § 306 Abs. 1 BGB) und es gilt die gesetzliche Regelung des § 535 Abs. 1 S. 2 BGB (vgl. § 306 Abs. 2 BGB).

c) Zwischenergebnis

keine vertragliche Abwälzung

Die Pflicht zur Vornahme der Schönheitsreparaturen wurde nicht wirksam auf Antons abgewälzt. Vielmehr verbleibt es bei der Regelung des § 535 Abs. 1 S. 2 BGB. Nicht Antons, sondern Heukel ist im erforderlichen Umfang zur Renovierung verpflichtet.

2. Bestand des Mietverhältnisses

Fortbestand des Mietverhältnisses bis zum vereinbarten Zeitpunkt

Das zwischen Antons und Heukel durch Abschluss eines Mietvertrags begründete Mietverhältnis besteht fort, sofern kein Beendigungstatbestand eingreift oder bereits eingegriffen hat. Sofern ein Mietverhältnis auf bestimmte Zeit eingegangen wurde, endet dieses mit Fristablauf, wenn es nicht zuvor wirksam außerordentlich gekündigt wurde, vgl. § 542 Abs. 2 BGB.

Mietverhältnis auf bestimmte Zeit

Ein Mietverhältnis auf bestimmte Zeit wurde begründet, wenn sich die Parteien darauf geeinigt haben, dass die Überlassung der Mietsache und das Recht zu ihrer Nutzung zu einem bestimmten oder bestimmbaren Zeitpunkt enden soll. Diese Voraussetzung ist insoweit erfüllt, als sich Antons und Heukel darüber geeinigt haben, dass das Mietverhältnis nur für die feste Laufzeit von zehn Jahren begründet wird und nach deren Ablauf enden soll. Ein auf bestimmte Zeit eingegangenes Mietverhältnis ist danach gegeben, sofern sich nicht aus §§ 578 Abs. 2 i. V. m. Abs. 1 i. V. m. § 550 S. 1 BGB etwas Abweichendes ergibt[32]. Nach § 550 S. 1 BGB gilt ein für längere Zeit als ein Jahr nicht in schriftlicher Form geschlossener Mietvertrag als unbefristet abgeschlossen. Da ausweislich des Sachverhalts jedoch ein schriftlicher Vertragsschluss erfolgte, greift diese Folge nicht ein. Es

---

[31]   Vgl. BGH v. 18.02.2009, NZM 2009, 353, 354. – A. A. Heinrichs, NZM 2005, 201, 210.

[32]   Da § 578 Abs. 2 BGB nicht auf § 575 BGB verweist, muss für die Befristung eines Gewerbemietvertrags kein Sachgrund vorliegen.

wurde ein Mietverhältnis auf bestimmte Zeit begründet. Das für die Dauer von zehn Jahren eingegangene Mietverhältnis endet mit Ablauf der vereinbarten Frist (vgl. § 542 Abs. 2 BGB), d. h. hier mit Ablauf des 30.04.2014.

Das Mietverhältnis könnte bereits vor Fristablauf durch außerordentliche Kündigung beendet worden sein (vgl. § 542 Abs. 2 Nr. 1 BGB). Voraussetzung hierfür ist nach § 543 Abs. 1 BGB, dass für Heukel, der eine außerordentliche Kündigung ausgesprochen hat, ein wichtiger Grund zur Beendigung des Mietverhältnisses vorlag. Dies ist der Fall, wenn ihm unter Berücksichtigung aller Umstände des Einzelfalls, insbesondere eines Verschuldens der Vertragsparteien, und unter Abwägung der beiderseitigen Interessen die Fortsetzung des Mietverhältnisses bis zum sonstigen Ende nicht zugemutet werden kann[33]. Hieran sind hohe Anforderung zu stellen, um dem Grundsatz pacta sunt servanda Rechnung zu tragen. Dass sich Antons auf den zutreffenden Standpunkt[34] stellt, nicht zur Renovierung verpflichtet zu sein und deshalb keine Renovierungsarbeiten ausführt bzw. ausführen lässt, begründet danach unter keinem Gesichtspunkt einen wichtigen Grund, weil diese Haltung vielmehr unter Berücksichtigung der Wertungen der §§ 305 ff. BGB den vertraglich fixierten Parteiinteressen entspricht. In Ermangelung eines wichtigen Grunds i. S. d. § 543 BGB wurde das Mietverhältnis nicht vorzeitig durch eine außerordentliche Kündigung beendet.

keine frühere Beendigung durch fristlose Kündigung

Das Mietverhältnis zwischen Antons und Heukel wurde noch nicht beendet und besteht deshalb noch. Es endet mit Ablauf der vereinbarten Laufzeit zum 30.04.2014.

Zwischenergebnis

II. Vergleich der Regelungsziele mit der bestehenden Rechtslage

Das Auslaufen des Mietverhältnisses zum 30.04.2014 entspricht nicht vollständig dem von Lieblich verfolgten Lösungsansatz. Da danach eine angemessene Verlängerung im Sinne der Vorstellungen des Antons angestrebt wird, muss geregelt werden, dass das Mietverhältnis erst zum 31.12.2019 endet.

längere Laufzeit muss vereinbart werden

Außerdem entspricht die bestehende Rechtslage insoweit nicht Lieblichs Lösungsansatz, als Heukel die Erhaltungspflicht auch hinsichtlich der Schönheitsreparaturen trägt,

wirksame Abwälzungsklausel erforderlich

---

[33] Erman/Jendrek, § 543 BGB Rn. 4.
[34] Siehe oben B. I. 1 c), S. 254.

weil nach Yvonnes Vorstellungen das Mietverhältnis zu Konditionen verlängert werden soll, die Heukel im Fall einer Neuvermietung am Markt durchsetzen könnte. Dies umfasst im üblichen und zulässigen Ausmaß die Abwälzung der Schönheitsreparaturen auf den Mieter. Hierfür muss eine entsprechende Regelung im Mietvertrag vorgesehen werden.

C. Umsetzung des Regelungsbedarfs

I. Geeignete Gestaltung

1. Verlängerung des Mietverhältnisses

Abschluss einer Verlängerungs- vereinbarung

Zur Umsetzung der von Lieblich vorzuschlagenden Lösung muss zunächst sichergestellt werden, dass Antons die Büroräume bis zum Ablauf des 31.12.2019 nutzen kann. Zu diesem Zweck könnte durch Abschluss eines Zusatzvertrags zum Mietvertrag unter Beibehaltung des übrigen im Jahr 2004 begründeten Mietverhältnisses zunächst dessen Beendigung durch eine Verlängerung der Laufzeit bis zum 31.12.2019 hinausgeschoben werden (Änderungsvertrag). Hierdurch muss für Antons gesichert werden, dass das die Nutzungsmöglichkeit vermittelnde Mietverhältnis grundsätzlich nicht vor dem 31.12.2019 enden kann. Nach § 542 Abs. 2 BGB endet ein auf bestimmte Zeit, d. h. befristet, begründetes Mietverhältnis nur durch Fristablauf oder durch außerordentliche Kündigung. Die Beendigung durch Fristablauf, d. h. zum 31.12.2019, entspricht den umzusetzenden Vorstellungen des Antons. Die daneben bestehende Möglichkeit zur vorzeitigen Beendigung durch fristlose Kündigung gefährdet dagegen die unbedingte Nutzung bis zum vorgesehen Ablauf. Da die außerordentliche Kündigung jedoch vom Vorliegen eines wichtigen Grunds abhängig ist (vgl. § 543 BGB) und daher nur erfolgen kann, wenn die Fortsetzung des Mietverhältnisses nicht mehr zumutbar ist[35], gefährdet dies die Interessen des Antons nicht in unzumutbarer Weise[36]. Eine Verlängerung des Mietverhältnisses durch Änderungsvertrag ist somit insgesamt geeignet.

---

[35] Erman/Jendrek, § 543 BGB Rn. 4.

[36] Vertretbar ist auch, ergänzend eine Abbedingung des § 543 BGB als geeignete Gestaltung in Erwägung zu ziehen und diese im Anschluss aufgrund des zwingenden Charakters des § 543 BGB (vgl. Erman/Jendrek, § 543 BGB Rn. 2) als nicht zulässig einzustufen.

2. Abwälzung der Schönheitsreparaturen

Außerdem muss das Mietverhältnis um eine dem Wunsch des Heukel entsprechende Verpflichtung des Antons zur Vornahme der Schönheitsreparaturen ergänzt werden. Dies kann durch Abschluss eines Änderungsvertrags erfolgen. Dieser ist zur Umsetzung des von Lieblich ermittelten Lösungsansatzes geeignet, weil er bei entsprechendem Inhalt für Antons die Verpflichtung zur Vornahme der Schönheitsreparaturen begründet (vgl. § 311 Abs. 1 BGB). Dabei ist für die inhaltliche Ausgestaltung zu beachten, dass Lieblich als Vergleich eine Lösung vorschlagen will, die sich inhaltlich möglichst weitgehend an Heukels Vorstellungen orientiert, allerdings nicht weiter geht, als Heukel seine Interessen im Rahmen einer fiktiven Neuvermietung voraussichtlich durchsetzen könnte. Ausgehend von den Regelungen im bisherigen Mietvertrag muss daher zunächst abgebildet werden, dass Antons die Schönheitsreparaturen zu tragen hat. Weiterhin soll Antons diese Arbeiten in regelmäßigen, möglichst kalendarisch fest definierten Zeiträumen vornehmen. Begrenzt werden diese Zielvorstellungen jedoch durch die im Rahmen einer fiktiven Neuvermietung wirksam umsetzbaren Vorstellungen.

Aufnahme einer wirksamen Klausel über Schönheitsreparaturen

Können Heukels Interessen nach vorstehendem Maßstab zulässigerweise nicht vollständig umgesetzt werden, sind aus seiner Sicht weniger weitgehende Regelungen in Betracht zu ziehen. Zu erwägen ist, dass ein kalendarisch fest definierter Fristenplan dadurch aufgeweicht wird, dass Antons von diesem abweichen darf, wenn die Schönheitsreparaturen im konkreten Fall noch nicht erforderlich sind. Dies trüge Heukels Vorstellungen nicht vollständig, aber weitgehend Rechnung. Die Durchsetzung der Pflicht zur Vornahme von Schönheitsreparaturen wird in diesem Fall zwar dadurch erschwert, dass diese nicht mehr nur von einem kalendarisch bestimmten Ereignis abhängt, sondern mit zusätzlichen Unsicherheiten behaftet ist. Allerdings läge die Last, diese Unsicherheiten zur Geltung zu bringen, bei Antons. Für den Fall, dass sich auch eine solche Gestaltung unter dem Blickwinkel einer hypothetischen Neuvermietung als unzulässig erweisen sollte, könnte Heukels über die bloße Abwälzung hinausgehenden Interessen schließlich dadurch teilweise entsprochen werden, dass zumindest eine rechtlich unverbindliche Fristempfehlung im Vertrag niedergelegt wird, welche zwar keinerlei rechtliche, immerhin aber eine moralische Verpflichtung des Antons begründen würde (Appellfunktion).

Erwägung nur teilweise geeigneter Alternativgestaltungen

II. Zulässigkeit der Gestaltung

1. Vertragsverlängerung

kein Unwirksam-
keitsgrund erkennbar

Die vorgesehene Verlängerung des Mietverhältnisses bis zum 31.12.2019 kann wirksam vereinbart werden, wenn insoweit kein Unwirksamkeitsgrund eingreift[37]. Ein Unwirksamkeitsgrund, der der beabsichtigten Verlängerung entgegenstehen könnte, ist nicht ersichtlich. Insbesondere ist die Wirksamkeit der Vereinbarung einer festen Vertragslaufzeit nicht an das Vorliegen eines Sachgrunds gebunden (vgl. hierzu § 575 BGB), weil vorliegend kein Mietverhältnis über Wohnraum, sondern über Geschäftsräume begründet wurde und der insoweit geltende § 578 Abs. 2 BGB nicht auf § 575 BGB verweist[38].

2. Abwälzung der Schönheitsreparaturen

a) Allgemeine Grenzen der Vertragsfreiheit

kein allgemeiner
Unwirksamkeits-
grund

Die Abwälzung der Schönheitsreparaturen auf Antons, welche nach den Vorstellungen des Heukel in einem möglichst weiten Umfang erfolgen soll, ist zulässig, soweit kein Unwirksamkeitsgrund eingreift[39]. Eine gerichtsseitig für den Einzelfall vorgeschlagenen Regelung zur umfassenden Abwälzung der Schönheitsreparaturen ist nur an den allgemeinen Grenzen der Vertragsfreiheit, insbesondere § 134 BGB und § 138 BGB sowie sonstigem zwingenden Recht zu messen. Der Anwendungsbereich der strengeren AGB-Kontrolle am Maßstab der §§ 305 ff. BGB ist vorliegend jedenfalls deshalb nicht eröffnet, weil die Vertragsbedingung von keiner Vertragspartei, sondern vom Gericht gestellt wird[40]. Anhaltspunkte dafür, dass die umfassende Abwälzung der Schönheitsreparaturen unter Bestimmung einer starren Frist gegen ein gesetzliches Verbot verstößt oder sittenwidrig ist, sind nicht erkennbar[41]. Die Unwirksamkeit einer entsprechenden Klausel folgt daher weder aus § 134 BGB noch aus § 138 BGB. Da es sich bei der Regelung des § 535 Abs. 1 S. 2 BGB auch nicht um eine zwingende, sondern um eine dispositive Regelung handelt, ergibt sich die Unwirksamkeit

---

[37] Vgl. Boemke/Ulrici, BGB-AT, § 4 Rn. 2, § 11 Rn. 2.
[38] Vgl. Erman/Jendrek, § 575 BGB Rn. 1.
[39] Vgl. Boemke/Ulrici, BGB-AT, § 11 Rn. 2.
[40] Vgl. BGH v. 17.02.2010, NJW 2010, 1131, 1131 f.
[41] Vgl. BGH v. 18.03.2009, NJW-RR 2009, 947, 948; Schrader, JURA 2010, 241, 247.

einer Abwälzungsklausel auch nicht aus einem Widerspruch zu zwingend geltendem Recht[42].

b) Hypothetische AGB-Kontrolle

Nach Lieblichs Vorstellungen über eine mögliche Einigung soll aber nicht nur darauf abgestellt werden, ob und inwieweit eine entsprechende Abwälzung im Rahmen eines individuell gestalteten gerichtlichen Vergleichs erfolgen kann. Vielmehr will Lieblich den Parteien eine Abwälzung in dem Umfang vorschlagen, wie sie Heukel üblicherweise auch im Rahmen einer Neuvermietung erreichen könnte. Soweit hierfür höhere Anforderungen gelten, soll die Zulässigkeit zusätzlich (hypothetisch) hieran gemessen werden. Deshalb ist zu berücksichtigen, dass Heukel im Rahmen einer Neuvermietung so verfahren würde, wie er auch bei den übrigen Vermietungen in seinem Haus vorgegangen ist. Danach würde er einen bereits vorliegenden Mietvertrag zum Einsatz bringen, den er für alle Vermietungen verwendet, ohne dabei über Fragen der Schönheitsreparaturen zu verhandeln. Ein solcher Vertrag hätte zusätzlich zu den allgemeinen für Rechtsgeschäfte geltenden Grenzen die höheren Anforderungen (bb) der §§ 305 ff. BGB zu beachten (cc), soweit es sich in Bezug auf die Abwälzung der Schönheitsreparaturen um AGB i. S. d. § 305 Abs. 1 BGB handelt (aa).

bei Neuvermietung käme Formularvertrag zum Einsatz

aa) Anwendungsbereich

AGB sind alle für eine Vielzahl von Verträgen vorformulierten Vertragsbedingungen, die eine Vertragspartei der anderen bei Abschluss eines Vertrags stellt und welche nicht im Einzelnen ausgehandelt wurden[43]. Danach würde Heukel die Schönheitsreparaturen im Fall einer Neuvermietung durch AGB abwälzen, weil eine Regelung über das Ob und die Ausgestaltung der Abwälzung von Schönheitsreparaturen auf die Ausgestaltung des Mietvertrags abzielt, vorformuliert und zur mehrfachen Verwendung bestimmt ist, vom Vermieter vorgegeben und inhaltlich nicht ernsthaft zur Disposition gestellt wird[44]. Keine AGB läge allerdings insoweit vor, als erkennbar[45] nur rechtlich unverbindliche Empfehlungen zu den Zeitabständen der Schönheitsreparaturen aufgenommen

Anwendungsbereich der §§ 305 ff. BGB bei hypothetischer Betrachtung eröffnet

---

[42] Vgl. Boemke/Ulrici, BGB-AT, § 11 Rn. 3, 7.
[43] Vgl. zu den einzelnen Begriffsmerkmalen Boemke/Ulrici, BGB-AT, § 11 Rn. 69 ff.
[44] Siehe oben B. I. 1. b) aa), S. 248.
[45] BGH v. 03.07.1996, NJW 1996, 2574, 2575.

werden, weil rechtlich unverbindliche Empfehlungen nicht den Mietvertrag ausgestalten, d. h. bereits keine Vertragsbedingungen sind[46]. Im Hinblick auf den hypothetischen Fall einer Neuvermietung muss Lieblich, sieht man von rechtlich unverbindlichen Empfehlungen zu den Fristen ab, nicht als Wirksamkeitsvoraussetzung, aber aufgrund des angestrebten Gerechtigkeitsziels, ihren Vergleichsvorschlag auch an den §§ 305 ff. BGB messen.

bb) Prüfungsmaßstab

Grundsatz: Angemessenheitsprüfung nach § 307 BGB

Die in Aussicht genommene Klausel zur Abwälzung der Schönheitsreparaturen unterliegt grundsätzlich einer Angemessenheitskontrolle anhand des § 307 BGB, nicht jedoch nach den §§ 308, 309 BGB[47].

cc) Unangemessenheit

(1) Abwälzung

Abwälzung ist zulässig

Die Abwälzung der Schönheitsreparaturen begegnet als solche keinen Bedenken in Bezug auf § 307 Abs. 2 Nr. 2, Nr. 1, Abs. 1 BGB, weil es der Mieter durch einen pfleglichen Umgang mit der Mietsache in der Hand hat, den hiermit verbundenen Aufwand gering zu halten[48]. Die ihm auferlegte Last wird dadurch kompensiert, dass der hierfür erforderliche Aufwand vom Vermieter nicht pauschal in die Miete einkalkuliert wird[49].

(2) Verbindliche Fristen

starre Fristenregelung ist unzulässig

Als unangemessen hat sich eine Regelung erwiesen, nach welcher die Pflicht zur Vornahme von Schönheitsreparaturen an starre Fristen gebunden und von der Erforderlichkeit einer Erhaltung abgekoppelt wird, weil eine solche Ausgestaltung ausschließt, dass der Mieter durch einen pfleglichen Umgang Kosten sparen kann[50]. Ein starrer Fristenplan ist deshalb auf der Grundlage von Lieblichs Vergleichsvorstellungen nicht zulässig.

---

[46] Vgl. BGH v. 03.07.1996, NJW 1996, 2574, 2575.
[47] Siehe oben B. I. 1. b) bb), S. 249 f.
[48] Siehe oben B. I. 1. b) cc), S. 252.
[49] Siehe oben B. I. 1. b) cc), S. 252.
[50] Siehe oben B. I. 1. b) cc), S. 252 f.

(3) Weiche Fristen

Als zulässig könnte sich jedoch die Vereinbarung einer weichen Fristenregelung, d. h. der Festlegung einer bestimmten Frist, verbunden mit dem Recht zu einer Überschreitung dieser Frist für den Fall fehlender Erforderlichkeit der Erhaltungsarbeiten, erweisen. Eine solche Gestaltung ist jedenfalls nicht insoweit unangemessen, als sie überhaupt die Schönheitsreparaturen auf den Mieter abwälzt[51]. Anders als bei starren Fristen lässt sich ihre Unangemessenheit auch nicht daraus ableiten, dass der Mieter Schönheitsreparaturen erbringen muss, obwohl diese (noch) gar nicht erforderlich sind. Gerade dieser Unangemessenheitsumstand wird dadurch ausgeräumt, dass die Verpflichtung trotz Erreichens der hierfür vorgesehenen Frist nicht besteht, wenn die Schönheitsreparaturen nicht erforderlich sind[52].

Ausräumung der Unangemessenheit starrer Fristen

Die Unangemessenheit einer derartig ausgestalteten Abwälzungsklausel könnte sich jedoch aus § 307 Abs. 1 S. 1 BGB i. V. m. der Wertung des § 309 Nr. 12 BGB ergeben, wenn die vorgesehene Gestaltung zu einer unangemessenen, nicht gerechtfertigten Beweislastumkehr führt. Eine Umkehr der Beweislast liegt vor, wenn abweichend von der gesetzlichen Beweislastverteilung dem Vertragspartner des Verwenders die Beweislast auferlegt wird[53]. Indem die Schönheitsreparaturen dem Grunde nach auf Antons abgewälzt werden, wird korrespondierend hiermit für Heukel ein Anspruch auf Vornahme dieser Arbeiten begründet. Als angemessen hat sich die Abwälzung der Schönheitsreparaturen aber nur mit der Maßgabe erwiesen, dass die Pflicht zu ihrer Vornahme lediglich im Rahmen des Erforderlichen besteht[54]. Die Erforderlichkeit der Arbeiten ist danach Anspruchsvoraussetzung. Für die Voraussetzungen seines Anspruchs ist nach allgemeinen Grundsätzen der Vermieter als Anspruchsberechtigter darlegungs- und beweisbelastet[55]. Dies ändert sich durch Vereinbarung fester Fristen, von denen abgewichen werden darf, wenn es an der Erforderlichkeit fehlt, weil nach allgemeinen Grundsätzen in diesem Fall der Mieter zur Abwehr seiner Pflicht darlegen und beweisen müsste, dass es trotz Ablaufs der vorgesehenen Fristen an der Erforderlich-

Unangemessenheit durch Umkehr der Beweislast

---

[51] Siehe oben B. I. 1. b) cc), S. 251 ff.

[52] Vgl. BGH v. 18.10.2006, NJW 2006, 3778, 3780; BGH v. 26.09.2007, NJW 2007, 3632.

[53] Erman/Roloff, § 309 BGB Rn. 147.

[54] Siehe oben B. I. 1. b) cc), S. 251 ff. – Vgl. Schrader, JURA 2010, 241, 245.

[55] Vgl. Erman/Roloff, § 309 BGB Rn. 147.

keit der Arbeiten fehlt. Danach läge eine Umkehr der Beweislast vor[56]. Allerdings ließe diese Betrachtung unberücksichtigt, dass nach der Konzeption des Gesetzes der Vermieter nach § 535 Abs. 1 S. 2 BGB die Schönheitsreparaturen
trägt und hiermit ein Anspruch des Mieters korrespondiert,
dessen Voraussetzungen (Erforderlichkeit der Schönheitsreparaturen) der Mieter darzulegen und zu beweisen hat. Bezieht man diesen gesetzlichen Urzustand in die Betrachtung
ein, erfolgt keine Umkehr der Beweislast. Vielmehr erfolgt
lediglich eine Rückkehr zur gesetzlichen Darlegungs- und
Beweislast. Abgesehen hiervon ist die Verlagerung der Dar-
legungs- und Beweislast auf den Mieter sachlich gerechtfertigt, weil er aufgrund des Besitzes der Mietsache primär in
der Lage ist, zur Erforderlichkeit der Schönheitsreparaturen
vorzutragen. Dem Vermieter fehlt dagegen die eigene Wahrnehmung hinsichtlich der Erforderlichkeit der Schönheitsreparaturen, weshalb sein Anspruch nur schwer durchsetzbar
wäre, wenn er die Erforderlichkeit darzulegen und zu beweisen hätte. Eine unangemessene Benachteiligung erfolgt daher auch nicht unter dem Gesichtspunkt der Verteilung der
Darlegungs- und Beweislast[57].

(4) Zwischenergebnis

**Abwälzung mit
weiche Fristen
zulässig**

Den abstrakten Lösungsvorstellungen der Lieblich entspricht
daher eine Vertragsgestaltung, mit der Antons die Pflicht zur
Vornahme erforderlicher Schönheitsreparaturen auferlegt
wird. Ergänzend hierzu ist ein Fristenplan zu vereinbaren,
welcher die an der durchschnittlichen Abnutzung orientier-
ten Zeitpunkte[58] regelt, zu denen die Schönheitsreparaturen
spätestens vorzunehmen sind, sofern es nicht im konkreten
Einzelfall an der Erforderlichkeit ihrer Vornahme fehlt. Eine
solche Gestaltung (sog. weiche Fristen) ist nicht unangemessen[59].

c) Zwischenergebnis

Zwischenergebnis

Auf der Grundlage des von Lieblich als Vergleichsvorschlag
vorgegebenen Gerechtigkeitsmaßstabs können die Schönheitsreparaturen dem Grunde nach zulässig auf Antons abgewälzt werden. Heukels Anliegen, dass Antons nach Ab-

---

[56] A. A. BGH v. 03.06.1998, NJW 1998, 3114, 3115 unter
      zweifelhaftem Verweis auf § 362 BGB.
[57] I. E. auch BGH v. 03.06.1998, NJW 1998, 3114, 3115.
[58] Vgl. hierzu BGH v. 26.09.2007, NJW 2007, 3632, 3632 f.
[59] Vgl. BGH v. 18.10.2006, NJW 2006, 3778, 3780.

lauf bestimmter Fristen definitiv zur Vornahme von Schönheitsreparaturen verpflichtet ist, lässt sich dagegen in diesem
Rahmen nicht zulässig realisieren. Möglich ist jedoch eine
Abwälzung der Schönheitsreparaturen, welche innerhalb fester Fristen erbracht werden müssen, sofern Antons im Gegenzug der Beweis eröffnet wird, dass die Arbeiten (noch)
nicht erforderlich sind. Ebenfalls zulässig wäre eine bloße
Abwälzung der Schönheitsreparaturen unter Benennung einer rechtlich unverbindlichen Empfehlung für den maßgeblichen Zeitraum.

III. Auswahl

Zwischen den beiden innerhalb des von Lieblich gesteckten
Gerechtigkeitsmaßstabs zulässigen Gestaltungen (weiche
Frist oder bloße Empfehlung) ist diejenige auszuwählen,
welche am weitesten Heukels Interesse entspricht, weil die
Aufnahme der Abwälzungsklausel seinen Interessen Rechnung tragen und ihn zur Zustimmung zum Vergleichsvorschlag bewegen soll. Heukels Hauptanliegen, die Schönheitsreparaturen abzuwälzen, entsprechen beide Klauseln.
Allerdings will er zugleich erreichen, dass er die Durchführung der Schönheitsreparaturen effektiv durchsetzen kann.
Hierüber entscheidet letztlich ganz maßgeblich, welche Voraussetzungen Heukel im Streitfall darlegen und beweisen
muss, um den Anspruch auf Vornahme der Schönheitsreparaturen durchzusetzen. Wird eine weiche Frist vereinbart,
muss Heukel zur Begründung seines Anspruchs zunächst nur
darlegen und beweisen, dass die vereinbarte Frist abgelaufen
ist. Ob die Renovierung konkret erforderlich ist, muss von
ihm nicht dargelegt werden. Vielmehr müsste Antons, will er
noch keine Arbeiten vornehmen, darlegen und beweisen,
dass es an der Erforderlichkeit fehlt. Wird dagegen nur eine
Abwälzung der Schönheitsreparaturen in Verbindung mit einer rechtlich unverbindlichen Empfehlung vereinbart, muss
Heukel im Streitfall seinerseits darlegen und beweisen, dass
die Arbeiten erforderlich sind. Da er nicht im Besitz der
Räume ist, kann er dies zunächst kaum beurteilen. Vergleicht man beide Gestaltungswege, erweist sich die Vereinbarung einer weichen Frist als vorzugswürdig, weil sie ge-
ringere Anforderungen an die Darlegung der Ansprüche
stellt.

*weiche Fristen
vorzugswürdige
Gestaltung*

D. Ausformulierung

konkrete
Ausformulierung

Bei der konkreten Ausformulierung des Vergleichstexts sind neben den zuvor geprüften inhaltlichen Vorgaben (I.) auch etwaige formelle Vorgaben zu beachten (II.).

I. Inhaltliche Vorgaben

Zusammenfassung
inhaltlicher Vorga-
ben

Zunächst sind aus der vorstehenden Prüfung die inhaltlichen Vorgaben nebst der zu ihnen jeweils ermittelten Schranken zusammenzutragen. Anschließend sind diese inhaltlichen Vorgaben in eine Formulierung zu gießen. Umzusetzen sind:

1. Verlängerung der Laufzeit des ursprünglichen Mietvertrags bis zum 31.12.2019.
2. Abwälzung der Schönheitsreparaturen auf den Mieter.
3. Vereinbarung der für die Vornahme der Schönheitsreparaturen einzuhaltenden Fristen, verbunden mit dem Recht, diese Fristen zu überschreiten, solange die Schönheitsreparaturen (noch) nicht erforderlich sind.
4. Unveränderte Fortgeltung des bisherigen Mietvertrags im Übrigen.

II. Formelle Vorgaben

Ermittlung formeller
Vorgaben

In formeller Hinsicht ist zunächst zu berücksichtigen, inwieweit die Umsetzung der vorgesehenen Gestaltung eine bestimmte Form zu wahren hat (1.). Außerdem kann der vorzuschlagende Verfahrensvergleich seine befriedende Funktion nur erfüllen, wenn er sprachlich so abgefasst wird, dass er keine unnötigen Auslegungszweifel und Unklarheiten enthält (2.).

1. Formerfordernis

a) Bestehen eines Formerfordernisses

Form langlaufender
Mietverträge

Die vorgesehene Gestaltung könnte zur Erreichung der mit ihr verfolgten Ziele nach §§ 550 S. 1, 578 Abs. 2, Abs. 1 BGB der Schriftform bedürfen. Dies ist der Fall, wenn durch den Vergleich ein Mietvertrag für eine längere Dauer als ein Jahr fest geschlossen werden soll (aa) und die Nichtbeachtung der Schriftform die Erreichung der Gestaltungsziele vereitelt (bb).

aa) Langlaufender Mietvertrag

Nach §§ 550 S. 1, 578 Abs. 2, Abs. 1 BGB bedürfen Mietverträge mit einer Laufzeit von mehr als einem Jahr der
Schriftform. Erfasst hiervon werden nur Verträge mit einer
festen Laufzeit von mehr als einem Jahr. Dies betrifft vor allem befristete Verträge, wie sich auch aus der von § 550 S. 1
BGB angeordneten Rechtsfolge ergibt[60]. Die Regelung des
§ 550 S. 1 BGB gilt unter dieser Voraussetzung für alle Verträge, welche ein Mietverhältnis für eine feste Dauer von
mehr als einem Jahr gestalten, unabhängig davon, ob ein
Mietverhältnis begründet, inhaltlich modifiziert oder verlängert wird. Maßgeblich ist, dass ab dem Zeitpunkt des Vertragsschlusses das betroffene Mietverhältnis noch für eine
feste Restlaufzeit von mehr als einem Jahr vollzogen werden
soll[61]. Dies folgt aus dem Normzweck des § 550 S. 1 BGB,
der vor allem sicherstellen soll, dass sich ein Grundstücks-
erwerber, der nach § 566 Abs. 1 BGB in das Mietverhältnis
eintritt, anhand der Vertragsurkunde einen Überblick über
das Ausmaß seiner Bindung verschaffen kann[62]. Danach un-
terfällt der von Lieblich vorgesehene Vergleichsvorschlag
§ 550 S. 1 BGB und ist formbedürftig, weil das Mietverhältnis einschließlich der angestrebten Verlängerung mit einer
festen Restlaufzeit bis zum 31.12.2019 noch deutlich mehr
als ein Jahr bestehen soll.

Restlaufzeit länger als ein Jahr

bb) Rechtsfolge des Formverstoßes

Die Regelung des §§ 550 S. 1, 578 Abs. 2, Abs. 1 BGB ist
bei der konkreten Ausgestaltung zu beachten, wenn anderenfalls der angestrebte Erfolg der Gestaltung vereitelt wird.
Dies ist nicht nur der Fall, wenn die nicht formgerechte Gestaltung infolge von § 125 S. 1 BGB nichtig ist, sondern bereits dann, wenn die an den Formverstoß anknüpfenden
Rechtsfolgen im Widerspruch zu den Gestaltungszielen stehen. Entscheidend ist daher, ob der Formverstoß Rechtsfolgen auslöst, die im Widerspruch zu den verfolgten Zielen
stehen. Nach § 550 S. 1 BGB bewirkt die Nichtbeachtung
der Schriftform, dass das Mietverhältnis als auf unbestimmte
Zeit geschlossen gilt. Dies entspricht zwar insoweit den Vorstellungen des Antons, als eine Nutzung bis zum 31.12.2019
möglich erscheint. Jedoch ist diese Nutzungsdauer nicht si-

Gefährdung der Restlaufzeit

---

[60]   Palandt/Weidenkaff, § 550 BGB Rn. 6.
[61]   Vgl. Erman/Jendrek, § 550 BGB Rn. 4.
[62]   BGH v. 07.05.2008, NJW 2008, 2178; Erman/Jendrek, § 550
        BGB Rn. 3.

cher, weil Heukel das Mietverhältnis bereits früher, und zwar nach Ablauf eines Jahres (vgl. § 550 S. 2 BGB), ordentlich, d. h. unabhängig vom Vorliegen eines wichtigen Grunds, kündigen kann. Dies wiederum bildet für Antons keine ausreichende Planungssicherheit. Die Nichtbeachtung der Schriftform ist daher mit den Gestaltungszielen nicht zu vereinbaren.

cc) Zwischenergebnis

Schriftform muss beachtet werden

Um mit dem Vergleichsvorschlag den Interessen des Antons Rechnung zu tragen, muss die Formvorschrift des § 550 S. 1 BGB beachtet werden.

b) Umsetzung des Formerfordernisses

aa) Anforderungen an die Form

Protokollierung ist ausreichend

Hinsichtlich der Umsetzung des Formerfordernisses ist zunächst zu klären, ob ausreichend ist, dass der Vergleichsvorschlag vom Gericht protokolliert wird, oder ob zusätzlich eine von beiden Parteien unterzeichnete Urkunde (vgl. § 126 Abs. 1, 2 BGB) errichtet werden muss. Dies regelt § 126 Abs. 4 BGB i. V. m. § 127a BGB. Danach erfüllt eine notariell beurkundete Erklärung das Erfordernis der Schriftform (vgl. § 126 Abs. 4 BGB). Nach § 127a BGB ersetzt eine gerichtlich protokollierte Erklärung die notarielle Form. Deshalb genügt ein gerichtlich protokollierter Vergleich zugleich der Schriftform und es ist nicht erforderlich, dass die Parteien zusätzlich eine unterzeichnete Urkunde errichten[63].

bb) Reichweite der Form

gesamter Inhalt des Mietverhältnisses ist formbedürftig

Außerdem ist klärungsbedürftig, ob ausreichend ist, dass die anstehenden Änderungen und Ergänzungen des Mietvertrags formgerecht niedergelegt werden, oder ob und inwieweit daneben notwendig ist, die Zugehörigkeit der Änderungen zum ursprünglichen Mietvertrag herzustellen. Welche Reichweite einem Formgebot zukommt, ist durch Auslegung derjenigen Vorschrift zu entnehmen, die das Formerfordernis anordnet[64]. Der Wortlaut des § 550 BGB enthält hierüber keine klare Aussage. Aufschluss können jedoch Sinn und Zweck der Vorschrift geben. Mit § 550 BGB verfolgt das Gesetz vor allem das Ziel, dass ein möglicher Erwerber des

---

[63]   Vgl. BAG v. 23.11.2006, NZA 2007, 466, 467 f.

[64]   Vgl. BGH v. 24.09.1997, NJW 1998, 58, 59; Boemke/Ulrici, BGB-AT, § 10 Rn. 42.

Grundstücks durch Einblick in die Vertragsurkunde Kenntnis von Dauer und Umfang der von ihm nach § 566 Abs. 1 BGB insgesamt übernommenen Bindungen erlangen kann[65]. Da eine zusammenhanglose Ansammlung mehrerer Zettel dieses Anliegen gefährdet, ist es notwendig, dass der gesamte Vertragsinhalt zusammenhängend niedergelegt wird[66]. Soweit Vertragsänderungen stillschweigend von einer Fortgeltung des vorherigen Vertragsinhalts ausgehen, muss dieser deshalb in Bezug genommen werden.

Diesen Vorgaben kann zunächst entsprochen werden, indem die Verkörperung der Vertragsurkunde und die Verkörperung des ursprünglichen Vertrags fest miteinander verbunden werden[67]. Außerdem ist denkbar, dass das Gericht sogleich eine einheitliche Urkunde dadurch errichtet, dass es den vollständigen Inhalt des ursprünglichen Mietvertrags, soweit er fortgelten soll, in den Vergleichstext aufnimmt[68]. Schließlich würde dem Formerfordernis nach Sinn und Zweck auch dadurch Rechnung getragen, dass der vom Gericht zu entwerfende Vergleichstext die Urkunde des ursprünglichen Mietvertrags unter konkreter Beschreibung in Bezug nimmt und ihre Fortgeltung im Übrigen ausspricht[69]. Diese Vorgehensweise erweist sich als vorzugswürdig, weil sie ohne größeren Aufwand vom Gericht selbst ohne zusätzliche Mitwirkung der Parteien zu erledigen ist.

Umsetzung: konkrete Inbezugnahme des fortgeltenden Mietvertrags

c) Zwischenergebnis

Um den Vorgaben des § 550 S. 1 BGB Rechnung zu tragen, ist die ursprüngliche Mietvertragsurkunde vom gerichtlich zu protokollierenden Vergleichstext konkret in Bezug zu nehmen und ihre Fortgeltung im Übrigen auszusprechen.

Zwischenergebnis

2. Klarheit und Transparenz

Seiner befriedenden Funktion kann der angestrebte Vergleich nur gerecht werden, wenn er die wechselseitigen Rechte und Pflichten so klar und verständlich regelt, dass zwischen den Parteien möglichst keine Interpretationsstreitigkeiten entstehen und beide Parteien auch ohne anwaltliche

parteifreundliche Ausdrucksweise

---

[65] Vgl. nur BGH v. 07.05.2008, NJW 2008, 2178; Erman/Jendrek, § 550 BGB Rn. 3.
[66] Vgl. Erman/Jendrek, § 550 BGB Rn. 6.
[67] BGH v. 24.09.1997, NJW 1998, 58, 59 f.
[68] BGH v. 24.09.1997, NJW 1998, 58, 59 f.
[69] BGH v. 07.05.2008, NJW 2008, 2178, 2179.

Hilfe den Formulierungen die maßgebliche Rechtslage entnehmen können. Im Hinblick auf die Verlängerung der Vertragslaufzeit bestehen insoweit ebenso wenig Bedenken wie im Hinblick auf die Fortgeltung des ursprünglichen Mietvertrags im Übrigen. Hinsichtlich der Abwälzung der Schönheitsreparaturen bietet es sich insoweit aber an, dass nicht allein mit dem Begriff „Schönheitsreparaturen" operiert wird, sondern dieser zur Klarstellung inhaltlich definiert wird. Da keine Sonderinteressen erkennbar sind, bietet es sich an, auf die Begriffsbestimmung in § 28 Abs. 4 S. 3 II. BerechnungsVO zurückzugreifen. Die dortige Definition gilt zwar originär nur für Wirtschaftlichkeitsberechnungen in Bezug auf öffentlich geförderten Wohnraum. Ihr kommt aber auch darüber hinaus eine maßstabsbildende Funktion zu[70].

3. Formulierungsvorschlag

konkreter
Formulierungs-
vorschlag ohne
Regelungen zum
Prozessrechts-
verhältnis

„... schließen die Parteien folgenden Vergleich:

1. *Der unter dem 24.04.2004/27.04.2004 zwischen den Parteien geschlossene Mietvertrag über die Nutzung der im ersten Obergeschoss der Grimmaischen Straße 8 in Leipzig belegenen Büroräume zum Betrieb eines Architekturbüros wird dahingehend fest verlängert, dass das Mietverhältnis erst mit Ablauf des 31.12.2019 endet.*
2. *Der Kläger übernimmt als Mieter die Schönheitsreparaturen. Diese umfassen das Tapezieren, Anstreichen oder Kalken der Wände und Decken, das Streichen der Fußböden, Heizkörper einschließlich Heizrohre, der Innentüren sowie der Fenster und Außentüren von innen.*
3. *Die Schönheitsreparaturen sind mindestens innerhalb eines Zeitintervalls von fünf Jahren vorzunehmen. Trotz Ablaufs vorstehenden Zeitraums müssen Schönheitsreparaturen insoweit nicht vorgenommen werden, als sie noch nicht erforderlich sind.*
4. *Im Übrigen verbleibt es bei der Geltung des zwischen den Parteien unter dem 24.04.2004/27.04.2004 geschlossenen Mietvertrags.*
..."

---

[70]   Vgl. BGH v. 18.02.2009, NZM 2009, 353, 354.

C. Aufbauschemata

Die nachstehenden Aufbauschemata sollen die Bearbeitung eines rechtsgestalten-den Falls erleichtern[1]. Sie helfen bei der Orientierung, welche Gesichtspunkte für die Entscheidung über das sich jeweils anschließende Vorgehen geprüft werden müssen und welche Reihenfolge dabei einzuhalten ist. Ein Schema gibt eine Denkhilfe beim Erarbeiten der Lösung an die Hand, indem wichtige Punkte vor dem Vergessen bewahrt und die Grundsätze eines systemgerechten, logischen Aufbaus verdeutlicht werden. Insoweit sollte jeder einzelne, in dem jeweiligen Aufbauschema dargestellte Aspekt bei jeder Fallbearbeitung gedanklich geprüft und abgehandelt werden. Soweit es um die schriftliche Umsetzung der Falllösung geht, ist jedoch zu beachten, dass nicht zwingend zu jedem einzelnen Prüfungs-punkt gesonderte, detaillierte Ausführungen im Gutachtenstil erforderlich sind; vielmehr zeichnet sich die gelungene Bearbeitung durch Problemorientierung aus. Gutachtentechnisch werden nur die Gesichtspunkte behandelt, die im konkreten Fall rechtlich oder tatsächlich problematisch sind. Im Übrigen bestehen keine Be-denken dagegen, das Vorliegen unproblematischer Punkte knapp im Urteilsstil darzustellen.

Aber: Schemata haben keine Wunderwirkung und präsentieren dem Kandidaten nicht von sich aus die zutreffende Lösung. Folgende vier Punkte sollten daher be-achtet werden[2]:

1. Nur einfache Fälle mit einer präzisen Fragestellung sind einer schematischen Behandlung zugänglich.
2. Jedes Schema ist nur für eine bestimmte Fallkonstellation entwickelt und brauchbar.
3. Dem Schema kann nicht entnommen werden, hinter welchem Punkt sich die eigentlichen Fallprobleme verbergen.
4. Kein Schema kann sämtliche Probleme berücksichtigen, die irgendwann ein-mal irgendwie erheblich werden können.

---

[1] Vgl. hierzu Boemke/Luke/Ulrici, Fallsammlung zum Schwerpunktbereich Arbeitsrecht, 1. Auflage 2008, S. 319. – Siehe auch oben Einleitung II. 2. a), S. 8 f.
[2] Ausführlich hierzu Schwerdtfeger, Öffentliches Recht in der Fallbearbeitung, 13. Auf-lage (2008), § 1 Rn. 11 ff.

§ 1 Grundschema zur Rechtsgestaltung

A. Regelungsziel

- Herausfiltern der (vom Mandanten) verfolgten Ziele
- „Übersetzung" laienhafter wirtschaftlicher Ziele in rechtliche Zielvorstellungen
- gegebenenfalls Klärung des Verhältnisses mehrerer Ziele zueinander

B. Regelungsbedarf

I. Klärung der bestehenden Rechtslage
- klären was gilt, wenn keine Gestaltung vorgenommen wird
- ermitteln der gesetzlichen Rechtslage
- Berücksichtigung von bereits bestehenden Gestaltungen

II. Vergleich mit Regelungszielen
- soweit die bestehende Rechtslage bereits ohne jede Gestaltung den verfolgten Regelungszielen entspricht, besteht kein Regelungsbedarf
- gegebenenfalls kommt insoweit zur Klarstellung oder Bekräftigung eine deklaratorische „Regelung" in Betracht
- im Übrigen bedarf es einer rechtlichen Gestaltung

C. Umsetzung des Regelungsbedarfs

I. Geeignete Gestaltungen
- Auffinden geeigneter Gestaltungen
- Klärung der Geeignetheit durch Abgleich der Rechtsfolgen und Wirkungsweisen einer Gestaltung mit den Regelungszielen

II. Zulässigkeit der Gestaltungen
- Überprüfung der geeigneten Gestaltungsmöglichkeiten auf ihre rechtliche Zulässigkeit
- auszugehen ist vom Grundsatz der Privatautonomie
- danach sind alle Gestaltungen zulässig, wenn kein Hinderungsgrund besteht
- allgemeine Hinderungsgründe: zwingender Charakter einer höherrangigen Norm, §§ 134, 138 BGB
- besondere Hinderungsgründe: §§ 305 ff. BGB[1]

---

[1]   Siehe unten C. § 3, S. 274 ff.

III. Auswahl

- erweisen sich mehrere Gestaltungen als geeignet und zulässig, ist diejenige vorzuschlagen, welche für die Beteiligten am günstigsten ist (Gebot des sichersten Wegs, Gebot der Kostengünstigkeit, Gebot der Praktikabilität, Gebot der Flexibilität)
- ist keine Gestaltung vollständig geeignet, ist eine Regelung zu empfehlen, welche die verfolgten Ziele möglichst weitgehend erreicht
- Lösung von Zielkonflikten[2]

D. Ausformulierung

I. Zusammenfassung der umzusetzenden Gestaltungen

II. Klärung von Stil- und Aufbaufragen

- „Auslegung ist der Feind der Rechtsgestaltung!"
- Transparenzgebot nach § 307 Abs. 1 S. 3 BGB

III. Klärung von Formfragen

- Form Wirksamkeitsvoraussetzung?
- Form sonst zur Zielerreichung erforderlich?
- Form sonst vorteilhaft?

---

[2]   Siehe unten C. § 2, S. 273.

§ 2 Schema zur Lösung von Zielkonflikten

A. Identifizierung eines Zielkonflikts

– Zielkonflikt liegt vor, wenn:
  – bei Verfolgung mehrerer Regelungsziele lassen sich nicht alle zugleich vollständig erreichen
  – jedes Einzelziel ist aber bei isolierter Betrachtung erreichbar
  – die Erreichung eines Ziels beeinträchtigt somit die (vollständige) Erreichung eines anderen Ziels

B. Auflösung des Zielkonflikts

– Ziel ist die optimale Verwirklichung der Gesamtheit der Regelungsziele
– zu berücksichtigen sind die Gewichtung der Einzelziele zueinander und die Beeinträchtigung der Einzelziele durch die Erreichung des jeweils kollidierenden Einzelziels

I. Ermittlung der Betroffenheit eines Einzelziels

II. Ermittlung der Betroffenheit des kollidierenden Einzelziels

III. Gewichtung der Einzelziele unter Berücksichtigung der jeweiligen Betroffenheit

IV. Abwägung und Erzielung eines optimalen Ausgleichs

§ 3 AGB-Prüfung

A. Anwendungsbereich der AGB-Kontrolle

I. Vorliegen Allgemeiner Geschäftsbedingungen (§ 305 Abs. 1 S. 1 BGB)

1. Vertragsbedingung

2. vorformuliert

3. für eine Vielzahl von Verwendungen

– Maßgeblich ist die Absicht des Erstellers der AGB, dass diese mindestens dreimal verwendet werden. Liegt diese Absicht vor, handelt es sich bereits bei der ersten Verwendung um AGB. Hilfsweise ist ausreichend, dass der Verwender die vom Ersteller nur zur einmaligen Verwendung bestimmten Bedingungen mindestens dreimal verwenden will.

4. von einer Vertragspartei gestellt

– dient der Bestimmung des Verwenders

– beim Verbrauchervertrag ist auf § 310 Abs. 3 Nr. 1 BGB zu achten

5. kein Aushandeln (§ 305 Abs. 1 S. 3 BGB)

II. Vorliegen von Einmalbedingungen (§ 310 Abs. 3 Nr. 2 BGB); führt zur Geltung zahlreicher AGB-Regelungen

1. Verbrauchervertrag

2. kein Einfluss des Verbrauchers auf den Vertragsinhalt

B. Einbeziehungskontrolle

I. Einbeziehungsvoraussetzungen

1. Einigung i. S. d. §§ 145 ff. BGB

2. Voraussetzungen des § 305 Abs. 2, 3 BGB

– entbehrlich für Arbeitsverträge nach § 310 Abs. 4 S. 2 BGB

– entbehrlich im Unternehmerverkehr nach § 310 Abs. 1 S. 1 BGB

II. Ermittlung des Vertragsinhalts durch Auslegung

1. objektive Auslegung

– gilt nicht für Einmalbedingungen i. S. d. § 310 Abs. 3 Nr. 2 BGB

2. Unklarheitenregelung (§ 305c Abs. 2 BGB)

III. Verbot überraschender Klauseln (§ 305c Abs. 1 BGB)

IV. Vorrang der Individualabrede (§ 305b BGB)

C. Angemessenheitskontrolle

I. Reichweite der Angemessenheitskontrolle

1. Beschränkung auf Transparenz?
  - nach § 307 Abs. 3 S. 1 BGB für Vertragsbedingungen, die weder vom Gesetz (bzw. Tarifvertrag oder Betriebsvereinbarung, vgl. § 310 Abs. 4 S. 3 BGB) abweichen noch dieses ergänzen

2. Anwendbarkeit der §§ 308, 309 BGB?
  - nach § 310 Abs. 1 S. 1 BGB finden §§ 308, 309 BGB keine Anwendung im Rechtsverkehr zwischen Unternehmern

3. Berücksichtigung der Begleitumstände des Vertragsschlusses?
  - nach § 310 Abs. 3 Nr. 3 BGB sind beim Verbrauchervertrag die Umstände des Vertragsschlusses zu berücksichtigen

4. Berücksichtigung der Besonderheiten des Arbeitsrechts?
  - nach § 310 Abs. 4 S. 2 BGB sind bei Arbeitsverträgen die Besonderheiten des Arbeitsrechts zu berücksichtigen
    a) Begriff der Besonderheiten des Arbeitsrechts
    b) Feststellung einschlägiger Besonderheiten des Arbeitsrechts

II. Unangemessenheit

1. Intransparenz § 307 Abs. 1 S. 2 BGB
2. Klauselverbote ohne Wertungsmöglichkeit (§ 309 BGB)
    a) Verbot nach dem Katalog des § 309 BGB
    b) bei Arbeitsverträgen: Rechtfertigung durch die Besonderheiten des Arbeitsrechts?
3. Klauselverbote mit Wertungsmöglichkeit (§ 308 BGB)
4. Generalklausel (§ 307 Abs. 1, 2 BGB)
    a) Vertragszweckgefährdung (§ 307 Abs. 2 Nr. 2 BGB)
    b) Unvereinbarkeit mit gesetzlichem Grundgedanken (§ 307 Abs. 2 Nr. 1 BGB)
    c) Unvereinbarkeit mit Treu und Glauben (§ 307 Abs. 1 S. 1 BGB)
       aa) Ermittlung der Belastung des Vertragspartners des Verwenders
       bb) Interessen des Verwenders
       cc) Abwägung; im Rechtsverkehr zwischen Unternehmern unter Berücksichtigung der Wertungen der §§ 308, 309 BGB

D. Rechtsfolgen

I. Reichweite der Unwirksamkeit

1. Unwirksamkeit der betroffenen Vertragsbedingung im Umfang des Unwirksamkeitsgrunds
2. Unwirksamkeit der gesamten betroffenen Vertragsbedingung, wenn diese nicht teilbar ist
3. Wirksamkeit des Restvertrags (§ 306 Abs. 1 BGB)
4. ausnahmsweise Unwirksamkeit des gesamten Vertrags (§ 306 Abs. 3 BGB)

II. Schließung der Lücke (§ 306 Abs. 2 BGB)
1. Anwendung zwingenden und/oder dispositiven Gesetzesrechts
2. ergänzende Vertragsauslegung?

Literaturverzeichnis

Battis/Krautzberger/Löhr, BauGB, 11. Auflage 2009

Baumbach/Hopt, HGB, 34. Auflage 2010

Baumbach/Hueck, GmbHG, 19. Auflage 2010

Boemke, Fallsammlung zum Arbeitsrecht, 2. Auflage 2007

Boemke/Ulrici, BGB Allgemeiner Teil, 1. Auflage 2009 (zit. BGB-AT)

Däubler, Verhandeln und Gestalten, 1. Auflage 2003

Däubler/Hjort/Schubert/Wolmerath, Handkommentar Arbeitsrecht, 2. Auflage 2010 (zit. Hk-ArbR/Bearbeiter)

Erman, BGB, 12. Auflage 2008

Fehling/Kastner, Handkommentar Verwaltungsrecht, 2. Auflage 2010 (zit. Hk-VerwR/Bearbeiter)

Hümmerich/Boecken/Düwell, AnwaltKommentar Arbeitsrecht, 2. Auflage 2010 (zit. AnwK-ArbR/Bearbeiter)

Jula, GmbH-Geschäftsführer, 2. Auflage 2007

Junker/Kamanabrou, Vertragsgestaltung, 2. Auflage 2007

Köhler/Bornkamm, UWG, 28. Auflage 2010

Kopp/Ramsauer, VwVfG, 10. Auflage 2008

Lackner/Kühl, StGB, 26. Auflage 2007

Larenz/Canaris, Schuldrecht BT II/2, 13. Auflage 1994 (zit. SR BT II/2)

Larenz/Wolf, Allgemeiner Teil des Bürgerlichen Rechts, 9. Auflage 2004 (zit. BGB-AT)

Medicus, Allgemeiner Teil des BGB, 9. Auflage 2006 (zit. BGB-AT)

Münchener Kommentar zum StGB, Band 1, 1. Auflage 2003 (zit. Münch-KommStGB/Bearbeiter)

Münchener Kommentar zum StGB, Band 3, 1. Auflage 2003 (zit. Münch-KommStGB/Bearbeiter)

Münchener Kommentar zur ZPO, Band 1, 3. Auflage 2008 (zit. MünchKomm-ZPO/Bearbeiter)

Münchener Kommentar zur ZPO, Band 2, 3. Auflage 2007 (zit. MünchKomm-ZPO/Bearbeiter)

Musielak, ZPO, 7. Auflage 2009 (zit. Musielak/Bearbeiter)

Palandt, BGB, 69. Auflage 2010 (zit. Palandt/Bearbeiter)

Stelkens/Bonk/Sachs, Verwaltungsverfahrensgesetz, 7. Auflage 2008

Ulmer/Brandner/Hensen, AGB-Recht, 10. Auflage 2006

Ulmer/Habersack/Winter, GmbHG, Band II, 2006

Wolff/Bachof/Stober/Kluth, Verwaltungsrecht I, 12. Auflage 2007 (zit. VwR I)

Sachverzeichnis

The manufacturer's authorised representative in the EU is Springer
Nature Customer Service Centre GmbH, Europaplatz 3, 69115 Heidelberg,
Germany. If you have any concerns regarding our products, please
contact ProductSafety@springernature.com

Printed and bound by CPI Group (UK) Ltd, Croydon, CR0 4YY
27/04/2026
02097610-0007